城市综合交通发展与土地利用

URBAN INTEGRATED TRANSPORT DEVELOPMENT AND LAND USE

冯雪松 ◇ 编著

人民交通出版社股份有限公司
China Communications Press Co., Ltd.

内 容 提 要

本书结合我国城市交通发展及土地利用的特点,对如何提高不同交通系统的协同运营效率,降低城市交通危害等问题进行了探讨。本书内容包括:城市交通系统规划与运营以及城市土地利用与交通发展的关系概述、城市交通出行综合成本分析及优化、城市道路交通拥堵综合评价及对策、城市轨道交通运营效率评价及优化、城市轨道交通沿线及车站周边土地合理开发、城市综合交通系统发展趋势展望等。

本书可作为城市交通发展及土地利用研究的科研参考书籍和轨道交通专业本科生的课程教材,也可作为交通运输专业非轨道交通方向研究生的选修教材。

图书在版编目(CIP)数据

城市综合交通发展与土地利用 / 冯雪松编著. — 北京:人民交通出版社股份有限公司,2015.1
ISBN 978-7-114-12047-3

Ⅰ. ①城… Ⅱ. ①冯… Ⅲ. ①城市交通—关系—土地利用—研究—中国 Ⅳ. ①F572②F321.1

中国版本图书馆 CIP 数据核字(2015)第 024201 号

书　　名:	城市综合交通发展与土地利用
著 作 者:	冯雪松
责任编辑:	李　坤　吴燕伶
出版发行:	人民交通出版社股份有限公司
地　　址:	(100011)北京市朝阳区安定门外外馆斜街 3 号
网　　址:	http://www.ccpress.com.cn
销售电话:	(010)59757973
总 经 销:	人民交通出版社股份有限公司发行部
经　　销:	各地新华书店
印　　刷:	北京鑫正大印刷有限公司
开　　本:	787×1092　1/16
印　　张:	20.5
字　　数:	492 千
版　　次:	2015 年 1 月　第 1 版
印　　次:	2015 年 1 月　第 1 次印刷
书　　号:	ISBN 978-7-114-12047-3
定　　价:	49.00 元

(有印刷、装订质量问题的图书,由本公司负责调换)

城市综合交通发展与土地利用
作者简介

冯雪松　男，1979年出生，工学博士，北京交通大学副教授，硕士生导师，2013年入选教育部"新世纪优秀人才支持计划"。作者于2004年10月至2009年9月，就读于日本广岛大学，先后获交通工学硕士、博士学位；2009年10月至2010年9月，任日本名古屋大学环境学研究科研究员；2010年10月至今，任北京交通大学交通运输学院副教授，并从2014年7月起，作为国家公派访问学者赴美国杨伯翰大学开展为期1年的合作研究。作者长期致力于区域以及城市综合交通系统合理规划发展、运行效率提高、能耗水平降低等方面的研究。具体研究内容包括相关模型构建、算法开发与改进、模拟测算技术应用、综合评价指标体系建立与完善、综合系统构建与分析优化等。截至2014年底，作者主持过国家和省部级科研项目各1项；参加了日本文部科学省、日本环境省以及我国科技部"973"计划项目、国家自然科学基金"重大"项目等多项大型科研项目；参与编写英文著作及中文教材各1部，在国内外发表学术论文40余篇，其中10篇被SCI检索，4篇被SSCI检索，15篇被EI检索，6篇被CPCI检索。

前　言

随着人类社会进入21世纪,交通问题日益成为城市可持续发展的核心议题之一。如何更加合理、有效地规划、建设及运营我们的城市交通系统,使我们在充分享受科技进步与经济发展所带来的便捷的交通服务的同时,最大限度地避免或减少诸如交通拥堵、交通事故、机动车尾气排放污染等所造成的伤害,已成为人类不可回避的问题。综合交通发展理念的提出激发了我们关于未来城市交通系统健康发展的更多思考。

作为使城市健康发展的"骨架",城市综合交通系统以提高城市不同交通系统运营效率、降低城市交通危害为出发点,对城市内有限的交通、土地、管理等资源进行有机整合;该系统的规划、建设与运营广泛涉及城市所处区域的综合交通系统规划与运营、城市本身的综合发展、城市不同交通网络之间的协调建设、城市土地合理开发利用等诸多内容。由于篇幅以及作者能力有限,本书中的内容无法囊括城市综合交通发展的方方面面。此外,对于目前在城市综合交通领域内存在争议的相关问题,书中所介绍的内容并不表示作者支持或反对某人或某机构的研究成果、观点等,而旨在抛砖引玉,更好地为解决城市交通问题服务,并欢迎大家批评指正。

除在文中已标注出的引自他人的既有研究成果外,书中所介绍的具体研究工作得到了教育部"新世纪优秀人才支持计划"(NCET-13-0655)和国家自然科学基金"青年基金"(71201006)的资助;另外,北京交通大学交通运输学院对于本书的撰写和出版给予了教改立项支持。在本书的编写过程中,北京交通大学交通运输学院在读研究生张含笑、王泉、刘异、张和美子、王馨叶花费了大量时间,做出了巨大贡献。本人在此对以上机构和个人,以及所有关心和帮助过本书最终顺利成功出版的各位领导、同事、朋友表示最诚挚的感谢!

冯雪松
2014年11月于美国犹他

目　录

第1章　绪论 ······ 1
- 1.1　引言 ······ 1
- 1.2　城市综合交通 ······ 3
- 1.3　城市土地利用 ······ 16
- 1.4　本章小结 ······ 23

第2章　城市交通出行综合成本分析及优化 ······ 26
- 2.1　引言 ······ 26
- 2.2　出行成本分析及优化方法 ······ 31
- 2.3　综合出行成本优化建模 ······ 39
- 2.4　案例分析 ······ 48
- 2.5　本章小结 ······ 58

第3章　城市道路交通拥堵综合评价及对策分析 ······ 61
- 3.1　引言 ······ 61
- 3.2　城市道路交通特性 ······ 70
- 3.3　交通拥堵影响因素 ······ 74
- 3.4　交通拥堵评价指标及评价方法 ······ 82
- 3.5　缓解交通拥堵对策及案例分析 ······ 107
- 3.6　本章小结 ······ 132

第4章　城市轨道交通运营效率评价及优化 ······ 136
- 4.1　引言 ······ 136
- 4.2　城市轨道交通运营效率评价 ······ 142
- 4.3　车站运营效率评价与优化 ······ 152
- 4.4　列车运行效率评价与优化 ······ 172
- 4.5　案例分析 ······ 180
- 4.6　本章小结 ······ 188

第5章　城市轨道交通与沿线土地利用 ······ 191
- 5.1　引言 ······ 191
- 5.2　城市土地利用分类及我国城市土地开发现状 ······ 199
- 5.3　城市轨道交通沿线土地利用形态、强度和规模 ······ 224
- 5.4　城市轨道交通车站客流量与周边土地利用关系 ······ 237

5.5 本章小结 ·· 248
第6章 城市轨道交通车站周边土地利用管理 ······································ 252
6.1 引言 ·· 252
6.2 研究区域及数据调查 ·· 262
6.3 优化措施及仿真分析 ·· 269
6.4 本章小结 ·· 274
第7章 总结与展望 ·· 276
7.1 新城市交通系统 ··· 276
7.2 城市综合交通发展趋势 ·· 286
7.3 本章小结 ·· 291
附录1 ·· 294
附录2 ·· 296
参考文献 ··· 297

第1章 绪　　论

1.1　引　言

　　交通是国民经济的基础要素和社会公共基础设施。交通运输的社会属性、政治属性、文化属性、外部性决定了交通运输业由市场完全配置不具有经济性和可行性。因此,世界许多国家都把交通运输作为国家管制的对象,由国家通过规划进行运输资源的配置,以避免重复建设、实现国家利益和公众利益(综合交通规划的理论与方法课题组,2005)。

　　运输可认为是借助公共交通网络及其设施和运载工具,通过一定的组织管理技术,实现人和物空间位移的一种经济活动和社会活动(徐显明,2007;田丽君,2008)。广义交通的含义比运输广,指各种运输和邮电通信的总称。运输与交通虽然都是指人和物的移动,但描述的角度不同。运输强调的是"运",通常是站在宏观管理部门和运输业的角度注重其过程,而交通侧重于通达程度。

　　综合交通的概念是随着人们对交通发展的认识不断加深而产生的。国外和国内对综合交通概念的认识有所不同。国外最早提出综合交通这一概念大约在20世纪40~50年代。最近二十年,其概念的名称和内涵才趋于一致。国外关于综合交通(Integrated Transportation)的定义为使两种以上交通工具在最佳化基础上整合,以实现旅客或货物的直达运输,强调的是在不同交通方式之间实现"无缝"和"连续"。国内定义综合交通(Comprehensive Transportation)为研究综合发展及利用铁路、公路、水运、航空和管道等各种运输方式,以逐步形成和不断完善一个技术先进、网络布局和运输结构合理的交通运输体系学科。

　　城市综合交通是一个特殊,并具有多种类型交通方式组合的交通系统,具有综合交通的概念,涵盖存在于城市中以及与城市有关的各种交通方式(李志君,2006)。

　　王继峰(2008)定义城市综合交通为在城市的范围内考虑城市各种用地之间人和物的流动,包括城市道路交通、轨道交通、水运交通等。

　　李志君(2006)定义广义的城市综合交通为城市(区)范围以内的交通,或称为城市各种用地之间人和物的流动。这些流动都是以一定的城市用地为出发点,以一定的城市用地为终点,经过一定的城市用地而进行的。从形式上看,城市综合交通可分为地上交通、地下交通、路面交通、轨道交通、水上交通等;从地域上看,根据城市综合交通的"源"与"流"分布性质的不同,城市综合交通可划分为城市对外交通和城市内部交通两部分,前者以城市为单位,泛指一个城市与其他城市地区之间的交通联系,后者指城市内部各交通产生点和吸引点之间的交通联系。

　　刘灿齐(2001)总结城市综合交通包括以下一些子系统:

①机动车交通系统——包括道路和各类机动车。

②客运交通系统——包括公共交通和个体交通。

③货运交通系统——包括货运线路、货流中心。
④自行车交通系统——包括非机动车道(含机非混行车道)和各类非机动车。
⑤行人交通系统——行人、人行道、步行街、过街人行设施等。
⑥城市轨道交通——主要有地铁、轻轨、市郊铁路。

伴随着社会经济的不断发展,城镇化进程和机动化进程不断推进。在此期间,城市交通发展模式也在不断演化。高进博等(2005)根据世界各国大城市综合交通的发展历史,归纳了小汽车交通为主、公共交通为辅和公共交通为主、私人交通为辅的两种主导发展模式:一种是以美国为代表的大量发展私人小汽车的模式;一种是以俄、日、法为代表的大量发展公共交通的模式,用于通勤的交通方式主要是公共交通,私人交通则作为探亲、访友等出行目的的主要交通方式。但随着城市经济等各方面的发展,以小汽车为主的城市和部分新型城市逐渐开始重视城市公共交通系统在整个交通系统中的作用。

李志君(2006)阐述50年前波特兰热衷于汽车文化,于是大量修建城市快速路,甚至拆迁整个城市中心区以满足不断增长的小汽车的需求。但是到了20世纪60年代,完全依赖小汽车的策略逐渐显现出缺乏可持续性的缺点,波特兰开始制定各种政策来改变这种完全依赖小汽车的状况。许多一体化的战略促使波特兰从对私人小汽车的过分依赖中转移出来,包括局部区域的交通抑制计划;限制城市中心停车空间;在市中心为公共汽车和电车提供优先服务;停止快速路建设,转而支持公共交通建设;促进各种公共交通方式之间的协调;旨在扩充公共空间的一系列举措等。波特兰改进交通方面最成功之处在于倡导郊区化时保持了活跃的市中心,将交通规划和土地规划紧密结合,以创建宜人的城市。

洛杉矶是一个典型的美国式低密度的依赖小汽车的城市,交通工具在洛杉矶所扮演的角色几乎胜过了世界上其他任何一个城市。汽车和高速公路在洛杉矶占有绝对的主导地位,汽车文化融入每个人的生活,而公共交通被明显地忽视了。汽车文化导向了一个从城市中心区向各方向延伸的低密度的城市,宽广的主干道路控制了洛杉矶的风景,城市中最典型的建筑是高速公路的巨大高架桥和高架道路;同时洛杉矶饱受环境折磨,碳氢化合物常常使天空变得昏暗;居民反对高速公路带来的区域性破坏等问题。近年来,洛杉矶已经减少高/快速路修建,开始建设轨道和公共交通项目。可持续发展问题开始涌现。尽管政府进行了很多的尝试,企图把人们的出行从私人小汽车转换到公共交通上来,但目前绝大部分的出行还是依靠小汽车完成的。

以我国主要特大城市为例,王继峰(2008)认为这一变化过程可大致分为四个阶段。

①第一阶段(1978~1991年)。这一阶段是中国城市和经济的恢复时期,并且开始从计划经济向市场经济转变,城市人口有所增长,居民出行以步行、自行车等非机动、慢速交通方式为主。这些交通方式在城市交通中所占比重达到70%以上,并且平均出行距离较短,出行目的以上班、上学等刚性出行为主。

②第二阶段(1992~1999年)。随着改革开放的不断深入,中国城市经济发展步伐加快,GDP和人民生活水平显著提升,城镇化进程开始加快,机动车保有量开始迅速增长。新建道路、拓宽机动车道、修建快速路和立交桥等措施刺激了机动化的发展速度。

③第三阶段(2000~2010年)。为了解决交通拥堵问题兼防患于未然,在"畅通工程"的推动下,公共交通优先的发展战略开始受到关注,国家部委也相继制定了相关的规定,并提出

了在2010年前后基本确立公共交通在城市交通中占主体地位的目标。由于机动化进程发展势头之猛、对城市生活影响之大,因此很多城市在制定交通发展战略时都明确把适度限制小汽车、确立公交优先作为首要发展目标。

④第四阶段(2011年以后)。展望未来,当城市交通供需矛盾、个体交通和公共交通矛盾得以缓解的时候,交通系统的服务水平和居民多样性、高质量的出行需求之间的矛盾可能会突显出来,这就要求城市交通系统应该向居民提供快捷、安全、多层次、高效率和高可达性的交通方式,无论机动化交通方式还是非机动化交通方式,无论公共交通还是个体交通,均能够在合理的土地利用结构中充分发挥各自的技术经济特性,并与居民出行需求的产生和满足过程中的效用有机结合。

毛保华等(2008)分析随着北京社会与经济的发展,北京城市综合交通历经了不同的历史发展阶段。从交通结构角度来看,北京城市综合交通的发展过程可以依据机动化水平(包括公共交通与私人机动化交通)、机动化类型(私人机动化交通所占比例)来进行分类。

①出行水平较低的非机动化交通主导阶段(1949~1977年)。从新中国成立到改革开放初期这一阶段的交通状况与当时的计划经济体制相适应,主要以非机动化交通方式为主,自行车与步行交通占总出行量的70%以上。70年代初开始通车运营的地铁逐渐发挥了辅助作用,占到总客运量的2.32%。

②出行水平增长的公交主导发展阶段(1978~1985年)。改革开放以后,城市经济开始快速增长,公共交通客运量稳步提升,形成了公交主导发展的时期,出行量开始明显增长,公共交通客运量增长趋快,非机动车保有量增长加快。

③出租车主导发展的机动化前期(1985~1995年)。在这一时期,出租车迎来发展高潮的同时,公交和非机动车交通增长趋缓。

④私家车迅速增长的快速机动化阶段(1996~2006年)。1996年以来,北京市进入全面机动化时期,其标志是以私人小汽车为主的机动车数量迅速增长。

⑤以轨道交通建设为主导的公交发展阶段(2007年以后)。快速机动化十余年来,北京市道路交通进入了饱和拥堵阶段,运行状况已经空前恶化。为此,北京加快了以轨道交通系统为主线的新北京交通系统的建设步伐(全永燊和刘小明,2005)。

综上所述,城市综合交通的发展有其规律可循。在现有研究和实践的基础上对城市综合交通规划和运营方法进行深入的研究和探讨有助于管理者和决策者更清晰地进行分析、预测,从而采取适当的城市交通发展策略,促进城市交通系统和谐健康发展。

1.2 城市综合交通

1.2.1 城市综合交通系统规划

城市综合交通不仅本身是一个复杂的大系统,它还是一个开放的系统。社会经济、政治策略、人口分布等作为系统外部环境的组成部分,各部分之间存在着强烈的相互作用。因此,城市综合交通规划成为人们必不可少的关注内容。目前,城市综合交通规划的定义并未获得统一的概念表述。

韩连平(2010)总结城市综合交通规划为对城市交通的各相关要素在有限的空间上和时间上进行合理的配置,它既包括实体规划也包括制度规划。实体规划即综合交通系统的物理层次规划,主要包括:综合交通系统的总量规模、节点和通道布局、运输方式和等级结构、枢纽和路网的衔接以及建设时序安排等;而制度性规划是通过政府制定的法律制度、政策制度和管理制度,规范综合交通的发展(综合交通规划的理论与方法课题组,2005)。

邹本存(2004)提出所谓城市综合交通规划,是通过对城市综合交通需求发展的预测,为较长时期内城市的各项交通用地、交通设施、交通项目的建设与发展提供综合布局与统筹规划,并进行综合评价。田丽君(2008)定义城市综合交通规划为通过政策、技术、经济等多种手段,以实现政府对城市综合交通设计有效管理和充分利用的目标,满足社会经济发展对交通的需要。张曙光(2007)定义城市综合交通规划为以有限资源在空间和时间上的合理配置满足政治、经济、社会发展等对交通需要的多元目标设计与安排。陈佩虹(2010)定义城市综合交通规划为以城市内全部交通方式为对象,与城市规划、土地利用规划相协调,符合城市环境、教育、健康和社会福利政策的一体化交通规划。

叶以农(2011)介绍城市综合交通规划的工作目标主要体现在:以系统最优的原则来分析、研究城市交通系统与其他社会系统(如交通系统与土地利用系统、环境系统等)之间,以及该系统内部各个子系统(如道路系统、公交系统、停车系统等)之间的协调关系,并提出相应的战略目标、政策建议、对策措施和实施方案,以此来完整地反映交通系统的运营体系、设施布局和功能结构。

近些年,我国城市综合交通规划理论与技术方法,在进行大量研究、探索和创新基础上,取得了很大进步。彭建和王雪松(2011)总结1990年我国城市综合交通规划的核心目标是适应城市快速发展要求,提高城市交通基础设施的供给能力,满足城市快速发展所带来的日益增长的交通需求。在城市综合交通规划中主要采取以需求为导向的规划目标,规划内容以道路交通为主导,并以快捷和畅通为重要衡量指标。进入21世纪后,城市综合交通运行情况、发展环境的变化促使城市综合交通规划目标开始转向集约、绿色、一体化,并提高了土地利用与交通综合规划相协调的力度。优先发展城市公共交通成为国策,轨道交通、地面公共汽(电)车交通成为城市综合交通规划的重点;同时步行、自行车等低碳、绿色的交通系统也成为城市综合交通规划的重点内容;提高公共交通出行比例也作为应对环境、能源、土地制约的核心指标成为城市综合交通规划的主要目标(Kong,2010)。

刘灿齐(2001)认为城市综合交通规划理论的产生和发展大致可分为四个阶段。

①萌芽阶段。交通问题和交通建设几乎从人类文明开始就出现了。在汽车出现以前和出现之初,交通建设比较简单,但仍然存在综合交通规划的过程。一些中国古代城市的道路网就变现成棋盘形状,体现出建路之前有关人员的规划;第二次世界大战末期,发达国家汽车逐渐增多,已有的城市路网的容量和形态均与汽车的出行需求之间存在愈演愈烈的矛盾。美国于1944年进行针对交通出行的家庭访问调查,并作了数据统计分析;20世纪50年代,美国还借用系统分析方法对城市道路网的布局进行分析;日本于1950年在东京进行了机动车出行OD调查。

②四步法阶段。1962年,美国芝加哥开始了城市综合交通规划的研究,例如《芝加哥城市交通规划研究》,标志着真正交通规划的诞生。1962年,美国制定的相关法规规定:凡人口超

过 5 万的城市，必须编制以城市综合交通调查为基础的城市交通规划。该法规大大推进了交通规划理论的发展。20 世纪 60 年代后期，日本广岛的交通规划首次提出了对不同交通方式进行划分这一新的预测内容。此后，交通规划变成了交通发生、交通分布、交通方式划分和交通分配四个步骤，即交通规划四阶段理论。

③非集计模型阶段。关于非集计模型的研究最早也是始于 20 世纪 60 年代后期（就是上面提到的广岛都市圈的交通规划），首先用于交通方式划分；20 世纪 70 年代后，McFadden 等学者对它作了深入的研究，并推向实用化。四阶段预测是将个人的交通活动的数据资料按交通分区进行统计处理，是以交通分区为单位的模型，而非集计模型的分析单位是个人，对调查得到的数据不进行统计处理，而是引入效用理论、概率论的方法进行直接分析研究的。非集计模型至今仍在发展之中。

④平衡模型加计算机技术阶段。自 1975 年 LeBlanc 发明 Beckmann 平衡交通分配模型的算法以来，人们借助各种现代的应用数学工具（神经网络方法、数学规划方法等）展开了关于平衡问题的数学模型及其算法研究，迅速发展的计算机技术使得大规模的、复杂的非线性数学规划模型及其算法得以实现。同时，城市综合交通规划逐渐注重以土地利用、人口、就业岗位为基础进行交通预测，然后进行公共交通、静态交通、行人交通、政策等方面的综合规划。

我国的城市综合交通规划起步较晚，至今不到 20 年。20 世纪 80 年代初期和中期我国城市综合交通规划主要是进行一些定性分析，或者仅依据道路交通量用最简单的方法估计年增长率以推求未来年份的交通需求量。20 世纪 80 年代后期引入国外的综合交通规划理论。在理论方面，我国学者在应用国外的综合交通规划理论和方法时，注重针对我国城市的实际情况（如大量的自行车出行）进行完善，建立具有中国特色的综合交通规划理论。另外，我国学者也参与了国际前沿的研究，推出许多研究成果；在应用方面，目前我国大多数大城市和一部分中等城市都进行了综合交通调查。

虽然传统交通规划理论在国内外均有较好的发展，但随着城市经济发展、居民需求提高，传统交通规划理论也逐渐显现其不足之处。孙根彦（2012）认为传统交通规划理论存在以下几项不足：

①传统的交通规划方法在规划城市综合交通系统时较少考虑交通发展对资源的要求和对环境的影响。

②城市综合交通规划仍采用以小汽车交通为主导的规划理念。

③传统"四阶段"交通需求预测方法已不能适应现代城市居民的出行行为、出行特征，同时无法较好地反映交通对人口和岗位的反馈信息。

基于传统交通规划理论的不足，众多学者均在城市综合交通规划理论研究中做出了进一步的完善。城市交通规划主旨应着眼于使用多元化交通方式降低交通拥堵、污染、建设维护费用而发展有利于城市环境的综合城市交通。

夏胜国等（2011）剖析了目前规划实践中落实绿色交通理念存在的问题，进而结合对绿色交通理念内涵的解析，提出并设计了"绿色组织、绿色系统、绿色管理"三阶段式规划技术路线。以新加坡·南京江心洲生态科技岛为例，探讨绿色交通规划技术的落实方法与途径：从自然条件、容量约束角度分析了江心洲绿色交通的定位及发展目标，提出并比选综合交通体系的总体组织模式；详细阐述了围绕公共交通和非机动交通进行城市综合交通系统构建的思路和方法;提出绿色管理应从交通需求管理和智能交通管理两个角度思考,以及车辆标准控制、停车泊位控制、错时上下班和拥堵收费四类措施。

左大杰和徐学才(2006)基于"四阶段法",根据可持续发展的目标,对城市综合交通系统规划方法进行了改进。新的城市综合交通系统规划方法在"四阶段"预测模型的基础上考虑了第五阶段,即可持续发展预测评价阶段。首先,作者采用等效连续 A 声级指标,建立道路交通噪声预测模型用于测量评价道路交通噪声对环境的影响,并定义交通干线道路两侧昼间噪声不超过 70 分贝,夜间不超过 55 分贝(曾德芳,1998;赵建强,2002)。如结果不满足该标准,作者建议可以采取措施防治噪声(例如对车辆进行技术改造以降低噪声等),或者对综合交通规划方案进行调整(例如增加噪声小的交通方式在交通系统中的分担率等),或者调整土地利用形态等。其次,基于功率平衡原理建立了车辆燃油消耗的微观理论模型,以汽车在城市交通中油耗试验为基础建立了城市交通系统燃油消耗的宏观模型。能源消耗量不满足有关标准时,作者建议采取措施减少燃油消耗(例如对发动机进行改造,采用替代燃料等),或者对该方案进行调整(例如增加单位油耗少的交通方式在交通系统中的分担率等)。然后,作者提出可以使用理论分析、原型试验和数值计算三种方法用于预测评价道路交通对大气环境的影响。最后,作者提出详细的新综合交通规划方法的基本思路,并将其应用于实际的道路系统中。

孙根彦(2012)定义紧凑城市为一种实现城市可持续发展的手段,即充分利用城市土地资源,提高城市空间的利用率和集约度,降低交通需求,优先发展公共交通,减少能源消耗和环境污染,遏制城市蔓延扩张,实现城市可持续性发展。作者引入紧凑城市的概念,首先基于传统交通需求预测方法,分析交通模型参数与其影响因素的相关性,并研究紧凑城市下的交通出行特征;在此基础上,引入土地利用混合率和交通可达性等参数改进交通需求预测模型,建立紧凑城市的交通模型和预测流程,对现有交通网络规划方法进行分析,根据交通需求预测结果,研究城市交通网络的布局规划方法与技术;最后,研究面向紧凑城市交通系统规划综合评价指标体系、评价模型以及评价指标的量化方法,研究面向紧凑城市发展的城市交通网络综合评价技术。

Chang 和 Chu(2005)基于对交通走廊成本的研究,采用考虑非弹性、多起点对单终点的需求形式对交通走廊内轨道交通线路进行规划,旨在实现交通系统总成本最小化,确定考虑外部性成本前后该走廊内城市轨道交通的最优发车间隔和线路长度。Inturri 和 Ignaccolo(2011)针对一条理想的存在小汽车和轨道交通两种方式的交通走廊采用确定性用户平衡分配方法计算评价系统指标,以识别交通政策对运营者和公众的效益,指出引导轨道交通和停车换乘方式可以获得较高的利润和社会效益。

Ferrari(1999)基于对城市综合交通规划理论的研究,针对只运行两种交通方式的交通系统,提出了非线性规划模型以解决网络平衡状态下的交通规划问题。首先,作者基于平均用户满意度建立一个优化模型,目标函数为平均用户满意度最大化,同时考虑的约束条件包括:预算约束、道路能力约束以及用户平衡约束。对于预算约束,作者定义了年均运营成本与年均运营收入(主要来源于公共交通的票价和道路收费)之差,并且该项差值应受到用于投资公共交通和道路系统的资金限制;对于道路能力约束,作者分别考虑了机动车道路网络和公共交通道路网络;对于用户平衡约束,作者根据 Wardrop 第一原理使用了变分不等式用以描述平衡状态下的交通网络,并估计该状态下各路径上的交通流量。其次,假设小汽车路径成本为各路段成本之和,公共交通路段成本与路段流量相互独立,作者对提出的优化问题进行简化求解。最后,作者基于建立的交通规划模型提出了一系列的实际案例。

以上是部分学者针对传统交通规划理论在可持续性方面的不足而对理论进行的改进。还有众多学者针对传统交通规划理论以小汽车交通为主导这一不足对规划理论做了进一步的研究。

陆锡明等(2010)认为基于小汽车的交通规划(Car Base Planning,CBP)是20世纪初期随着机动化发展而形成的,其对象主要是小汽车使用者,是以解决小汽车出行问题为主的道路网络发展规划。但是,CBP并没有很好地解决城市交通问题,小汽车的快速增长使大城市道路交通拥堵日益严重。他们还提出基于TOD(Transit-Oriented Development)的城市综合交通规划理念。基于TOD的城市综合交通规划具体分为六个阶段:城市结构域交通系统互动分析、交通需求特性分析与土地利用反馈、干线综合交通网络规划、交通系统规划、交通建设项目规划、实施规划(陆化普,2005)。基于TOD的城市综合交通规划主要包括:基于公共汽车的交通规划(Bus Base Planning,BBP)和基于轨道交通网络的城市综合交通规划(Rail Base Planning,RBP)两类。

BBP的对象主要是公共汽车乘客,是以解决公交优先问题为主的公交网络发展规划。20世纪90年代,公交网络规划成为交通规划的重点之一,公共交通运能明显提高,适应了城市拓展带来的出行需求。

Lu等(2011)基于对出行链的出行成本的研究,采用非集计模型探讨在一条轨道交通与公路相平行的交通走廊内,不同市场机制下,该交通系统的最优票价、停车费及相应的交通方式划分情况,提出当政府运营轨道交通及停车换乘点,且工作地点的停车位由私人公司管理时,较低的公交费用和较高的停车费用等措施可以鼓励出行者使用停车换乘方式,同时系统净效益最大并且能够相应地提高轨道交通吸引力。Basso等(2011)考虑公交车和小汽车间相互影响建立优化模型,分析对于公交补贴、道路收费等不同的城市交通管理政策下公交系统服务水平,认为设置公交专用道有利于提高交通系统的社会福利。王树盛和章燕(2011)以江阴市为例剖析了目前城乡空间与交通体系构架存在的问题,区别于以往服务于小汽车交通为主的规划理念,提出了在江阴市域范围内以快速公交为核心,在中心城区范围内以公交专用道为核心的综合交通规划编制思路,并以引导优化城乡空间发展为重点制定了公共交通发展规划方案。针对公交专用道的设置对道路交通产生的影响,作者提出中外环采用停车换乘措施、内环以公交为先,管制停车和配合使用单行道。薛美根和顾煜(2011)认为上海20世纪80年代综合交通规划侧重于交通专项规划,大力改善城市地面公交系统,10年内每年增加新车300辆左右,配齐停车和保养设施,新建高架道路考虑实施行驶快速公共交通。效果显示交通设施容量、交通服务水平提高,公交服务向多元化发展,运输管理水平提高,机动车有序增长,改善交通设施建设滞后、交通供给不足、出行难等问题。

陆锡明等(2010)提出RBP即轨道交通导向的城市综合交通规划,其对象是采用不同交通方式的全体出行者,与传统交通规划有显著区别,是基于轨道交通网络的综合交通体系发展规划。薛美根和顾煜(2011)总结上海1990~2010年综合交通规划重点为以轨道交通为代表的交通设施规划。Chang和Chu(2005)基于对交通走廊成本的研究,建立系统总成本最小化模型,分析了考虑外部性成本前后该走廊内城市轨道交通的最优发车间隔和线路长度。理论分析显示,当假设接近距离的系数取0.5、全部出行者均使用轨道交通时,总出行需求与线路长度相互独立;案例结果表明,若外部效益足够大,可以抵消增加的列车运营成本,则实际优化时可以增加线路长度,同时缩短发车间隔;若外部效益不足以抵消优化后列车运营成本,则根据优化获得的外部效益大小来选择最终方法。Jansson(1993)在城市交通系统中,基于服务频率对出行者等车时间影响的研究,建立社会福利优化模型确定公共交通系统内高峰期与非高峰期的最优发车间隔和最优票价,结果得出非高峰期最优票价应高于高峰期最优票价。

针对传统交通规划理论的前两点不足进行改进的规划理论大多是单独针对交通系统内部的各个因素的综合规划。但是,现阶段城市综合交通规划早已不单单考虑交通系统本身,将交通系统及其外部环境系统共同考虑进行系统性、综合性的规划研究已是规划理论中一个必然的研究方向。

众多学者基于对传统交通预测模型的研究,探讨不同因素之间的反馈信息。Evans(1976)结合重力分布模型和交通流分配模型,考虑交通流分配和出行分布之间的反馈关系。Feng等(2009)介绍众多学者(Boyce,2002;Boyce 和 Xiong,2007;Levinson 和 Kumar,1994)已经证实反馈型出行需求预测模型的有效性。Boyce等(2008)进一步对反馈型预测模型的不同收敛方法进行敏感性分析,并且强调建立反馈型模型对交通规划的重要性。

Levinson 和 Kumar(1994)基于传统四阶段交通规划模型的研究,考虑交通需求、交通流分配和交叉口信号控制之间的反馈关系,提出新型的交通规划模型结构。结果显示,引入由拥堵时间、路段流量和交叉口信号控制之间的反馈建立的交通需求预测模型能够提供更为真实的出行模式和交通流量。Feng等(2009)基于对传统四阶段预测模型的研究,采用集计的多项Logit模型考虑人口、小汽车拥有量的空间分布对出行需求的影响,建立回馈型交通需求四阶段预测模型,并针对北京市进行案例分析得出,与回馈型四阶段模型相比,传统四阶段预测模型存在过高预测城市交通出行需求的可能性。

Shepherd等(2006)基于对交通政策设计的研究,采用成本效益分析方法和两种多模式交通/土地利用模型——MARS 和 TPM,规划制定不同交通政策并评价其实施效果,且采用下山单纯型法进行优化问题的求解。其中,MARS模型是考虑出行需求和土地利用对交通产生影响的回馈模型,而TPM模型是重点描述出行者行为的政策预测模型。结果显示,用MARS 和 TPM 模型评价政策效果时存在差异:MARS 模型显示降低公共交通票价政策和提高燃油费可以获得最好福利成果,而 TPM 模型则显示提高公共交通发车频率可以获得最好的福利成果。

王继峰(2008)基于可达性的交通规划理论和方法以可达性这个核心概念为基础,首先深入剖析交通与土地利用之间的关系,引入个体出行效用提出新的可达性模型,并基于职住平衡的规划理念建立交通和土地利用布局优化模型。其次,考虑土地利用、交通需求及居民出行行为特征、交通网络三者间的相互作用和反馈机制,通过构造合理的双层优化模型建立协调和反馈的机制,实现有约束、有反馈的滚动式优化。最后,进行系统评价。论文以大连为实例,介绍了基于可达性的交通网络优化模型的应用以及 Pareto 优化方案集的情况。

1.2.2　城市综合交通系统运营

根据毛保华(2011)的阐述,城市综合交通问题一般可以分三个层次:一是宏观层面的问题,主要涉及城市综合交通系统发展战略与各种政策;二是中观层面的问题,主要包括各类城市综合交通规划以及涉及问题;三是微观层面的问题。重点在于城市综合交通系统内部微观行为。宏观问题通常是大跨度、宽视野的,考虑的细节相对粗糙,研究微观问题的特征是针对某一时间段、某一环节的考虑都非常细致。不同层面问题的分析和研究相辅相成。城市综合交通系统运营属于微观层面的问题,然而城市综合交通系统则处于中观层面。城市综合交通系统的高效运营可以促进城市综合交通系统合理规划和建设,同时合理的城市综合交通系统的规划是城市综合交通系统高效运营的前提。城市综合交通运营和规划是城市综合交通系统发展的两个密切联系、互有制约的重要过程。

基于合理的城市综合交通系统规划,城市综合交通系统才能实现高效运营的目标。城市综合交通系统内部轨道交通、常规公交、快速公交等交通方式之间的运营协调是城市综合交通系统运营的重要内容。所谓的运营协调是指通过运能匹配、管理政策等手段达到在轨道交通与常规公交运营组织中出行者出行时间上的连续协调(黄文娟,2004)。张宇石等(2009)梳理了国内外在局部多方式协调领域的关于运营协调方面的研究成果。如 Hurdle 和 Wirasinghe(1980)研究了接运公交线路位置,公交车发车间隔以及轨道站点的选址问题,得到总成本函数最优化的解;Lee 和 Schonfeld(1991)、Chien 和 Schonfeld(1997)等均通过对发车间隔、车站停留时间、松弛时间等变量进行优化,从而确定某站点内多条线路的协调运营方案。并且基于概率论方法以系统总成本费用最小为目标,建立两种交通方式运营协调模型用于优化轨道交通和常规公交的运营组织。结果表明:运营协调能够明显提高出行者的换乘效率;出行者的换乘费用在高峰期和非高峰期均有明显的下降;协调状态下出行者的等车时间成本低于非协调状态出行者的等成时间成本;运营协调可能会增加公共交通的运营成本;非高峰期更需要进行运营协调。

林国鑫(2006)阐述了城市公共交通一体化系统的特征和优势,如图 1-1 所示,并梳理了众多学者在运营调度协调方面的研究。如 Kuah 和 Pert(1988)开发了对于接驳线路的优化分析模型,模型同时考虑了线路间距、发车间隔以及站点设置三个决策变量综合优化;Reynolds 和 Hixson(1992)、Whitney 和 Brill(1998)均通过计算机模拟的方法探讨了换乘站设施、接驳线路和主干线路的运营组织以便提高出行者的换乘效率。然而,上述研究未考虑两次到达的同步性(Arrival Synchronization issues)问题。一些学者又进一步考虑车辆到达时间的不稳定性对公交线路协调效率的影响,如 Lee 和 Schonfeld(1991)研究了一条轨道交通线路和一条接驳公交线路在枢纽站实现协调换乘的条件和方法,研究中将换乘时间和发车间隔共同优化,分别探讨了轨道交通与常规公交车辆均不出现延误和二者均可能出现延误时的协调优化模型;Lee 和 Schonfeld(1994)进一步优化单站点多条线路的发车间隔和松弛时间(Slack Time),详细探讨了非协调、发车间隔单一与协调、发车间隔正比例两种情况下的协调及部分协调的费用函数组成与计算方法;Bookbinder 和 Desilets(1992)考虑车辆达到时间确定和随机两种情况,建立含有松弛变量的优化模型,给出确定最优离站时间的步骤;Chowdhury 和 Chien(2001)基于给定常规公交到达时间分布情况,建立联合公交协调模型,并在非协调和协调两种情况下提出模型的求解方法。

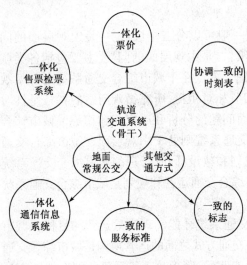

图 1-1　一体化城市公共交通系统的特征和优势
（林国鑫,2006）

叶以农（2011）提出调整优化地面公共交通线网布局和功能层次,建立地面大容量快速公交系统,合理协调轨道交通和地面公交线路之间的合作关系,可以更合理地规划城市轨道交通系统。Ceder 和 Golany（2001）研究了给定网络公共交通多条线路车辆同步性最大化的时刻表的制定问题,考虑出行者的方便性和满意度,使得到达研究网络用于换乘连接的公共交通车辆的数量最大,进而使换乘的出行者在最短的等待时间内从一条线路换乘至另一条线路。通过研究发现,出行者在出行过程中使用轨道交通和地面公交两种交通方式时,通常存在三种换乘情况,即轨道交通系统内部不同线路之间换乘、轨道交通与地面公交之间换乘、地面公交系统内部不同线路换乘（何波,2009）。

1. 城市轨道交通系统内部不同线路之间的运营协调研究

城市轨道交通系统内部不同线路之间的运营协调的重要内容就是列车时刻表的优化。所谓的列车时刻表优化是指对城市轨道交通内部换乘占用的时间资源进行优化（盛志前和赵波平,2004）,利用计算机和信息技术设计列车时刻表,使得不同线路上的列车在换乘站同步到发或换乘出行者经过走行后刚好到达衔接列车,实现出行者换乘等待时间的最小化（马超云,2010）。

马超云（2010）总结部分国内外对列车时刻表的协调优化研究。Rapp（1976）建立总换乘等待时间优化函数,通过自动修改列车在始发站的发车时间以便减少换乘延误,并将该方法应用于瑞士巴塞尔的城市轨道交通系统中。结果显示通过对列车时刻表的优化研究,换乘总延误减少 20% 左右。张铭和徐瑞华（2007）通过对网络协调性分析研究,定义城市轨道交通系统为动态形式,建立换乘站衔接层面的换乘时间效益优化模型,再从网络协调层面对换乘节点间列车衔接方案进行全局优化。Wong 等（2008）建立混合整数规划模型用于解决城市轨道交通非周期列车时刻表间的同步问题,实现出行者换车等待时间最小化目标,并且设计基于优化的启发式算法用以模型求解,最后将模型和算法应用于香港城市轨道交通系统内部。基于对既有研究的阐述,马超云（2010）介绍快线和慢线两种线路配置情况下的运行图,如图 1-2 所示,并且提出理想的运营模式是快慢车发车间隔 h 相等,且等于慢车在两个相邻快车站之间的 n 个慢车站停靠损失时间 t 的和或其整数倍,如公式（1-1）所示。

$$h = n \times t \tag{1-1}$$

式中:h——快慢车发车间隔,s;

　　　n——两个相邻快车车站之间的慢车车站个数,个;

　　　t——列车在慢车车站的停靠损失时间,s。

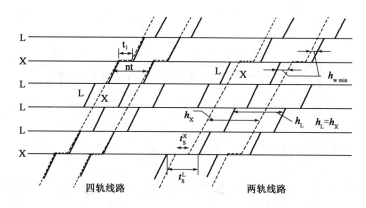

图1-2　慢车(L)/快车(X)换乘时刻表设计(马超云,2010)

孙鹏等(2011)首先结合出行者在城市轨道交通系统内部的换乘特点,分析换乘机理,如图1-3所示;建立一名出行者在换乘站从线路 i 换乘至线路 j 的期望候车时间函数($i,j=\{1,2,3,4\}$。$4\leqslant i+j\leqslant 6$,且 $i\neq j$)。其次,基于建立的期望候车时间函数构造列车开行方案优化模型,其目标函数为一名出行者从线路 i 换乘至线路 j 的平均期望候车时间最短,约束条件考虑最大最小发车间隔。最后针对算例进行列车开行方案研究,将线路周期由变量转化为常量后,采用Lingo软件对模型进行求解。案例优化结果显示:优化后的旅客平均候车时间仅为优化前的14.4%,优化效果较为明显,两条地铁线路的列车具体的运营方案优化示意图如图1-4所示。

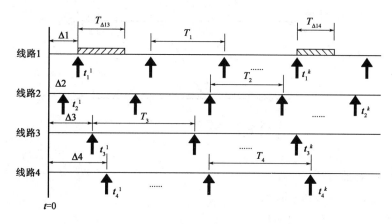

图1-3　两条相交轨道线路换乘站列车到发示意图(孙鹏等,2011)

图中:t_i^k——$\{1,2\}$、$\{3,4\}$ 线路间相互有换乘关系的第 i 线第 k 班列车到达换乘站的时间点;

Δj——初始时刻各线路列车距车站时间;

$T_{\Delta ij}$——从线路 i 换乘到线路 j 旅客的必要在站时间,其为出行者在线路 i 的下车时间、线路 i 换乘至线路 j 的走行时间和在线路 j 的上车时间之和;

T_j——线路 j 的周期,$T_1=T_2$,$T_3=T_4$。

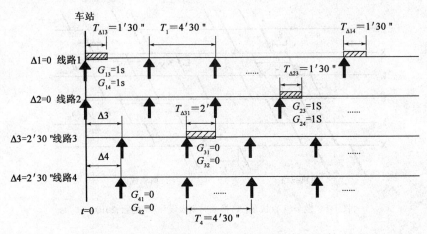

图 1-4　列车运营方案优化示意图(孙鹏等,2011)

图中:G_{ij}——在换乘站换乘的出行者在站内滞留的最短时间。

2. 轨道交通与地面公交之间的运营协调研究

于鹏(2011)将轨道交通和常规公交之间的换乘划分方向进行研究,从时空角度分析两种交通方式的换乘衔接形式,总结两种最优换乘情况以及四种非协调换乘情况。

①常规公交换乘出行者到达轨道交通站台时,轨道交通列车刚好到达站台,无需等待直接换乘,如图 1-5 所示。

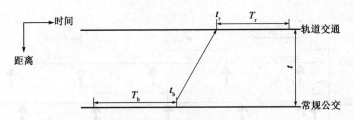

图 1-5　轨道交通与常规公交换乘时空图一(于鹏,2011)

图中:T_b——常规公交的发车间隔;

T_r——轨道交通的发车间隔;

t_b——常规公交车辆到站时刻;

t_r——轨道交通列车的到站时刻;

t——轨道交通与常规公交之间的换乘步行时间。

②轨道交通换乘出行者到达常规公交站台时,常规公交车辆刚好到达站台,无需等待直接换乘,如图 1-6 所示。

③轨道交通换乘出行者到达常规公交站台时,距离最近的下一车次常规公交车辆尚未到站,换乘出行者的等待时间为 $t_b - a_b$,时空图如图 1-7 所示。此时,提前下一车次常规公交车辆的到站时间以便缩短换乘出行者等待时间。

④轨道交通换乘出行者到达常规公交站台时,距离最近的前一车次常规公交车辆刚刚离开,换乘出行者的等待时间为 $T_b - (a_b - t_b)$,如图 1-8 所示。此时,调整前一车次常规公交的

到站时间延迟到 a_b 时刻,换乘出行者可以实现协调换乘。

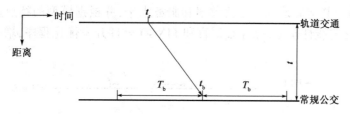

图 1-6　轨道交通与常规公交换乘时空图二(于鹏,2011)

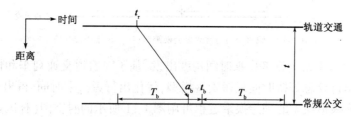

图 1-7　轨道交通与常规公交换乘时空图三(于鹏,2011)

图中:a_b——轨道交通换乘乘客到达常规公交站台的时刻。

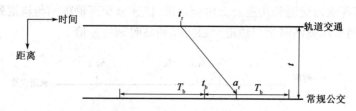

图 1-8　轨道交通与常规公交换乘时空图四(于鹏,2011)

图中:a_r——常规公交换乘乘客到达轨道交通站台的时刻。

⑤常规公交换乘出行者到达轨道交通站台时,距离最近的前一车次轨道交通列车刚刚离站,换乘出行者的等待时间是 $T_r-(a_r-t_r)$,如图 1-9 所示。这种状态下,建议提前本车次常规公交的到站时刻实现两种交通方式之间的协调换乘。

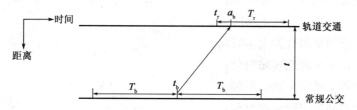

图 1-9　轨道交通与常规公交换乘时空图五(于鹏,2011)

⑥常规公交换乘出行者到达轨道交通站台时,距离最近的下一车次轨道交通列车尚未到站,换乘出行者的等待时间是 t_r-a_r,如图 1-10 所示。这种状态下,延后本车次常规公交的到站时刻可以达到与轨道交通协调换乘,但会增加出行者的出行时间。

针对上述四种非协调换乘情况,作者以轨道交通换乘常规公交的出行者、常规公交换乘轨道交通的出行者以及常规公交非换乘的出行者的总候车时间最小为目标函数建立基于轨道交通的常规公交时刻表协调优化模型,用于实现轨道交通与常规公交在时间上的协调衔接,提高城市公共交通系统的运营效率和服务水平,并根据模型的特点及协调优化原理将非线性模型转化为线性模型,综合C语言和LINGO软件开发优化程序,增强优化模型的实用性。

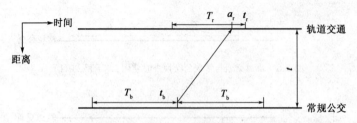

图1-10　轨道交通与常规公交换乘时空图六(于鹏,2011)

谢立宏(2010)从出站出行者换乘时间角度出发,基于对轨道交通列车和快速公交车辆的协调调度建立的出行者总等待时间最短宏观模型,优化出行者换乘时间,得出一列轨道列车与一辆快速公交在换乘枢纽 k 的理想换乘过程可用图1-11所示的时空图(林国鑫,2006)中的实线进行描述。然而如图1-11中虚线所描述,当出站出行者到达快速公交疏散站点时,快速公交正在离站或者已经离开车站,该情况下换乘出行者只能等待下一辆列车,这时称之为换乘失败。因此,定义实现轨道交通和快速公交协调换乘,快速公交车辆离站与轨道列车到达时间间隔应小于公交车辆实际离站时刻与轨道交通实际到站时刻的差值。

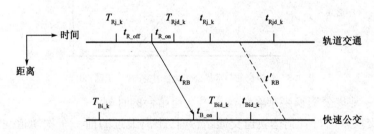

图1-11　轨道交通与快速公交换乘时空图(谢立宏,2010)

图中:T_{Rj_k}——轨道车辆理想到站时刻;

　　　t_{R_off}——轨道列车出行者下车时间;

　　　t_{R_on}——轨道列车出行者上车时间;

　　　T_{Rjd_k}——轨道列车理想离站时刻;

　　　t_{Rj_k}——轨道交通实际到站时刻;

　　　t_{Rjd_k}——轨道列车实际离站时刻;

　　　t_{RB}——出行者从轨道站台到公交站台换乘时间;

　　　T_{Bi_k}——快速公交理想到站时刻;

　　　t_{B_on}——公交车辆出行者上车时间;

　　　T_{Bid_k}——公交车辆理想离站时刻;

　　　t_{Bid_k}——公交车辆实际离站时刻。

赵鑫(2004)认为国外的"feeder bus"的运营组织系统非常完善,和轨道交通使用同一张车票,统一组织运营,甚至时刻表相互衔接。如1978年在莫斯科,所有的有轨电车和无轨电车同轨道交通车站都连接上,在423个市内公共汽车线路中,只有5个没有和轨道交通连接,同时有378条线路保持和地铁站连接;温哥华的轻轨自西北向东南斜穿整个市区,有58条地面公共汽车和无轨电车线路在75处与轻轨交叉衔接。

何波(2009)认为国内外在轨道交通与常规公交之间的协调优化方面的研究主要分为两个方面:轨道交通与常规公交运营协调优化的条件是两种交通方式的发车间隔较长、换乘客流较大,当发车频率较高时,两种交通方式之间的协调效果并不明显;轨道交通与常规公交运营系统协调优化对象是公共交通行车计划,当常规公交具有较高的服务可靠性,即常规公交车辆的到站时刻方差较小时,轨道交通与常规公交的运营协调才具有实际意义。

3. 地面公交系统内部不同线路之间的运营协调研究

何波(2009)定义常规公交不同线路运营协调一般在同一公交站台进行。由于常规公交在运营过程中,受到交通条件、停站时间等因素影响,同轨道交通与常规公交之间的换车协调相比,常规公交不同线路之间的换乘协调受随机性的影响更为显著。常规公交不同线路之间的具体换乘情况同样可以通过不同线路之间的时空图表示,如图1-12所示。根据图1-12所示,公交线路k的出行者能否换乘到公交线路j上,其关键在于公交线路k的实际到站时刻与公交线路j的期望离站时刻。在运营协调的过程中,为了实现出行者协调换乘,可以采取实时调度手段确保公交线路k在站点i的实际到站时刻小于公交线路j在站点i的出行者最晚下车时刻。

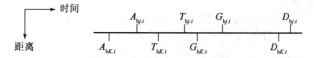

图1-12 常规公交不同线路的换乘时空图(何波,2009)

图中:$A_{bj,i}$——公交线路j在站点i的期望到站时刻;

$A_{bk,i}$——公交线路k在站点i的期望到站时刻;

$D_{bj,i}$——公交线路j在站点i的期望离站时刻;

$D_{bk,i}$——公交线路k在站点i的期望到站时刻;

$G_{bj,i}$——公交线路j在站点i的出行者最晚下车时刻;

$G_{bk,i}$——公交线路k在站点i的出行者最晚下车时刻;

$T_{bj,i}$——公交线路j在站点i的实际到站时刻;

$T_{bk,i}$——公交线路k在站点i的实际到站时刻。

Abkowitz等(1987)应用计算机模拟4种不同换乘情况:非协调换乘、无车辆停留等待、低发车频率线路的车辆等待高发车频率线路的车辆、两条线路车辆均等待,以此确定定时换乘(交通系统内时刻表的设计方法之一)的应用范围及条件。

上文总结的是城市轨道交通、常规公交、快速公交等公共交通之间的运营协调理论研究,部分学者还探讨了城市轨道交通、常规公交与小汽车、自行车之间的运营协调问题。如Ferrari(1999)采用非线性规划模型进行案例,提出公交票价和道路收费获得的运营收入用于增加停车位数量等设施建设时可以获得最低的系统平均成本,以此解决网络平衡状态下的交通规划问题。Lu(2011)基于对出行链出行成本的研究,提出较低公交费用和较高停车费用的结合可以促进出行者采用轨道交通方式和停车换乘方式出行。袁振洲(2001)介绍伦敦的一些重要车站和地铁站几乎都建在一栋站舍内,而且出站就有小汽车停车场,有1/3的地铁车站和小汽车停车场结合在一起,许多地铁车站设置在人流相当集中的大商店或办公楼底部,形成十分方便的换乘体系;且依据公交转换距离或转换时间为5~6km或30min左右,即自行车和地面公交两种交通方式等距离、等时耗的临界值。考虑到地面公交向轨道交通运送客流的高效率,可将使用自行车换乘城市轨道交通的合理换乘距离设在3km以内,在此范围内为骑车者设计安全、舒适、方便的自行车道。

1.3 城市土地利用

1.3.1 相关概念

刘国强(2003)定义城市土地利用为根据城市土地资源特有属性和城市活动功能的要求,引导城市土地进行的开发、利用和保护等活动的总称。朱泳霏(2011)定义城市土地利用为对城市的土地进行不同层次及功能的配置,主要研究城市土地资源配置,预测城市土地的发展变化,调整其不合理的结构。郝记秀(2009)定义城市土地利用为城市范围内土地的使用,其主要特征包括规模、价格、类型、布局、结构和强度。

1. 城市土地利用规模

城市土地利用规模是指城市行政区划范围内经过征用的土地和实际建设发展起来的非农业生产建设的地段,包括市区集中连片的部分以及分散在近郊区与城市有密切联系、具有基本完善的市政公用设施的城市建设用地。

2. 城市土地利用价格

在我国,土地价格主要是指土地使用权的价格,是以土地使用权出让、转让为前提,土地使用者取得土地使用权和相应年期内土地收益的购买价格。土地利用价格是指包含土地价格、土地开发成本、土地开发收益等几部分在内的、以建筑面积为单位来衡量的市场价格。

3. 城市土地利用类型

基于对城市综合交通和土地利用关系的研究,结合住建部《城市用地分类与规划建设用地标准》(GB 50137—2011),城市土地利用类型可以分为居住功能用地、就业功能用地和娱乐功能用地等(郝记秀,2009)。刘灿齐(2001)阐述1964年美国学者劳瑞(Lowry)在匹兹堡的城市交通规划中将土地利用分为三类:基础产业部分(Basic Sector),包括工业、大型贸易公司、中央政府直属机关、高校等,不由对象区域的社会、经济规模决定;非基础产业部门(Retail Sector),为商业、服务业、地方政府机关、中小学等与居民生活密切相关的部门,受区域人口、经济状况影响;住户(Employment or Population),为上述两部门雇佣的住户数或人口。

Lowry(1964)基于对城市土地利用类型的分类,建立劳瑞模型模拟不同类型的土地利用空间分布。劳瑞模型是经典的综合性交通与土地利用模型。陈佩虹和王稼琼(2007)阐述劳瑞模型的理论基础,介绍劳瑞模型包括9个公式和3个约束条件,如公式(1-2)~(1-13)所示。

$$A_i = A_i^U + A_i^B + A_i^R + A_i^H, i = 1, 2, \cdots, I \tag{1-2}$$

$$E^k = \delta^k \times N, k = 1, 2, \cdots, k \tag{1-3}$$

$$E_i^k = \eta^k \times \left[\alpha^k \times \sum_{j=1}^{I} \frac{N_j}{f_{ij}^k} + (1 - \alpha^k) \times E_i \right] \tag{1-4}$$

$$\sum_{i=1}^{I} E_i^k = E^k, k = 1, 2, \cdots, K \tag{1-5}$$

$$E_i = E_i^B + \sum_{k=1}^{k} E_i^k, i = 1, 2, \cdots, I \tag{1-6}$$

$$A_i^R = \sum_{k=1}^{k} \varphi^k \times E_i^k, i = 1, 2, \cdots, I \tag{1-7}$$

$$N = \gamma \times \sum_{i=1}^{I} E_i \tag{1-8}$$

$$N_i = \rho \times \sum_{j=1}^{I} \frac{E_j}{f_{ij}}, i = 1, 2, \cdots, I \tag{1-9}$$

$$\sum_{i=1}^{I} N_i = N \tag{1-10}$$

S. t.

$$E_i^k \geqslant \frac{Z^k}{E_i^k} = 0 \tag{1-11}$$

$$N_i \leqslant Z_i^H \times A_i^H \tag{1-12}$$

$$A_i^R \leqslant A_i - A_i^U - A_i^B \tag{1-13}$$

式中: A_i——分区 i 的全部面积;

A_i^U——分区 i 的不可利用的土地面积;

A_i^B——分区 i 的基础部门用地面积;

A_i^R——分区 i 的非基础部门用地面积;

A_i^H——分区 i 的住户用地面积;

E_i——分区 i 的全部就业岗位数;

E_i^B——分区 i 的基础部门就业岗位数;

E_i^k——分区 i 的第 k 类非基础部门就业岗位数;

E^k——整个区域内第 k 类非基础部门的就业岗位数;

N_i——分区 i 的住户数;

N——整个区域的住户数;

f_{ij}——从分区 i 到分区 j 的距离阻抗;

f_{ij}^k——从分区 i 到分区 j 的第 k 类非基础部门的距离阻抗;

δ^k——每家住户需要的第 k 类非基础部门就业岗位数;

η^k——第 k 类非基础部门比例系数;

α^k——从家到第 k 类非基础部门的出行占所有从家出发的出行的比例;

φ^k——每个 k 类非基础部门所占用的土地;

γ——每个雇员的家庭数;

ρ——家庭比例系数。

劳瑞模型的优点在于该模型能够综合性地分析城市内各种土地利用类型,且可以计算得到唯一优化解。但模型对人口区位和交通量的关系并未给出科学解释;在描述基础部门、服务部门和住户的相互关系时缺乏经济理论基础;模型是一个静态模型,没有设置时间变量,这导致模型不能将城市的现有土地利用结构作为城市今后发展的约束条件。

4. 城市土地利用布局

城市土地利用布局是指城市不同类型、不同强度土地利用所构成的空间物质形态,是城市各种功能活动在地域上的表现。主要的城市土地利用布局形态分为两种:集中式土地利用布局形态,即城市不同类型、不同强度的土地利用连成一片集中式发展;分散式土地利用布局形态,即城市土地利用呈不连续分散式发展。

5. 城市土地利用结构

朱泳霏(2011)定义城市土地利用结构为用于工业、商业、仓储、居住等不同功能各种性质用地的分配比例及分布区位。郝记秀(2009)定义城市土地利用结构为整个城市或城市某个区域内各种土地利用类型的土地面积在所研究区域土地总面积中的比重。钱林波(2000)采用人口和就业岗位密度的熵指数模型表征土地利用混合程度以描述土地利用结构,如公式(1-14)所示。

$$D = |RKMD \times \lg(RKMD)| + \sum_{k=1}^{n} |EM_k \times \lg(EM_k)| \qquad (1\text{-}14)$$

式中:D——研究区域的土地利用混合程度;

$RKMD$——研究区域内的人口密度,人/hm²;

EM_k——研究区域内第 k 类就业岗位密度,人/hm²;

n——就业岗位分类数。

刘灿齐(2001)指出城市综合交通引起城市土地利用的布局和结构发生变化。决定城市土地利用布局和结构的一个重要因素是相对可达性,由一个地方的可达性与另一个地方可达性的相对比较而得出。对于可达性而言,陆化普等(2009)梳理了不同学者研究的可达性概念及其模型。

(1) 空间阻隔模型

Ingram(1971)定义可达性是克服空间阻隔的难易程度,并根据此定义建立空间阻隔模型(Spatial Separation Measure),如公式(1-15)所示。

$$A_i = \frac{1}{J} \times \sum_{j \in J-i} t_{ij} \qquad (1\text{-}15)$$

式中:A_i——i 小区的可达性;

t_{ij}——i 小区到 j 小区的出行时间;

J——小区总数。

该模型物理意义直观、形式简单,但偏重于交通系统本身,未反映土地利用和交通需求等其他信息。

(2) 累积机会模型

Wachs 和 Kumagai(1973)基于时间阈值或费用阈值,将从出发点在阈值容许范围内到达的所有机会(人口或工作机会的数量)定义为某一特定区位的可达性,并建立累计机会模型,如公式(1-16)所示。

$$A_i = \sum_j O_{j\tau} \tag{1-16}$$

式中：τ——预先定义的时间阈值；

$O_{j\tau}$——小区 j 中的机会。

该模型通俗易懂，但阈值 τ 通常是根据经验而定，具有一定的主观性。

(3) 空间相互作用模型

Hansen(1959)定义可达性为相互作用的潜力，基于对最大熵原理推导出的双约束重力模型的研究，提出可达性模型公式(1-17)。

$$A_i = \sum_j \frac{W_j}{\exp(rt_{ij})} \tag{1-17}$$

式中：W_j——分区 j 的就业岗位数；

t_{ij}——分区 i 和分区 j 的平均出行时间；

r——参数。

该模型物理意义便于解释，适用于短期预测，但平均出行时间不明确且不考虑自区的可达性。

(4) 效用模型

Ben-Akiva 和 Lerman(1985)基于对效用理论、离散选择模型的研究，定义可达性为出行选择的最大期望效用，采用对数和的形式表示可达性，如公式(1-18)所示。

$$A_i = \ln \sum_{j \in C} \exp(V_{ij}) \tag{1-18}$$

式中：V_{ij}——分区 i 的个体选择分区 j 的效用；

C——选择集合。

该模型虽然在理论上容易扩展，但基于离散选择模型在计算时所需数据量大，计算较为复杂。

(5) 时空约束模型

Hägerstraand(1970)从个体角度出发，考虑特定的时空约束，以个体能够到达的时空区域度量可达性水平，建立时空约束模型。该模型核心概念是对时空约束的理解，时空约束是指个人活动的时间和空间特性所引起的对于活动选择的限制。Kwan(1998)基于可行机会集合(Feasible opportunity set, FOS)，构造时空约束模型，如公式(1-19)所示。

$$A = \sum_i W_i I(i), I(i) = \begin{cases} 1, i \in \text{FOS} \\ 0, \text{其他} \end{cases} \tag{1-19}$$

式中：W_i——i 小区中的机会；

FOS——小区 i 的可行机会集合。

6. 城市土地利用强度

朱泳霏(2011)定义城市土地开发强度为土地的容积率、建筑密度、建筑高度等，土地开发强度与土地的经济效益有密切的关系。郝记秀(2009)定义土地利用强度为土地利用的开发程度，其评价指标通常确定为容积率。容积率是所研究区域范围内全部建筑面积与规划建设用地面积之比，其计算方法如公式(1-20)所示。

$$\eta = \frac{S'}{S} = \frac{N \times R_H}{S} \tag{1-20}$$

式中：S'——研究区域内所有建筑的建筑总面积，km^2；

R_H——人均拥有建筑面积，km^2/人；

N——研究区域内的常住人口数量，人；

S——研究区域的土地面积，km^2。

1.3.2 土地利用决定城市交通

上文从城市土地利用特征的角度详细地介绍了国内外学者对城市土地利用的相关理论研究。城市土地利用与城市交通相互关联，相互制约。城市土地利用模式是城市交通模式形成的基础，特定的城市土地利用模式可以导致某种相应的城市交通模式，反之，城市交通模式的变化也会影响城市土地利用模式（毛蒋兴和闫小培，2002），两者间具体的关系如图1-13所示。

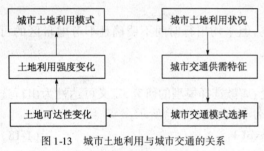

图1-13 城市土地利用与城市交通的关系
（毛蒋兴和闫小培，2002）

毛蒋兴和闫小培（2002）阐述城市土地利用决定了城市居民出行所采用的主要交通方式。不同的城市土地利用状况，必然要求存在相应特征的城市交通模式与之相适应。作者提出，以高密度集中土地利用为特征的城市，其土地利用开发强度大、利用密度高、土地布局集中，与之相对应的交通方式则要求具有高运载能力，如城市轨道交通这样的公共交通模式；以低密度分散土地利用为特征的城市，单位土地面积产生的需求量小且分散，发展公共交通模式则不易组织运营。此时，交通模式必然趋向于自由度较高的私人交通模式，如小汽车方式。

朱泳霏（2011）在对城市土地利用影响城市交通的研究中，总结出居住密度、开发规模、布局都会影响交通需求、交通流、出行方式和出行距离。居住密度越高，出行可能越少，交通服务相对也较好，更有利于公共交通的发展（Dunphy和Fisher，1996），当开发规模和密度达到一定程度时将会促进轨道交通的发展，而紧凑型、小规模和混合开发模式则鼓励自行车与步行交通方式的利用，从而降低私车使用水平（Giuliaono和Naravan，2003）。研究结果显示，土地开发密度每增加10%，私家车出行约减少0.7%（Badoe和Miller，1998）。大规模、分散式、低密度开发则显著刺激小汽车的发展（张小松等，2003；王春才，2006），土地开发强度也明显影响交通流的强度（闫小培和毛蒋兴，2004），土地混合利用以及步行导向的规划会减少出行率和出行距离，显著增加公交出行比例，降低平均购物距离（Cevero，1996；Cevero和Kockelman，1997）。

朱泳霏（2011）介绍了土地利用形式单一、开发强度低、城市布局分散的低密度分散模式的城市，如美国洛杉矶、底特律等，单位土地面积产生的交通量小且分散，城市轨道交通、常规公交等公共交通方式的服务范围难以将交通需求点完全覆盖，且不易组织，此类城市的交通模式大多以运量小、自由程度高的私人交通方式为主，例如小汽车方式。法国巴黎、日本东京、中国香港等城市，其城市各种功能用地属于混合布局，土地开发强度大，此类城市的交通模式公共交通系统发达，居民出行主要以公共交通方式为主。

1.3.3 城市交通反馈土地利用

城市综合交通和城市土地利用具有复杂的相互作用,城市土地利用能够引导城市综合交通的发展模式,城市交通模式同样可以引导城市土地利用的布局形态及开发强度。

于百勇和林宁(2006)定义"轨道主导"型TOD是面向城市轨道交通的土地开发战略,即一方面在开展城市交通规划的同时以大运量、高效率、环境友好的轨道交通为骨干,配合步行及地面公交接驳,从而减少出行者出行对地面交通和小汽车的需求;另一方面,在开展城市规划的同时以轨道交通车站为中心,进行高密度的商业楼、写字楼、住宅楼等综合开发,使住房、就业集中在车站吸纳范围内,最大限度地吸引出行者使用轨道交通。图1-14是以地铁车站为核心的社区开发概念模型,车站上盖开发成高密度的中心商业区(Core Commercial),车站600m范围内以中高强度住宅(Moderate-to-High Density Residential)开发为主,范围外侧是较低密度住宅或潜在职场(Potential Employment),并预留大量中心绿地和树林,汽车干道沿区外修建,以此构成一个TOD开发组团。

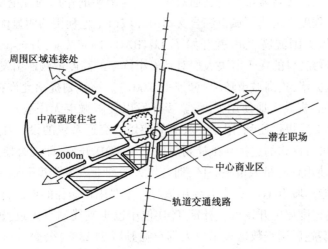

图1-14 "轨道主导"型TOD模式开发概念模型(于百勇和林宁,2006)

陆锡明等(2010)在基于轨道交通网络的大城市综合交通规划中,提出轨道交通导向的用地规划体现为以轨道交通车站为中心,建筑密度和建筑容积率渐远递减。轨道交通车站周边应以商务办公、居住类等高强度用地为主,围绕轨道交通车站的用地密度和建筑容积率呈现"同心圆金字塔"结构,距离轨道交通车站越近,建筑密度和容积率越高,反之越低。基于轨道交通车站的用地规划应突破传统基于道路及行政区划的用地规划,以及城市外围区、郊区城镇化地区的用地性质、建筑密度和建筑容积率等,要充分体现轨道交通车站主导原则,适应以轨道交通为主导的用地规划要求。

孙根彦(2012)总结出通常情况下,在城市轨道交通车站200m范围内,布置商业办公等大型公共建筑。在距离城市轨道交通车站约500m范围内,主要布置居住用地。在500m以外,主要以医院、学校、公园、产业服务等用地为主,作为城市轨道交通车站周边的次紧密联系区。并且通过研究城市轨道交通车站周边土地开发强度示意图,如图1-15所示,提出以城市轨道交通车站为中心,200m范围内属于高强度开发区域,开发强度递远递减。

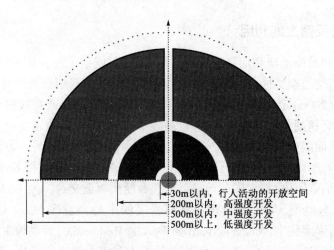

图 1-15　城市轨道集团车站周边土地开发强度示意图(孙根彦,2012)

近年来,许多国家已经将城市综合交通对城市土地利用的作用的理论研究应用于实际案例当中,这也在一定程度上表明了城市综合交通引导城市土地利用的明显优越性。

20世纪80年代美国波特兰市就开始了 LUTRAQ(Land Use, Transportation, Air Quality Connection)计划的研究,目的在于解决人们对私人小汽车的高度依赖所引发的城市问题,缓解城市蔓延,减少交通拥堵,提高城市环境(韩连平,2007)。该计划提出允许在公共交通站点服务范围内(半径600m)提高土地使用强度,紧凑开发以缓解城市无序蔓延。在这些区域内为步行、自行车和公共交通提供便利,限制小汽车的使用。交通系统的设计和土地开发应协调,能为居民提供不同出行模式的选择。该计划规定三级TOD开发,即混合使用核心、城市TOD和社区TOD。混合使用核心是城市核心区,拥有最大的商业开发强度和最密集的住宅及最大程度的混合使用性能。城市TOD是混合使用核心外主要用作居住的地区,位于轻轨站或快速巴士的周围,经行高密度居住开发区。社区TOD位于巴士支线站点附近,提供居住和供当地商业使用。该计划实施后调查数据显示单人驾车通勤减少23%,公交、自行车和步行出行增加27%,通勤高峰出行减少11%。城市蔓延得到有效控制。

1920年在美国的新泽西州,拉德伯恩将人行道、车行道分离,各行其道,导致现代意思步行交通的诞生(肖红波,2004)。美国建筑设计师哈里森·弗雷克提出,以公共交通为导向的发展模式(Transit Oriented Development,简称TOD),是为了解决二战后美国城市的无限制蔓延而采取的一种以公共交通为中枢、综合发展的步行化城区。公共交通主要指地铁、轻轨等轨道交通及干线巴士。以公交站点为中心,以400~800m(5~10min步行路程)为半径建立中心广场或城市中心,其特点在于具有集工作、商业、文化、教育、居住等为一身的"混合用途"。城市重建地块、填充地块和新开发土地均可用来建造TOD。

李秋韵(2006)通过研究上海以自行车与轨道交通整体化系统引导区域发展的具体策略,鼓励轨道站点周边土地发展高密度集中住宅,同时建立综合性商业、文化、娱乐中心和办公中心,利用立体化自行车专用道开发立体化沿街商业。鼓励采用建立空中步行廊道、开发地下商业环境、建立复合型建筑等手段,充分发挥城市空间的多维度性,实现立体化、复合化的土地利用形式。

韩连平(2007)介绍了圣地亚哥市土地利用规划的具体案例。此次土地利用规划把圣地亚哥市的轻轨线路扩大到整个城市范围,韩连平(2007)解释了如何将TOD的节点分散到网络沿线,并且比较了塔克洛特路附近的传统规划模式与TOD规划模式。比较结果显示原有的停车场、干道和尽端路将被经过自己规划的道路网络取代,网络以轻轨车站和邻近的公共开敞空间为中心,以步行可达范围为半径创造了一个尺度宜人的TOD社区。

1.4 本章小结

丁强(2005)阐述城市综合交通作为城市的一个子系统,实现着城市人流、物流的有效移动和运转功能,是城市繁荣、有序的发展能力的象征。城市土地利用是城市综合交通出行需求的根源。研究城市综合交通、城市土地利用及两者之间的互动关系,是一个城市可持续发展的根本要求。因此,本书详细阐述了城市综合交通规划与运营理论、城市土地利用相关理论。

城市综合交通规划方法的研究已然从单一的交通方式,从只考虑城市交通系统内部因素的传统交通理论发展为多种交通方式相协调、考虑交通系统内部及外部环境相互作用的综合交通规划理论。本书介绍了传统城市综合交通规划方法存在的三点不足,即传统的交通规划方法在规划城市综合交通系统时较少考虑城市综合交通发展对资源的要求和对环境的影响,城市综合交通规划仍采用以小汽车交通为主导的规划理念,传统"四阶段"交通需求预测方法已不能适应现代城市居民的出行行为、出行特征,同时无法较好地反映交通对人口和岗位的反馈信息。并且针对以上三点不足对改进的城市综合交通规划理论进行了阐述。考虑到城市综合交通发展对资源与环境的影响,众多学者从多方面对城市综合交通规划理论进行了改进。部分学者考虑绿色交通概念,提倡"低碳、环保"的城市综合交通系统;部分学者基于对城市综合交通系统社会效益最大、系统成本最小、系统用户满意度最大等方面的研究,提倡综合规划城市交通系统内部多种交通方式;还有学者提出紧凑城市的概念,并且提出面向紧凑城市的城市综合交通规划理论方法。紧凑城市概念是一种实现城市可持续发展的手段,即充分利用城市土地资源,提高城市空间的利用率和集约度,降低交通需求,优先发展公共交通,减少能源消耗和环境污染,遏制城市蔓延扩张,实现城市可持续性发展(孙根彦,2012)。由于传统城市综合交通规划以小汽车交通为主导的理念存在不足,改进的城市综合交通理论主要从公共交通方式着手,建立以公共交通为导向的城市综合交通规划理论。本书介绍以公共交通为导向的城市综合交通规划理论,包括以地面公交为导向和以轨道交通为导向两类。以地面公交为导向的城市综合交通规划理论的对象主要是使用地面公交的出行者,是以解决公交优先问题为主的公交网络发展规划。以轨道交通为导向的城市综合交通规划理论的对象是采用不同交通方式的全体出行者,是基于轨道交通网络的综合交通体系发展规划。由于传统城市综合交通规划理论对系统内外因素之间相互作用考虑不足,众多学者建立反馈型交通需求预测模型,在考虑土地利用和城市交通间的相互作用的同时,对城市综合交通系统进行综合性的规划。

城市综合交通规划和运营是城市综合交通系统发展的两个具有密切联系、互有制约的重要过程。一方面,合理的城市综合交通系统的规划是城市综合交通系统高效运营的前提;另一方面,城市综合交通系统高效的运营可以促进城市综合交通系统合理规划和建设。鉴于城市综合交通系统运营和规划是城市综合交通系统发展的两个密切联系、互有制约的重要过程,本书介绍了城市综合交通系统内城市轨道交通系统、常规公交系统之间的运营协调理论研究,具体内容包括城市轨道交通不同线路、城市轨道交通线路与地面公交线路以及常规公交系统内部不同线路之间的相互协调运营发展。

针对城市土地利用问题,本书介绍了不同学者对城市土地利用的定义,介绍了城市土地利用的主要特征包括规模、价格、类型、布局、结构和强度,并且针对以上特征详细地阐述了相关理论。根据陆化普等(2009)的研究,本书介绍了交通出行可达性的定义以及根据不同定义建立的可达性模型。主要的模型包括:空间阻隔模型、累积机会模型、空间相互作用模型、效用模型及时空约束模型。城市土地利用与城市综合交通两者间存在相互联系、相互制约的循环作用,并具有相互反馈的关系。城市土地利用是城市综合交通出行需求的基础,从宏观上决定城市综合交通的结构及模式,不同的城市土地利用模式必然会存在特定的城市综合交通与之相适应。城市综合交通系统的运行效率会对城市土地利用类型、布局、结构、强度、规模等产生影响(刘国强,2003)。本书基于城市土地利用与城市交通之间的相互作用关系,阐述了土地利用对城市交通的影响以及城市交通如何引导城市土地利用的相关研究成果。

本书各章节逻辑关系如图1-16所示。第一章基于城市综合交通规划与运营的关系详细地阐述了城市综合交通的相关理论研究,且以城市综合交通与城市土地利用之间的相互作用、反馈关系对城市土地利用的基本概念、模型进行了介绍,分别梳理了城市土地利用如何影响城市综合交通发展及城市综合交通如何引导城市土地利用的相关理论研究。第二章运用计量经济学中的离散选择模型,通过对城市交通综合出行成本进行详细分析及优化,针对北京市城六区进行案例分析,探索改善城市交通出行结构的措施策略,以达到有效改善城市交通产生较高综合出行成本问题的效果。第三章回顾了国内外对于交通拥堵量化、评价和预测三方面的研究现状,定义交通拥堵概念并分析其特征及影响因素,总结既有交通拥堵评价指标和方法,提出缓解交通拥堵对策,并采用贝叶斯网络评价方法对某特大城市进行了案例分析。第二章和第三章的主要内容属于城市综合交通规划理论研究的范畴,城市交通拥堵是城市交通综合出行成本过高的原因之一,实现城市交通综合出行成本最小的合理出行结构在一定程度上可以降低城市交通拥堵程度。第四章介绍了城市轨道交通运营效率评价指标和优化方法,建立城市轨道交通运营效率评价体系,并针对体系中的评价内容提出了相应的优化措施。第四章内容属于第一章中阐述的城市综合交通系统运营的研究理论。城市轨道交通系统高效地运营可以降低出行者的出行时间成本,进而降低城市交通综合出行成本,实现城市交通综合出行成本最小的合理出行结构可以促进城市轨道交通系统高效运营。第五章针对土地利用分类状况、形态、强度和规模,介绍分析了国内外城市轨道交通沿线土地利用开发情况,并对城市轨道交通车站客流量与周边土地利用关系进行了建模研究。第六章总结了城市轨道交通车站周边土地利用特点及优点,对北京地铁昌平线从南邵站出站,到各个进出站口外的公交换乘点的客流进行了仿真优化。第五章和第六章的内容主要涉及城市土地利用研究。城市轨道交通沿线土地利用的合理开发和车站周边土地利用的有效管理是实现合理的城市综合交通出行结构的基础,是实现城市轨道交通车站周边土地利用有效合理开发与管理的前提,实现城市交通综合出行成本最小的合理出行结构可以引导城市轨道交通沿线的土地利用开发模式。第七章总结了传统城市交通系统规划的不足,并针对提及的不足探讨了新城市交通系统以及城市综合交通的发展趋势。

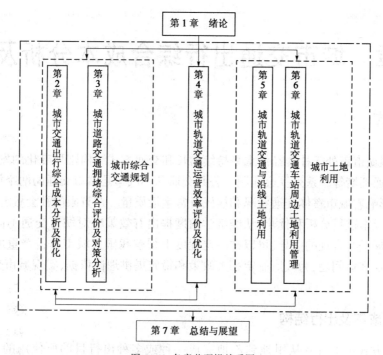

图 1-16　各章节逻辑关系图

第 2 章 城市交通出行综合成本分析及优化

2.1 引言

目前,我国城市正处于社会经济水平持续增长和交通方式结构剧烈变化的发展时期,由此势必会引发交通拥堵等一系列社会问题。公共交通和小汽车是城市交通的两个最重要的组成部分,极大地影响着城市整体交通状况和居民日常生活质量。在有限的社会资源条件下,对城市交通的综合成本进行分析和优化,从经济学角度提出有效策略对城市交通不同交通方式的比例的变化发展进行合理的引导,可以在一定程度上缓解我国大城市日益严重的交通拥堵等一系列城市交通客运问题,为政府制定相关政策和措施提供理论依据,实现城市交通的可持续发展。

2.1.1 出行成本及出行结构

所谓交通方式指出行者从甲地到乙地完成一种或多种出行目的所使用的交通工具(范操,2010)。城市内出行者的交通方式可大致分为不借助任何交通工具的步行交通方式、使用个体交通工具如自行车、小汽车的交通方式及使用公共交通工具(包括地面的公共电汽车、大中运量轨道交通、出租车交通等)的交通方式。出行结构是城市综合交通体系中不同交通方式所承担的出行量比重,反映了交通需求的特点和不同交通方式的主要功能与地位,直接影响着有限的交通资源的配置方式以及向交通需求者提供更优选择的可能性,是决定城市交通系统效率高低的关键因素之一(詹运溯,2001)。合理的出行结构指满足城市居民出行需求,在与城市建设规模相协调的交通资源配置约束下,研究各种交通方式的发展政策和调控措施,采取合理的交通调控措施影响交通方式的转移,使交通方式结构达到较理想的状态的出行结构(范操,2010)。同时,作者提出合理的出行结构能促进出行效率的提高。由于不同的交通方式具有不同的时空资源消耗指数,同时具有各自合适的出行距离,因此在既有的出行距离分布特征下,合理调配各种交通方式所占的比例,将有效地提高交通系统的整体出行效率。城市交通内合理的出行结构有助于合理利用有限的城市交通空间,从而有效缓解城市的交通拥堵问题(刘爽等,2009)。另外,对于城市居民出行方式结构进行优化,可以促进城市交通系统的顺畅运行,减少出行成本,降低交通能耗,从而实现城市交通的合理健康发展(张本森,2013)。刘爽等(2009)总结:合理的城市交通出行结构有助于最有效地利用城市交通资源,最大限度地发挥城市交通系统的整体功能和作用,相反,不合理的交通结构必然带来高能耗、高污染、交通拥堵等情况,成为城市交通可持续发展的一个重要制约因素。

自 2008 年以来,随着经济的增长,小汽车保有量的逐年增加,出行者选择的交通方式也逐渐集中于机动化、私人化的小汽车方式,导致了城市交通不合理的出行结构,如表 2-1 所示(北京市交通发展研究中心,2009;上海市规划局,2009;广州市规划局,2009)。这种不合理的出行结构直接降低了城市交通系统整体的出行效率,出行效率的下降必定会引起城市交通的拥堵问题,根据广州市城市交通发展年报的数据,我们可以发现2011年北京、上海等城市中心城区早晚高峰时期的平均车速均小于30km/h,这在一定程度上体现出这些城市主干道交通拥堵的严重程度,如表2-2所示。考虑到严重的交通拥堵问题,出行者为了能保证高效率的出行便开始更多地选用出行成本较高的小汽车、出租车方式,又进一步地加剧了道路的拥堵状况,这便进入了一个恶性循环。这些问题都在一定程度上导致了出行者乃至整个社会的出行成本增加。

部分城市2008年出行结构(北京市交通发展研究中心,2009;上海市规划局,2009;广州市规划局,2009)   表2-1

城市 \ 交通方式 \ 分担率	小汽车	公共电汽车	轨道交通	出租车
北京	33.60%	28.80%	8.00%	7.40%
上海	20.90%	12.67%	5.50%	5.30%
广州	27.40%	22.02%	4.60%	8.20%

2011年世界主要城市中心城区高峰时期平均车速(广州市规划局,2011)   表2-2

	北京	上海	广州	伦敦	东京
平均车速(km/h)	19.7	14.7	22.9	16.3	18.5

有鉴于此,我国城市客运交通结构必须进行调整和优化,积极引导、促使个体交通的客流向公共交通转移,道路交通的客流向轨道交通转移(姜玲等,2008)。因此,形成合理的城市交通方式结构不仅是缓解交通拥堵的有效方法,而且还是形成城市人居良好环境和节约能源的必要趋势(曾文创,2011)。本书将从出行结构建模研究、出行优化方法研究与策略两个方面对国内外研究进行梳理。

2.1.2 出行结构建模研究

最早的交通规划理论没有研究交通方式划分,只研究交通发生、交通分布、交通分配,交通方式分担比例的观点最早出现在20世纪50年代后期美国芝加哥都市圈交通规划(CATS)中,随后不久,该观点就传到欧洲及日本(曾文创,2011)。早期规划师和专业人士用集计模型(以小区为单位将出行者的方式选择集计起来进行说明)对交通方式进行划分,操作相对简单,但需要大量基础调查数据,计算精度不高。

20世纪60年代日本学者提出交通方式划分的"非集计模型"概念(或称为离散选择模型,以个人为单位构造模型来确定各交通方式选择概率,然后再将个人的选择结果集计起来,预测方式分担率),从此非集计模型及其应用至今仍是交通规划理论中的一个研究热点(刘灿齐,2001)。20世纪70年代,McFaddn以及Manheim、Ben-Akiva、Lerman等专家将经济学中的效用理论引用过来,并以概率论为理论基础,从非集计的角度对交通方式划分问题展开了研究(曾文创,2011)。1974年McFadden对Logit模型及其特性进行了完整论述,逐步形成了非集计模型的理论体系。同期 McFaddn 将最早开发的 Multinomial Logit Model（MNL 模型）应用到旧金山湾区的城际快速轨道交通系统（BART）的客流预测项目中，预测值与实际客流误差只有 0.1%，精度非常高，成为检验离散选择模型应用能力的著名案例（Train，2009）。之后，Romilly（2004）假设高峰时期内小汽车和公交车两种交通方式出行需求总和与长期动态变化下的路网供给能力相等，并且使用二项 Logit 模型确定两种交通方式的需求函数，Rashidi 和 Auld（2012）基于对区域层面上的家庭住宅选址问题的研究，采用带有抽样修正因子的多项 Logit 模型计算住址选择集中各选择肢的选择概率，契合度达到了 5.8%。这两个案例同样说明了非集计模型在处理选择问题时具有一定程度的可行性。

在出行结构描述中，不同学者大多使用传统 Logit 模型进行研究，但是传统 Logit 模型并没有考虑到各选择肢之间的相关性，从而导致了独立不相关（Independence from Irrelevant Alternatives 特性，IIA 特性）现象的产生，以至于描述的各交通方式分担率误差较大。后来为了避免 Logit 模型的局限性，Ben-Akiva（1973）提出的 Nested Logit（NL）模型考虑了各选择肢的相关性，在应用过程中必须对具有相似性的各选择肢进行分类，在同一类的选择肢的不可观测因素之间存在着相同的相关性，而不同类选择肢之间没有相关性。Ben-Akiva 和 Lerman（1985）总结了以往的经验，证明了非集计模型在交通系统规划和预测中的可行性。

在离散选择模型方面，国内研究相对较晚。滕素珍和纪青君（1990）较早运用离散选择模型——Multionomial Logit 模型对城市交通结构进行分析，并在概率的意义下推导、论证和解释了模型的合理性，说明了对选择模型的变量和参数的限制条件，并且提出一种稳定性好、收敛速度快的参数估计算法——BFGS 算法。陆化普（1998）、刘灿齐（2001）和关宏志（2004）较为系统地介绍了来自西方的非集计模型，为之后国内学者对非集计模型及其在交通领域的应用研究奠定了基础。李旭宏（1997）和邵昀泓等（2005）探讨了用多项 Logit 模型预测交通方式结构及出行方式选择行为的方法并给出一个两方式选择模型的算例。金安（2004）运用统计方法探讨了如何对 Logit 模型效用函数的变量进行选取并比较了不同形式的效用函数。

随后，鉴于 NL 模型能够克服传统 MNL 模型 IIA 缺陷的优点，周建等（2005）、刘振和周溪召（2006）以及陈义华等（2011）均基于 NL 模型对交通方式选择问题进行了研究。国内学者 Lu 等（2011）针对只使用轨道交通、只使用私家车及使用停车换乘三种出行方式，采用 Nested-Logit 模型较为精准地确定了每种出行方式的需求量。皇甫佳群等（2011）针对 Nested-Logit 模型的合成效用的计算形式做了进一步的改进，依据分层划分交通方式的原则较好地预测了不同交通方式的分担率。

与传统的集计模型相比，非集计模型以明确的行为假说为基础，具有较强的逻辑性，同时选用与个人决策相关的因素作为自变量更能够准确地描述出行者的出行决策过程，具有较好的时间转移性和地区转移性，可以对多种交通规划、交通政策进行效果评价。并且，其参数的标定无需大量的样本。

2.1.3 出行优化方法与策略

针对城市交通优化方法及实施策略进行研究是有效解决现阶段城市交通发展问题不可缺少的重要环节。为了反映城市交通的可持续性发展，有效解决城市交通既有的严重问题，众多学者做了很多研究。

早期，交通管理者大多单纯地认为采取如大量修建城市道路这种提高交通供给的措施对城市交通是能够达到较好优化效果的，或者仅仅考虑交通设施提供者的成本—效益对城市交通进行优化（Jansson 等，1993，2008；Lu 等，2011；Meyer 等，1965；Boyd 等，1978；Bruun，2005）。但是，随后很多学者发现单一地从交通供给角度对城市交通进行优化均只能在短时期内改善上文提及的交通问题，如 Downs（1962，1992）提出修建道路必须考虑到交通拥堵问题，Hansen 和 Huang（1997）使用加利福尼亚地区 1973～1990 年的面板数据得到提高道路通行能力会在一定程度上引发更为严重的交通拥堵问题，Meyer 等（1965）认为单纯考虑各种交通方式的运营者成本，在出行量高达 5000 人/h 的情况下，小汽车的成本最低，此时小汽车成为较为理想的出行方式，但实际上使得道路拥堵程度加重。

于是，学者开始探讨如何从出行者乃至整个社会的视角进行城市交通的优化研究。Parry（2002）针对出行者建立了结合预算、时间约束的巢式固定替代弹性效用优化模型。Ferrari（1999）基于出行者的出行满意度建立了一个优化模型，以解决网络平衡状态下的交通规划问题，其目标函数为平均用户满意度最大化，同时考虑的约束条件包括：预算约束、道路能力约束以及用户平衡约束。同时，一部分学者还针对出行者出行成本更直观地对城市交通系统进行了优化研究。如 Tirachini 等（2010）基于对 BRT 系统、轻轨系统、重轨系统的成本的对比研究，选取各系统的服务频率、线路数量作为决策变量，从出行者角度定义出行成本并以出行成本最小为目标建立优化问题，分析了 BRT 系统的成本效率高于其他两种系统的情形；Lu 等（2011）引入出行者出行成本和出行效益之间相互平衡的概念，探讨了在一条轨道交通与公路相平行的交通走廊内四种市场机制下，该交通系统的最优票价、停车费及相应的交通方式划分情况。Allport（1981）发现在研究出行者使用不同交通方式出行的出行效率时，同时考虑运营者运营成本和出行者出行成本以后，使用公共交通出行方式出行的出行者具有较高的出行效率，这能够较好地实现可持续的交通环境。Chang 和 Chu（2005）基于对城市交通走廊成本的研究，采用考虑非弹性、多起点对单终点的需求形式下的系统总成本最小化的方法，分析了考虑外部性成本前后该走廊内城市轨道交通的最优发车间隔和线路长度。众多学者（Jara-Díaz 等，2008；Lu 等，2011；Deb 和 Filippini，2011）关注城市公共交通的社会效益最优研究，确定最优的发车频率及车辆类型等变量，以改善现存的交通拥堵问题。Qin 和 Jia（2013）针对一条拥堵的轨道交通线路建立福利最大优化目标，其中，定义社会福利为出行者的消费剩余、运营者剩余和外部性三者之和。Romilly（2004）基于对标准成本效益分析法的研究，建立了附带道路能力约束的社会福利优化模型，并考虑了道路收费政策正确评价扩建、新修道路的政策效果。Basso 等（2011）定义社会福利为出行者的消费剩余、公共交通运营收入及道路收费收入之和与公交运营成本之差，并选取不同道路运行条件下公交车与小汽车的出行时间函数作为优化模型的约束条件，建立社会福利优化函数，分析了不同城市拥堵管理政策下公交系统服务水平、社会福利及消费者剩余的变化情况。Chu 等（2012）基于对城市交通成本—效益的分析研究，建立了社会福利最大化模型，提出在实施合乘这种出行方式后，增加合乘人数引起的社会福利增加量在一定程度上可以弥补由合乘成本的增加而引起的社会福利减少量。Winston 和 Maheshri（2007）基于对轨道交通社会期许性的研究，定义了城市轨道交通系统的社会净效益，即用户消费者剩余与机构赤字的差值。

城市交通优化问题的研究方法及目标一旦确定，接下来便是如何实现的问题。国内外学者围绕改善城市交通拥堵,推行合理化的交通出行结构问题提出了一系列的相关政策。20世纪70年代"TSM(Transportation System Management)"计划曾风行一时。TSM计划与道路交通设施的扩充计划并驾齐驱,确实收到了令人鼓舞的效果。TSM的着眼点在于对已经出现在道路和运输系统上的需求时空分布的合理调节,同时着眼于运输系统与道路系统的协调关系上,对于基本需求及派生需求中有关运输方式选择方面的问题涉及不多。

之后,Lindsey和Verhoef(2000)提出通过拥堵收费来缓解交通拥堵的问题。在各种收费模式中,基于DSRC技术的电子收费模式是目前城市道路拥堵收费的主流技术,汽车通过车速可保持在40~60km/h,法国的A1和A14公路,加拿大多伦多的H407公路,美国加利福尼亚I-15和SR-91公路以及休斯顿I-10公路均实施了道路拥堵收费。英国伦敦采用的是基于车牌识别的收费模式,爱尔兰的都柏林和丹麦的哥本哈根采用了基于GPS和GSM技术结合的电子收费模式进行实验。同时,Proost和Sen(2006)分析了不同地区模拟的停车收费和道路拥堵收费政策的效率,Anderson和de Palma(2004)认为收取适当的停车费用可以在一定程度上促进出行者使用公共交通方式出行。Small(1982,1992)分析了拥堵定价对旧金山海湾和洛杉矶地区不同群体的影响(王建等,2003)。随后,Verhoef等(1996)、De Palma和Lindsey(2000)、Verhoef和Small(2002)的研究提出了不同的收费制度并进行了社会意愿研究,结果显示对出行者收取适当的费用是可行的。Inturri和Ignaccolo(2011)得出交通系统对定价政策较为敏感,停车换乘方式、停车费和道路收费适当的结合可以获得较高的利润和社会效益,同时出行者出行成本也在出行者可接受的范围。

美国公共交通协会(APTA)认为针对交通拥堵的问题,应该从运输装备的角度扩大交通服务能力,大力发展公共交通。并提出在有针对性的投资和对现有路网更好的管理的前提下,我们的投资重点必须转向高载客量的公共交通系统,包括轻轨、重轨、市郊铁路、快速公交、特快巴士等。例如:巴黎市政府以"公交优先"为原则,建立起了四通八达的公交网络,开辟了畅通无阻的"公交走廊",许多学者(Bly等,1978;Black,1991;Jepson和Ferreira,2000;Currie等,2007)探讨了具体的公交优先政策,尤其是设置公交专用道策略,在缓解研究区域交通拥堵问题上能够起到较好的效果。许多国家越来越重视公共交通在城市发展中所起的重要作用,并给予其适当的资金支持。例如在美国,政府从20世纪90年代中期至今共投资了500亿美元用于公共交通设施的维护和建设,英国政府在2000~2010年十年内投入1800亿英镑,用于补贴现代公交、有轨电车、轻轨系统和自行车交通建设。

本章前几节从出行结构建模研究、出行优化方法研究与策略两个方面对国内外研究进行了重点的阐述。本章根据出行者行为选择特征和交通方式服务属性,运用计量经济学中离散选择模型,通过对城市交通综合出行成本进行分析优化,探索改善城市交通出行结构的措施策略,以达到有效改善现阶段困扰人们的交通问题的效果。2.2节对城市交通综合出行成本进行定义,详细探讨了不同交通方式的广义出行成本构成要素,并阐述了现阶段学者提出的出行成本优化的研究方法。2.3节针对北京市从政府管理者的角度根据各出行成本构成要素建立出行个体选择不同交通方式的广义出行成本函数,阐述构成离散选择模型的基础理论——随机效用理论,并建立了城市交通出行结构描述模型,阐述最大似然估计方法并对建立的城市交通出行结构描述模型进行了参数估计。之后,根据分析的不同交通方式综合出行成本及描述的选择肢概率构建城市交通综合出行成本优化模型,并采取适当的优化算法对非线性的优化模型进行求解。最后,2.4 节针对北京市城六区进行案例分析,提出不同的措施策略探讨最优的城市交通综合出行成本及合理的城市交通出行结构,以缓解目前城市交通的拥堵问题。图2-1 为本章的研究思路。

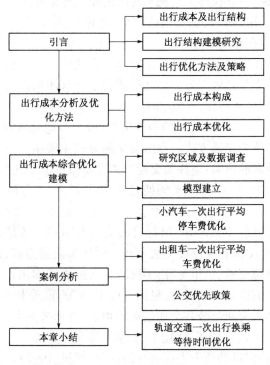

图 2-1　本章结构图

2.2　出行成本分析及优化方法

2.2.1　出行成本构成

在研究城市交通出行成本之前,先对城市交通的结构进行介绍。城市交通出行结构有其内在的构成规律,各种交通方式各有特色并各有其占优势的出行范围。在城市客运交通中,出行个体主要采用的交通方式有步行、自行车、公共电汽车、出租车、摩托车、私人小汽车、轨道交通(包括地铁和轻轨等)七种。高婷婷(2006)提出从交通方式的动力角度,城市客运交通方式可分为纯体力交通方式、半机动化交通方式和机动化交通方式三类,如图 2-2 所示。

①纯体力交通方式。主要指步行交通,根据国内城市居民出行调查表明,步行出行方式

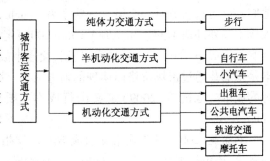

图 2-2　城市客运交通方式分类(高婷婷,2006)

的出行范围在1km以内。

②半机动交通方式。主要指自行车,由于我国混合交通的特性,自行车交通在我国具有一定的出行优势和时间优势。一般来说,自行车出行的优势范围在6km以内,特别是3~4km的出行距离对于自行车来说,不管在体力消耗和时间消耗上都是可以承受的。

③机动化交通方式。这类方式主要包括公交、出租车、摩托车、私人小汽车和地铁、轻轨等。其优势范围基本集中在6km以上。

由上述分析可看出:在居民出行的几种主要出行方式中,步行适合于短距离出行,自行车适合于中短距离出行,公交及其他非公交机动车适合于中长距离出行,在某一城市,各距离范围内出行方式比例有着明显的规律(王炜,2003)。

曾文创(2011)提出从交通方式选择的条件角度,城市客运交通方式可分为自由类交通方式、条件类交通方式和竞争类交通方式。自由类交通方式主要指步行方式,主要受出行目的、出行距离、气候条件等因素的影响;条件类交通方式主要指单位小汽车、私家车、摩托车等交通方式,主要受社会经济水平、有关政策、车辆拥有量、出行目的、出行距离等因素影响;竞争类交通方式主要指自行车、公共电汽车、轨道交通、出租车等交通方式,主要受交通政策、地理环境、交通时间、交通费用、舒适度、生活水平、出行目的等因素影响。从是否要考虑停车问题的角度,可分为可转移交通方式和不可转移交通方式。可转移交通方式,即可方便换乘的交通方式,包括步行、公交车、轨道交通、出租车等,不可转移交通方式即出行者换乘是需考虑停车需求,且出行者对其利用的前提是对其拥有,包括自行车、私家车、摩托车。从交通服务对象的角度,可分为公共交通和私人交通。公共交通包括出租车、普通公共电汽车、轨道交通(如地铁、轻轨等),私人交通包括步行、自行车、摩托车、私家车等交通方式。

成本是指为了达到特定目的所失去或放弃的资源(盛洪,1997)。陈非和陈必壮(2011)提出在经济生活中,一个基本的前提是资源相对稀缺,依据理性人的假设,人们所拥有的有限资源都是有代价的,这种代价就是成本。交通的目的是为了完成人和物的移动,因此,交通成本可以定义为为了完成人或物的移动所应当支付的经济支出。典型的交通出行总成本的概念及构成存在不同的界定方式,包括交通成本、交通社会成本等。

Levinson等(1996)认为交通成本由内部成本和外部成本两部分组成。内部成本包括建设、运营和维护成本;外部成本又称社会成本,包括噪声、拥堵、交通事故和空气污染成本。Button(2010)提出交通成本可以定义为直接成本和外部成本之和。直接成本包括劳动工资、资本利息、燃料价格等,外部成本是消耗社会资源所造成的成本,但不直接影响运输供应者在他们提供运输服务时的决策。一些学者(Vuchic,2005;靳丽丽,2007)提出交通社会成本为个人成本和外部成本的总和。但Vuchic(2005)定义个人成本是由交通工具购置费、运行费和维修费等组成,外部成本包括噪声、拥堵、交通事故和空气污染成本。靳丽丽(2007)定义个人成本是指那些通过市场价格而体现的财务成本,外部成本是指未在交通运输活动中得到价值体现的成本。陈艳玲(2009)定义出行成本主要包括提供者成本、使用者成本和社会成本三方面。

刘丽亚(2007)认为城市交通成本不仅仅指可以通过市场价格体现出来的财务成本如燃油费等,还包括那些非市场价格成本如环境成本。总体来说分为个人成本和社会成本。个人成本指城市用户个人直接承担的交通成本部分,由实际市场价格的成本和非市场价格成本组成。社会成本指城市交通用户无需个人直接承担而转由社会成本的交通成本部分。根据其定义的城市交通成本，刘丽亚(2007)对城市公共交通和私人交通的成本从个人成本和社会成本两方面进行分析。就个人成本而言，公共交通中的个人成本以市场价格体现主要表现在公交票价上，而私人交通中以市场价格体现的个人成本相对复杂，包括车辆购置费、燃油费、通行费、车辆维修费用、交通事故费用(个人承担部分)等。公共交通和私人交通的成本中无法以市场价格表现的部分为时间成本和交通拥堵成本(指车内的交通拥堵)。公共交通和私人交通的社会成本构成是一致的，均包括事故成本、拥堵成本、噪声污染成本和空气污染成本。

陈非和陈必壮(2011)提出交通运输成本由交通内部成本和交通外部成本构成。内部成本是指交通系统内部各参与主体承担的成本，因而可根据参与主体分为使用者成本、运输服务供应成本和基础设施供应成本三类；外部成本，是指生产或消费活动对其他人产生的附带成本而施加这种影响的人却未担负的部分。具体的成本构成及计算指标如表2-3所示。

交通成本的构成和计算指标(陈非和陈必壮，2011)　　　　表2-3

成本分类		计算指标
使用者成本		公共交通方式(地面公家、轨道交通、出租车)：票价和出行时间； 个体交通方式(小汽车、自行车)：购置费用、油费、停车费、车辆维护费用和出行时间
运输服务供应成本		运输企业固定成本(车辆购置费用、办公停车场地费用)、员工人力成本、油费、车辆维护费用和企业运营管理费用
基础设施供应成本		道路、轨道、停车场等基础设施的建设成本(施工准备、工程建设、通信及信号系统、建设人员、给排水与消防成本)；基础设施运行成本(营业成本、设施养护与修理成本、管理人员人力成本等)
外部成本	事故成本	财产损失、人身伤亡成本
	拥堵成本	出行时间延长、交通服务可靠性降低、低速运行状态下燃料使用效率降低的成本
	噪声污染成本	健康损害成本
	空气污染成本	健康损害成本、建筑材料复试、农作物减产和生态系统长期性破坏的成本

郭瑜坚(2008)在分析台北市的城市出行总成本时，把城市交通出行总成本分为使用者金钱成本、基础设施成本、出行时间成本以及外部成本四部分。使用者金钱成本为使用者直接付出的货币费用，包括使用者每年所需的固定与变动成本，在公共交通使用者金钱成本方面，因为票价视为移转性支付，不计入社会总成本的范畴，因此以运营成本视为使用者金钱成本的计算基础。基础设施成本包括基础设施使用建造、重建、例行维修成本及停车成本。各种运输方式所负担的出行时间成本包括车内、车外时间成本。各种交通方式所应负担的外部成本包括空气污染、噪声、肇事和拥堵成本四部分，如表2-4所示。

对于各类交通方式出行总成本具体所包含的构成要素，郭瑜坚(2008)参考林益民(1997)的研究，将各种交通方式社会总成本所包含的成本内容整理如表2-5所示。

都市旅次总成本式（郭瑜坚，2008）　　　　　　表2-4

旅次总成本式		旅次总成本＝使用者金钱成本＋基础设施成本＋旅行时间成本＋外部成本
成本内容	使用者金钱成本	使用者金钱成本或持有的成本
	基础设施成本	道路设施与基础设施使用成本、停车成本
	旅行时间成本	交通工具内时间成本、交通工具外时间成本
	外部成本	空气污染、噪声、交通事故及拥堵成本

各交通方式社会总成本的构成要素（林益民，1997）　　　　　　表2-5

交通方式	成本构成要素
步行	使用步行者的总出行时间成本 使用步行者的基础设施成本
自行车	出行者使用自行车的金钱成本 出行者使用自行车的总出行时间
小汽车 出租车 公共电汽车 轨道交通	使用交通工具者的行车成本（不包含政府的课税支出） 使用交通工具者的总出行时间成本 使用交通工具者所负担的基础设施成本 使用交通工具者所造成的外部成本

　　胡永举（2009）定义了城市交通成本为居民出行所支付的全部货币。它包括由车辆自身所承担的成本、出行者所付出的时间成本、出行者所消耗的空间成本和对社会所造成的成本组成。由车辆自身承担的成本主要包括车辆购置费、保险费、税费、燃油费和附加费等，出行所付出的时间成本主要包括在交通工具上的乘车时间成本、候车时间成本和换车时间成本等，出行所消耗的空间成本指的是出行者消耗的道路空间资源成本，出行对社会所造成的成本主要包括噪声和空气污染成本、交通事故成本和交通拥堵成本。

　　高婷婷（2006）基于上述交通成本概念，定义了城市交通出行总成本为使用成本、基础设施成本、出行时间成本和外部成本之和，并且进一步量化了各种交通方式的出行成本。城市交通的使用者成本指的是使用者在金钱方面的净损失，计算式的单位可以采用"元/车·km"或者"元/人·km"。城市交通的使用成本应该包括公共汽车的使用成本、轨道交通的使用成本、出租车的使用成本、小汽车的使用成本和摩托车的使用成本五部分，并且被定义为公式（2-1）。

$$UC = \sum_{i=1}^{5} UC_i = \sum_{i=1}^{5} \frac{\sum_{j=1}^{m_i} C_{ij}}{M_i} \qquad (2-1)$$

式中：UC——使用成本，元/车·km；

　　　i——i 种交通方式，分别为公共电汽车、轨道交通、出租车、小汽车和摩托车；

　　　UC_i——第 i 种交通方式的使用成本，元/车·km；

　　　m_i——第 i 种交通方式使用费用的种类数；

　　　C_{ij}——第 i 种交通方式第 j 种的使用费用，元；

　　　M_i——第 i 种交通方式的平均行驶里程数，km。

　　城市交通的基础设施成本包括动态基础设施成本（道路基础设施成本）和静态基础设施

成本(停车设施成本),测量单位被定义为"元/车·人"。出行时间成本主要指的是出行者在整个出行过程中消耗时间,用货币来衡量。

①步行的出行时间成本为公式(2-2)。

$$TTC_1 = \frac{d_1}{v_1} Vot \tag{2-2a}$$

$$Vot = \sum_i^k \frac{\overline{GDP_i}}{365 \times 8P} P_i \tag{2-2b}$$

式中:TTC_1——以步行为出行方式的时间成本,元/人;

d_1——为步行的距离,km;

v_1——步行的平均速度,km/h;

Vot——某城市的单位时间价值,元/h;

$\overline{GDP_i}$——i 城市人均国民生产总值,元;

k——影响区的分区数;

P——影响区的总人口数,人;

P_i——第 i 地区的人口数,人;

365,8——一年按 365 天,每天 8 小时工作时间计算。

②自行车的出行时间成本为公式(2-3)。

$$TTC_2 = \left(\frac{d_2}{v_2} + t_{存取}\right) \times Vot \tag{2-3}$$

式中:TTC_2——以自行车为出行方式的时间成本,元/人;

d_2——出租车的出行距离,km;

v_2——自行车的平均速度,km/h;

$t_{存取}$——存取自行车的时间,一般取 0.5min。

③摩托车的出行时间成本为公式(2-4)。

$$TTC_3 = \left(\frac{d_3}{v_3} + t'_{存取}\right) \times Vot \tag{2-4}$$

式中:TTC_3——以摩托车为出行方式的时间成本,元/人;

d_3——摩托车的出行距离,km;

v_3——摩托车的平均速度,km/h;

$t'_{存取}$——存取摩托车的时间,一般取 0.5min。

④小汽车的出行时间成本为公式(2-5)。

$$TTC_4 = \frac{d_4}{v_4} \times Vot \tag{2-5}$$

式中:TTC_4——以小汽车为出行方式的时间成本,元/人;

d_4——小汽车的出行距离,km;

v_4——小汽车的平均速度,km/h。

⑤公共电汽车的出行时间成本为公式(2-6)。

$$TTC_5 = (t_{候} + t_{乘} + t_{换}) \times Vot = \left(t_{候} + \frac{d_5}{v_5} + t_{换}\right) \times Vot \tag{2-6}$$

式中：TTC_5——以公共电汽车为出行方式的时间成本,元/人；

$t_{候}$——出行者的等候公共电汽车的时间,min；

$t'_{换}$——出行者的换乘时间,min；

d_5——出行者使用公共电汽车的出行距离,km；

v_5——公共电汽车的平均速度,km/h。

⑥轨道交通的出行时间成本为公式(2-7)。

$$TTC_6 = (t'_{候} + t'_{乘} + t'_{换}) \times Vot = \left(t'_{候} + \frac{d_6}{v_6} + t'_{换}\right) \times Vot \qquad (2-7)$$

式中：TTC_6——以轨道交通为出行方式的时间成本,元/人；

$t'_{候}$——出行者的等候轨道交通方式的时间,min；

$t'_{换}$——出行者的换乘时间,min；

d_6——出行者使用轨道交通的出行距离,km；

v_6——轨道交通方式的平均速度,km/h。

　　城市交通在向人们提供可达性的同时,给整个城市带来了一系列的负面效应,所造成的成本往往比经营者与出行者实际承担的费用高得多。城市交通外部成本集中体现在两个方面：一是出行者或非出行者的成本外部化,即出行者因使用城市交通所产生的污染、噪音、拥堵,以及交通事故会以无须商量、强制的、基本无偿的方式损害路边行人、居民乃至整个城市的环境和人身安全；二是出行者对其他出行者的成本外部化,即出行者为满足自身的需求增加交通流量、使其他出行者在时间、金钱和人身安全上受到损失。在大多数情况下,交通工具的使用者并没有承担这些非市场的成本义务,而且目前这些影响尚未形成市场化机制,因此它们就要看作外部成本(Verhoef,1994；Gibbons 和 O'Mahony,2002；Mayeres 等,1996)。

　　由于城市交通的外部特征不好以金钱直接计量,因此本书主要是采用定性和定量相结合的方法对城市交通外部成本进行分析。

　　①交通拥堵成本是指交通拥堵给出行者及社会带来的额外费用,它既包括货币支出的增加(由于轮胎磨损加剧等带来的额外费用),又包括时间支出的增加。时间支出的增加主要是由于拥堵成本的增大。这种成本理论隐含着一项重要的假设：出行者抵达目的地的时间是固定的,即提前抵达目的地或推迟抵达目的地给出行者带来的单位时间成本都要大于出行者正常的单位时间成本,因此出行者会按照理性预期的出行时间,准时到达目的地(如通勤者必须遵守法定的上班时间)。在这种情况下,道路拥堵外部成本定义为由于道路拥堵使出行个体在出行过程中额外花费的那一部分出行时间成本,即出行时间延误成本。

　　②噪音成本和大气污染成本是两种很难用定量的方法来分析的外部成本。噪音污染是城市道路交通环境中另一个值得人们注意的问题。噪音破坏了宁静的环境,给城市居民的生活、工作、学习以及其他各项活动造成不良影响,这些副作用应折算进成本的一部分。与此同时,为屏蔽噪音,要采用技术革新或修建某些设施等来降低汽车噪声影响,如对噪声大的车辆要限制其行车线路,在道路规划设计中要增加林地和绿地面积等等。这些措施有助于控制噪声污染,但显然因增加了政府的开支从而又加大了社会交通成本。城市道路上行驶的汽车排放出大量的废气,对城市空气造成污染。汽车废气中含有大量的二氧化碳、烃苯化合物、一氧化碳、含铅微粒等,是城市空气的主要污染源之一。由于空气污染而造成的物质财产损失及居民健

康损失都应列入该污染成本之中。

③交通事故成本涉及对人类生命价值的评估,目前各国采用的事故成本评估方法一般是用死伤人数和受损的物质的数量乘以这些死伤和物质损失的单位成本,一般假设物质损失的估价等同于损害的货币化成本。交通事故成本可以通过最近几年交通事故成本的数据,在几种交通方式上进行分摊,然后折合成具体的成本。

不是每种交通出行方式都存在着外部成本,例如采用步行出行方式不存在着外部成本,采用自行车出行方式只存在拥堵成本,采用小汽车、出租车和公共电汽车四种交通方式存在外部成本,而轨道交通方式的外部成本几乎为零。

早在70年代,英国的交通部门就建议城市交通规划部门在交通规划评定阶段采用广义出行成本,而广义出行成本即由货币、出行时间及外部成本三者共同定义的。城市交通综合成本的数学表达式定义为公式(2-8)。

$$GC = f(M,T,E) \tag{2-8}$$

通常情况下,研究学者利用最简单的线性形式定义广义出行成本函数,即为公式(2-9)。

$$GC = \alpha \times M + \beta \times T + \gamma \times E \tag{2-9}$$

式中:GC——广义出行成本;

M——出行者完成一次出行所需要的费用,元;

T——出行者完成一次出行所需要的出行时间总和,h;

E——出行者使用交通工具完成出行引起的空气污染、噪声、肇事及拥堵成本;

α,β——参数。

除了上述的线性形式的广义出行成本函数,金安(2004)基于货币成本和时间成本,还提出其他形式的广义出行成本函数形式,如公式(2-10)所示。

$$GC = \alpha \times M + \beta \times \log(T) + \gamma \tag{2-10}$$

陈建华和高自友(2003)提出广义费用函数 GC 除了与货币成本、出行时间成本和外部成本有关以外还与客流量 q 有关,一般可以采用指数函数或对数函数形式,例如采用指数形式,如公式(2-11)所示。

$$GC = a \times (q)^b + \alpha \times M + \beta \times T + \gamma \times E \tag{2-11}$$

随后,一些学者结合了计量经济学的知识对广义出行成本的函数形式进行了一定的改进。如刘彤等(2009)提出使用 Constant Elasticity of Substitution(CES)形式定义广义出行成本,如公式(2-12)所示。

$$GC = -\frac{1}{\theta}\ln[\alpha \times M + \beta \times T + \gamma \times E] \tag{2-12}$$

式中:θ——待定参数。

2.2.2 出行成本优化

上文对城市交通综合出行成本进行定义,细化了不同交通方式的广义出行成本构成要素,并且提出部分广义出行成本的函数形式。下文将重点阐述现阶段部分学者提出的出行成本优化方法。

Zhao(2007)基于对出行者和运营者成本的研究,考虑公共交通系统需求量、路网布局和一系列可行性约束,建立了以加权标准化后的总成本最小为目标的大型公共交通网络优化理论模型,并提出了以模拟退火算法为基础结合了禁忌算法、贪婪算法和二分搜索算法的组合优化算法求解大型公共交通网络的优化模型,旨在为解决大型公共交通网络优化问题提供有效的数学求解方法,之后选取迈阿密某大型公共交通网络进行案例分析。作者定义了系统总成本为使用者成本和运营者成本的加权和。使用者成本考虑了等车时间、在车时间和换乘罚值,运营者成本则是以所有公共交通线路的总日均车辆运营小时成本为基础计算的总运营成本。并且,作者对以上两类成本进行标准化,即计算当前成本和最小成本的成本差与最大、最小成本的成本差的比值,建立公共交通网络优化问题。然后,作者采用模拟退火算法、贪婪算法、禁忌算法相结合的组合算法搜索最优的路径及路径发车间隔,再结合二分搜索算法确定最终的总成本权重值。最后,根据对迈阿密某大型公共交通网络进行的案例分析,结果证实了优化方法及算法的有效性。

张本森(2013)基于对各交通方式特性的研究,考虑城市交通的道路资源利用、能源消耗和环境污染情况,提出了约束条件,并建立出行者平均时空资源的消耗数量最小和出行成本最小的多目标的线性约束优化模型目标函数,采用 EXCEL 软件的规划求解加载宏进行求解,从而优化居民出行方式结构,之后应用模型对哈尔滨市居民出行结构进行优化。首先,作者假设所研究城市为相对封闭的、独立的系统且外围边界保持不变,城市居民的出行率和出行总量在研究期间内保持不变,考虑步行、公共电汽车、出租车及私家车等四种交通方式。之后,作者采用时空资源的消耗指数来评价道路资源的使用效率,以此作为目标函数之一。定义出行者的出行成本主要包括出行费用成本和出行时间成本两个部分,并通过出行时间的价值将出行费用转化为对应的出行时间,与实际出行时间相加得到出行者的出行总成本,以此定义第二个目标函数。约束条件分别考虑了道路资源的数量、居民出行可达性、能源消耗、大气污染排放量限制条件以及各出行方式的发展规模约束五种。最后,对哈尔滨市居民出行结构进行案例分析,获得哈尔滨市出行者使用不同交通方式后的最优出行结构。陈小红(2012)介绍多目标规划是数学规划的一个分支,是研究多于一个的目标函数在给定区域上的最优化,又称多目标最优化,通常记为 MOP(Multi-Objective Programming)(林锉云和董加礼,1992)。多目标最优化思想,最早是在1986年由法国经济学家 V. 帕累托提出来的,他从政治经济学的角度考虑把本质上是不可比较的许多目标化成单个目标的最优化问题,从而设计了多目标规划问题和多目标概念。假定有 m 个目标 $f_1(x),f_2(x),f_3(x),\cdots,f_m(x)$ 同时需要考察,并要求都越小越好,那么多目标规划模型可表示为公式(2-13)。

$$\min F(x) = \{f_1(x),f_2(x),f_3(x),\cdots,f_m(x)\} \quad (2\text{-}13a)$$
$$\text{s. t. } G(x) \leq 0 \quad (2\text{-}13b)$$

式中,$G(x) = \{g_1(x),g_2(x),\cdots,g_n(x)\}^T$ 为约束条件。

陈建华和高自友(2003)采用双层规划的方法,综合考虑了市场的竞争状况及自身的条件,以求得一个最优的票价策略,使铁路运输部门取得最大的经济效益。我们可以把铁路列车票价的制定问题看作一个 Leader-Follower 问题,决策部门即铁路客运管理部门是指导者(Leader),旅客的出行行为或者交通需求为跟随者(Follower)。铁路运输部门可以通过票价和服务质量等方面的改变来改变铁路客运的广义出行费用,从而影响旅客在出行时对于交通方式的选择,但不能控制他们的选择行为。旅客则通过对现有的交通方式进行比较,然后根据自己的需要以及自己的行为习惯来选择交通方式。这种关系我们可以用双层规划模型(Bi-level Programming)来进行描述,其基本思想为下面的数学模型如公式(2-14)所示(高自友和四兵锋,2001)。

$$(\text{U}) \max_x F(x,y(x)) \tag{2-14a}$$

$$\text{s.t. } G(x,y(x)) \leq 0 \tag{2-14b}$$

其中,$y(x)$由以下模型给出:

$$(\text{L}) \max_x f(x,y) \tag{2-14c}$$

$$\text{s.t. } g(x,y) \leq 0 \tag{2-14d}$$

从上面可以看出,双层规划模型由两个子模型(U)和(L)构成,(U)称为上层规划,(L)称为下层规划。F是上层规划所确定的目标函数,x为上层规划的决策变量,G是对变量的约束,f为下层规划所确定的目标函数,y为下层规划的决策变量,g是对变量y的约束,$y(x)$是反应函数。上层目标函数和约束条件不仅与上层决策变量有关,而且还依赖下层变量和上层问题的最优解。下层问题的最优解则受上层决策变量的影响(滕春贤和李智慧,2002;高自友和任华玲,2005)。

作者定义,上层规划(U)可描述为铁路客运管理部门在政府规定的范围内制定最佳的票价策略以使其经济效益最大,而下层规划(L)则描述了城市间的多模式运输竞争条件下,客流在不同运输方式之间的分配模式,分配的原则是每个旅客都选择使自己广义出行费用最低的运输方式,通过求解上述双层规划问题,就可找到合理的票价策略以达到决策部门的目标。

2.3 综合出行成本优化建模

上文阐述了部分学者对出行成本构成要素的分析及提出的出行成本优化方法,基于对出行成本的量化分析,建立了多目标非线性优化模型、双层规划模型等,并考虑道路资源和网络平衡等因素,最后均对城市交通系统提出了有效的改善措施。但是上述文献大多只是针对系统总成本进行了详细的分析和优化,一方面不利于精准的定量化分析城市交通综合出行成本,另一方面未针对单个出行者探讨其出行成本情况。本书对日人均一次出行成本进行分析和优化,可以较好地反映出行者的出行选择行为,更能在一定程度上反映系统的平均水平,具有一定的参考价值。在本书中,日人均一次出行成本是指城市交通系统内一名出行者使用不同交通完成一次出行的平均出行成本的加权和。一次出行平均出行成本包括完成一次出行的时间成本和货币成本两部分,权重值设定为对应交通方式的方式划分率。

2.3.1 研究区域及数据调查

2012年北京市交通发展年报数据显示,2011年末北京市登记常住人口(在京居住半年以上人口)为2018.6000万人,主要分布于城市中心区域。20世纪90年代以来,截止到2011年底北京市六环内主城区居民交通出行总量高达2873.0000万人次(不含步行),全市私人机动车保有量从2010年480.9000万辆增加至498.3000万辆,比上年同期净增3.6182%。随着经济的发展与城市化进程的加快,城市居民的平均出行距离不断加大。由于私人交通的方便、舒适与快捷,到2011年底,北京市居民平均5位中就有1位拥有自己的汽车,北京已然成为私人机动化的交通城市,私人交通呈现出比公共交通更为迅猛的发展态势。随着北京市经济的快速发展,拥有私人汽车的市民将越来越多,大量私人汽车占用有限的城市道路资源,影响到公共交通的发展,使得公共交通与私人机动化交通发展不平衡,造成很严重的出行结构不合理现象。

根据2011年北京市交通发展年度报告(北京市交通发展研究中心,2011),北京市2005年居民各种交通方式出行结构中小汽车的使用比例与2000年相比增长了6.6000%,2010年小汽车使用比例与2005年相比增长了4.4000%。2005年公共交通包括地铁和公共汽车,使用比例增长为29.8000%,较2000年增长了3.3000%,2010年公共交通的使用比例发展到39.7000%。与2000年相比,2010年和2005年自行车的使用比例均有大幅度的下降。从1986年到2005年,随着居民生活水平的提高,自行车这种交通方式正逐渐被小汽车所代替。2012年北京交通发展年度报告显示,2011年北京小汽车出行比例高达0.3300,但公共交通出行比例只占0.4200,其中,公共电汽车方式和轨道交通方式的比例分别为0.2820和0.1380。小汽车已从一个弱势交通工具渐变成一种较为强势的机动化交通工具,同时人们意识到交通方式的私人化、机动化也引发了其他相关问题。

不合理的出行结构导致了北京出现了严重的交通拥堵、交通事故频发、交通资源的浪费和环境污染等问题,并且这些问题并未得到较好的改善,已然影响了到北京的可持续发展。2006~2010年北京交通发展年度报告数据显示,与2005年北京市五环范围内早晚高峰时段内主干道平均车速相比,2006~2009年北京市五环范围的早晚高峰时段内主干道平均车速均有大幅度的下降,这也在一定程度上反映了北京市五环内主干道路段的拥堵程度,如表2-6所示。其他数据还显示:2010年早高峰路网严重拥堵里程比例较2009年同期增加了8.7000%,主要体现在快速路和主干路,分别增加了15.6000%和7.5000%;晚高峰严重拥堵里程比例增加了17.0000%,主要体现在快速路和主干路,分别增加了33.0000%和15.1000%。与2009年同期相比,2010年12月早高峰常发拥堵路段由576条、114km,增加到637条、135km,分别增加了10.6000%和18.1000%;晚高峰道路网常发拥堵路段由1081条、231km,增加到1134条、250km,分别增加4.9000%和8.2000%。

历年北京高峰时段内主干道平均车速(北京市交通发展研究中心,2006~2010)　　表2-6

年　份	2005	2006	2007	2008	2009
平均车速(km/h)	32.3000	23.1500	19.4500	21.5000	22.0000

本书选取北京市海淀区、东城区、西城区、朝阳区、石景山区以及丰台区六个主要的中心城区作为研究的区域,每个调查区域再分别选取四个调查点进行实地调查取样,详细的调查区域图见图2-3。图2-3中字母代表对应调查区域的行政区代码,带编号的黑色圆点标明了本书进行出行者问卷调查的调查地点,对应的数字为调查点的编号,并且图中还详细说明了调查日期及调查当天的天气。调查方法采用Revealed Preference(RP)调查法对出行的居民进行问卷调查,调查表见附录1,根据研究需要,主要的调查内容包括出行者特性、出行属性及最终选择的交通方式。调查时段为4月16日至5月11日,全天对出行的居民进行问卷调查,主要针对出

行者最近一次出行选择的交通方式,及出行的各成本构成要素进行详细的调查。

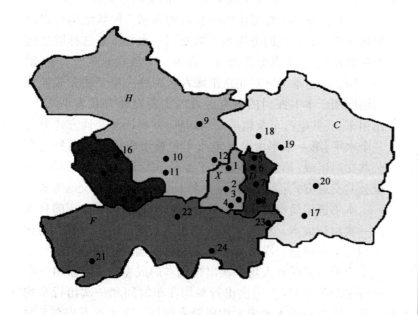

图 2-3 调查区域

针对调查数据进行统计处理后,北京市城六区选择不同交通方式出行的出行者使用四种交通方式的日人均一次出行的平均出行时间、出行货币成本等如表2-7所示。根据调查统计数据显示,小汽车为城市交通的主要出行方式,其选择肢概率高达0.3300,公共电汽车对应的选择肢概率为0.3200,对应的选择肢概率为0.2600,出租车选择肢概率最低为0.0900。

各种交通方式的平均出行时间、出行货币成本等统计数据　　　　表2-7

交通方式	燃油费（元）	停车费（元）	出行时间（min）	等车时间（min）	车费（元）	在车时间（min）	票价（元）	换乘等待时间（min）
小汽车	36.3700	6.0000	38.0000	—	—	—	—	—
出租车	—	—	—	3.0000	32.0000	40.5900	—	—
公共电汽车	—	—	—	—	—	62.1000	0.9500	14.3700
轨道交通	—	—	—	—	—	60.5000	2.0000	8.0000

2.3.2 模型建立

多项Logit模型假设各选择肢的随机效用之间相互独立且均服从Gumbel分布,存在的主要问题是各选择肢的相关性问题,即IIA特性(曾曦,2008)。所谓的IIA特性,是指对于某出行者来说,两个选择方案的选择概率的比值不受其他的任何选择方案的效用函数的固定项的影响。当选择肢之间存在相似性,多项Logit模型的基本假设则脱离实际。在城市交通中,各交通方式划分则存在选择肢的相关性问题,例如轨道交通和公共汽车存在着较高的相关性。从模型的应用角度,模型建立部分采用 NL 模型来描述不同交通方式的交通方式分担率。

通常情况,NL 模型使用树状结构表示。树状结构可以直观地表明交通方式的分层水平以及同一水平下各选择肢之间存在的相似性,节点分叉处可以视为一个独立的多项 Logit 模型。图 2-4 为本书针对北京市城六区四种主要交通方式的分层结构图。本书探讨的研究区域内主要交通方式为小汽车、出租车、公共电汽车及轨道交通四种,并将四种交通方式分为三个水平:第一水平由公共电汽车与城市轨道交通两种完全公共交通组成;第二水平定义了半公共交通式的出租车与完全公共交通方式;第三水平定义私人小汽车与公共交通方式。

本书选用简单的线性形式分别定义四种交通方式的日人均一次出行成本。小汽车交通方式日人均一次出行成本的成本构成要素包括一次出行平均出行时间、燃油费和停车费,出租车交通方式的日人均一次出行成本的成本构成要素由一次出行平均等车时间、一次出行平均在车时间和一次出行平均车费组成,公共电汽车方式的日人均一次出行成本的成本构成要素包括一次出行平均在车时间、一次出行平均换乘等待时间和票价三部分,轨道交通方式的日人均一次出行成本的成本构成要素由一次出行平均在车时间、一次出行平均换乘等待时间和票价组成。如公式(2-15)所示。

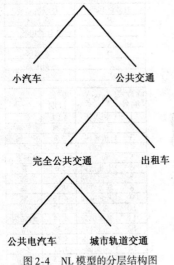

图 2-4 NL 模型的分层结构图

$$Cost_1 = \theta_0 + \theta_1 \times G_{car} + \theta_2 \times PA_{car} + \theta_3 \times t_{car} \quad (2\text{-}15a)$$

$$Cost_2 = \beta_0 + \beta_1 \times Wt_{taxi} + \beta_2 \times PR_{taxi} + \beta_3 \times t_{taxi} \quad (2\text{-}15b)$$

$$Cost_3 = \alpha_0 + \alpha_1 \times PR_{bus} + \alpha_2 \times tr_{bus} + \beta_3 \times t_{bus} \quad (2\text{-}15c)$$

$$Cost_4 = \alpha_0 + \alpha_1 \times PR_{rail} + \alpha_2 \times tr_{rail} + \beta_3 \times t_{rail} \quad (2\text{-}15d)$$

式中:$Cost_i(i=1,2,3,4)$——出行者选择小汽车、出租车、公共电汽车和轨道交通四种交通方式的日人均一次出行成本,元;

G_{car}——出行者使用小汽车完成一次出行的燃油费,元;

PA_{car}——出行者使用小汽车完成一次出行的停车费,元;

t_{car}——出行者使用小汽车方式完成一次出行的平均出行时间,min;

Wt_{taxi}——出行者使用出租车完成一次出行的平均等车时间,min;

PR_{taxi}——出行者使用出租车完成一次出行的平均车费,元;

t_{taxi}——出行者使用出租车完成一次出行的在车时间,min;

PR_{bus}——出行者使用公共电汽车完成一次出行的票价,元;

tr_{bus}——出行者使用公共电汽车完成一次出行的平均换乘等待时间,min;

t_{bus}——出行者使用公共电汽车完成一次出行的平均在车时间,min;

PR_{rail}——出行者使用轨道交通完成一次出行的票价,元;

tr_{rail}——出行者使用轨道交通完成一次出行的平均换乘等待时间,min;

t_{rail}——出行者使用轨道交通完成一次出行的平均在车时间,min。

$\alpha_k, \beta_k, \theta_k (k=1,2,3)$——未知参数。

本书采用 NL 模型计算四种交通方式的交通方式分担率,如公式(2-16)所示。

$$P_{Bi} = P_{(i|B)} \times P_B^* \tag{2-16a}$$

$$P_B = \frac{e^{Cost_B}}{\sum_i e^{Cost_i}} \tag{2-16b}$$

$$P_{i|B} = \frac{e^{Cost_i}}{\sum_j e^{Cost_j}} \tag{2-16c}$$

$$Cost_B = \lambda^* \ln \sum_i e^{Cost_i} \tag{2-16d}$$

式中:$P_{Bi}(i=1,2,3,4)$——出行者选择第 i 种交通方式出行的选择概率;

$P_{i|B}$——出行者选择了虚拟选择肢 B 条件下选择选择肢 i 的条件概率;

P_B——出行者选择了虚拟选择肢 B 的选择概率;

$Cost_B$——出行者选择虚拟选择肢 B 时的日人均一次出行成本的期望值,元;

λ^*——待标定参数。

结合公式(2-15)和公式(2-16),本书建立了出行者日人均一次出行成本优化模型,即公式(2-17)。

$$Z = \text{Min} \left| \sum_i Cost_i \times P_{Bi} \right| \tag{2-17}$$

式中:Z——城市交通的最优日人均一次出行成本,元。

2.3.3 模型标定

关宏志(2004)阐述构建极大似然函数估计 NL 模型中的各项参数的方法有两种,分别为同时估计法和分阶段估计法。并介绍两种估计方法的特点如下:

同时估计法注重极大似然函数 L 的本身。这时,P_{Bi} 和 P_B 是参数 $\alpha_k, \beta_k, \theta_k (k=1,2,3)$ 和 λ^* 的函数,可以通过使似然函数 L 最大化确定 $\alpha_k, \beta_k, \theta_k (k=1,2,3)$ 和 λ^* 的数值。利用同时估计得到的估计量和 MNL 模型一样具有无偏性、渐进正态性以及有效性。这一点是同时估计法的优点,但是同时估计法也有如下缺点:

①无法保证对数似然函数为凸函数,即可能有多个满足 $\nabla L = 0$ 的解存在,因此,必须求出当中的最大值。

②当同时估计的参数的数量增加时,∇L 和 $\nabla^2 L$ 的阶数增加,需要花费更多的计算时间。

分阶段估计法是针对同时估计法的缺点提出来的。该方法既克服了同时估计法的两个缺点,又保持了同时估计法的无偏性、渐进正态性以及有效性。分阶段估计法着眼于每层最大似然函数和 $L = L_1 + L_2 + L_3$,而且每层似然函数值仅为当前层的参数的函数,形式就是通常的 MNL 模型。分阶段估计法保证了各水平的最大似然函数的凸性,同时降低了 ∇L 和 $\nabla^2 L$ 的阶数,从而节约了计算机的容量和计算时间。但是,该方法具有有效性降低的缺点。

因为分阶段估计法保证了同时估计法的无偏性、渐进正态性以及有效性的同时,克服了同时估计法无法保证对数似然函数为凸函数和计算时间长这两大缺陷,而且本书所定义的树状结构有3个层次,计算时间相对较长,所需计算容量也相对较大,因此本书采用分阶段方法进行参数估计。为了便于理解和实际操作,本书采用高婷和许源(2007)基于关宏志(2004)的研究提出的详细的NL模型分阶段参数估计的方法,具体计算流程如图2-5所示。

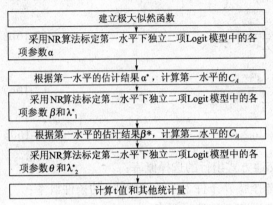

图2-5 NL模型参数估计的基本步骤

根据图2-5显示的NL模型的树状结构,每个节点分叉处可以视为一个独立的二项Logit模型。基于每层二项Logit模型,求解方法则选用Newton-Raphson法(N-R法),同时得到参数最优值时的海森(Hessian)矩阵,从而计算出各参数所对应的t检验值,以水平1为例进行具体求解,步骤如下:

①确定参数初始值α^0,循环次数$m=0$。

②求一阶导数向量$\nabla L_1(\alpha^0)$,取点$(\alpha^0, \nabla L_1(\alpha^0))$为$A^0$。

③求A^0点处∇L_1的切线方程,$\nabla L_1 - \nabla L_1(\alpha^0) = \nabla^2 L(\alpha^0) \times (\alpha - \alpha^0)$。

④令$\nabla L_1 = 0$,求上式所示切线与轴线交点值α^1。

⑤判断$\left|\dfrac{\alpha^{m+1}-\alpha^m}{\alpha^m}\right| < \mu$($\mu$为给定的绩效正数)是否成立,如果成立,则停止循环,α^{m+1}即为所求,否则,令$m=m+1$,返回步骤3继续循环,直到得到要求的结果为止。

参数标定所需的数据样本N为720。标定后的ρ^2值为0.2433,调整ρ^2值为0.2343虽然很小,但是在0.2~0.4之间,模型的拟合程度较好。根据上述步骤进行模型的标定,对当前层每个选择枝进行精度检验,去除精度不合格的变量,最终每个模型参数的标定结果见表2-8~表2-10。表2-8为第一水平下公共电汽车和轨道交通两种交通方式日人均一次出行成本函数的常数项、票价和换乘时间部分变量的参数估计值及相对应的t值,表2-9为第二水平下出租车与虚拟选择肢完全公共交通方式日人均一次出行成本函数的常数项、一次出行平均等车时间、车费和在车时间的参数估计值和对应t值,表2-10为第三水平下小汽车与公共交通两种交通方式日人均一次出行成本函数的常数项、一次出行平均燃油费、停车费及在车时间。

L1层完全公共交通方式的结果　　　　　表2-8

变量	Constant(Const)	$PR_{bus/rail}$	$tr_{bus/rail}$
估计值	2.3538	-3.1703	-0.0995
t值	4.0814	-4.9100	-5.1280

L2层公共交通方式的结果　　　　　表2-9

变量	Const	PR_{taxi}	Wt_{taxi}	$t_{bus/rail/taxi}$	λ_1^*
估计值	-4.0477	-0.0487	-0.1607	-0.0513	0.8195
t值	-3.9511	-2.7481	-2.1008	-3.8496	2.3363

L3 层各交通方式的结果　　　　　　　　　　　表 2-10

变量	Const	G_{car}	PA_{car}	t_{car}	λ_2^*
估计值	−2.4165	−0.0384	−0.0237	−0.0501	0.8451
t 值	2.8019	−4.6650	−2.5199	−2.3794	1.9908

综合表 2-8 ~ 表 2-10 所述,各选择肢的成本函数为公式(2-18)所示。

$$Cost_{car} = -2.4165 - 0.0384 \times G_{car} - 0.0237 \times PA_{car} - 0.0501 \times t_{car} \quad (2\text{-}18a)$$

$$Cost_{taxi} = -4.0477 - 0.1607 \times Wt_{taxi} - 0.0487 \times PR_{taxi} - 0.0513 \times t_{taxi} \quad (2\text{-}18b)$$

$$Cost_{bus} = -3.1703 \times PR_{bus} - 0.0995 \times tr_{bus} - 0.0513 \times t_{bus} \quad (2\text{-}18c)$$

$$Cost_{rail} = -2.3538 - 3.1703 \times PR_{rail} - 0.0995 \times tr_{rail} - 0.0513 \times t_{rail} \quad (2\text{-}18d)$$

2.3.4 优化算法设计

对于约束非线性优化问题,传统的求解方法包括可行方向法、惩罚函数法(倪金林,2005)。何光宇等(2004)介绍可行方向法是求解非线性规划问题的常用方法。其典型策略是,从可行点出发,沿着下降的可行方向进行搜索,求出使目标函数值下降的新的可行点。算法的主要步骤是选择搜索方向和确定沿此方向的步长,搜索方向的选择形式不同就形成了不同的可行方向法。在传统优化的惩罚函数法中,优化过程从一点搜索到另一点,根据约束特性构造惩罚项,将惩罚项加到目标函数中,使非线性规划问题转化为一系列的无约束极值子问题,它们的极值是初问题的一个最优解(张晶等,2002)。

李敏强(2002)介绍遗传算法(Genetic Algorithm,GA)是一类借鉴生物界自然选择和自然遗传机制的随机化搜索算法,它是由美国 Michigan 大学的 J. Holland 教授于 1975 年首先提出的。遗传算法模拟生物进化的基本过程,用数码串来类比生物中的染色个体,通过选择、交叉、变异等遗传算子来仿真生物的基本进化过程,利用适应度函数来表示染色体所蕴涵问题解的质量的优劣,通过种群的不断"更新换代",从而提高每代种群的平均适应度,通过适应度函数引导种群的进化方向,并在此基础上,使得最优个体所代表的问题解逼近问题的全局最优解。遗传算法求解问题的基本思想是维持由一群个体组成的种群 $p(t)$(t 代表遗传代数),每一个体均代表问题的一个潜在解,每一个体都被评价优劣并得到其适应值。个体通过遗传算子产生新的个体,新产生的个体继续被评价优劣,从父代种群和子代种群中选择比较优秀的个体形成新的种群。在若干代以后,算法收敛到一个最优个体,该个体很可能代表着问题的最优解或次优解。

目前常用的解线性约束的非线性优化问题的可行方向法在实际应用中还存在不收敛、收敛较慢或基变量大量达界后找不到新的入基变量等问题(何光宇等,2004),而惩罚函数法在求解约束非线性优化模型时的收敛速率较低(何燕等,2001)。遗传算法是基于群体搜索的一种启发式算法,其探索过程使用基于目标函数值的评价信息,既不受优化模型是否连续的约束,同时也无须优化模型是否可导的要求,而且遗传算法有着显著的隐并行性,与其他优化方法相比计算时间相对较短。由于本书建立的目标函数公式(2-17)是较为复杂的非线性函数形式,并且无法保证函数的连续性及可导性,所以本书采用遗传算法进行模型求解。

刘晓霞和窦明鑫(2012)总结了遗传算法中常用的三个评价指标,即收敛时间、进化代数、全局搜索能力。在实际问题中,由于我们评价算法的好坏要具有实际的意义,因而对三方面评价指标的要求也就有所不同。有些问题是时效性的,对算法的收敛时间要求很高,过了一定的时间限制所得到的结果是无意义的,此时就对算法的收敛时间要求极高,而对算法的进化代数以及全局搜索能力要求不高;有些问题要求全局搜索能力要很强,例如某些精密计算对算法的精度要求很高,也就是对全局搜索能力要求高,必须得到确切的最优解;还有些问题要求有进化代数的限制,需要在有限的代数内得到最优解,在实际项目的完成过程中,每个结果的产生都需要花费大量的人力、物力、财力,那么为了降低成本就需要限制进化代数,而研究对收敛时间和全局收敛性的要求则没有限制。对于本书采用的遗传算法的评价,全局收敛性这一指标则是评判算法优劣的重要因素。

根据众多学者(刘国华等,2000;王小平和曹立明,2002;梁科和夏定纯,2007)的研究,本书总结遗传算法的主要要素如下:

(1)编码(Coding)

实现遗传算法首先要对求解问题进行编码和解码。对于最优化问题,一般来说,遗传算法有两种编码方式,一个是实数编码,另一个是二进制编码。两者各有优缺点,二进制编码具有稳定性高、种群多样性大等特点,但是需要的存储空间较大,需要解码过程并且难以理解,而实数编码直接用实数表示基因,容易理解并且无须解码过程,但容易过早收敛,从而陷入局部最优。本书为确保优化算法的稳定性及全局最优性,选取二进制的编码方式。本书设定求解的精度为 10^{-6},自变量的二进制串的总长度,或称一个染色体(Chromosome)的长度为 24。

(2)产生初始群体(Population)

通常情况下,由于传统的优化方法不同,遗传算法迭代的起点不是一个,而是一个群体,种群的大小(规模)指种群中的个体数目(王小平和曹立明,2002)。在开始遗传算法迭代过程之前,需要对种群进行初始化。设种群大小为 pop_size,每个染色体或个体的长度为 chromo_size,种群的大小决定了种群的多样性,而染色体的长度则是由前述的编码过程决定的,一般情况下,遗传算法的初始种群是随机生成的。

(3)适应度(Fitness)

研究的优化模型的目标是使城市交通日人均一次出行成本最小,本书提出的遗传算法将目标函数取负,然后引用转换后的目标函数作为适应度函数,如公式(2-19)所示。

$$f_m = -\sum_i Cost_i \times P_{Bi} + \lambda \times g(x) \tag{2-19}$$

式中:f_m——第 m 个个体的适应度;

λ——惩罚函数;

$g(x)$——提出的约束条件。

(4)选择(Selection)

选择操作即从前代种群中选择个体到下一代种群的过程。一般根据个体适应度的分布来选择个体。本书以较易实现的轮盘赌方式对个体进行选择,随机转动一下轮盘,当轮盘停止转动时,若指针指向某个个体,则该个体被选中。很明显,具有较高适应度的个体比具有较低适应度的个体更有机会被选中。本书假定种群中个体是按照适应度从小到大进行排列的。其中,本书使用个体被选择的概率反映个体的适应度,被选择的概率计算见公式(2-20)。

$$p_i = \frac{f_i}{\sum_j f_j} \tag{2-20}$$

式中:p_i——第 i 个个体被选择的概率;

f_i——第 i 个个体的适应度。

(5)交叉(Crossover)

交叉是遗传算法区别其他传统优化算法的主要特点之一。交叉的规则较多,本书采用了一种常用的方法。这种方法是指群体中的每个个体之间均以一定的概率交叉,即两个个体从各自字符串中随机确定两个待交叉的基因位,两个后代待交叉基因位之前的基因分别继承双亲的待交叉基因位之前的基因。待交叉基因位之后的基因分别按照异方基因顺序选取不重的基因。待交叉的个体是从选择操作产生后的新群体中选取。

(6)变异(Mutation)

变异操作是对单个个体进行的。首先在 0~1 区间生成一个随机实数,如果这个随机数小于变异概率,则对此个体进行变异操作,否则不进行变异操作。变异是一种局部随机搜索,与选择、交叉算子相结合使得遗传算法具有较好的局部随机搜索能力,保证了种群的多样性,防止遗传算法出现"早熟"现象。但在变异操作过程中,变异率不得超过 0.5,否则遗传算法将退化成普通的随机搜索方法。

作为一种有力且应用广泛的随机搜索优化方法,遗传算法可能是当今影响最广泛的启发式计算方法之一,虽然遗传算法是一种较好、搜索速度较快的搜索方法,但在进行搜索的过程中仍存在弊端,其中,"早熟"现象是遗传算法存在的一个主要问题。所谓"早熟",即是指在遗传算法早期,在种群中出现了超级个体,该个体的适应值大大超过当前种群的平均个体适应值,从而使得该个体很快在种群中占有绝对的比例,种群的多样性迅速降低,群体进化能力基本丧失,从而使得算法较早收敛于局部最优解的现象(蒋腾旭和谢枫,2006)。那么,尽量避免"早熟"现象使得遗传算法求得的解尽可能的最优则尤为重要。防止"早熟"主要从群体规模、参数适应性、适应度形式以及多种群进化等方面着手。本书通过扩大群体规模、研究合理的参数来避免遗传算法的"早熟"现象。

因此,本书采用遗传算法求解研究的优化模型的具体步骤如下:

步骤1:初始化。设置种群规模 popsize = 100,交叉概率为 $pc = 0.9500$,变异概率 $pm = 0.0800$,确定最大迭代次数为 100,随机产生初始种群,初始迭代次数 $m = 1$。

步骤2:根据个体 i 被选中的概率,进行个体的复制操作,将已有的优良个体复制后添加到新群体中,并删除劣质个体。

步骤3:根据交叉率进行交叉操作,将选出的个体两两交换,产生的新个体进入新群体。

在交叉过程的开始,先产生随机数与交叉概率相比较,如果随机数比 pc 小,则在两个父代个体中随机生成交叉位置点 cpoint 进行交叉运算,否则将不会进行交叉运算,直接返回父代。

步骤4:根据变异率随机改变某一个体的某个基因,然后将个体添入新的种群中。

变异操作生成 0~1 区间的一个随机数与变异概率 pm 比较,若随机数小于 pm,那么则将变异点 mpoint 使该位取反,并获得新的个体的真值和适应度。

步骤5:判断条件为遗传算法的迭代次数是否超过最大迭代次数。如果满足停止条件,则停止;否则设置 $m = m + 1$,返回步骤2。遗传算法求解最优值的计算流程图,如图 2-6 所示。

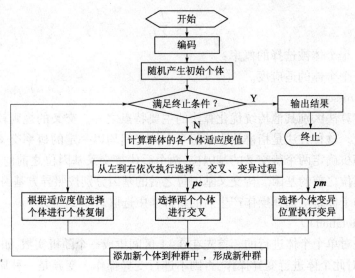

图 2-6 遗传算法流程图

2.4 案例分析

上文针对北京市城六区分析了日人均出行成本,建立了日人均一次出行成本优化模型,并采用 NR 算法对 NL 模型进行模型参数的标定以及介绍遗传算法对优化模型进行求解。之后,为了达到合理化的交通出行结构,本书继而提出了一系列的相关政策进行详细的案例分析,如调整小汽车一次出行平均停车费、调整出租车一次出行平均车费、实施公交优先政策以降低公共电汽车的在车时间以及缩短轨道交通一次出行平均换乘等待时间。

2.4.1 现状分析

根据目前的调查数据及 NL 模型的标定参数,公式(2-18)及公式(2-16)描述的小汽车日人均一次出行成本为 5.8591 元,对应的选择肢概率高达 0.3300,结果显示目前城市交通出行者选择交通方式更倾向于使用小汽车方式完成出行目的;公共电汽车的日人均一次出行成本为 7.5759 元,相应的选择肢概率为 0.3200;轨道交通的日人均一次出行成本为 7.7801 元,对应的选择肢概率为 0.2600;出租车的日人均一次出行成本为 8.1705 元,其选择肢概率最低为 0.0900。最后,公式(2-17)描述的目前北京城六区四种交通方式加权后的日人均一次出行成本为 7.1159 元。本书将目前交通出行的出行情况作为基础案例进行讨论。

2.4.2 案例一:小汽车一次出行平均停车费优化

本案例探讨针对小汽车方式调整一次出行平均停车费对城市交通日人均一次出行成本的影响。在进行优化之前,本书对居民出行选择小汽车的概率进行约束,防止优化日人均一次出行成本时,出行者选择小汽车方式出行的概率为 1 这种极端情形出现。王鸿春等(2006)指出社会型的公共交通(特别是轨道交通和大容量快速公交)与非社会型的私人小汽车在城市交通中的客运分担率之比,是决定特大城市交通运行状态和服务水平的关键。一般来说,公共交通与私人小汽车的客运分担率之比为 1∶1 时,是衡量特大城市交通运行状态和服务水平的临界点。当两者的客运分担率之比为 7∶3 时,则城市交通将处于一个相对均衡状态,此时道路交通便可免于发生大范围、长时间拥堵。本书调查的出租车选择概率为 0.0900,在考虑的四种交通方式中所占比例较低。因此,研究区域内居民选择小汽车的合理概率可以大致界定在 (0.0000,0.3000) 之间。另一方面,本书调查数据显示公共电汽车的在车时间主要为早晚高峰时期,随着小汽车、出租车及公共电汽车的选择概率发生变化,道路上的交通量会相应产生变动,从而影响小汽车出行时间、出租车在车时间以及公共电汽车在车时间。刘智丽等(2009)基于对最大熵理论的研究,获得了各种交通方式的出行时间与城市交通出行结构之间的关系,即公式(2-21c)。张卫华等(2004)基于对纯路段上交通流模型的研究,在高峰时段 7:00~8:00 选取机非之间有封闭物理隔离的三幅路和四幅路进行数据调查。路段长度大约为 200m,并且路段前后 80m 处无公交停靠站点及交叉口,调查统计时间间隔为 5min。本书参考该文献中的部分实测数据,计算得出当路段上公共电汽车与小汽车混合行驶时,三幅路与四幅路相比,路段上公共电汽车运行时间增加幅度与小汽车运行时间增加幅度的比值约为 3∶7,因此本书假设由于小汽车和出租车选择概率产生变动而影响公共电汽车在车时间的增加量,如公式(2-21d)所示。最后,本书根据公式(2-17)计算的最优日人均一次出行成本,如公式(2-21)所示。

$$Z = \text{Min} \begin{vmatrix} [-3.8132 - 0.0237 \times (6.0000 + \Delta PA_{car}) - 0.0501 \times T_{car}] \times P_{car} \\ + (-6.0882 - 0.0513 \times T_{taxi}) \times P_{taxi} \\ + [-4.3902 - 0.0513 \times (62.10 + \Delta_{bus}^{T})] \times P_{bus} \\ - 7.7801 \times P_{rail} \end{vmatrix} \quad (2\text{-}21a)$$

S.t.

$$0 < P_{car} < 0.3 \quad (2\text{-}21b)$$

$$T_i = -\frac{(\ln P_i + 1 + a)}{b}, i = \text{car}, \text{taxi} \quad (2\text{-}21c)$$

$$\Delta_{bus}^{T} = \frac{3 \times (38.0000 - T_{car})}{7} \times \frac{T_{bus}}{T_{car}} \quad (2\text{-}21d)$$

式中:ΔPA_{car}——小汽车停车费的调整量,元;

Δ_{bus}^{T}——因小汽车和出租车选择概率变动而影响公共电汽车在车时间变化,元;

a,b——参数,根据试算法得 $a = -52.6049, b = 1.3124$。

如图 2-7a) 及图 2-7b) 所示,本书设计的遗传算法具有较好的全局收敛性,迭代结束后最佳适应度值在 7.0676 处上下浮动。

根据公式(2-15)~公式(2-21)的估计,优化结果,如表 2-11 所示。本书的调查范围为北京市城六区,调查时段为全天,因此表中显示优化前小汽车选择概率,即 0.3300,与北京全市域全年日均实际小汽车出行分担率有部分差异。根据表 2-11,经案例一优化前后比较,当小汽车一次出行平均停车费用从6.0000元增加至16.6072元时,案例一中的日人均一次出行成本达到最小,为7.0676元。

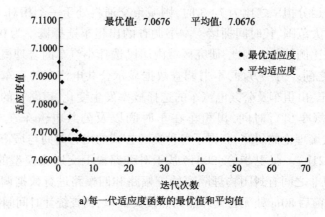

a) 每一代适应度函数的最优值和平均值

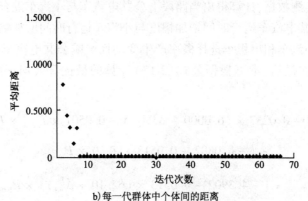

b) 每一代群体中个体间的距离

图2-7 小汽车一次出行平均停车费用优化案例遗传算法全局收敛性

小汽车一次出行平均停车费优化前后结果比较　　　表2-11

交通方式	小汽车 （优化前/优化后）	出租车 （优化前/优化后）	公共电汽车 （优化前/优化后）	轨道交通 （优化前/优化后）
停车费(元)	6.0000/16.6072	—	—	—
选择肢概率	0.3300/0.2826	0.0900/0.0930	0.3200/0.3566	0.2600/0.2678
日人均一次出行成本(元)	5.8591/5.7905	8.1705/7.6477	7.5759/7.3932	7.7801/7.7801
最优日人均一次出行成本(元) （优化前/优化后）	7.1159/7.0676			

2.4.3 案例二:出租车一次出行平均车费优化

本案例研究出租车一次出行平均车费的调整量对城市交通日人均一次出行成本的影响。在进行优化之前,本书对出行者选择出租车方式出行的概率进行约束,以防止优化日人均一次出行成本时,出行者选择出租车方式的概率为0.0000这种极端情形出现。常超凡等(2006)通过研究出租车空驶率,探讨了北京市出租车拥有量与其分担率之间的关系,并根据既有研究得出当出租车合理空驶率为 30.0000%~40.0000% 时出租车的合理拥有量。另外,由于本书调查的出租车选择概率为 0.0900,其选择概率的变化对道路上的交通量的变化影响较小,所以在此不考虑出租车选择概率变化对小汽车出行时间、出租车在车时间以及公共电汽车在车时间的影响。最后,本书根据公式(2-17)计算的城市交通最优日人均一次出行成本,如公式(2-22)所示。

$$Z = \text{Min} \left| \begin{array}{c} -5.8591 \times P_{car} \\ + [-6.6121 - 0.0487 \times (32.0000 + \Delta PR_{taxi})] \times P_{taxi} \\ -7.5759 \times P_{bus} \\ -7.7801 \times P_{rail} \end{array} \right| \quad (2\text{-}22a)$$

S.t.

$$0.3000 < C = 1 - \frac{x \times P \times t \times P_{taxi} \times d}{A \times n \times (yT) \times V} < 0.4000 \quad (2\text{-}22b)$$

式中:ΔPR_{taxi}——出租车一次出行平均车费调整量,元;

n——研究区域出租车拥有量,万辆;

P——研究区域人口数,万人;

t——名出行者的日均出行次数,次/日;

d——出行者使用出租车出行的平均出行距离,$d = S + \frac{PR_{taxi} - M_0}{m}$;

M_0——出租车的起步费用,元;

m——出租车单位距离的车费,元/km;

S——出租车的起步里程,km;

A——出租车单位车辆平均载客数,人/车;

C——出租车的空驶率;

V——出租车平均运行速度,km/h;

x,y——出租车在(yT)小时时段内承担的出行量的百分比。

根据 2006~2011 年北京市交通发展年度报告数据,本书采用时间序列方法预测得到 2013 年北京市城市人口为 1495.6800 万人,居民出行率为 2.0100 次/日。本书引用了常超凡等(2006)文献中的部分数据,包括出租车的平均车速(27.3500km/h)、出租车平均载客数(1.08 人/车)以及居民在 7:00~20:00 之间采用出租车出行量占全日总出行量的百分比(88.4000%)。因此,本书依据以上数据推算出合理的出租车分担率应界定在(0.0607,0.0709)之间。之后,如图 2-8a)及图 2-8b)所示结果可以看出本书设计的遗传算法的全局收敛性,优化后的最佳适应度函数值稳定在 7.1040 处。

根据公式(2-15)~公式(2-18)以及公式(2-22)估计优化结果,如表 2-12 所示。本书的调查范围为北京市城六区,调查时段为全天,因此表中显示优化前出租车选择概率为 0.0900,与北京全市域全年日均实际出租车出行分担率有部分差异。根据表 2-12,经案例二优化前后比较,当出租车一次出行平均车费用从 32.0000 元增加至 36.2500 元时,案例二中的日人均一次出行成本达到最小,为 7.1038 元。

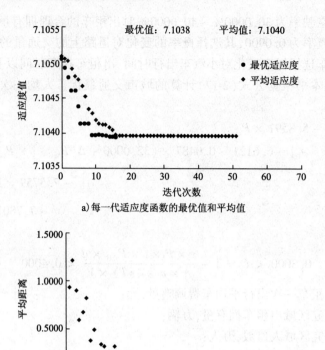

a) 每一代适应度函数的最优值和平均值

b) 每一代群体中个体间的距离

图 2-8 出租车一次出行平均车费优化案例遗传算法全局收敛性

出租车一次出行平均车费优化前后结果比较 表 2-12

交 通 方 式	小汽车 （优化前/优化后）	出租车 （优化前/优化后）	公共电汽车 （优化前/优化后）	轨道交通 （优化前/优化后）
车费(元)	—	32/36.25	—	—
选择肢概率	0.3300/0.3392	0.0900/0.0708	0.3200/0.3292	0.2600/0.2608
日人均一次出行成本(元)	5.8591/5.8591	8.1705/8.3775	7.5759/7.5759	7.7801/7.7801
最优日人均一次出行成本(元) （优化前/优化后）		7.1159/7.1038		

2.4.4 案例三：公交优先政策

优化出行结构可以从两方面着手，一方面是限制私人机动车出行，另一方面则是大力发展公共交通事业。本案例主要探讨通过公交优先政策以缩短出行者使用公共电汽车的在车时间，以此增加公共电汽车在出行方面的优势。为了真正实现公交优先，政策制定主要是从财政补贴、设施建设、道路交通管制等几个方面着手。例如，赋予公共交通方式在道路使用和交通管理方面的优先权，采取的措施主要有设置公交专用道、道路交叉口的信号优先通行、公交优先停车场、中心区域优先许可制度等。

目前,为保证公共电汽车低票价的可持续性,北京市对公共电汽车的补贴占其财政收入的比例较高,杨远舟等(2010)基于对公共交通补贴原理的研究,构建了公共交通补贴模型,研究了公共交通结构系数、公共电汽车分担率以及公共交通运营成本对公共交通财政补贴的影响,如公式(2-23b)所示。

本书针对公交优先政策计算的最优日人均一次出行成本,如公式(2-7)所示。

$$Z = \text{Min} \begin{vmatrix} -5.8591 \times P_{\text{car}} \\ -8.1705 \times P_{\text{taxi}} \\ + [-4.3902 - 0.0513 \times (62.1000 + \Delta T_{\text{bus}})] \times P_{\text{bus}} \\ -7.7801 \times P_{\text{rail}} \end{vmatrix}$$

(2-23a)

S. t.

$$G = \lambda \times Q \times P_{\text{bus}} \times \left[\frac{\mu \times (\xi_1 - P \times R_{\text{bus}})}{1 + \mu} + \frac{(\xi_2 - P \times R_{\text{rail}})}{1 + \mu} \right] \quad (2\text{-}23b)$$

式中:ΔT_{bus}——公共电汽车在车时间的调整量,min;
  G——政府对地面公交补贴金额,亿元;
  Q——北京市年均居民出行总量,亿人次;
  μ——公交分担率,即公共汽车客运量与轨道交通客运量之比;
  ξ_1——公共汽车(地铁)人均运营成本,元/人;
  ξ_2——地铁人均运营成本,元/人;
  λ——校核参数。

本书在计算公式(2-23b)时所需的数据主要有三类来源。

①预测数据:根据2013年1月23日新京报的报道,2012年北京市公交补贴为138.2000亿元,根据2013年1月7日新京报的报道,本书获取2012年北京市财政收入为3314.90000亿元,计算得出2012年北京市公交补贴占财政收入4.1690%。根据2013年1月7日新京报报道的10.3%的增长幅度,本书计算得出2013年北京市财政收入为3656.3347亿元。在保证既有公交补贴占财政收入比例的情况下,2013年北京市公交补贴为小于154.2308亿元。本书根据2005~2011年北京市交通发展年度报告数据运用时间序列方法预测了2013年北京市居民年均出行总量为109.7306亿人次,公交结构系数为2.777,轨道交通人均运营成本为6.84元。假设北京市自2009年起政府对轨道交通的补贴保持不变。

②引用数据。本书参考杨远舟等(2010)的研究,取校核参数为2.2,同时为保证公共电汽车的低票价政策的可持续性,北京市公共电汽车人均运营成本取值为1.2元。

③调查数据。本书调查数据确定了公共电汽车人均票价为0.95元,轨道交通人均票价为

2.0000元。

将上述数据进行整合,得到研究区域内公共电汽车较为合理的分担率应小于0.4237。

最后,经计算,如图2-9a)及图2-9b)所示,本书设计的遗传算法具有较好的全局收敛性,迭代结束后最佳适应度值在6.9908处上下浮动。

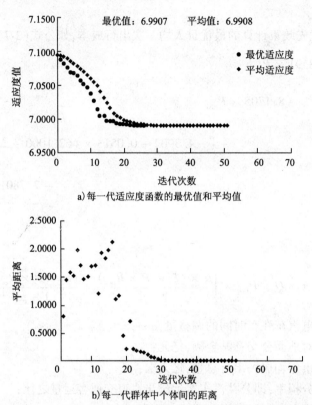

图2-9 公交优先政策案例遗传算法全局收敛性

根据公式(2-15)~公式(2-18)以及公式(2-23)的估计,优化结果,如表2-13所示。本书的调查范围为北京市城六区,调查时段为全天,因此表中显示优化前公交车选择概率,即0.3200,与北京全市域全年日均实际公交车出行分担率有部分差异。根据表2-13,经案例三优化前后对比,当公交车一次出行平均在车时间用从62.1000min缩短至49.6246min时,案例三中的日人均一次出行成本达到最小,为6.9907元。

公交车一次出行平均在车时间优化前后结果比较　　　　表2-13

交通方式	小汽车 (优化前/优化后)	出租车 (优化前/优化后)	公交车 (优化前/优化后)	轨道交通 (优化前/优化后)
在车时间(分钟)	—	—	62.1000/49.6246	—
选择肢概率	0.3300/0.2374	0.0900/0.0556	0.3200/0.4206	0.2600/0.2864
日人均一次出行成本(元)	5.8591/5.8591	8.1705/8.1705	7.5759/6.9359	7.7801/7.7801
最优日人均一次出行成本(元) (优化前/优化后)	7.1159/6.9907			

2.4.5 案例四:轨道交通一次出行平均换乘等待时间优化

轨道交通作为城市公共交通的一种重要出行方式,在缓解城市交通严重拥堵方面作用越来越重要。本案例针对优化轨道交通一次出行换乘等待时间这一政策进行分析。根据北京地方标准《城市轨道交通工程设计规范》(DB 11/995—2013),本书将案例四中的北京市地铁换乘时间界定在 3.0000min 之内,当轨道交通发车频率较高时,定义出行者的等车时间不大于发车间隔的一半(Inturri 和 Ignaccolo,2011)。换乘等待时间约束如公式(2-24b)所示,对于发车间隔取北京市轨道交通线路高峰期最大发车间隔,即 5.0000min(Inturri 和 Ignaccolo,2011)。

本书基于轨道交通换乘等待时间优化政策计算的最优日人均一次出行成本,如公式(2-24)所示。

$$Z = \text{Min} \begin{vmatrix} -5.8591 \times P_{\text{car}} \\ -8.1705 \times P_{\text{taxi}} \\ -7.5759 \times P_{\text{bus}} \\ + [-6.9841 - 0.0995 \times (8.0000 + \Delta Tr_{\text{rail}})] \times P_{\text{rail}} \end{vmatrix} \tag{2-24a}$$

S.t.

$$\frac{1}{2}h \leq 8.0000 + \Delta Tr_{\text{rail}} \leq 3.0000 + \frac{1}{2}h \tag{2-24b}$$

式中:ΔTr_{rail}——轨道交通一次出行换乘等待时间调整量,min;

h——轨道交通发车间隔,min。

最后,经计算,如图 2-10a)及图 2-10b)所示,本书设计的遗传算法具有较好的全局收敛性,迭代结束后最佳适应度值在 7.0654 处上下浮动。

根据公式(2-15)~公式(2-18)以及公式(2-24)的估计,优化结果,如表 2-14 所示。本书的调查范围为北京市城六区,调查时段为全天,因此表中显示优化前轨道交通选择概率,即 0.2600,与北京全市域全年日均实际轨道交通出行分担率有部分差异。根据表 2-14,经案例四优化前后对比,当轨道交通一次出行平均换乘等待时间用从 8.0000min 缩短至 2.9882min,案例四中的日人均一次出行成本达到最小,为 7.0654 元。

轨道交通一次出行平均换乘等待时间优化前后结果比较　　表 2-14

交通方式	小汽车 (优化前/优化后)	出租车 (优化前/优化后)	公交车 (优化前/优化后)	轨道交通 (优化前/优化后)
换乘等待时间(min)	—	—	—	8.0000/2.9882
选择肢概率	0.3300/0.2667	0.0900/0.0794	0.3200/0.3150	0.2600/0.3389
日人均一次出行成本(元)	5.8591/5.8591	8.1705/8.1705	7.5759/7.5759	7.7801/7.2814
最优日人均一次出行成本(元) (优化前/优化后)	7.1159/7.0654			

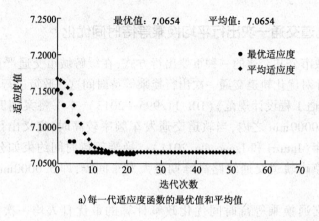

a) 每一代适应度函数的最优值和平均值

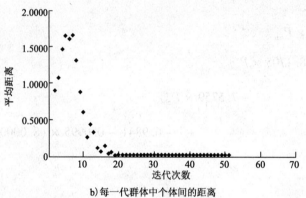

b) 每一代群体中个体间的距离

图 2-10 轨道交通一次出行平均换乘等待时间优化案例遗传算法全局收敛性

2.4.6 比较分析

综合以上案例,制定各案例主要结果对比表,见表 2-15。对比案例一与基础案例,结果显示,通过增加小汽车一次出行平均停车费以提高出行者使用小汽车出行的货币成本,降低了小汽车方式的选择肢概率,其中,大部分的出行者转移使用公共电汽车方式。同时,小汽车方式的选择肢概率的降低减少了城市道路的路段交通量,小汽车、出租车和公共电汽车的出行时间均有所减少,因此降低了出行者选用出租车和公共电汽车的时间成本,进一步降低了综合的日人均一次出行成本。根据 Inturri 和 Ignaccolo(2011)的研究发现,通过收取较高的停车费以增加出行者使用小汽车的货币成本可以降低交通走廊的人均出行成本,同时道路上的车辆速度也有所提高。李晓江(2011)提出停车费对小汽车的使用影响很大。例如,在北京开车去王府井(中心区)就餐的停车费大约是 25 元,而在上海的同类地区大约是 85 元。显然,上海开车到中心区就餐的人会少很多。关宏志等(2006)提出随着停车费的提高,小汽车出行的比例减少,公交、出租车的出行比例增加,并且在一定程度上缓解政策实施地区的交通压力。根据 2014 年 3 月 21 日信息时报的报道,广州市政府提出区域级别实行差别性价格政策,即不同区域、类型的住宅区停车场调整幅度不同。有关部门就广州市优化调整差别化停车费用进行了交通仿真研究,并预测该方案实施后,城市中心城区近期交通流量将下降 11.9%,主干道车速将提速 5.07%。

各案例结果比较　　　　　　　　　　　　　　　表 2-15

项　目		基本案例	案例一	案例二	案例三	案例四
最优日人均一次出行成本(元)		—	7.0676	7.1038	6.9907	7.0654
选择肢概率	小汽车	0.3300	0.2826	0.3392	0.2374	0.2667
	出租车	0.0900	0.0930	0.0708	0.0556	0.0794
	公共电汽车	0.3200	0.3566	0.3292	0.4206	0.3150
	轨道交通	0.2600	0.2678	0.2608	0.2864	0.3389
日人均一次出行成本(元)	小汽车	5.8591	5.7905	5.8591	5.8591	5.8591
	出租车	8.1705	7.6477	8.3775	8.1705	8.1705
	公共电汽车	7.5759	7.3932	7.5759	6.9359	7.5759
	轨道交通	7.7801	7.7801	7.7801	7.7801	7.2814

　　对比案例二与基本案例,数据结果说明优化出租车一次出行平均车费可以在一定程度上降低综合交通方式的日人均一次出行成本。提高出租车一次出行平均车费增加了出行者使用出租车方式的货币成本,促使出行者选择除出租车以外的三种交通方式出行。由于基本案例中出租车的方式划分率较小,所以案例二中调整出租车一次出行平均车费获得的方式划分率与基本案例中出租车方式划分率的变化幅度较低,因此最优日人均一次出行成本与现状中综合的日人均一次出行成本相比,降低幅度较小。罗丽华(2008)总结了出租汽车有比较固定的需求群体,在租价变化幅度不大时,运量影响不大。通过对出租汽车调价前后的运营数据对比,表明调价前后出租汽车的空驶率和次均运距均无明显变化,在一定范围内的合理调价对出租汽车乘客需求影响不大。

　　对比案例三和基本案例,结果表明实施公交优先政策以缩短公共电汽车在车时间可以有效地降低综合交通的日人均一次出行成本。在调查数据时我们发现,由于公共交通较低的服务水平造成在车时间和换乘等待时间过长,在一定程度上导致公共电汽车和轨道交通两种交通方式的日人均出行成本偏高,以致综合交通的日人均一次出行成本偏高。而案例三中由于实施公交优先政策而大幅度提高了公共电汽车的服务水平,出行者选择公共电汽车出行的时间成本降低,吸引了更多使用小汽车和出租车的出行者选择公共电汽车方式,以此降低了综合交通的日人均一次出行成本。满都拉和张秀媛(2009)根据意愿调查统计分析数据得出:65.3%驾车出行的人在公交服务改善后,愿意放弃驾车而选乘公共交通,若公交比小汽车快 10min,那么至少有 53.2% 的人会放弃开私人小汽车出行。由此可见,公交的到达时间是人们是否选乘公共交通的主要依据。Tirachini 和 Hensher(2011)研究得出考虑到公共电汽车对提高城市移动性的重要程度,高效的票务系统和建立公交专用道是提高公共电汽车的运行速度的两种战略性政策,出行需求较高时,基于设置公交专用道建立高效的票务系统可以有效地降低系统平均出行成本,政策制定者可以根据以上两个政策提高已有公交线网的服务水平或新建高标准公交系统。马嘉琪和白雁(2010)指出,从 20 世纪 70 年代开始,美国休斯敦市的交通流量呈迅猛增长趋势并成为美国道路交通状况最糟糕的地区。于是政府提出了在城市路网中开设高占用车辆专用道的交通管理计划,这些道路一开始称为"公交专用道",最初仅限公共汽车和共乘客车使用,后来,为了提高系统的利用率,也陆续开放了一些道路允许共乘的轿车使用。例如,在I-45N和I-10上行驶的车辆平均节约5~14min,然而,由于此策略的"效用放大"作用,根据调查,用户实际感觉缩短了20min左右的时间,可见感知省时的作用十分明显。而事实上,如在I-45N道路上,策略实施后,实际的车辆出行率减少了23%,这也可理解为通行能力提高了23%,成效非常显著。

对比案例四和基本案例,数据结果表明缩短轨道交通换乘等待时间也是降低综合交通的日人均一次出行成本的有效措施。上文提到较高的轨道交通方式日人均一次出行成本是综合交通日人均一次出行成本偏高的原因之一,进而实施相关政策以减少出行者使用轨道交通出行时的换乘等待时间可以较大幅度地降低出行者使用轨道交通方式出行的时间成本,进而吸引选择小汽车、出租车和公共电汽车的出行者,降低综合交通的日人均一次出行成本。诸葛恒英(2007)总结了台北捷运的特点之一为在捷运站从某线路转乘另一线路,无需等车,大大节约了乘车时间,从国外的城市轨道交通情况分析来看,巴黎的轨道交通在布局上的设计规划逐渐减小了换乘时间,缩短了换乘距离,其分担率高达66%。

对比各案例的最优日人均一次出行成本我们可以发现:实施交通政策可以有效地降低城市交通系统内的日人均一次出行成本,实施公交优先政策以缩短公共电汽车的在车时间这个案例获得的日人均一次出行成本最低,而调整小汽车停车费政策获得的最优日人均一次出行成本最高。李娜(2010)提出采用物理隔离和标志标线等交通管理措施,保障公交行驶路权,提高公交专用道的路段运送速度,或加快实施交叉口公交信号控制,保障公交行驶信号优先等公交优先措施来降低公共交通出行时间成本可以有效降低居民综合出行成本;通过控制中心区停车泊位规模,适当增加中心城区小汽车停车费用,降低P+R停车场停车费,以及通过一套价格杠杆措施,增加小汽车的停车成本,同样可以降低居民综合出行成本。

2.5 本章小结

实现交通结构优化目标是一个复杂问题,既涉及城市土地利用等宏观方面,又涉及交通需求供给等中观方面(曾文创和陈向科,2013)。本章节运用计量经济学中离散选择模型,通过对城市交通综合出行成本进行优化分析,探索改善城市交通出行结构的措施策略,以达到有效改善城市交通产生较高的综合出行成本问题的效果。主要内容包括城市交通出行成本的定义和优化、出行成本综合优化建模以及优化策略的案例分析,具体内容梳理如下:

首先,本章介绍了出行成本构成要素的定义及其优化方法,即基于对出行成本的量化分析建立多目标非线性优化模型、双层规划模型等。既有文献提出广义出行成本是由货币成本、出行时间成本及外部成本三者共同定义的。常用的广义出行成本函数形式包括线性形式、对数指数线性形式和CES形式。本章介绍了多目标规划模型,并对建模过程进行了分析,并在考虑各交通方式特性、城市交通的道路资源利用、能源消耗和环境污染情况下,寻求出行者平均时空资源的消耗数量最小和出行成本最小的多目标的线性约束优化模型目标函数。双层规划模型中上层和下层都有各自的目标函数和约束条件。上层目标函数和约束条件与上层决策变量、最优解和下层变量均有关系,下层问题的最优解则受上层决策变量的影响。

其次,提出城市交通日人均一次出行成本概念,详细探讨不同交通方式的日人均一次出行成本的构成要素,并基于日人均一次出行成本进行综合优化建模。针对北京市从政府管理者的角度根据各交通方式的日人均一次出行成本构成要素,本书建立出行个体选择不同交通方式的广义出行成本函数。其中,小汽车交通方式日人均一次出行成本包括一次出行平均出行时间、燃油费和停车费;出租车交通方式的日人均一次出行成本由一次出行平均等车时间、一次出行平均在车时间和一次出行平均车费组成;公共电汽车方式的日人均一次出行成本包括一次出行平均在车时间、一次出行平均换乘等待时间和票价三部分;轨道交通方式的日人均一次出行成本由一次出行平均在车时间、一次出行平均换乘等待时间和票价组成。基于定义的四种交通方式的日人均一次出行成本,本书根据离散选择模型的基础理论,建立了 NL 模型用以描述城市交通出行结构,通过分析不同交通方式综合出行成本及描述的选择肢概率,构建了城市交通综合出行成本优化模型,采取适当优化算法对建立的非线性优化模型进行求解。对于城市交通出行结构描述模型而言,NL 模型的分层结构将小汽车、出租车、公共电汽车及轨道交通四种交通方式分为三个水平。第一水平由公共电汽车与城市轨道交通两种完全公共交通组成,第二水平定义了半公共交通式的出租车与完全公共交通方式,第三水平定义私人小汽车与公共交通方式。鉴于分阶段估计法可以较好地处理分层水平较多、计算时间较长等问题,本书基于最大似然估计方法采用分阶段估计法对该 NL 模型进行了参数估计,并利用 MATLAB 软件实现计算求解。根据建立的 NL 模型对城市交通系统中四种交通方式的分担率进行了预测,预测结果表明:小汽车选择肢概率高达 0.3300,出租车选择肢概率最低为 0.0900,公共电汽车选择肢概率为 0.3200,轨道交通选择肢概率为 0.2600。由于本书调查范围为北京市城六区,调查时段为全天,因此表中以上四种交通方式选择概率与北京全市域四种交通方式全年日均实际出行分担率有部分差异。对于城市交通综合日人均一次出行成本优化模型而言,由于模型为非线性形式,因此选取无连续、可导约束且计算时间相对较短的遗传算法进行求解,同时选取全局收敛性作为提出的遗传算法的性能指标。本章总结遗传算法的主要要素包括编码、产生初始群体、确定适应度函数、选择、交叉、变异六部分。考虑到遗传算法的"早熟"现象,因而提出的遗传算法选取较大的群体规模,合理的交叉、变异系数。

最后,针对北京市城六区进行案例分析,提出不同的措施策略探讨最优的城市交通综合出行成本及合理的城市交通出行结构,以缓解目前城市交通的拥堵问题。本章探讨的优化策略分别为小汽车一次出行平均停车费优化策略、出租车一次出行平均车费优化策略、公交优先策略以及轨道交通一次出行平均换乘等待时间。案例一提出调整小汽车一次出行平均停车费政策。该案例一方面界定研究区域内出行者选择小汽车方式的合理概率大致在(0.0000,0.3000)之间,另一方面由于公共电汽车的在车时间主要为早晚高峰时期调查数据,因此考虑了变化的小汽车、出租车及公共电汽车的选择概率通过影响道路交通量对小汽车出行时间、出租车在车时间以及公共电汽车在车时间的影响情况。案例二考虑在出租车合理空驶率为 30.0000% ~ 40.0000% 时,出租车的合理拥有量的范围在(0.0607,0.0709)内,提出了调整出租车一次出行平均车费优化城市交通日人均一次出行成本策略。该案例假定出租车方式划分率为 0.0900,优化后的划分率的变化对道路上的交通量的变化影响较小,所以在此不考虑出租车选择概率变化对小汽车出行时间、出租车在车时间以及公共电汽车在车时间的影响。案例三主要探讨赋予公共电汽车在道路使用和交通管理方面的优先权,采取的措施主要有设置公交专用道、道路交叉口的信号优先通行、公交优先停车场、中心区域优先许可制度等手段。

实施的公交优先策略可缩短出行者使用公共电汽车的在车时间,以此增加公共电汽车在出行方面的优势。案例三提出为保证公共电汽车的低票价可持续性,在北京市公交补贴占财政收入4.169%的情况下,公共电汽车较为合理的分担率应小于0.4237。在此约束条件下通过公交优先政策优化公共电汽车的在车时间,从而优化日人均一次出行成本。案例四根据既有文献界定:轨道交通换乘时间不超过3.0000,考虑到北京市轨道交通线路高峰期最大发车间隔为5.0000min,所以界定出行者的等待时间应该小于等于发车间隔的一半。基于以上两个约束条件,案例四调整轨道交通一次平均换乘等待时间,优化综合的日人均一次出行成本。优化模型的结果显示:实施交通政策可以有效地降低城市交通系统内的日人均一次出行成本,引起较高的日人均一次出行成本的因素主要是出行者在出行过程中过高的时间成本,因此实施公交优先政策水平以缩短公共电汽车的在车时间这个案例获得的日人均一次出行成本最低,而调整小汽车停车费政策获得的最优日人均一次出行成本最高。

第3章 城市道路交通拥堵综合评价及对策分析

3.1 引言

3.1.1 交通拥堵问题

城市繁荣兴旺的重要标志就是城市道路交通的发展水平。在交通机动化进程迅速发展,城市化进程不断加快的形势下,道路交通系统开始出现各式各样的问题。一方面,道路交通的发展促进了物质流动和人们往来,大大缩短了出行的时间,提高了工作的效率;另一方面,道路交通的发展也带来了许多的弊病,如:空气污染、人口剧增、交通拥堵等社会问题。日益严重的交通拥堵问题的出现不仅给人们正常的学习、工作和生活带来不便,还将导致资源浪费,影响居民居住环境、空气质量以及城市的健康快速发展。

对于交通拥堵带来的问题,本书具体归纳了以下四个方面:

①城市交通拥堵现象日趋严重,造成的经济损失越来越大,并一直保持持续增长。

②现有的交通系统已不能满足经济发展的需要,成为束缚经济发展的主要因素之一。

③由于生活水平的提高,人们对交通运输的服务水平及安全性提出了更高的要求。安全、舒适、快速的交通服务已经成为人们日常生活中不可或缺的一部分。

④随着车辆数目的增加,交通拥堵的不断加剧,车辆排放物和噪声污染的日益严重,人们要求进一步改善生活环境质量、减轻污染的呼声愈演愈烈。

在1982~2002年之间,全美每年每个出行者高峰时段的平均出行延误由16h增加到46h,总延误时间由7亿小时增加到35亿小时,拥堵造成的经济损失由142亿美元增加到632亿美元(KTC,2005)。据资料统计,全世界每年约有50万人死于交通事故(武长顺,2004)。我国自上世纪90年代,交通拥堵问题已有所发生。尤其是最近几年,交通拥堵问题已成为制约我国大中城市经济发展和人民生活质量提高的主要瓶颈。根据BTRC(2013)可知,截至2012年,北京市机动车保有量已达520万辆,较上年净增4.4%。私人机动车保有量达到419.2万辆,比上年净增4.1%。虽然,北京城区已建成二、三、四、五、六环等城市快速道路路网体系,但道路上新增机动车的不断涌现,使得道路交通压力加大。城区道路的超饱和现象不仅导致了延误,降低了出行效率,而且增多了耗油量和废气排放量,导致环境的恶化。由表3-1可知,2012年全日拥堵持续时间(包括严重拥堵、中度拥堵)较2011年同期增加了20min,严重拥堵和中度拥堵持续时间分别增加了10min。

交通拥堵时间统计表（2012年与2011年工作日同期对比）(BTRC,2013)　　表3-1

年份	严重拥堵	中度拥堵	轻度拥堵	基本畅通	畅通
2011年	20min	50min	2h20min	6h50min	13h40min
2012年	30min	1h	2h50min	6h10min	13h30min
时间变化	+10min	+10min	+30min	-40min	-10min

杨兆升（2003）提出城市道路交通系统在国民经济各部门起到十分重要的作用，是现代化城市发展的重要支柱之一。为保证城市道路交通系统的安全畅通、高质量运行、低成本以及优美环境，城市道路交通管理部门和规划部门付出了巨大的心血和汗水。然而，随着科学技术的飞速发展，各城市道路交通系统日渐趋向大型化、复杂化、高速化、系统化及智能化，其结果是：道路交通的组成和结构越来越复杂，系统本身的规模越来越大，功能越来越强，性能指标越来越高，各个运行环节的关联度越来越密切，形成了一个具有整体性的关系链，一旦某路段发生事故就可能引起"链式反应"。可见道路交通系统是一个复杂系统，交通流的吸引和发生、聚集和扩散，是呈非线性变化的。虽然造成城市道路交通拥堵的原因很多，但根本原因可以归结为交通需求和交通供给之间的不平衡。因此，城市交通拥堵问题的解决无外乎从供需两方面来采取措施。在供给方面需要通过加强基础设施建设来提高路网整体交通容量，在需求方面需要改善出行行为生成的大小及时空分布，但这两方面措施的实施不仅需要巨额资金投入，还涉及到复杂的政策问题。因此，除了交通规划、管理和控制外，还迫切需要开展道路交通拥堵评价预测和拥堵控制的研究。

近半个世纪以来，城市道路交通拥堵的频繁发生，也越来越严重地困扰着世界上其他国家的大城市。为了解决交通拥堵的问题，国内外的许多学者和交通工程师也正加紧进行城市交通拥堵控制的研究。

3.1.2　城市交通拥堵评价方法综述

为有效缓解城市道路交通拥堵，制定和实施有针对性的对策、手段和措施，相关部门需要对交通拥堵的特征、程度等要素有较为准确的判断。因此，交通拥堵评价方法的研究和建立十分迫切和重要。国内外学者和交通工程师投入了大量的人力、物力对城市交通拥堵评价方法进行研究。

1. 国外城市交通拥堵评价方法综述

Sheu等（2001）运用非线性随机模型来估计由于交通事故产生的延误和排队长度。非线性随机模型包括递归方程、测量方程、延误方程和边界约束。递归方程代表了车道交通状态变量在当前时间步长和下一时间步长间的关系。车道交通状态变量是用于描述由于交通事故的发生，车辆强制性进入车道和出车道的情景。测量方程代表了收集到的交通车辆数与车道交通状态变量间随时间变化的关系。延误方程是基于递归方程和测量方程的估计结果来预测随时间变化的集计延误。卡尔曼滤波算法被用以计算非线性随机模型。通过给定方法预测到的估计值与通过Corsim仿真模型得出的仿真值进行比较来初步测试给定的随机估计方法的表现性能。初步测试结果表明给定的随机估计方法估计的车道交通状态变量值是可接受的。在今后的研究中，文章将考虑多条车道阻塞的情况以及排队长度溢出的情况。

Pulugurtha 等(2010)同时考虑了周期性交通拥堵和非周期性交通拥堵的条件下,基于地理信息系统的方法对路段的拥堵打分和可靠性估计。对路段的交通拥堵打分是基于该路段上的出行时间和出行延误获得的,用以表示道路上的拥堵严重程度。路段的可靠性定义为路段拥堵打分的倒数。因此,路段的拥堵打分越低,其可靠性越高。文章中采用的地理信息系统方法包括四步,即数据收集、基于周期性拥堵条件下的出行时间及其变化的估计、基于非周期性拥堵条件下的出行延误的估计以及拥堵打分和可靠性的计算。出行时间及其变化的估计是基于传统的 BPR 函数获得的。文章所考虑的出行延误仅考虑交通事故引起的延误。考虑到不同程度的交通事故对出行延误的影响不同,文章将交通事故数转化为等价的仅考虑财产损失的事故数。文章根据周期性交通拥堵和非周期性交通拥堵所占权重值的不同对交通拥堵进行打分。在拥堵打分低(≤15)的情况下,随着周期性拥堵所占权重值的减少,路段长度不断增加,这是由于非拥堵状态下,道路运行状态主要受交通事故的影响。在今后的学习中,文章将讨论交通设施类型和路段所处区域对周期性交通拥堵和非周期性交通拥堵所占权重值的影响。

Davis(2012)采用三项交通流理论来仿真具有进出口匝道的二车道公路上的交通拥堵的缓解情况。文章讨论了在三种不同情况下交通拥堵的缓解情况。第一种情况是是出口匝道附近的驾驶员靠对速度的本能反应来进行出口匝道分流,此时道路交通拥堵仍会产生。第二种情况是出口匝道附近的驾驶员根据入口匝道与主车道交汇产生的瓶颈处反馈回的平均车速来进行出口匝道的分流,此时主道路向出口匝道转移的车辆数足够大从而可中止扩展的同步流模式并限制在入口匝道和出口匝道间的道路交通拥堵的产生。第三种情况是同时考虑瓶颈处反馈的平均车速信息和车道禁止换道措施,此时道路上的交通流将近于自由流状态。

Alexander 等(2012)运用弹性理论对减少尾气排放的三个政策进行比较从而分析了道路交通拥堵缓解和汽车尾气排放间的关系。文章根据弹性理论建立导致正的或负的净排放量变化的条件,并引进"收支平衡"条件,即此时道路上所有车辆的尾气排放量不随车速的变化而变化。政策一为通行能力对尾气排放的影响(Capacity-based Strategies,CBS),即根据总的排放量弹性来判别 CBS 对尾气排放增减的影响。政策二为车辆类型对尾气排放的影响(Vehicle Based Strategies,VBS),即通过引进高效车辆(再生制动)和电力车来减少尾气排放量。政策三为出行需求量对尾气排放的影响(Demand Based Strategies,DBS),即通过提出抑制出行需求增加的政策,如道路收费,限制通信等来减少尾气排放量。政策二和政策三作为备选政策,即由于道路的服务水平提高使得尾气排放增减一定量,将基于相同的尾气排放增减一定量提出相应的具体政策。当快速路处于严重拥堵条件下,即服务水平由 F 到 E 时,CBS 对尾气中所有污染物的排放都存在较好的减少作用。当快速路上的服务水平由 E 到 D 时,CBS 将导致车辆尾气排放的增加。因此,交通拥堵的缓解并非必然导致尾气排放的减少。

Ishikawa 等(2013)采用交通流元胞自动机模型(Cellular Automaton Model,CAM)去预测知床国立公园提出的游客管理政策对该公园内的景点 SFL(Shiretoko Five Lakes)和景点 KW(Kamuiwakka Waterfall)的交通模式的影响。文章用旺季(8月)时两景点停车场外的排队等候车辆数和平季(7月)时两景点停车场内的车辆数来定量化交通模式的影响。NSE(Nash-Sutcliffe Efficiency)被用于评价交通 CAM 的精度。根据 NSE 可知,交通 CAM 能够很好的重新生成交通模式。文章使用交通 CAM 去预测当游客管理政策有所改变时两景点的交通模式的改变情况。预测结果表明,当在旺季允许私家车进入 KW 景点时,SFL 景点处的排队等候车辆数将减少 35%。但是,当两景点的输入流增加 20% 时,在 KW 和 SFL 处的等候车辆数将使 KW 再次陷入拥堵状态。因此,游客管理政策的调整应在考虑输入流量的前提下进行,否则两景点处的拥堵状况将更加恶劣。

Arnott(2013)采用浴缸模型分析在收费和不收费的情况下市中心的道路交通拥堵状况,即将浴缸假定为某市中心区域,将高峰时期进入市中心的交通流对应为流入浴缸中的水流,将交通密度对应于浴缸中水的高度。在浴缸模型中,假定到达率仅依赖于交通密度。未收取通行费的浴缸模型中给出了两个平衡条件,首先通勤者不能通过改变出发时间来减少其的期望出行成本,其次出发率在出发间隔上的积分是等于出行需求量的。收取通行费的浴缸模型是一个社会最优问题,它的目标函数是使通勤者总的运营成本、总的提前出发成本和总的延迟出发成本之和最小。根据模型得出在收取通行费的情况下,通勤者的出行条件一直处于正常运行状态,未达到超拥堵状态。

2. 国内城市交通拥堵评价方法综述

我国交通研究始于上世纪 80 年代,虽然对于交通拥堵管理或预警系统的资料相对贫乏,但是近几年随着对交通拥堵评价研究认识的不断深入,国内学术界在相关的理论和实践方面也取得了不俗的成果。

王殿海等(1998)通过对实际观测数据的分析,根据最小二乘逼近原理,应用指数平滑预测方法建立了基准曲线模型和差值修正模型,进而构造了实时动态交通流预测模型,该模型实际上是历史平均模型。

马寿峰等(2001)针对短期交通的可预测性方面作了比较深入的研究。文章从分形理论出发,通过判断交通流系统是否存在分形的自相似性,来确定交通流的可预测性,并据此得出采样间隔在 5~15min 之间的短期交通流是可预测的结论,验证了方法的有效性。同时文章也指出,分形是短期交通流可预测性的充分条件,不存在分形并不能直接否定可预测性的存在。马寿峰等人的研究为短期交通的可预测性提供了理论上的依据。

姜紫峰等(2000)采用了一个 4 层的 BP 神经网络实现交通拥堵的自动判断。王宏杰等(2001)针对城市交通智能运输系统,提出了基于改进的 BP 神经元网络理论模型的路面交通流动态时序的预测算法,并在 BP 算法的自适应学习率和动量法优化网络收敛性等方面,进行了深入的研究,改进了基本 BP 算法中的收敛速度慢和易于陷入局部最小点等问题。姜桂艳等(2006)将占有率、速度和流量组合为一个新的参数,基于多层前馈神经网络模型设计出一种适用于城市快速路的交通拥堵自动判断方法。陈维荣等(2011)采用实际高速公路数据,提出了一种基于 SVM 的交通事件检测方法,并分析了 SVM 中各参数对分类效果的影响。

贺国光等(2002)讨论了小波分析在交通流短时预测中应用的可行性,提出了一种基于多分辨率小波分解与重构的短时交通流预测方法,通过该方法提高了预测结果精度。文章使用小波分解的方法将信号先分解为若干个层次,然后用时间序列 ARMA 模型对各个层次分别进行预测,最后使用小波重构的方法将预测信号进行重构得到合并的预测值。

梁颖(2005)从交通供求随机性出发,利用网络可靠性分析方法,提出用畅通可靠度(Un-block Reliability)作为评价道路单元(路段或交叉口)运行状态的评价指标。在此基础上,进一步提出了高峰期的路径畅通可靠度、OD 对间畅通可靠度和路网畅通可靠度的概念与计算方法,从宏观上把握了路网的运行状态。

喻泉等(2006)采用最小二乘法提出了一种城市路网动态交通流状态预测的方法。从出租车 GPS 数据出发,利用最小二乘法对交通流在时空上的速度分布进行拟合建模,以车流平均速度为指标评价道路的交通拥堵状态。部分研究学者还对已有的交通状态评价指标进行了改进,如服务水平、饱和度等。

王伟和杨兆升(2007)基于行程时间和路段长度信息给出了路段拥堵系数(Road Congestion Coefficient,RCC)的概念,建立了子区交通状态矩阵,利用加权系数的方法计算整个协同子区的拥堵系数,进而对子区的交通状态进行判断。

袁月明等(2008)将交通状态分为自由流、谐动流、同步流和拥堵流,基于视频检测技术采集的数据,利用模糊 C 均值聚类算法对北京市快速路交通状态进行分析。赵风波等(2006)提出了一种改进的模糊 C 均值算法对道路交通状态进行分析。其主要贡献是采用了启发式的方法确定隶属函数,使其覆盖整个输入空间。仿真实验结果表明改进的模糊 C 均值算法可以有效地对道路交通状态进行评价。

任江涛等(2003)认为交通网络的状态可分为数量有限且不同类型的模式,并利用仿真软件 Paramics 人为地设计交通网络状态的不同模式,基于支持向量机技术对实际路网交通状态进行模式识别。而徐婧等(2010)基于道路服务水平将交通状态划分为五个等级,利用支持向量机实现了状态的识别。

3.1.3 城市交通拥堵对策综述

1. 国外城市交通拥堵对策综述

上世纪 60 年代,欧美一些大城市相继陷入交通拥堵的窘境。各国的城市交通规划师及交通工程师开始了漫漫求索之路,设法破解如何才能重新建立并维持城市交通的供需平衡关系这一难题。

全永燊和刘小明(2002)指出,在过去的很长一段时间内人们的目光主要集中在"供给"这个环节上,力图通过不断扩充交通设施容纳能力的方式求得供需的平衡,但始终没有哪个城市能够如愿。人们发现耗巨资修建的道路及运输场站设施由于运行管理不到位而未能充分发挥其预期的功能效益,以致出现令人十分尴尬的局面。一方面,大规模的道路交通设施因财力与物力的短缺而难以扩充;另一方面,既有设施又存在无法得以充分利用的问题。因此,美国及一些欧洲国家实施的 TSM(Transportation System Management,即交通系统管理)计划风行一时。TSM 计划与道路交通设施的扩充计划并驾齐驱,相行不悖,确实收到了令人十分鼓舞的效果。TSM 的着眼点在于对已经出现在道路和运输系统上的需求时空分布的合理调节,同时着眼于运输系统与道路系统的协调关系上。对于基本需求及派生需求中有关运输方式选择方面的问题涉及不多,或根本未予涉及。但比起过去单纯依靠扩充道路解决交通供需失衡的思路来,TSM 的出现应该说是革命性的进步。

在经历了一段更加艰苦的实践和探索后,交通规划者们提出了一种更加全面的管理思路,即 TDM(Transportation Demand Management,即交通需求管理)策略。TDM 不仅能对已有加载于各种运输系统和道路系统上的需求实行管理,而且还能联通这些需求产生的源头部分并将其一起纳入管理范围。TDM 和 TSM 并不是相互排斥或对立的,而是相辅相成,互为补充的两种管理策略手段。

(1) 新加坡的交通拥堵对策

新加坡于 20 世纪 70 年代开始实施交通需求管理政策,通过采用小汽车牌照限额发放、大力发展公交、区域特许证制度、电子道路收费等一系列措施,使交通拥堵得到有效控制,取得了很大的成功。表 3-2 为新加坡解决城市机动车交通拥堵问题对策一览表。

新加坡解决城市机动车交通拥堵问题对策一览表(刘峰,2010) 表 3-2

分　类	政策措施	政策要点及发展情况
直接交通管理政策	街道使用政策	在商业中心区全面实行单行道;所有公共汽车站均设停车湾,以减少干道上的交通拥堵
	交通信号系统建设	早在 20 世纪 70 年代末就在商业中心各道路交叉口建立了自动交通信号控制网,20 世纪 80 年代末又对已有的交通信号系统进行了全面更新,引入了自适性控制信号系统,随后将该系统的应用范围扩大
	区域通行证制度	1975～1995 年,政府规定道路繁忙时进入中央商业区的车辆以买"区域通行证"的方式另征附加税,通过行政和经济等手段,抑制小汽车进入商业中心
	电子收费系统	自 1995 年建立以来,电子道路收费政策开始成为调节道路交通供需的直接手段,1998 年 9 月,电子道路收费政策开始在东海岸高速公路、中央高速公路、泛岛高速公路和实行通行证制度的控制地区全面实施
	周末小汽车政策	从 1991 年开始,新加坡就要求周末小汽车出行必须出示通行证,1994 年该制度被"非高峰期出行管理制度"所替代
汽车保有量控制政策	财税配套政策	通过征收进口关税、注册税、额外注册税、普通消费税等税收政策来抑制市民机动车消费,这类政策手段灵活,符合现代宏观调控思想
	汽车配额政策	1990 年实行的典型的行政干预政策属于间接交通管理政策,目的是有效地控制汽车保有量
基础设施建设与土地利用政策	公共交通现代化	在 20 世纪 70 年代重组、扩展和创新了公共交通服务体系,20 世纪 80 年代投资建设了城市地面有轨高速运输系统,现已成为新加坡公共交通的主力军,20 世纪 90 年代开始对国内公共交通收费制度进行了改革
	扩充道路通行能力	在交通流大的方向建设了现代化的高速公路网,在商业中心区外修建通行能力大的环城公路,并以辐射型干线与之相连;商业中心地下设有辅助交通
	城镇配套发展政策	为了改变城市居民的出行习惯,减缓交通拥堵,节约能源,政府调整城市建设布局和扩展方向,在大都市内建立相对独立的、有完善生活服务设施的城镇,减小居民出行的距离

(2) 美国的交通拥堵对策

根据全永燊和刘小明(2002)的研究,20世纪70年代美国为了实施TDM,试行了一些新的组织方法。该类组织方法包括TMA(Transportation Management Association,即交通管理协会),TRO(Trip Reduction Ordinance,即出行减少条例)和NA(Negotiated Agreement,即协商协议)。其目的都是促进私人与政府间更广泛的合作,并已经在一些实践中取得了成功。20世纪80年代美国为了改善空气质量,减少单人驾驶,并鼓励使用公共交通,于1990年出台了"清洁空气法案修正案"(Clean Air Act Amendments, CAAA),制定了《关于交通管理手法指南:1990年》,并把TDM作为控制大范围空气污染的措施。1991年美国政府制定的"综合路上交通效率化法案"(Intermodal Surface Transportation Efficiency Act,ISTEA),将TDM作为重要交通对策纳入其中,使其成为交通区域拥堵管理的工具,1992年美国出版了《交通需求管理手册》,宣传其对缓解交通拥堵、改善环境质量、提高道路使用效能的重要性。2007年纽约市长Michael Bloomberg公布了"PlaNYC"的战略性文件,更加明确了把纽约发展为绿色城市的目标。该战略性文件的实施完成了纽约时代广场约1.5hm^{2}的车道改行人和自行车专用区域的改造计划,从而有效地改善了区域内的出行结构。

(3) 欧洲的交通拥堵对策

根据全永燊和刘小明(2002)的研究,大部分的欧洲国家已实施了TDM。意大利和希腊广泛采用了各种在市中心限制交通的措施(通常能减少交通量10%~20%)。挪威在几个城市实行道路收费,通过收费减少交通拥堵,同时降低私人小汽车对社会的影响。英国于1996年3月在诺丁汉建立了绿色通勤计划,该计划的目的是在3年内使该区员工单独驾乘通勤下降30%。德国是目前实施交通管理最广泛的国家,于1991年建立了第一个需求管理中心(MobiCenter)。需求管理中心目前已扩大到几个城市,且其宗旨是为全体居民提供各种交通方式信息,以便居民使用有关的交通方式。荷兰在通勤中引入交通需求管理,即所谓的ABC政策。ABC政策通过采用政策限制、财政措施(补贴和税收)和停车缴费措施来减少个人驾乘,鼓励采用合乘或其他交通方式,并配合其他措施的综合运用从而使乘公共交通出行比例上升了8%~40%。

(4) 日本的交通拥堵对策

东京于1993年11月推出了首都圈新交通拥堵对策计划,通过减少出行产生来减少出行总量,并且通过改变交通方式和有效地使用机动车辆来减少车辆交通,将交通在时空范围进行分散。其他一些城市在日本政府"减少道路交通拥堵法案计划"的指导下,引入了TDM来解决城市交通问题,1996年有12个城市试点进行了"减轻交通拥堵的样板工程"(全永燊和刘小明,2002;陆化普,2001;黄良会和叶嘉安,1994)。

通过上述分析可知,TDM在国外的应用已经证明是成功的。目前,交通发达的国家已经大量采用交通需求管理,建立了较为完善的服务系统和体系,而部分尚未实施交通需求管理或实施较慢的发达国家也开始将修路政策调整到可持续发展的交通模式的选择上来,鼓励以公共交通为主。

除了TSM和TDM外,很多国家还在进行智能交通ITS(Intelligence Transport System)的开发研究,利用智能化技术对交通实行诱导、控制和管理,提高交通管理水平,以挖掘已有交通设施的潜力,提高交通容量,缓解交通压力。

根据全永燊和刘小明（2002）的研究，智能交通系统最初是上个世纪60年代在美国提出的，从80年代开始，智能交通开始在美国、日本和欧洲推行。近年来，ITS在各发达国家日益受到政府、企业及科研机构的高度重视。各国纷纷设立了推进ITS的主体机构，如西欧成立了本部设在比利时布鲁塞尔的欧洲交通信息与控制组织ERTICO（European Road Transport Telematics Implementation Coordination Organization），美国成立了美国ITS协会（Intelligence Transport Society of America），日本于1994年1月成立了道路交通车辆智能化推进协会VERTIS（Vehicle，Road and Traffic Intelligence Society）。与此同时各国还分别建立了全面的ITS框架结构制定、启动并实施了大量的开发计划项目。ITS开发研究成果对于缓解城市交通拥堵发挥了很大的作用，如交通信号控制系统、出行信息服务系统、公共交通管理系统、道路交通的优化管理等。

2. 国内城市交通拥堵对策综述

20世纪90年代后国内大多数城市先后出现了交通拥堵问题，各个城市积极开展研究解决交通拥堵问题的方法。除了进行大规模的交通基础设施建设，弥补交通基础设施建设欠债过多的局面外，大部分城市还在交通规划、管理中引入了需求管理的思想，对交通需求进行管理，以缓解城市交通压力。

（1）香港的交通拥堵对策

根据黄良会和叶嘉（1994）的研究，香港建成区面积小，人口密度大，交通压力非常大，但其采取了一系列的措施来缓解城市交通拥堵，取得了很好的效果。具体措施如下：

①改善交通基础设施。通过超前规划，建设道路等交通基础设施，提高道路容量，以缓解交通压力。

②大力发展公共交通。香港在道路使用、交通管理设施保障等方面采取各种公交优先政策来鼓励公共交通的发展，主要包括采用公交专用道、发展轨道交通、财政补贴等一系列措施。

③限制小汽车的发展。香港严格控制小汽车保有量的增加，通过提高车辆拥有税、燃料税等税率来限制私人小汽车的增加和使用。

④加强道路交通管理。加强道路交通管理主要通过加强道路交通组织管理，采用区域交通信号控制系统、组织单向交通系统、交通诱导、加强停车管理等措施来引导道路使用者对道路的合理使用，提高道路的使用效率。

除了以上措施外，香港还曾于1983年进行了一项道路电子收费实验计划。实验证明道路电子收费技术是合理和切实可行的。虽然最终由于公众的反对道路电子收费没有实施，但是香港仍把其作为未来解决交通拥堵的一种策略。

（2）其他城市的交通拥堵对策

我国大城市采取缓解交通拥堵措施主要有以下几种：

①大力发展公共交通。我国大城市大都把大力发展公交作为缓解城市交通拥堵的主要策略。例如北京，于1997年开设全国最早的公交专用道，并在2004年开设国内首条快速公交专线，该线路设计长度为16km。

②对机动车的使用进行限制。根据2013年修订的《北京市小客车数量调控暂行规定》实施细则，北京市机动车的每年最大增长额度将由24万辆降为15万辆。从而到2017年，北京市机动车保有量将控制在600万辆以内。

第3章 城市道路交通拥堵综合评价及对策分析

③采用智能化的交通管理措施。我国大城市为了提高管理水平和道路设施利用率,积极引进现代化技术,建设城市智能交通系统。

交通拥堵的检测与评价是正确审视交通拥堵的前提性工作。道路实时的交通情况的正确再现可以为交通管理部门提供准确的道路交通数据,以便管理和调度。交通拥堵度量指标的恰当给出可以为出行者提供有意义的信息参考,使他们选择适合的出行路线,从而避免时间和金钱的浪费。因此,交通拥堵的检测与度量有着重要的现实意义。本章将结合国内外研究经验和国内拥堵现状,主要从城市道路特性、交通拥堵影响因素、交通拥堵评价指标及评价方法、缓解对策四个方面对拥堵进行研究,为缓解交通拥堵提供有力的理论基础和依据。本章共分为六部分。图3-1 给出的是本章所研究内容的结构流程图。

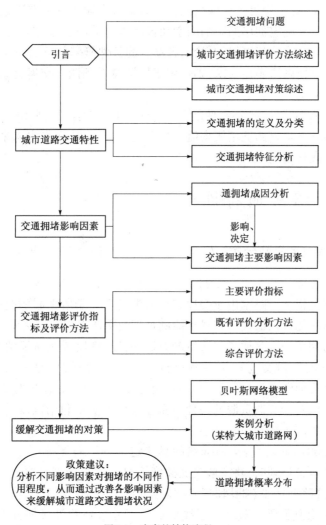

图3-1 本章的结构流程

第一部分为引言,该部分首先对交通拥堵问题进行了阐述,包括交通拥堵的危害性以及对交通拥堵进行评价的意义和必要性,并对国内外交通拥堵现有评价方法和缓解政策进行了综述。

第二部分为城市道路特性，该部分给出了城市道路交通拥堵的定义，并研究分析了交通拥堵的特征。

第三部分为交通拥堵影响因素，该部分从出行需求增长速度快、小汽车拥有量急速增加、道路基础设施建设不足、道路交通管理不足、交通构成复杂、城市土地利用与规划布局不够合理等方面来分析交通拥堵的成因，从而确定交通拥堵的主要影响因素。

第四部分为交通拥堵评价指标及评价方法，该部分基于第三部分分析的拥堵影响因素从定性和定量两方面对城市道路交通拥堵的度量指标进行了选择与确定，并详细介绍了既有的交通拥堵评价方法。

第五部分为缓解交通拥堵对策及案例分析，该部分将基于不同的拥堵评价方法给出相应的拥堵缓解政策建议，并采用贝叶斯网络的方法对某特大城市的道路网进行交通拥堵评价预测。案例分析中将首先确定拥堵的影响因素和各因素对应的值域，然后根据所选取的贝叶斯网络构建方法和推理方法构建网络，并给出各结点的条件概率分布，从而对构建好的贝叶斯网络进行验证。若贝叶斯网络满足要求，则可用于拥堵概率预测。交通拥堵概率的预测将基于四个案例进行对比分析。

第六部分为本章小结，该部分主要介绍了本章的工作内容及主要研究成果，并对案例分析中基于不同政策实施下得出的拥堵概率值进行了比较分析，从而得出未来几年不同政策实施下交通拥堵状况的表现情况。

3.2 城市道路交通特性

3.2.1 交通拥堵的定义及分类

1. 交通拥堵的定义

所谓交通拥堵是指某一时空由于交通需求和供给产生矛盾引起的交通滞留现象，主要是由于道路交通设施所能提供的交通容量不能满足当前交通需求量而又得不到及时的疏通而造成的。以往的交通拥堵是用交通流与通行能力比、时速、密度或车队滞留长度等量来描述，尽管这些量在某种程度上对交通拥堵现状进行了一定的描述，但是并没有反映出拥堵的本质——究竟是道路交通资源的严重浪费，还是交通秩序的失衡等。在很多情况下，交通拥堵的出现是由于出行需求对于交通资源的一种不充分或是不恰当利用以及道路结构的不合理性，而并不是道路面积的严重缺乏。

根据陆化普(2001)的研究，交通拥堵的具体定义各国尚无统一标准。日本建设省1994年在制定交通拥堵对策计划时，将一般交通拥堵长1km以上或拥堵时间10min以上定义为交通拥堵，首都高速公路拥堵量（拥堵时间×持续时间）在每天每千米15h以上定义为交通拥堵。美国道路通行能力手册在对城市干线街道的服务水平的等级划分中，将车速为22km/h以下的不稳定车流称为拥堵车流。我国公安部对拥堵路口和拥堵路段分别给出了定义，车辆在无信号灯控制的交叉路口外车行道上受阻且排队长度超过250m，或车辆在信号灯控制的交叉路口，3次绿灯显示未通过路口的状态定义为交通拥堵。拥堵路段则定义为车辆在车行道上受阻且排队长度超过1km的状态。

这里有两点需要注意,一是交通拥堵的时间性,二是交通拥堵的空间性。也就是说城市道路交通拥堵现象并非是呈现在城市一天的任何时刻或任何地点。

2. 交通拥堵的分类

交通拥堵可根据不同的划分标准分为不同的类别,具体如下:

①根据拥堵定义,交通拥堵可分为可接受拥堵和不可接受拥堵。

可接受拥堵指当出行时间或延误超过自由流状态下正常发生的时间或延误时形成的拥堵,如图3-2所示。

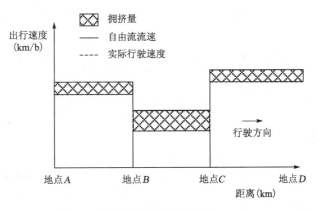

图3-2 可接受拥堵定义图(祝付玲,2006)

不可接受拥堵指当出行时间或延误超过了共同接受标准时形成的拥堵。这个统一标准随着交通设施类型、出行方式、地理位置和出行时段的不同而不同(Levinson等,1997)。

根据城市规模、拥堵地点、拥堵时段和拥堵人群的不同,拥堵被接受程度也不同。实际上,拥堵总是存在的,只是有的拥堵可以接受,而有的拥堵则不可接受。人们所要解决的拥堵问题主要是针对不可接受拥堵。

②根据交通拥堵产生的原因不同,交通拥堵可分为常发性交通拥堵和偶发性交通拥堵(Chung等,2012)。图3-3为发生常发性交通拥堵和偶发性交通拥堵时的道路交通状况。

a) 常发性交通拥堵　　　　　　　　　b) 偶发性交通拥堵

图3-3 交通拥堵时的交通状况

由于交通流量突然增大并超出道路设施正常的容量所引起的交通拥堵称为常发性交通拥堵。常发性拥堵是相对稳定有规律和可以预测的,最容易发生在高峰时间,属于周期性拥堵。

它多由于道路设计交通容量不足或交通需求增长过快等造成,具有较显著的客观性特征。

由于一些特殊事件引起道路容量的减少或是由于吸引过多的流量而引起的交通拥堵为偶发性交通拥堵。最常见的道路突发事件有大型活动、交道事故、道路维修、恶劣天气等。偶发性交通拥堵是没有规律和不可预测的,且可能持续时间较长。

③根据交通拥堵形成的先后顺序,交通拥堵可分为原始拥堵和后续拥堵。

在一个瓶颈处首先形成的拥堵,称为原始拥堵;由原始拥堵的回流和蔓延而形成的拥堵,称为后续拥堵。

④考虑拥堵的严重程度,根据道路交通运行指数 TPI(Traffic Performance Index),道路的运行水平可划分为五个等级,如表 3-3 所示。

道路交通运行水平划分(北京市质量技术监督局,2011)　　表 3-3

道路交通运行指数(TPI)	$0 \leq TPI < 2$	$2 \leq TPI < 4$	$4 \leq TPI < 6$	$6 \leq TPI < 8$	$8 \leq TPI \leq 10$
道路网运行水平	畅通	基本畅通	轻度拥堵	中度拥堵	严重拥堵

3.2.2 交通拥堵特征分析

根据冯金巧(2008)的研究,城市道路上发生的交通拥堵的特征分析应从以下几个方面来描述:

1)交通拥堵发生的地点

发生在不同地点的交通拥堵会对道路交通产生不同的影响,尤其是发生在主干道或关键道路的交通拥堵,往往会迅速引起交通拥堵蔓延。因此,不同地段发生的拥堵,应采取不同的控制措施。

2)交通拥堵发生的时间

交通拥堵发生的时间是交通拥堵的重要属性特征,尤其是发生在关键道路的初始拥堵,若能迅速判断、预测和估计,则可以消除交通拥堵,甚至是拥堵蔓延等这些潜在威胁。因此,交通拥堵的及时预测或识别至关重要。

3)交通拥堵发生的原因

产生交通拥堵的原因可以分为正常情况和非正常情况两种类型。

正常情况下的交通拥堵,也称作原发性交通拥堵,主要表现为交通瓶颈处的交通需求超过了正常的通行能力。该类型交通拥堵的一个显著特征是:交通拥堵出现的时间和地点能较准确地加以预测。

非正常情况下的交通拥堵,也称作继发性交通拥堵,是由特殊事件引起,如计划中的道路维护或大型活动、突然发生的交通事故、车辆抛锚或社会治安事件等。事件的发生降低了道路的通行能力,导致了临时交通瓶颈的产生。这类事件的发生往往没有规律可循,且可能持续时间较长,其发生的位置或时间难以预测。

美国有关部门对最近的数据统计分析的结果显示,有半数的交通拥堵是原发性交通拥堵,发生的原因是日益增长的交通需求超过了道路通行能力,而另外的半数则是继发性交通拥堵,是由于临时的异常事件的发生导致的,主要原因有交通事故、施工作业、天气以及特殊事件。在原发性交通拥堵日益频发的当前情况下,原发性交通拥堵相关技术的研究具有极其重要的现实意义。

4) 交通拥堵的程度。

交通拥堵的程度即交通拥堵的度量标准。度量又分定性和定量两种方式。发达国家关于交通拥堵的定义有以下三种主要形式。

日本道路公团对城市高速公路的交通拥堵定义：以时速 40km/h 以下低速行驶或反复停车、启动的车队连续 1km 以上并持续 15min 以上的交通状态。

美国芝加哥运输部对道路交通拥堵的定义：30% 或更大的 5min 车道占有率对应的交通状态。

美国德克萨斯运输部提出的关于交通拥堵的定义：当出行时间超过在小交通流量或者自由流的出行环境下正常发生的出行时间、产生较大的延误时的交通状态，当这个延误超过大众能够普遍接受的界限时称为不可接受的交通拥堵。

我国公安部 2002 年公布的《城市交通管理评价指标体系》中规定，用城市主干路上机动车的平均行程速度来描述其交通拥堵程度：

畅通：城市主干路上机动车的平均行程速度不低于 30km/h。

轻度拥堵：城市主干路上机动车的平均行程速度低于 30km/h，但高于 20km/h。

拥堵：城市主干路上机动车的平均行程速度低于 20km/h，但高于 10km/h。

严重拥堵：城市主干路上机动车的平均行程速度低于 10km/h。

以上概念分别运用不同的交通参数从定性的角度对交通拥堵进行了描述，认为当该参数数据达到某个水平时，可以认为是交通拥堵。而且它们都强调交通拥堵是交通参数达到某个水平并持续一定的时间。日本的概念还特别强调要在空间上达到一定范围时才能认定是交通拥堵状态。这就可以避免将短时、小范围的交通波动误认为是需要外部干预、疏导的交通拥堵。

以上各个定义中，对交通拥堵的评价指标各不相同，拥堵所对应的设施类型不够清晰和全面。具体如下：

①评价指标不同。日本的拥堵评判中，采用了车速、排队长度、拥堵持续时间作为评价指标，美国芝加哥运输部采用了车道占有率作为拥堵的评判指标，美国德克萨斯运输部采用了行程时间或延误作为拥堵的评判指标，我国公安部采用平均行程速度作为评判指标。

②拥堵对应设施类型不一致。日本的定义是针对城市的高速公路，我国公安部的定义针对的是城市的主干路中路段的评价，并没有给出其他类型道路交通拥堵的量化指标。

5) 交通拥堵的空间分布特性分析

城市道路交通拥堵不仅反映为以路段为单位所具备的自身独立的属性，而且表现在其间相互影响和关联上，具有重要的时空特征。陈涛(2005)给出空间分布的概念，即将道路交叉口及有向路段抽象为组成路网的点和有向线段，按照交叉口与路段之间的衔接关系组成城市路网结构的基本框架。则城市交通拥堵的空间分布主要是指在某一较短的时间段内，拥堵在城市路网中道路和交叉路口之间持续的分布状态。为了从全局和系统的角度认识拥堵的状态，依据交通拥堵所形成的空间分布特点，本书将拥堵的空间分布形态归纳为以下三种：

①点状拥堵。指交通拥堵独立发生在路段或交叉口所对应路网单元，未影响到与其相邻的路段和交叉口。路网中可能有一个或多个路网单元发生拥堵，但相互独立，如图 3-4a)

所示。

②线状拥堵。指由于交通流量的激增(如流量高峰期)或者由于局部堵塞未得到及时解决,使得拥堵在相互关联的路段上蔓延,并且主要分布在一条城市干道上,如图3-4b)所示。

③面状拥堵。指交通拥堵分布于相互关联的路网单元,网状分布,构成区域性交通拥堵状态,如图3-4c)所示。

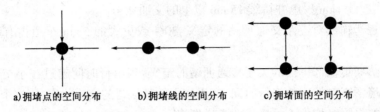

图3-4 拥堵的空间分布形态(陈涛,2005)

一般而言,城市交通拥堵的空间分布由以上所述三种基本类型组成。交通拥堵的空间分布形式可基于路网单元的拥堵状态信息,并通过与地图的比较与匹配来得到。

6)交通拥堵的时间分布特性分析

根据谈晓洁等(2000)的研究,本书将交通拥堵的时间分布特点归纳为如下:

(1)交通拥堵的日变化

交通量在一日内的不同时刻都发生变化,其对应的交通拥堵状态也在不断变化。掌握交通拥堵在一日内不同时刻的变化,可以更好地了解该路网单元的微观交通状态,从而制定有效的管理策略。这种变化用日拥堵率来表示。

(2)交通拥堵的月变化

交通拥堵的月变化是指交通拥堵在一月内每一时间段的变化。这种变化用月拥堵率来表示。

(3)交通拥堵的年变化

交通拥堵的年变化是指交通拥堵在一年内每一时间段的变化。这种变化用年拥堵率来表示。

根据不同的划分标准,本节从四个方面对交通拥堵进行不同类型的划分,即可接受拥堵和不可接受拥堵、常发性交通拥堵和偶发性交通拥堵、原始拥堵和后续拥堵以及根据TPI划分的五个道路的运行水平。考虑到不同类型的交通拥堵又呈现出不同的拥堵特征,本节又针对交通拥堵发生的地点、时间、原因、程度以及交通拥堵的时空特征进行了分析。该特性也决定了交通拥堵预测的多属性的特征。3.3节将结合交通拥堵的特性对交通拥堵的影响因素进行分析。

3.3 交通拥堵影响因素

3.3.1 交通拥堵成因分析

交通拥堵是交通运行故障最直接的表现。交通拥堵是指一定时间内道路上的交通需求超过道路通行能力时,超过通行能力的那部分车辆滞留在道路上形成排队的交通现象。交通需求是指出于各种目的的人和物在社会公共空间中以各种方式进行移动的要求,交通供给是指为了满足各种交通需求所进行的基础设施和服务的提供。交通需求和交通供给是一对错综复杂的矛盾,受到经济、社会、环境等多方面的影响。当交通供给难以满足交通需求时就会出现"交通拥堵"的现象。

对于引起交通拥堵的原因,有人抱怨说是道路基础设施不足,有人指责为交通需求增长太快,有人则质疑是交通信息系统设置的不合理。东南大学王炜教授在2005年南京科技学术年会交通分会会场上说,交通供给的有效性不足,交通需求的合理性不足,交通系统的可靠性不足以及建设者、管理者、参与者的不足是导致城市交通严重拥堵的"罪魁祸首"(田林和韩存玉,2006)。根据林飞(2006)和冯金巧(2008)的研究,本书对拥堵成因进行了分析。图3-5给出了交通拥堵的成因。

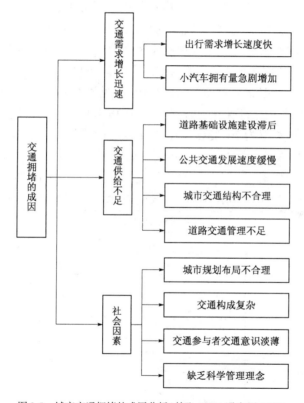

图3-5 城市交通拥堵的成因分析(林飞,2006;冯金巧,2008)

1. 交通需求增长迅速

(1)出行需求增长速度快

首先,随着城市化进程的加快,国民经济的高速增长,我国进入快速城市化阶段,城市数量迅速增加,城市人口迅速增长,城市规模逐渐扩大。根据中华人民共和国国家统计局(2013)可知,从2003年开始,我国经济增长率一直在10%的平台上加速。截止2012年末,全国人口总数13.54亿。其中,城镇人口占全国总人口的52.57%。2003~2012年城镇人口的年均增长率达到3.55%。城市人口的迅速增长对城市交通设施形成巨大冲击,最明显地表现在出行需求的增加上。

其次,随着城市化进程的加快,城市规模的逐渐扩大造成了居民出行范围的扩大和出行距离的增加。

经济的高速增长,城市人口的迅速增长,城市化进程的加快,必定要产生强大的交通出行需求。

(2) 小汽车拥有量急速增加

小汽车保有量的急速增加使得交通需求增长迅速。动态情况下 10 辆自行车或者 4 辆轿车所占用的道路面积与载客 150 人的一辆公共汽车所占用的道路面积相同。因而交通量在不同出行方式之间的分配直接影响城市交通状况。即相同的交通出行量,高效率的公共交通比重越高,占用的路面越少,道路通畅程度越高;低效率的小轿车比重越高,占用路面越大,道路拥堵程度越高。

近年来,我国机动车保有量进入了高速增长阶段。一方面,20 世纪 90 年代以来,随着经济的迅速发展,城市居民的可支配收入显著增加,居民的购买力明显增强;另一方面,随着国家汽车产业政策的颁布,国产汽车生产进入规模化生产阶段,轿车销售价格大幅度下降,大大地刺激了人们对小汽车的购买需求。在上述双重因素的共同驱动作用下,我国城市汽车保有量迅速增长。以北京为例,根据交通管理部门数据统计,见表 3-4,2011 年底北京市机动车总保有量已达到 498.30 万辆,近十年来平均年增长率为 13.00%;私人小汽车保有量达到 389.70 万辆,近十年来平均年增长率为 20.33%。2012 年六环内日均出行总量达 3033 万人次(不含步行),比 2011 年底(2873 万人次)增加了 160 万人次,增幅为 5.6%。小汽车出行量为 990 万人次/日,比 2011 年底增加 42 万人次,占总出行量的 32.64%(BTRC,2013)。

北京 2003~2011 年机动车和私人小汽车保有量统计(北京市统计局,2012)　　表 3-4

年　份	机动车总量(万辆)	私人小汽车(万辆)
2002	176.50	81.80
2003	199.10	107.09
2004	216.70	129.78
2005	246.10	154.00
2006	275.40	181.04
2007	307.22	212.10
2008	358.24	248.35
2009	401.90	300.27
2010	480.90	374.40
2011	498.30	389.70

2. 交通供给不足

(1) 道路基础设施建设滞后

城市道路交通是联系城市各方面的纽带,是一个城市的大动脉,是城市赖以生存的重要基础设施。在我国的城市交通中,道路等级偏低、道路网密度偏低是一个普遍存在的问题。我国道路建设水平一直处于低水平状态,近年来开始有较快的发展。虽然道路建设状况已有明显改善,但是其建设仍然处于相对落后的水平。道路建设速度难以满足城市交通需求量的增加速度。目前大多数城市已经开始重视交通建设,加大道路交通基础设施的投资力度,并通过修建新路、改建老路、增加交通标志、安装交通信息显示屏等措施来改善交通。表3-5给出了1995~2004年末不同城市实有铺装道路面积。

1995~2004年末实有铺装道路面积(市辖区)(单位:hm^2)(冯金巧,2008)　表3-5

年　份	北　京	上　海	天　津	长　春
2004	14109	26757	9554	2231
2003	9240	16510	5489	2180
2002	7494	14730	4051	1659
2001	6037	13411	4273	1596
2000	3624	8147	4168	1491

(2)公共交通发展速度缓慢

近些年来,虽然大力发展公共交通、实行公共交通的政策已在社会上取得共识,但政府对公共交通的重视不够,对于公共交通的投资偏少(相对于城市道路设施投资来说),各种公交优先政策实施力度不大,造成了我国大城市的公共交通的不发达,在出行中所占比例较小。大部分大城市的公共交通出行比重都在20%以下,公共交通在城市交通当中的主导地位未形成。公共交通相对落后主要表现在以下两点:

①常规公交发展缓慢。常规公交作为目前公共交通的主要方式无法起主导作用。目前,我过大城市常规公交线网密度低,车辆档次不高且数量少,公交站场等基础设施缺乏。大容量、快速运输的快速公交由于其对公交专用道和港湾式停靠站要求较高,只有北京等几个城市开通了运营。

②缺乏轨道交通。在一些现代化城市中,真正作为城市交通骨干的是地铁和高速铁路。而我国只有少部分城市有地铁和轻轨,且轨道交通线路少,无法形成网络,主要还要以常规公交进行衔接,增加了换乘。轨道交通容量大、速度快的特点无法得以发挥。

(3)城市交通结构不合理

许多城市对于大型交通基础设施建设如轻轨、地铁、高架等表现出足够的兴趣。有的城市热衷于新建步行街、主干道、高速路等。许多城市还是仅仅把城市交通规划问题作为5~10年总体规划过程中的一项子专题单独进行阶段性的研究。目前,我国668个城市中,系统做过交通调查及相对完整的城市交通规划的城市却不足50个。

修建或新建道路时,若不从交通系统的整体均衡出发,主、次干道和交通性支路分配不足、各种交通方式的衔接不够到位都会导致新的交通拥堵瓶颈的产生。

(4)道路交通管理不足

目前,许多发达国家的大中城市非常重视城市中的交通管理和安全基础设施,不断提高交通管理措施的科技含量,以提高有限城市道路面积的利用率。道路上各种信号、标志、护栏、人行通道、停车引导设施等都非常完善,交通管理措施也非常严格。高新技术不断被应用到城市交通管理中,用以提高城市交通管理措施的科技含量,增加有限城市道路面积的使用效率。

由于历史和认识方面的原因,我国在大城市中交通管理控制和交通安全的现代化设施相对较少,基础管理设施也相对落后。就交通管理和信号控制来说,以北京为例,将其和日本东京来进行比较,可得出以下数据:北京市的面积是东京的5.8倍,人口差不多,但北京交通控制中心控制的交叉口数只有东京的3%,人行横道是东京的4.8%,人行天桥为3.6%,地下人行通道为5%,交通标志是东京的7%,每公里交通标志只有东京的15%(杜德斌,2001)。以城市交通管理的主要手段之一交通信号控制系统为例,我国20世纪70年代后期才开始在北京使用计算机进行信号控制。随着我国城市交通问题越来越严重,80年代以来开始采用引进和开发相结合的方针。但先进的干道协调控制和区域协调控制并没有得到广泛实现。由于我国很多城市中严重缺少停车设施、停车引导设施,停车管理力度相对薄弱,乱停车现象仍然存在,严重影响其他车辆的通行。

3. 社会因素

(1)城市规划布局不够合理

从城市布局来看,我国大多数城市主要是单中心结构。十几年来,随着经济社会的发展,这种现象不但没有缓解,还出现进一步加剧和聚集的现象。中心区也出现"摊大饼"的发展趋势。中心区的这种高密度、高强度开发导致市中心区交通需求过大,交通流在中心区高度聚集,道路交通等城市基础设施严重超负荷运行,同时又产生了一系列的城市环境问题,不利于城市的健康发展。近几年来,虽然大多数城市已注意到这个问题,并在总规划中调整城市布局,采用分散组团式和多中心等城市布局,但由于郊区和卫星城发展过慢,且功能较为单一,难以摆脱对中心城的依赖,无法起到分散和减轻中心区交通压力的作用,反而易导致连接中心城与郊区之间的道路产生拥堵。

在城市发展过程中,大多数城市没有做好土地利用与交通设施建设之间的协调,造成土地利用形态不合理或者土地开发强度过高,从而导致交通容量无法满足交通需求,引发交通拥堵。在土地开发模式上,大多数城市主要是以房地产市场的开发来带动城市基础设施的建设,这虽有利于解决目前城市基础设施建设资金短缺问题,但由于处理不当,基础设施特别是交通基础设施的建设速度无法跟上房地产的开发速度,从而导致区域交通拥堵。

(2)交通构成复杂

表3-6是国内部分城市客运交通结构比例,集中反映出我国城市交通出行的交通结构特点。

国内部分城市客运交通结构比例(%)(韩印,2003) 表3-6

城市	公交	自行车	步行	班车	摩托车	出租车	其他
合肥	16.70	50.44	30.34	0.80	0.80	0.20	0.72
广州	17.49	21.47	41.92	5.05	10.35	0.72	3.00

我国的城市交通出行是典型的混合交通出行,这种交通构成与发达国家有很大不同。是否考虑了针对我国交通特点的应对措施,对我国城市在道路交通方面基础设施建设、规划与管理措施策略具有极其关键的作用。

(3)交通参与者交通意识缺乏

左铁镛和辛铁樑(2003)认为由于交通参与者的交通意识差,导致交通违规违法行为频发,同时也是导致交通拥堵产生的一个重要原因。交通违规违法现象主要表现在以下三个方面：

①行人、自行车横穿马路,无红绿灯概念。
②出租车、中巴车违章停放,随意载客。
③机动车道行车秩序混乱,乱停乱放现象严重。

交通违规违法现象造成车辆秩序混乱,道路实际通行能力下降,尤其是交叉口处,违规现象更为明显。交通违规违法现象和不合理道路设计加在一起,一旦道路流量稍大或发生小的突发事件,将立即产生交通拥堵。这是造成在我国机动车数量远远低于发达国家的大城市的情况下,大城市道路上车辆的平均行驶速度却慢的很,道路实际通行能力低得多的重要原因。

另一方面,机动车驾驶员违法现象普遍存在,造成城市恶性交通事故的增加,从而加剧了城市的交通拥堵。特别是随着社会经济的快速发展和人们生活水平的提高,小汽车开始进入家庭,驾驶员培训考试和驾驶证登记注册需求十分迫切。因此,驾驶员的培训和考试要求有所下降,这就造成驾驶员的基本驾驶技能和遵纪守法意识较差,增加了城市交通事故发生的频率。同时,由于驾驶员的交通素质不高,一些轻微的交通事故往往引起车辆阻塞。

经济社会的高速发展,机动化、城市化进程的加快,导致城市交通需求增长快速,也是我国大城市交通拥堵产生的原因。

(4)缺乏科学管理理念

①交通业务政出多门。交通管理的各个部门在城市计划、建筑管理、道路工程、交通管理方面缺乏整合。长期以来,城市规划、城市道路建设和维护、公共运营、道路交通管理以及公路建设、轨道交通的管理职能分别属于建设、公交、公安、交通、铁路等部门,各部门对解决城市交通问题各行其道,部门之间缺乏必要的沟通和协调。

②交通决策非科学化。一些管理部门领导并不能深刻体会到现代交通对于经济发展的意义和对交通系统均衡发展的必要,容易在项目决策过程中以个人意志代替科学民主,不但不能真正有效地解决好原有的交通问题,还造成了不少新的交通问题和隐患。

3.3.2 交通拥堵主要影响因素

交通拥堵不单是一个纯技术性问题,更多地涉及到经济、环境、居住、文化和行政等一系列问题(祝付玲,2006)。本书将结合交通拥堵的成因来分析交通拥堵的主要影响因素。表3-7根据祝付玲(2006)的研究,总结了我国城市道路交通拥堵的主要因素。

1. 城市化进程加快

从宏观上讲,城市道路交通拥堵问题不是偶然事件,而是城市化进程中带有规律性的问题,它表现在两方面：

(1)土地使用不尽合理

由于潜在交通量的存在和城市空间的限制,对土地的需求和矛盾难以解决,城市交通对道路空间的需求无法得到满足。

(2)城市空间布局形态不合理

纵观城市旧城道路发展历程,尽管随着时代的变迁打通和展宽了一些道路,但很多城市棋盘式等路网系统骨架并没有改变,基本延续了历史上原有的道路格局。一旦城市经济发展,交通量增长,这种路网系统便不能适应新的交通需求。

城市道路交通拥堵因素分析   表3-7

城市道路交通拥堵影响因素	城市化进程加快	土地使用不尽合理
		城市空间布局形态不合理
	交通方式构成失衡	机动车增长迅猛
		路面公交发展缓慢
		缺乏相应的轨道交通方式
		非机动出行缺乏有效引导
		道路客运市场管理较为混乱
	道路结构失衡	城市道路设施发展滞后
		停车场站设施不足
	交通管理与规划落后	交通管理水平较低
		交通设施规划布局缺乏足够的科学性和预见性
		交通管理业务政出多门
	交通法规教育落后	交通守法意识淡薄
		缺乏现代交通公德

2. 交通方式构成失衡

比较各种交通方式的人均交通面积,如表3-8所示,很容易看出公交是较为理想的交通方式。但由于缺乏必要的规划措施,交通方式比例严重失衡,非机动车和小汽车(出租车)比重过高,公交方式发展缓慢,城市客运交通结构也不尽合理,其主要方面归结如下:

城市道路上不同交通方式所占道路面积(祝付玲,2006)   表3-8

交通方式	人均交通面积(m^2/人)	交通面积比(设定小汽车为1)
步行	0.750	0.025
自行车	8.000	0.267
摩托车	18.000	0.600
小汽车	30.000	1.000
有轨电车	1.500	0.050
微型公共汽车	4.500	0.150
地铁	2.500～5.000	0.083～0.167

(1)机动车增长迅猛

随着我国经济的高速发展,居民收入的不断提高,车辆价格的逐步降低,机动车拥有量迅速增加。

(2)路面公交发展缓慢

近年来,各大城市中私人小汽车快速增长,而公共交通却发展缓慢,导致交通拥堵以及道路交通事故的增多,同时带来城市污染、噪音等公害。乘车难、行路难已成为严重的社会问题。严重的交通拥堵当中,最受影响的是公共交通的乘客。

我国城市公共交通发展缓慢主要表现在以下五个方面：
①居民可用于出行的交通方式太少。
②公交车辆的发展落后于城市的发展。
③线网布局不够合理。
④线路站点布局不科学,换乘衔接不协调。
⑤管理落后,公交服务质量不高。

(3)缺乏相应的轨道交通方式

在现代化城市中,城市轨道交通(如地铁、轻轨)成为城市交通的骨干。但是,由于经济水平和技术经验所限,我国目前只有少数城市建设了轨道交通,且路网密度低,负荷高,服务质量不高。

(4)非机动出行缺乏有效引导

自行车行驶的随意性较大,道路利用率较低,同时又缺少合理的规划与管理。因此,在机非混行的路段及交叉口,自行车通行与机动车通行相互干扰,影响道路通行效率,这也是造成交通拥堵的原因之一。

(5)道路客运市场管理较为混乱

我国道路运输业竞争极数偏多、集中度过低,又缺乏主导整个运输市场发展的大规模客运企业的市场,既不能优化运输产业结构,提高道路运输行业的整体素质,又不能保障道路运输业的可持续发展,提高道路运输企业的市场竞争能力,对道路交通也构成了一定威胁。

3. 道路结构失衡

(1)城市道路设施发展滞后

我国城市道路基础设施发展滞后主要表现在四个方面：
①交通基础设施起点薄弱。
②道路分类分级功能不明,没有形成高效协调的城市交通系统。
③道路建设速度跟不上机动车数量的增加。
④道路设计不够合理,安全设施不配套。

(2)停车场站设施不足

由于停车问题的越发严重,我国大城市交通拥堵也越发严重。不仅汽车停车位长期严重不足,同时也缺乏公交车、摩托车和自行车停车场站。停车问题对交通拥堵造成的影响主要表现在四个方面：
①停车泊位供应严重不足。
②路边违章停车现象严重。
③停车管理混乱。
④停车设施落后且不够规范。

4. 交通管理与规划落后

从我国城市交通拥堵演变的过程来看,城市交通拥堵问题还在于城市交通没有统筹协调、科学规划,交通管理水平落后。

(1)交通管理水平较低

交通管理水平较低将会导致以下的问题：

①混行交通、非法侵占道路现象严重。
②交通标志标线不完善。
③交通信号缺乏科学的和针对性的研究。
④交叉口交通混乱,通行能力降低。
(2) 交通设施规划布局缺乏足够的科学性和预见性
根据交通管理部门反映,凡是交通设计不合理的地段,往往就是交通疏导的难点所在。
(3) 交通管理业务政出多门
长期以来,由于城市规划、城市道路建设和维护、公共运营、道路交通管理以及公路建设、轨道交通的管理职能分别属于建设、公交、公安、交通、铁路等部门,对解决城市已有交通问题各有各的想法,部门之间缺乏必要的沟通和协调,令人无所适从。

5. 交通法规教育落后
(1) 交通守法意识淡薄
由于长期以来,我国对公民的交通教育组织不健全,内容不落实,广大交通参与者交通法制意识不强,使得交通违章现象变得普遍。
(2) 缺乏现代交通公德
现代交通意识是指对于现代交通的本质、概念、目标、运营、规章、秩序的理解和日常运用。一些管理者并不能深刻体会到现代交通对于经济发展的意义和交通系统均衡发展的必要,容易在项目决策过程中以个人意志代替科学决策,结果非但没有解决好原有的交通问题,还造成了不少新的交通问题和隐患。

总之,城市道路交通拥堵指标的建立要充分考虑上述影响因素,并通过指标的量化来反映这些问题,以便为管理者采取管理措施提供依据,保证城市交通安全、畅通、快捷、低污染的运行。

本节从出行需求增长速度快、小汽车拥有量急速增加、道路基础设施建设不足、道路交通管理不足、交通构成复杂、城市土地利用与规划布局不够合理等方面来分析交通拥堵的成因,得出交通拥堵形成的因素是比较复杂的。本节确定了影响交通拥堵的因素不单是一个纯技术性问题,更多地涉及到经济、环境、居住、文化和行政等一系列问题。因此,本节归纳出交通拥堵的主要影响因素,包括城市化进程加快、交通方式构成失衡、道路结构失衡、交通管理与规划落后、交通法规教育落后这五个方面。3.4 节将依据交通拥堵的影响因素来来确定拥堵的评价指标和评价方法,从而缓解道路交通拥堵。

3.4 交通拥堵评价指标及评价方法

3.4.1 主要评价指标

1. 拥堵评价指标要素

陆化普(2001)提出交通拥堵是指某一时空由于交通需求和供给产生矛盾引起的交通滞留现象,主要是道路交通设施所能提供的交通容量不能满足当前交通需求量而又得不到及时的疏通的结果。这里有两点需要注意,一是交通拥堵的时间性,二是交通拥堵的空间性。也就是说城市交通拥堵现象并非是呈现在城市一天的任何时刻或任何地点。目前一般使用延误时间或是滞留车队长度来表示交通拥堵状态,并不能完全反映拥堵的实质,也不能为拥堵的改善提供正确的评价指标。

拥堵是城市交通中一个复杂的现象,很难用单个指标来描述所有出行者对拥堵的关注程度。在拥堵道路或拥堵系统中有四个相互作用的要素,即拥堵持续时间、拥堵范围、拥堵程度和拥堵可靠性(Ko 和 Guensler,2005)。这四个要素随着交通拥堵发生区域的变化而变化。如,较小范围内发生的拥堵的持续时间比较大区域的要小一些。

拥堵持续时间是指拥堵形成到拥堵消散所需要的时间。一般情况下,持续的时间越长,拥堵越严重。

拥堵范围通过估算对受拥堵影响的人、车辆数以及受拥堵影响的地理范围进行描述。

拥堵程度表示拥堵影响出行的严重程度,一般用来区分交通系统内拥堵的级别以及定义总的拥堵量,并且可通过延误、平均速度等指标表示。

拥堵可靠性是拥堵评价的关键因素,用来表示其他三个要素的变化。

2. 拥堵评价指标回顾

Quiroga(2010)提出国外发达国家自上世纪五十年代开始便对拥堵指标进行了研究,并且建立了一系列的拥堵量化指标。这些指标可以分为基于公路通行能力手册(Highway Capacity Manual,HCM)的指标、基于排队论的指标、基于出行时间的指标以及传统的城市道路交通运行状况评价指标。

1) 基于公路通行能力手册(HCM)指标

基于公路通行能力手册(HCM)的评价指标通常包括交通量与相应路段的通行能力的比值(Volume/Capacity,V/C)、交叉口平均延误和服务水平(Level of Service,LOS)。

(1) V/C

V/C 表示交通量与通行能力之比,是一个无量纲量。考虑到交通量数据的采集相对比较简单,且可以直观反映出基于交通设施容量的拥堵评价,V/C 在交通系统评价中得到了非常广泛的应用,可通过 V/C 间接得出道路服务水平。

(2) 交叉口平均延误时间

交叉口平均延误时间为高峰期间所有车辆在交叉口延误段长度内实际行驶时间与在该路段长度内按自由速度行驶时间之差的平均值,是衡量城市交叉口车辆运行状况的主要评价指标。交叉口平均延误可以较为准确直观的反映交叉口的拥堵严重程度。

(3) LOS

LOS 表示道路在一定交通条件下所提供给车辆运行服务的质量水平。HCM 中按照交通运行状况的好坏将 LOS 分为 A 至 F 六级,交通拥堵一般与 E、F 级服务水平有关。表3-9 表示美国道路服务水平分类。我国将道路运行状况划分为一到四级,交通拥堵与四级服务水平有关。表 3-10 表示我国道路服务水平分类。服务水平划分的数量标准因交通设施的类型不同而不同,不同交通设施的服务水平分析所需要的交通参数也不尽相同。表 3-11 表示在不同服务水平下行驶速度较自由流速度下降的百分比。

通过上述分析可知,HCM 指标定义简单、易于理解。但是,这些指标需要详细具体的实地数据,更适用交叉口分析和设计。

美国道路服务水平分类(祝付玲,2006)　　表3-9

服务水平	V/C	交通状况
A	<0.4	畅行车流,基本无延误
B	0.4~0.6	稳定车流,有少量延误
C	0.6~0.75	稳定车流,有一定的延误,但可以接受
D	0.75~0.9	接近不稳定车流,有较大延误,但能忍受
E	0.9~1.0	不稳定车流,交通拥堵,延误很大,无法接受
F	>1.0	强制车流,交通拥堵严重,车辆时开时停

我国道路服务水平分类(祝付玲,2006)　　表3-10

服务水平	V/C	交通状况
一级	<0.4	车流稳定,基本无延误或少量延误
二级	0.4~0.6	稳定车流,有一定的延误,但可以接受
三级	0.6~0.75	接近不稳定车流,有较大延误,但能忍受
四级	0.75~0.9	不稳定车流,交通拥堵甚至堵挤,延误很大,无法接受

服务水平与速度关系(祝付玲,2006)　　表3-11

服务水平	行驶速度比自由流速度下降的百分比
A	0~10%
B	10%~30%
C	30%~45%
D	45%~60%
E	60%~70%
F	70%以上

2) 基于排队论的指标

排队论指标主要包括排队长度和车道占有率。

(1) 排队长度

排队长度是指在交通间断点(交叉口、事故发生点等)处排队车辆占有的路段长度。在一般情况下,拥堵程度越严重产生的排队长度越长。排队长度和持续时间可以通过直接测量得到。

(2) 车道占有率

车道占有率是指在一定的观测时间内,交通检测器被车辆占用的时间总和与观测时间长度的比值。

随着车辆检测器和其他传感器的应用,基于排队理论的指标越来越多的应用在交通拥堵量化中。尽管排队能够较好的反映出行者对拥堵的感知情况,但是排队测量仍然是一项比较费力的工作,并且大面积的测量是不切实际的。因此,基于排队论的指标不适用于规划或者政策方针的制定。

3) 基于出行时间的指标

基于出行时间的指标主要包括出行时间、出行速度和延误。

出行时间以及与其相关的速度、延误等指标是交通系统性能指标中最主要的部分

(Banks,1998)。出行时间可以通过地点车速计算得到,或是使用试验车直接测量。

基于出行时间的指标很容易被交通参与者理解和接受,且可以描述不同管理水平下的交通状况,所以出行时间及其相关的指标可以对地点和路段的交通运行状况进行评价。出行时间指标适用于各种交通模型,并且能够对各种出行方式进行比较。因此,在一些发达国家,基于出行时间的指标在交通规划与管理中应用相当广泛。

4)传统的城市道路交通运行状况评价指标

传统的城市道路交通运行状况评价指标主要包括路段交通流量、路段平均速度以及路段服务水平。

(1)路段交通流量

路段交通流量是单位时间内路段典型断面通过的机动车数量,反映了路段的交通负荷,可通过相应时间内进行的观测来获得数据。

(2)路段平均速度

路段平均速度是路段上机动车的平均行程速度。路段平均车速可以评价道路的通畅程度,是衡量综合交通管理对策效果的重要指标,也是衡量交通管理工作效果的有效指标。

(3)路段服务水平

路段服务水平是道路使用者从道路状况、交通条件、道路环境等方面可能得到的服务程度或服务质量,如可以提供速度、舒适、视野、经济以及安全等方面所得到的实际效果与服务程度。在确定服务水平等级时,一般很难综合考虑上述各因素,所以仅以速度及交通量与通行能力之比作为评定服务等级的主要影响因素。路段服务水平等级是用以反映路段提供给道路使用者的服务程度和服务质量。

3. 评价指标的选取原则

根据孙晓亮(2013)可知,对城市道路交通状态进行评价,一方面,可以使得城市交通管理者制定出有针对性的管控措施,提高城市路网的利用率,最大程度地保障城市道路交通的畅通;另一方面,可以对不同城市之间、同一城市的不同区域之间、同一区域的不同道路之间以及同一道路的不同时间段之间的交通流运行状况进行纵向和横向的分析比较,便于发现问题、找出规律,作为制定交通管控措施的依据。

对城市道路交通状态进行评价,首先需要选择一系列能够评价交通状态的指标变量,通过对这些指标变量进行量化,然后根据交通状态的分类标准判定交通状态的类别,即可实现对城市道路交通状态的评价。选择能够评价交通状态的指标变量是最为关键和基础的问题,是将城市道路交通流运行状况的好坏程度从定性分析向定量研究转变的必要过程。

道路交通系统是社会系统的一个子系统,而交通状态是伴随道路交通系统运行而生成的。道路交通系统与社会系统复杂的关系决定了影响交通状态的因素是多重的、复杂的。因此,根据孙晓亮(2013)可知,对评价交通状态的指标变量进行选取时,应遵循如下五个原则:

(1)目的性原则

交通状态评价的目的是便于交通管理者能够实时掌握当前的交通流运行状况,分析目前管理工作的现状,从而发现问题,制定出有针对性的交通管控措施,同时作为导引信息进行发布,便于交通出行者的理解和认可。因此,评价指标变量应选取能够充分反映和体现交通管理者对交通状态类别认知的指标,进而能够成为交通管理者采取措施、改善交通流运行状况的依据。

(2) 实用性原则

所选指标变量应充分考虑到指标的计算方法、统计工具、人们的理解和接受程度等实际操作性问题。一方面，应能灵敏地反映交通状态的变化；另一方面，应尽可能选择意义直观、计算简便、便于人们理解和接受的指标变量。

(3) 有效性原则

交通状态评价主要是使交通管理者能够实时、全面、准确地了解和掌握城市道路的交通流运行状况，从而为交通管控措施的制定提供决策支持。交通流的随机性使得交通管理者需要在短时间内做出决策，并及时采取合理的交通管控措施。因此，所选取的指标变量应尽可能有效，这里的有效性包括四个含义：

①可测性，即所选的指标变量应能予以量化。只有保证了指标变量的可测性，才能为指标变量的有效性奠定基础。

②直观性，即所选指标变量的定义或计算方法应避免假设，最好选取能够直观、真实的反映交通状态基本特性的变量。

③简洁性，即所选指标变量应定义清晰，计算方法简便，意义明确，能以最少的指标变量全面的反映交通状态。过多的量化信息可能会淡化关键信息，同时耗费过多时间来分析和判断，从而影响交通管理者及时做出决策。

④为交通管理提供依据。交通状态评价的主要目的即是为交通管理提供决策支持，能否为交通管理提供依据是检验所选指标变量有效的基石。

(4) 可比性原则

所选指标变量不仅适用于比较同一个城市不同区域或不同道路的交通状态，还应适用于不同城市间的交通状态的比较。同时，所选取的指标变量还可以对同一区域或同一道路的不同时间段的交通状态进行比较，从而有助于交通管理部门使用一致的、相对稳定的视角去观察城市道路交通系统，找出其中的变化规律，并及早解决问题。

(5) 实时计算性原则

所选指标变量应是交通流检测器能够直接获取的参数，或者能够由获取到的交通流数据计算所得。根据这一原则，那些抽象程度过高或者不能实时计算出来的变量，不可作为评价交通状态的指标变量。

4. 评价指标体系结构与选取方法

评价指标选择的原则就是以尽量少的指标，实时的反映最主要和最全面的信息。王炜等(2004)认为可将评价指标体系的结构分为三种类型：一元结构、线性结构和塔式结构。图3-6a)为一元结构，即单指标评价，最为简单。图3-6b)为线性结构，即一系列的指标，且指标间为平行或顺序关系。当分析因素增加时，线性结构中的关系难以把握，于是产生了递阶或塔式的层次指标体系。图3-6c)为塔式结构。多影响因素综合评价常用的层次分析法就是塔式结构，该指标选取方法称为目标层次分类展开法。即将评价目标按照逻辑分类向下展开为若干目标，再把各个目标分别向下展开成分目标或准则，依此类推，直到可定量或可定性分析为止，选取的指标直接与目标相关，具有层次性，并可随着目标的增多而扩充。

城市道路交通拥堵评价内容多、涉及面广，评价指标选取时考虑的因素也多。因此，在对拥堵评价指标体系构建时，应采用综合评价指标体系结构模型。

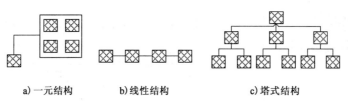

a) 一元结构　　　b) 线性结构　　　c) 塔式结构

图3-6　指标结构示意图(祝付玲,2006)

苏为华(2000)认为与一般的统计指标体系构造相类似,综合评价指标体系的构造也是一个"抽象—具体—抽象"的辨证逻辑思维过程,是人们对现象总体数量特征认识的逐步深化、逐步求精、逐步完善、逐步系统化的过程。一般来说,这个过程分为理论准备、指标体系初选、指标体系测验、指标体系应用四个阶段。上述四个阶段,也可以说是综合评价指标体系的周期。

评价指标体系的初选的典型方法有综合法、分析法、交叉法、指标属性分组法。以下将根据苏为华(2000)的研究对这四种方法进行介绍。

(1) 综合法

综合法是指对已存在的一些指标按一定的标准进行聚类,使之体系化的一种构造指标体系的方法。例如,西方许多国家的社会评价指标体系设计,常常是在一些公共研究机构拟定的指标体系基础之上,作进一步的归类整理,使之条理化而成的。目前许多领域都有人在讨论有关综合评价问题,若将不同观点综合起来,就可以构造出相对全面的综合评价指标体系。例如,如果我们要设计一套反映"社会经济科技协调发展评价指标体系",可以将理论界提出的许多方案进行分析比较,综合出一套标准的评价指标体系。综合法特别适用于对现行评价指标体系的完善与发展。

(2) 分析法

分析法即将综合评价指标体系的度量对象和度量目标划分成若干个不同组成部分或不同侧面(即子系统),并逐步细分(即形成各级子子系统及功能模块),直到每一个部分和侧面都可以用具体的统计指标来描述和实现为止。这是构造综合评价指标体系最基本、最常用的方法。

分析法的基本过程为:

第一步,对评价问题的内含与外延作出合理解释,划分概念的侧面结构,明确评价的总目标与子目标。

以上概念的分解,同时也就是评价目标的分解。分解结构如图3-7所示。子目标或子侧面通常也称为"子系统"或"模块"或"功能"。

第二步,对每一子目标或概念侧面进行细分解。越是复杂的多指标综合评价问题,这种细分解就越为重要。

第三步,重复第二步,直到每一个侧面或子目标都可以直接用一个或几个明确的指标来反映。

第四步,设计每一子层次的指标。需要指出的是,这里的"指标"是广义的,并不限于社会经济统计学意义上的可量化指标,还应该包括一些"定性指标"。从某种意义上讲,更像

"标志"。

图 3-7 为最终的得到的层次结构。在综合评价实践中,主要的是树形层次结构,但个别情况却可能是网状的层次结构。

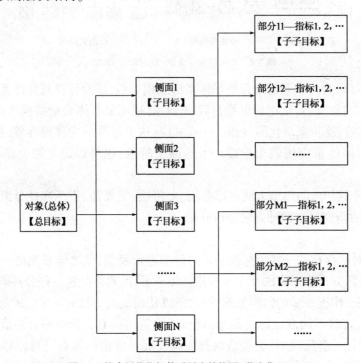

图 3-7　综合评价指标体系层次结构图(苏为华,2000)

(3)交叉法

交叉法也是构造综合评价指标体系的一种思维方法。通过二维或三维甚至更多维的交叉,可以派生出一系列的统计指标,从而形成指标体系。例如,在设计经济效益统计评价指标体系时,我们常常采用"投入"与"产出"的交叉对比,获得指标体系。因为经济效益就是投入指标与产出指标的对比关系,所以设计这类指标体系时,我们可以将所有的投入指标与产出指标列示出来(尽量全面),将它们通过矩阵形式作两两比较,就可得到无数的"经济效益指标"。对比方式如表 3-12 所示。当采用 DEA(Data Envolvement Analysis,数据包络分析)进行各类效益综合评价时,则投入产出指标直接作为评价指标体系。

经济效益指标体系的"交叉"生成法　　　　　　　　　　　　表 3-12

各项指标	投入指标
产出指标	交叉点为"经济效益统计指标"

又如,人们在设计"社会经济科技协调发展评价指标体系"时,将经济、社会、科技三者进行"三维交叉",得到三级指标体系框架。第一级是各自内部协调发展的统计评价指标;第二级为两两相关协调发展的统计评价指标,即经济与社会相关协调、经济与科技相关协调、社会与科技相关协调;第三级为三者统一协调发展的统计评价指标,即社会、经济、科技三者协调。

(4)指标属性分组法

由于统计指标本身具有许多不同属性和不同的表现形式,初选评价指标体系时,指标属性也可以是不统一的。初选评价指标体系时,可以从指标属性角度构思体系中获得指标元素的组成。一般来说,我们可以先将指标分为"动态"与"静态"两类。每一类中还可以从"绝对数"、"相对数"、"平均数"等角度来构想指标元素。例如,我们在设计"失业状态评价指标体系"时,可以从失业规模(绝对数)、失业广度(相对数)、失业深度(时间、平均数)、失业的动态变化等角度去构思,然后再结合上述的一些构造思路,就很容易得出一个"初步的失业评价指标体系",对这个体系作进一步的充实完善,就可得到比较全面、合理的统计指标体系。

必须指出的是,上述四种初选综合评价指标体系的思想往往是结合使用的。

各指标体系传统初选方法优缺点及适用条件的比较如表3-13所示。

表3-13 指标体系传统初选方法的比较(浦军和刘娟,2009)

方法	综合法	分析法	交叉法	指标属性分组法
优点	指标比较完整	指标比较系统层	逻辑关系清楚	性质分明易于
缺点	指标之间相互	次分明	选择的指标局	构建
适用条件	关系不易分清	选择的指标局限性	限性大	容易导致以是否

一般综合法适用于现行评价指标体系的完善与发展。分析法则是通过逐步分析评价对象而得出具体的评价指标,是构造评价指标体系最常用的方法。交叉法则是通过将评价对象做二维、三维或者更多维的交叉,最后派生出指标体系。指标属性法是将评价对象按属性的角度构造评价指标体系。每种方法都有自己的优缺点,在应用时可以结合实际考虑。

5. 指标的定义与量化

交通拥堵评价主要是针对交通运行状况和经济方面的评价。如图3-8所示,根据祝付玲(2006)的研究,本书将从交叉口指标、路段指标和区域指标来具体分析交通运行指标。交通运行状况方面的评价反映了交通运营质量,经济方面的评价则反映了拥堵造成的社会经济损失。除此之外,拥堵还会造成城市的环境污染,而速度、延误等指标可以间接反映出机动车的排放情况。因此,本节将不进行环境质量评价。

1)交通运行指标

交通拥堵最直接的表现是发生行驶时间的增加和行驶速度的降低。交通管理的实施目的就是给出行者提供一个安全、舒适、快速的出行条件。因此,根据祝付玲(2006)的研究,交通运行评价可以从饱和度、排队长度等交叉口指标,行驶时间、行驶速度、总延误等相关路段指标以及区域机动性性指数、可达性等区域指标进行综合考虑。

(1)交叉口指标

考虑城市道路交叉口的作用和交叉口的交通特性,城市道路交叉口评价指标包括:交叉口交通量V、饱和度S、平均延误$\bar{d}$、信号交叉口二次排队率κ。

饱和度S:交叉口实际交通量与通行能力的比值,是用以反映交叉口总体拥堵程度的指标,如式(3-1)所示。

$$S = \frac{V}{C} \tag{3-1}$$

式中:S——饱和度;

V——进口车道实际交通量,当量小汽车/h;

C——进口车道通行能力,当量小汽车/h。

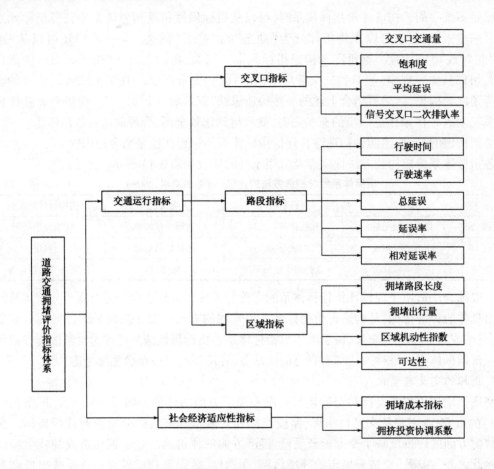

图 3-8 城市道路交通拥堵评价指标体系(祝付玲,2006)

平均延误时间 $\bar{d}$：进入交叉口的每辆车的平均延误，用以反映交通流在交叉口的受阻状况与排队状况，如式(3-2)所示。

$$\bar{d} = \frac{d_s}{\eta} \tag{3-2}$$

式中：$\bar{d}$——平均延误时间，s；

d_s——总延误，s；

η——时间段内进口车道的交通量，辆。

信号交叉口二次排队率 κ：一个周期内停车二次或二次以上的车辆数与该周期绿灯时间内的驶离车辆数之比(张建华和林航飞,2004)。二次排队率 κ 能够直观地反映交叉口是否拥堵，是交通管理中需要严格控制的指标。在交叉口进口道上，经过交叉口的车辆连续二次或二次以上遇到红灯而导致车辆二次或二次以上停车排队时，便将这辆车定义为二次排队车辆(陈哲,2006)。信号交叉口二次排队率 κ 的计算公式如式(3-3)所示。

$$\kappa = \frac{(E + F - M)}{M} \tag{3-3}$$

式中：κ——二次排队率；

E——上一周期滞留车辆数,辆;
F——本周期红灯时间到达车辆数,辆;
M——本周期的驶离车辆数,辆。

(2)路段指标

路段指标包括饱和度 S、行驶时间 t_L、行驶速率 u、总延误 D_{Lt}、延误率 d_{rL}、相对延误率 d_{rR}。

行驶时间 t_L:车辆通过长度为 L 的路段所需时间。该指标可以直接测出,也可以使用交通量和道路特征之间的关系模型或经验公式计算,反映了出行时耗和拥堵程度,也间接反映了道路周围土地利用结构。

行驶速率 u:车辆在特定路段上行驶时每公里所需要的时间平均值,与速度成反比,如式(3-4)所示。这个指标不容易理解,但是与出行时间之间的关系更加直接,便于计算。

$$u = \frac{t_L}{L} \tag{3-4}$$

式中:u——出行速率,min/km;
t_L——路段行驶时间,min;
L——路段长度,km。

总延误 D_{Lt}:在一定时间 t 内通过路段的所有车辆延误之和,如式(3-5)所示。

$$D_{Lt} = (t_L - t_{La}) \times V_t = d_{Lt} \times V_t \tag{3-5}$$

式中:D_{Lt}——时间段 t 内总延误,min/辆;
t_L——路段行驶时间,min;
t_{La}——可接受出行时间,min;
V_t——时间段 t 内通过路段的车辆数,辆;
d_{Lt}——时间段 t 内通过路段的车辆的平均延误值,min。

延误率 d_{rL}:路段时间损失率,即实际出行速率与可接受出行速率的绝对差,其值可以用来评价交通改善方案的运行情况,如式(3-6)所示。

$$d_{rL} = u - u_a = \frac{t_L - t_{La}}{L} = \frac{d_L}{L} \tag{3-6}$$

式中:d_{rL}——延误率,min/km;
u_a——可接受出行速率,min/km;
u——出行速率,min/km;
t_{La}——可接受出行时间,min;
t_L——路段行驶时间,min;
L——路段长度,km;
d_L——延误,表示实际出行时间与可接受出行时间的差值。

相对延误率 d_{rR}:是一个无量纲的指标,可以比较不同道路条件、出行方式等之间的拥堵情况,如式(3-7)所示。

$$d_{rR} = \frac{t_L - t_{La}}{t_{La}} = \frac{d_L}{t_{La}} \tag{3-7}$$

式中:d_{rR}——相对延误率;

t_{La}——可接受出行时间,min;
t_L——路段行驶时间,min;
d_L——延误,表示实际出行时间与可接受出行时间的差值。

(3)区域指标

区域指标包括拥堵路段长度 L_C、拥堵出行量 C_n、区域机动性指数 MI、可达性 A_b。

拥堵道路长度 L_C：区域内所有拥挤路段长度总和。

拥堵出行量 C_n：所有拥挤路段上的交通量与拥挤路段长度之积,如式(3-8)所示。

$$C_n = \sum_{i=1}^{n} L_i \times q_i \quad (i = 1,2,3\cdots n) \tag{3-8}$$

式中：C_n——拥堵出行辆,辆/km;
    L_i——第 i 条拥堵路段长度,km;
    q_i——第 i 条拥堵路段上的交通量,辆。

区域机动性指数 MI：该指标反映了由于交通拥堵造成的经济损失,如式(3-9)所示。

$$MI = \frac{P \times \bar{v}}{\sum_{i=1}^{n} \gamma \times Q_i \times v_i} \tag{3-9}$$

式中：MI——区域机动性指数,其值在 0～1 之间;
    P——高峰小时区域道路上旅客人数,人/h;
    $\bar{v}$——道路上出行者的平均速度,km/h;
    Q_i——道路 i 上自由流状态下每小时的最大通过能力,当量小汽车/h;
    v_i——道路 i 上自由流速度,km/h;
    γ——当量小汽车载客人数,人/车。

可达性 A_b：在可接受出行时间限制内完成出行目的的能力,主要表示为总出行数中出行时间少于可接受出行时间的出行百分比。可达性所使用的时间是"门到门"服务的时间,它可以更好用来描述运输设施的改善和相关管理与规划水平的提高。

2)社会经济适应性指标

祝付玲(2006)提出区域指标包括拥堵成本指标 EI 和拥堵投资协调系数 γ。

拥堵成本指标 EI：该指标反映了由于交通拥堵造成的经济损失,如式(3-10)和式(3-11)所示。

$$EI = D_{Lt} \times \frac{G}{Z} \tag{3-10}$$

$$Z = 52 \times 5 \times 8 \times 60 \tag{3-11}$$

式中：EI——拥堵成本指标,元;
    D_{Lt}——时间段 t 内总延误,min/辆;
    G——城市居民人均收入,元;
    Z——法定年工作时间,min,以每人一年工作 52 周、一周 5 个 8h 工作日计算。

拥堵投资协调系数 γ：该指标反映改善交通拥堵投资同经济增长的协调性,定义为改善交通拥堵投资与市区 GDP 总量之比,如式(3-12)所示。

$$\gamma = \frac{Y}{GDP} \tag{3-12}$$

式中：γ——拥堵投资协调系数；
   Y——改善城市交通拥堵所投资金，元；
   GDP——市区国内生产总值，元。

3.4.2 既有评价分析方法

1. 交通拥堵评价特点

道路交通拥堵评价就是对道路上交通拥堵的未来状态进行预测，它的实现方式是在系统分析道路交通拥堵过去状态及现在状态的基础上，结合影响道路交通拥堵因素的可能变化，去描述道路交通拥堵的状态。道路交通拥堵评价的好坏将直接影响交通管理与决策。道路交通系统具有非线性的特性，该特性也决定了交通拥堵预测的多属性特征。道路交通拥堵的特征概括起来主要有以下六个方面：

（1）反复性

随着时间的不断推移，统计的交通拥堵数据及其影响因素也不断地变化。所以，初次建立的评价模型的参数需要随时间的推移不断地进行修正，以此来适应当前的动态道路交通系统，进而有效评价道路交通拥堵。尤其在道路交通拥堵状态不稳定的时期，更需要我们对参数进行反复的优化修正，直到得到更加合理的评价结果。如周期性交通拥堵的出现具有一定的反复性，因此，在进行交通拥堵评价时，应将道路交通拥堵的过去状态及现在状态相联系进行分析。

（2）随机性

偶发性交通拥堵是由一些特殊事件引起的道路容量的减少或是吸引了过多的流量所致。此时，交通拥堵的出现具有一定的随机性。如恶劣天气、工作区域、交通事故等引起的道路交通拥堵都是人们始料未及的。

（3）近似性

道路交通拥堵是多种随机因素相互作用的结果，即便已建立的评价模型能够对道路交通拥堵进行预测，但它也仅仅是一个近似值，与道路交通拥堵将来的实际结果仍会有一定的偏差。

（4）复杂性

道路交通拥堵预测的复杂性是指道路交通系统不仅存在非线性、随机性等特点，而且其影响因素之间又存在错综复杂的关系。因而，道路交通拥堵的评价是一个相当复杂和困难的过程。

（5）局限性

道路交通拥堵预测的局限性指在对道路交通拥堵的认知方面，由于研究人员受经验知识、道路交通拥堵统计资料的片面性及分析能力等诸多因素的影响，再加上建模过程中忽略的一些因素的影响，这些客观原因制约了前期关于道路交通拥堵的分析，也因此导致道路交通拥堵评价模型的评价具有一定的局限性。

（6）预警性

道路交通拥堵评价的预警性指道路交通拥堵的评价结果可以得到大众的广泛响应。即人们可以根据评价结果及时采取相应的有效措施，如改变出行方式或出行路径来减少道路交通拥堵的发生。

道路交通拥堵评价所具有的复杂特点,增加了预测过程的难度。由于不得不综合的考虑诸如人、车、路等许多因素的影响及制约,因而只有科学的选取评价方法,才能得到更好的评价结果。

2. 既有道路交通拥堵评价方法

既有的用于道路交通拥堵评价的典型方法主要包括以下几类:

1)时间序列预测模型

根据郑泓(2013)可知,时间序列预测法是一种基于统计学的预测方法,该方法的核心是利用以往的统计数据,并在统计数据中加入一种可以随时间发展而发生变化的变量来建立数学模型作为外推,但是,时间序列预测法方法的预测精度取决于当前道路交通状况与历史道路交通状况的相似程度,若是偏差较大势必影响预测结果的准确性。下面将对时间序列模型中较典型的自回归模型(Autoregressive Model,AR)进行介绍。

(1)自回归模型的基本理论

假设一个时间序列$\{x_t\}$满足平稳、正态、零均值特性,且t时刻的值x_t可以用其前n步的值$x_{t-1}, x_{t-2}, \cdots, x_{t-n}$线性表示,则按多元线性回归的思想,可得$n$阶自回归模型,记为$AR(n)$,用式(3-13)表示。

$$x_t = \sum_{i=1}^{n} \varphi_i x_{i-1} + a_t, a_t \sim NID(0, \sigma_a^2) \tag{3-13}$$

式中:n——自回归阶数;

φ_i——自回归系数;

a_t——残差,为正态分布白噪声序列;

σ_a^2——残差方差。

自回归模型建立之前,需对时间序列数据进行必要的预处理,以便剔除不满足模型假设条件的样本。时间序列需要满足平稳、正态、零均值等特性。

(2)模型定阶

模型阶数的确定是时间序列建模过程中遇到的第一个关键性问题。模型的阶次偏小会导致模型不能充分反映时间序列的统计特性;模型阶次偏大,不仅会降低参数估计的计算速度,而且由于参数估计方法自身存在计算误差,后续的损伤识别精度也会受到影响。因此,选择正确的定阶准则对于自回归模型非常重要。现有的定阶准则很多,有根据残差平方和是否达到最小的残差平方和定阶准则,有根据自回归模型残差是否符合白噪声假定的白噪声定阶准则,还有综合考虑模型残差和阶数的准则函数定阶法,目前最常用的定阶古法主要是由日本学者赤池(Akaike)提出的一系列准则函数。本节就 AIC 准则(Akaike Information Criterion)和 BIC 准则(Bayesian Information Criterions)进行简要介绍。

AIC 准则又称为最小信息准则,其准则函数如式(3-14)所示。

$$AIC(n) = \ln(\hat{\sigma}_a^2) + \frac{2n}{N} \tag{3-14}$$

式中:n——自回归模型阶次;

N——时间序列长度;

$\hat{\sigma}_a^2$——模型残差方差。

取 AIC 值达到最小时的阶次为自回归模型的最佳阶次。

BIC 准则由 Akaike 于 1976 年提出。定义 BIC 准则函数为式(3-15)所示。

$$BIC(n) = \ln(\hat{\sigma}_a^2) + n \times \frac{\ln(N) \times n}{N} \tag{3-15}$$

式中:n——自回归模型阶次;

N——时间序列长度;

$\hat{\sigma}_a^2$——模型残差方差。

同 AIC 准则一样,选择使 BIC 值达到最小的阶数为自回归模型最适阶次。比较式(3-14)和式(3-15)可以看出,BIC 准则与 AIC 准则的差别仅在于将 AIC 中的后一项 2 换为 $\ln(N)$。一般 $\ln(N)$ 远大于 2,导致 BIC 准侧比 AIC 准则更早出现极小值点,即 BIC 准则所确定的最适阶次一般小于 AIC 准则所确定的最适阶次。

根据赵雁(2011)可知,时间序列模型的理论依据是连贯性原理和概率性原理,这种方法尤其适合用于历史数据呈时间变化的交通拥堵问题,在这类问题上相比其他的方法能得到较为准确的结果。但该方法也有缺点,例如不能准确反映出交通拥堵数据的变化和它的影响因素间的内在联系。

2) 回归预测模型

根据赵雁(2011)可知,回归分析法实施预测的基本思想可概括为:首先对研究对象的影响因素进行分析,明确主要因素,其次对它们之间的关系进行分析以确定所使用的数学模型,从而得到回归预测模型。回归预测模型一般采用最小二乘法进行求解,计算出所要求的预测值。现阶段研究的时间序列模型,就是以利用回归分析法研究各种社会现象并挖掘其中所存在的关系为基础,详细分析影响研究对象的主要因素,进而利用数理统计的方法,量化的去研究所研究对象之间的关系,最后建立相应的回归模型。目前,关于回归预测法的分类主要有以下两个方面:

①按照输入变量的个数,分为一元回归预测、多元回归预测。

②按照回归方程的类型,分为线性回归预测、非线性回归预测。

目前在道路交通拥堵评价方面,已有多种成熟的评价模型被回归分析法所导出。它们在建立评价模型的过程中,优先考虑的影响因素主要有如道路长度、人口、GDP 等(Thakuriah 和 Tilahun,2013)。

若能用线性关系描述交通拥堵程度与影响因素之间存在的关系,可以用式(3-16)所示的回归方程表示。

$$Y = b_0 + b_1 x_1 + b_2 x_2 + \cdots + b_m x_m \tag{3-16}$$

式中: Y——道路交通拥堵程度(排队长度、等候时间等),称为因变量;

$x_1, x_2, \cdots, x_m$——道路交通事故的各影响因素,称为自变量;

$b_0, b_1, b_2, \cdots, b_m$——该回归方程系数。

上述的系数 $b_0, b_1, b_2, \cdots, b_m$ 是总体系统,通常是由样本系统 $\hat{b}_0, \hat{b}_1, \hat{b}_2, \cdots, \hat{b}_m$ 估算出来的,根据式(3-17)来估计样本值 $\hat{Y}$。

$$\hat{Y} = \hat{b}_0 + \hat{b}_1\hat{x}_1 + \hat{b}_2\hat{x}_2 + \cdots + \hat{b}_m\hat{x}_m \tag{3-17}$$

上述这些参数采用的求解,通常采用的是最小二乘法,将其转化为求解使 $Q = \sum_{i=1}^{n}(Y_i - \hat{Y}_i)^2$ 最小和偏差平方问题。再用极值原理来求解上式,可以得到系数组 $\hat{b}_0, \hat{b}_1, \hat{b}_2, \cdots, \hat{b}_m$,基于此本书可以估计系数组 $b_0, b_1, b_2, \cdots, b_m$ 的值,系数组确定后,就确定了回归方程。再将各自变量的数据代入已确立的回归方程,所获得的结果就是道路交通事故的预测发生量。

根据赵雁(2011)的研究,回归模型可以有效摒弃时间序列模型的缺点,准确反映出交通拥堵数据变化和其影响因素间的内在联系,而且用该方法描述起来也相对较为简单。但是由于影响交通拥堵变化的因素繁杂,而且在很多情况下,道路交通拥堵的程度和其影响因素间的因果关系又较为模糊,这时所建立的模型对新数据的适应能力较差,也难以得到较为满意的预测结果。相比线性回归模型,非线性回归模型在函数拟合方面具有更好的效果,而且还能准确反映出拥堵程度和其影响因素间的关系,但是,该模型在应用方面的一些环节还存在一定的难度,如曲线类型的选取,要想选取出较为合适的曲线类型需要拥有丰富的经验,而且一旦原始数据发生变更,模型将变得不太适合。

3) 灰色预测模型

根据屈健(2012)的研究,灰色系统理论认为对既含有已知信息又含有未知或非确定信息的系统进行预测,就是对在一定方位内变化的、与时间有关的灰色过程的预测。尽管过程中所显示的现象是随机的、杂乱无章的,但该现象却是有序的、有界的。因此,这一数据集合具备潜在的规律,灰色预测就是利用这种规律建立灰色模型对灰色系统进行预测。灰色预测的原理是通过改变原始序列无序的变化特征,使其变的有序,然后再选取相应的函数来表述这种有序的变化特征,从而达到预测的目的。该模型适合于短期预测,对数据的变化趋势没有十分严格的要求。预测精度主要受初始条件和数据处理方式的影响,基于指数模型的灰色预测模型如式(3-18)所示。

王福建等(2006)指出利用灰色模型对道路交通拥堵进行评价时可以分为以下五步:

① 数据预处理。由于道路交通事故的数据随机性较强,故应采用累加或者累减生成的方法来寻找其蕴含的规律,从而实现对原始数据的预处理。

设 $R^{(0)}$ 是某地区某对应时间序列 t 的交通事故数的原始数据序列,如式(3-18)所示。

$$R^{(0)} = R^{(0)}(t) \quad (t = 1,2,3,\cdots,n) \tag{3-18}$$

对上式进行累加处理来弱化数据的随机性,生成的新数据序列如式(3-19)所示。

$$R^{(1)} = R^{(1)}(t) \quad (t = 1,2,3,\cdots,n) \tag{3-19}$$

其中,$R^{(1)} = \sum_{i=1}^{t} R^{(1)}(i)$。

② 建模计算。对道路交通事故运用灰色理论的方法建立其灰色预测模型所蕴含的微分方程如式(3-20)所示。

$$\frac{dR^{(1)}}{dt} + \alpha R^{(1)}(t) = u \tag{3-20}$$

其中,α 和 u 为由该事故序列决定的模型参数。其解的表达式如式(3-21)所示。

$$\hat{R}^{(1)}(t+1) = \left[R^{(0)}(1) - \frac{u}{a}\right]e^{-at} + \frac{u}{a} \tag{3-21}$$

③模型的精度检验。该模型不仅可以利用后验差检验法进行精度检验,还可以运用残差大小检验法。后验差检验法是针对实际值与统计预测结果之间进行检验的,评价指标是后验差比值 C;而残差大小检验法检验的是 t 时刻事故序列中实际值 $R^{(0)}(t)$ 与预测值 $\hat{R}^{(1)}(t)$ 的差值 $E(t)$,评价指标是误差频率 P。

④模型修正。当模型的预测结果不能满足精度要求时,则需要进行相应的修正。

⑤还原处理。还原处理是在上述步骤完成后,通过对"生成数列"进行逆运算获取道路交通事故的预测值。

赵雁(2011)给出对交通拥堵进行预测的灰色模型的特点如下:

①较多的原始数据就可以建立灰色模型,也就是说,只要知道有限的历史交通拥堵状况,便能建立出交通拥堵评价模型—灰色预测模型,反应出数据之间存在的规律。

②方法简单。在建立该预测模型的过程时运用了灰色理论,并采用高级语言来对矩阵计算进行处理,因而减少了数据处理的时间。它的独到之处在于利用有限的原始数据就能分析各研究对象之间的内在规律,尤其结合了生成函数方法,增加了它的拟合特性,可以将一些随机性较强的数据拟合到一条有规律的光滑曲线上去,一定程度上反映出研究对象发展的趋势。

③实用性强。利用灰色预测模型方法可以对交通拥堵进行宏观和微观的比较。而且模型输入数据的详细度与模型预测值和实际变化值的近似度成正比。

灰色模型在预测方面应用也较为广泛,使用起来较为简单,而且也不需要较多的原始数据,尤其应用于短期的道路交通拥堵预测。在由原始数据构成的序列随机波动不大的情况下,该模型通过累加或累减的方法,使波动的数据序列呈现出一定的规律,以此达到预测的目的。但是,若由原始数据构成的序列随机波动性偏大,模型则无法反映出波动的数据序列的变化趋势,而且在应用累加、累减的方法映射中,数据相互间关联性信息容易丢失,也影响了预测精度。

4)人工神经网络预测模型

自20世纪90年代,由于人工神经网络具有强大的学习能力并拥有对非线性函数进行逼近计算的能力,因而人工神经网络被广泛的应用于科研领域(张凯,2009;李持新,2006)。在当今道路交通拥堵的预测研究中,也引用了该技术。神经网络的典型模型包括:BP(Back Propagation)神经网络模型、灰色神经网络模型等。

(1)BP 神经网络

BP 神经网络是由 McClellend 和 Rumelhant(1986)提出的一种智能学习算法,是用多层网络结构来模拟学习过程的,它的正向传播阶段用来描述输入信号,反向传播阶段用来表示误差信号反馈。根据李晓峰和刘光中(2000)的研究,BP 神经网络由输入层、隐含层和输出层构成。假设 BP 神经网络每层有 N 个结,作用函数为非线性的 Sigmoid 型函数,一般采用 $f(x) = 1/(1 + e^{-x})$,学习集包括 M 个样本模式 (X_p, Y_p)。对第 P 个学习样本 $(P = 1, 2, \cdots, M)$,结点 j 的输出总和记 net_{pj} 如式(3-22)所示。

$$net_{pj} = \sum_{j=0}^{N} W_{ji} O_{pj}$$
$$O_{pj} = f(net_{pj}) \tag{3-22}$$

式中:O_{pj}——输出变量;
W_{ji}——权重值。

如果任意设置网络的初始权值,那么对每个输入样本 P,网络输出值 O_{pj} 与期望输出 d_{pj} 间的误差如式(3-23)所示。

$$E = \sum E_p = \frac{\sum_j (d_{pj} - O_{pj}^2)}{2} \tag{3-23}$$

BP 网络的权值修正公式如式(3-24)所示。

$$W_{ji} = W_{ji}(t) + \eta \delta_{pj} O_{pj} \tag{3-24}$$

$$\delta_{pj} = \begin{cases} f(net_{pj})(d_{pj} - O_{pj}) & \text{对于输出结点} \\ f(net_{pj}) \sum_k \delta_{pk} W_{kj} & \text{对于输入结点} \end{cases} \tag{3-25}$$

上式中引入学习速率 η,是为了加快网络的收敛速度。通常权值修正公式中还需加一个惯性参数 a,如式(3-26)所示。

$$W_{ji} = W_{ji}(t) + \eta \delta_{pj} O_{pj} + a[W_{ji}(t) - W_{ji}(t-1)] \tag{3-26}$$

式中:a——常数项,决定上一次的权值对本次权值的影响。

彭信林(2008)指出 BP 算法的主要设计思想是,将输入信号通过隐层和输出层结点的处理计算得到的网络实际输出进一步与期望输出相比较,并计算实际输出与期望输出的误差,将误差作为修改权值的依据反向传播至输入层,再修正各层的权系数,反复这一过程,直到实际输出与期望输出的误差达到预先设定的误差收敛标准,从而获得最终的网络权值。

三层 BP 神经网络的结构可以参考图 3-9。在图 3-9 中,$P_i(i=1,2,\cdots,R)$ 为输入样本。a_k^m ($m=1,2,3;k=1,2,\cdots,s_3$) 为输出变量。输入层的神经元的个数等于输入变量的个数,而且输入层的输出就等于输入量,输入层的输出是隐藏层的输入,隐藏层的输出又是输出层的输入,$W^m, m=1,2,3$ 是第 m 层的权值。

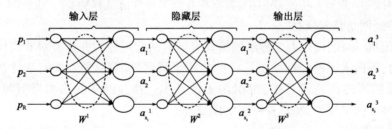

图 3-9 三层 BP 神经网络结构图(彭信林,2008)

(2) 灰色神经网络模型

根据陈淑燕和王炜(2004)的研究,灰色神经网络模型是利用灰色 GM(1,1)模型和 BP 神经网络组合而成的一种模型,兼有两种方法的优点,即灰色模型所需原始数据少的优点和 BP 神经网络的容错能力及关于非线性函数的逼近能力强的优点。而且这种组合模型表达起来较为简单灵活,尤其是在原始数据较少的情况下,也能给出较好的预测结果。利用该组合模型实现交通拥堵评价的步骤如下:

① 采用灰色模型理论对未来的交通拥堵给予评价,可以得出相应的预测数据序列。

设有时间序列 $x^{(0)}(i), i=1,2,\cdots,n$,利用灰色 GM(1,1)模型

$$\frac{dx^{(1)}}{dt} = ax^{(1)} + b \tag{3-27}$$

式中：a——发展灰数；
b——内生控制灰数。

从而可以得到交通拥堵的预测数据序列 $\hat{x}^{(0)}(i),i=1,2,\cdots,n$。

②将①所得到的交通拥堵的预测数据序列作为 BP 神经网络模型的输入，同时将交通拥堵的原始数据作为期望值，接着根据 BP 神经网络理论，对网络模型做进一步训练，最后，获取该网络的阈值与权值。

时刻 i 的原始数据 $x^{(0)}(i)$ 与 GM(1,1) 模型模拟值 $\hat{x}^{(0)}(i)$ 之差，称之为时刻 i 的残差，记为 $e^{(0)}(i)$，即 $e^{(0)}(i)=x^{(0)}(i)-\hat{x}^{(0)}(i)$。

设 $e^{(0)}(i)$ 为参差序列，若预测的阶数为 S，即用 $e^{(0)}(i-1),e^{(0)}(i-2),\cdots,e^{(0)}(i-S)$ 的信息来预测 i 时刻的值。将 $e^{(0)}(i-1),e^{(0)}(i-2),\cdots,e^{(0)}(i-S)$ 作为 BP 神经网络的输入样本，将 $e^{(0)}(i)$ 值作为 BP 网络训练的目标期望值，采用三层网络结构，通过足够的残差序列案例训练网络，调试并确定一个合适的隐含层结点数，使不同的输入向量得以满足一定误差条件下相应的输出值。这样的神经网络权值系数、阈值等，便是网络经过自适应学习所得的训练值。训练好的 BP 网络模型，可作为残差序列预测的有效工具。

③得到预测对象的预测值。设对残差序列 $\{e^{(0)}(i)\}$ 用 BP 网络训练模型预测出的残差序列为 $\{\hat{e}^{(0)}(i)\}$，在此基础上可造出新的预测值 $\hat{X}^{(0)}(i,1)$，如式(3-28)所示。

$$\hat{X}^{(0)}(i,1)=\hat{X}^{(0)}(i)+\hat{e}^{(0)} \tag{3-28}$$

则 $\hat{X}^{(0)}(i,1)$ 就是灰色神经网络模型的预测值。

根据屈健(2012)可知，人工神经网络模型能很好地解决非线性问题，可以较好地揭示道路交通拥堵与其影响因素之间的联系，反映出交通拥堵程度变化的内在规律。神经网络也有其不足之处。首先，虽然神经网络对分类模型比较适合，但是，神经网络的隐藏层可以说是一个黑盒子，得出结论的因素并不十分明显。同时其输出结果也没有任何解释，这将影响结果的可信度及可接受程度。其次，神经网络需要较长的学习时间，当数据量很大时，性能可能会出现问题。再者，神经网络的参数在训练过程中伴有局部最小和收敛速度慢等问题。

由上述关于既有交通拥堵评价方法的分析可知，评价模型的关键在于是否能够详实的获得历史道路交通拥堵数据以及是否能够准确分析交通拥堵数据的特性。由于对交通拥堵评价特点的分析可知，交通拥堵评价具有反复性、随机性、近似性、复杂性、局限性和预警性。而贝叶斯网络(Bayesian Networks, BN)作为常用的数据挖掘工具具有以下三个特点：一是适用于表达和分析不确定性和概率性的事物，二是能够处理较多变量之间存在的交互作用，三是能够从大量复杂的数据中发现知识和结构。通过对交通拥堵评价特点和贝叶斯网络特点的分析比较可知，将贝叶斯网络用于交通拥堵评价是可行的。下一节将具体介绍如何采用贝叶斯网络对道路交通拥堵进行评价。

3.4.3 综合评价方法

1. 贝叶斯网络的理论基础

王双成(2010)指出，贝叶斯网络起源于贝叶斯统计学，是以概率论为基础的图模型，它为不确定知识的表达提供了自然、直观的方法。本书接下来将介绍贝叶斯的相应理论基础、贝叶斯公式以及归纳推理方法。

贝叶斯网络(Bayesian Network)又称为信念网络(Belief Network)、概率网络(Probability Network),是由美国加州大学 Pearl 教授首次完整提出的,是继模糊逻辑、可信度方法和神经网络等方法之后的不确定知识表示模型。贝叶斯网络不仅有着坚实的概率论理论基础,同时又能够很好地同专家头脑中的知识结构相对应,所以引起了人们广泛重视。

定义 3.1 对于无环图(Directed Acyclic Graph)G,设 A、B 和 C 是 G 的三个互不相交的子集,如果不存在 A 中一个结点和 B 中一个结点的一条通络满足如下条件:每一个具有汇聚箭头的结点均在 C 中,或者有一个子孙结点在 C 中;所有其他结点都不在 C 中。则称 C d-separation A 和 B,记 $<A|C|B>G$。也称 C 为 A 和 B 的切割集(Cut-Set),能够 d-separation A 和 B 的最小结点集称为 A 和 B 的最小 d-separation 集。

定义 3.2 对有向无环图 G,设 A、B 和 C 是 G 的三个互不相交的子集,P 是一个概率分布,如果 $<A|C|B>G \Rightarrow I(A,C,B)_M$,称 G 为 P 的 I-map(Independency Map,独立图),如果删除任何一条弧 G 都不是 P 的 I-map,称 G 为 P 的最小 I-map;如果 $<A|C|B>G \Leftarrow I(A,C,B)_M$,称 G 为 P 的 D-map(Dependency Map,依赖图),如果 $<A|C|B>G \Leftrightarrow I(A,C,B)_M$,称 G 为 P 的 P-map(Perfect Map,完全图)。

定义 3.3 对有向无环图 G 和概率分布 P,如果 G 是 P 的最小 I-map,称 G 是 P 的贝叶斯网络。

定义 3.4 对有向无环图 G 和概率分布 P,如果对 G 中任意结点 X_i,当 X_i 的父结点集 Π_i 给定时,X_i 与它的非子孙结点条件独立(I-map),而且 Π_i 的任何子集都不满足这一条件(最小 I-map),称 G 是 P 的贝叶斯网络。

定义 3.3 和定义 3.4 是 Pearl 于 1988 给出的两个贝叶斯网络等价定义。这两个定义不是很容易理解,于是 Jensen 于 2001 年给出了下面更形象直观的贝叶斯网络描述性定义。

定义 3.5 把满足如下四个条件的有向无环图称为贝叶斯网络。

①存在一个变量 $V=\{X_i\}$,$i=1,2,\cdots,n$,以及变量对应结点之间有向边的集合 E。
②每一个变量都取有限个离散值。
③由变量对应的结点和结点之间的有向边构成一个有向无环图 $G=(V,E)$。
④对于每个结点 X_i 和它的父结点集 Π_i,都对应一个条件概率分布 $p(x_i|\pi_i,G)$,而且满足式(3-29)

$$p(x_1,\cdots,x_n) = \prod_{i=1}^{n} p(x_i|\pi_i,G) \tag{3-29}$$

式中:π_i ——父结点集 Π_i 的配置。

从贝叶斯网络的定义中可以看出,贝叶斯网络由两部分构成。第一部分是有相无环图 G,即通过相应的变量 $X_1,\cdots,X_n$ 来构建的贝叶斯网络图。第二部分是网络 G 中给定父结点的每一变量的条件概率分布表。根据 d-separation 标准,给定结点的父结点时,该结点将独立于它的非子孙结点。因此,变量的联合概率分布 $P(X_1,\cdots,X_n)$ 可表示成 $P(X_1,\cdots,X_n) = \prod_{i=1}^{n} P(X_i|pa(X_i))$。其中,$pa(X_i)$ 表示 G 中变量 X_i 的父结点集。从而变量的联合概率分布可分解转化

为在给定父结点集条件下的概率乘积形式。

2. 贝叶斯网络构建方法

影响交通拥堵的各因素作为贝叶斯网络中的各输入变量,其结点顺序一般未事先给出。因此,贝叶斯网络很难被赋予先验结构。王双成(2010)指出,基于打分—搜索的贝叶斯网络结构学习方法需要事先给出网络中的结点顺序或赋予网络先验结构。而基于依赖分析的贝叶斯网络学习方法是通过互信息的计算和最小切割集的确定来构建贝叶斯网络的,对结点顺序和网络先验结构的要求不高。因此,本节采用基于依赖分析的贝叶斯网络学习方法中的基于未定向的依赖分析方法进行贝叶斯网络的构建。该方法的时间复杂度为 $O(n^2)$,且比打分—搜索方法计算的效率高。该方法包括建立无向图、确定变的方向、去除冗余边三个步骤。

1) 建立无向图

根据公式(3-30)

$$H(X_i, X_j) = \sum_{x_i, x_j} p(x_i, x_j) \lg \frac{1}{p(x_i, x_j)} = -\sum_{x_i, x_j} p(x_i, x_j) \lg p(x_i, x_j) \tag{3-30}$$

计算任意两结点 X_i 和 X_j 间的互信息,并将各变量间的互信息作为各边的权重进行递减排序。边 $e_{i,j}$ 表示 X_i 和 X_j 之间的边。L 为候选边的集合,初始化为空集。各边按权重递减顺序被放入 L 中。V 和 E 分别表示被选者的边和结点的集合,初始化为空集。$B(X_i)$ 表示与 X_i 直接相连接的结点集合。

(1) 初始化检验

首先,本书从 L 中移出互信息最大的边 e_{i_1,j_1} 放入 E 中,把 e_{i_1,j_1} 的两个端结点 X_{i_1}、X_{j_1} 放入 V 中。然后,从 L 中移出以 X_{i_1}(或 X_{j_1})为一个端点且排在前面的边 e_{i_1,j_2}(或 e_{i_2,j_1}),暂不放入 E 中,把结点 X_{j_2}(或 X_{i_2})放入 V 中。对给定一个很小的正数 ε,当 $I(X_{j_1}, X_{j_2}|X_{i_1}) > \varepsilon$(或 $I(X_{i_1}, X_{i_2}|X_{j_1}) > \varepsilon$)时,边 e_{i_1,j_1}(或 e_{i_2,j_1})将被放入 E 中。

(2) 递推检测

设变量 $X_{i_1}, \cdots, X_{i_k, j_{t+1}}$ 之间的无向依赖已经建立,让 $e_{i_k, i_{t+1}}$($1 \leq k \leq t$)表示 L 中条件互信息最大的边,把 $e_{i_k, i_{t+1}}$ 从 L 中移出,暂不放入 E 中,把 X_{i_k} 放入 V 中。对 X_{i_k} 和 $X_{i_{t+1}}$ 进行条件独立性检测,如 $I(X_{i_k}, X_{i_{t+1}}|B(X_{i_k})) > \varepsilon$,其中,$B(X_{i_k})$ 表示与 X_{i_k} 直接相连接的结点集合,则把边 $e_{i_k, i_{t+1}}$ 放入 E 中,相应的点放入 V 中。重复递推检测,直到 V 中包含所有结点,L 中的边全部检测。

2) 确定变的方向

王双成(2010)指出,现有的确定边的方向的方法有两类,即打分—搜索的方法和碰撞识别方法。其中,打分—搜索的方法效率低,碰撞识别方法中部分边可能不能定向。基于先定向的贝叶斯网络学习方法中的边得定向方法是通过计算条件预测能力和局部 MDL 标准来获得的。考虑到简便性和易获得性,本书采用碰撞识别的方法确定贝叶斯网络中边的方向。虽然碰撞识别方法中部分边可能不能定向,但该方法也给出了边不能定向时的解决方法。碰撞识别的方法的具体求解步骤如下:

①对于至少有一个相同的邻居结点的任意两个没有直接相连的结点 X_i 和 X_j,找到结点 X_i 和 X_j 的邻居结点(位于结点 X_i 和 X_j 之间的邻接路径上)分别放入 N_i 和 N_j 中。

②找到在 N_i 中的结点的邻居结点,且不属于 N_i(位于两结点之间的邻接路径上)将其放入 N'_i 中。

③找到在 N_j 中的结点的邻居结点,且不属于 N_j(位于两结点之间的邻接路径上)将其放入 N'_j 中。

④如果 $|N_i+N'_i|<|N_j+N'_j|$,令 $N=N_i+N'_i$,否则令 $N=N_j+N'_j$。

⑤利用条件互信息公式进行 CI 测试。令 $v=I(X_i,X_j|N)$,如果 $v<\varepsilon$,转到⑧;如果 $|N|=1$,则让结点 X_i 和 X_j 作为在 N 中结点的父结点。

⑥令 $N'=N$,对于每一个 $i\in[1,N]$,令 $N_i=N\setminus\{N$ 中的第 i 个结点$\}$,$v_i=I(X_i,X_j|N_i)$,如果 $v_i<v+e$,则 $N'=N'\setminus\{N$ 中的第 i 个结点$\}$,如果 N 中第 i 个结点是 X_i 和 X_j 的邻居结点,则令 X_i 和 X_j 是它的父结点。如果 $v_i<\varepsilon$,转到⑧(e 是一个很小的正数)。

⑦如果 $|N'|<|N|$,令 $N=N'$,若 $N>0$,转到⑤。

⑧返回到①,直到所有结点均被检查到。

⑨对于任意结点 X_{i_1},X_{i_2},X_{i_3},如果 X_{i_1} 是 X_{i_2} 的父结点,X_{i_2} 和 X_{i_3} 是相邻结点,X_{i_2} 和 X_{i_3} 不是相邻结点,边 (X_{i_2},X_{i_3}) 没有方向,令 X_{i_2} 是 X_{i_3} 的父结点。

⑩对于任意一条没有被定向的边 (X'_{i_1},X'_{i_2}),如果有一条边从 X'_{i_1} 指向 X'_{i_2},则将 X'_{i_1} 作为 X'_{i_2} 的父结点。

⑪返回到⑨,直到没有连接边能被定向指出。

3) 去除冗余边

王双成(2010)指出,由于条件变量集不一定是切割集,已建立的无向依赖图可能引入一些冗余边。因此,本节将通过下面的方法去除冗余边。

对于任意的两结点 X_i 和 X_j,采用启发式方法确定尽可能小的切割集,用 $D(X_i,X_j)$ 表示 X_i 和 X_j 的切割集。根据 d-separation 标准定义,可知一个结点的父结点集依赖这个分离结点和它的非子孙结点。设 X_i 不是 X_j 的祖先结点(否则选择 X_j),记 X_i 的父结点集为 ΠX_i,则 ΠX_i 是 X_i 和 X_j 的切割集,但 ΠX_i 可能是比较大的切割集。

用 $D(X_i,X_j)$ 表示最小切割集。把连接 X_i 和 X_j 且经过 $X_i^j(j=1,2,\cdots,f_i)$ 的所有非碰撞路径储存到 $S_{i,j}$ 中。按照下列的方法对 ΠX_i 进行简化:

①在 $S_{i,j}$ 中,把路径上含有一个结点的这个结点放入 $D(X_i,X_j)$ 中,并把经过这些结点的路径从 $S_{i,j}$ 中删除,重复这一操作知道没有满足条件的结点为止。

②在 $S_{i,j}$ 中,把能够阻塞最多路径的 ΠX_i 中结点放入切割集 $D(X_i,X_j)$ 中,并在 $S_{i,j}$ 中删除经过这点的路径,重复①和②,直到 $S_{i,j}$ 空为止。

在确定最小切割集 $D(X_i,X_j)$ 后,便进行冗余边检验,即对任意的弧 $X_i\to X_j$(或 $X_i\leftarrow X_j$),如果 $I(X_i,X_j|D(X_i,X_j))<\varepsilon$,则删除弧 $X_i\to X_j$(或 $X_i\leftarrow X_j$),否则保留。这一步最多需要进行 $n(n-1)/2$ 次条件互信息的计算。

3. 贝叶斯网络更新学习方法的选择

王双成(2010)给出了贝叶斯网络更新学习方法。图 3-10 表示贝叶斯网络更新学习中的增量学习流程图。

本书采用变量间的平均最优解释能力来检验原贝叶斯网络结构与新数据集的适应性。如果平均最优解释能力下降到一定程度,就意味着原结构不能很好地解释新数据,这时需对结构进行调整来适应新的数据。用 $AOEA(D|G)$ 表示贝叶斯网络 G 对数据集 D 的平均最优解释能力,如式(3-31)所示。

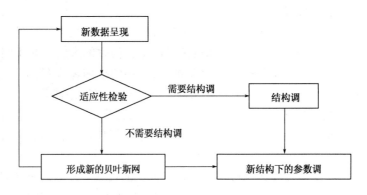

图 3-10 贝叶斯网络增量学习流程图(王双成,2010)

$$AOEA(D \mid G) = \frac{1}{n}\sum_{i=1}^{n} \frac{1}{N(x_1,\cdots,x_{i-1},x_{i+1},\cdots,x_n)}$$

$$\sum_{x_1,\cdots,x_{i-1},x_{i+1},\cdots,x_n} \max_{x_i(x_1,\cdots,x_{i-1},x_{i+1},\cdots,x_n)} \{p(x_i \mid x_1,\cdots,x_{i-1},x_{i+1},\cdots,x_n,G)\}$$

$$= \frac{1}{n}\sum_{i=1}^{n} \frac{1}{N(m(x_i))} \sum_{m(x_i)} \max_{x_i(m(x_i))} \{p(x_i \mid m(x_i),G)\}$$

$$= \frac{1}{n}\sum_{i=1}^{n} \frac{1}{N(m(x_i))} \sum_{m(x_i)} \max_{x_i(m(x_i))} \{p(x_i \mid \pi_i,G) \prod_{X_j \in \prod_j} p(x_j \mid \pi_j,G)\} \quad (3\text{-}31)$$

式中:$m(x_i)$——X_i 的马尔科夫毯 $M(X_i)$ 的配置;

$N(m(x_i))$——$m(x_i)$ 的情况数量;

π_i(或 π_j)——X_i(或 X_j)的父结点集$\prod_i$(或$\prod_j$)的配置。

对于原数据集 D' 和新数据集 D,以及给定的小正数阈值 δ,如式(3-32)

$$\frac{AOEA(D \mid G)}{AOEA(D' \mid G)} < 1 - \delta \quad (3\text{-}32)$$

满足要求,就意味着原结构不能很好地解释新数据,这时需对结构进行调整来适应新的数据。本书将采用贝叶斯网络增量学习的方法来进行参数更新。否则只进行原结构下的参数调整。参数调整后,本书还将依据平均百分比误差来判定贝叶斯网络的参数学习能力。若平均百分比误差偏差较大,则将根据各变量间的实际意义及参数分布表来进行适当的调整。

4. 贝叶斯网络推理方法

根据王双成(2010)的研究,贝叶斯网络推理包括两种主要形式,即信念更新(也称为证据传递)和信念修正(也称为最优解释)。本节所进行的贝叶斯网络概率推理是在已知一定的观察(证据)的前提下,用贝叶斯网络的推理计算,求出在该原因下结果发生的概率。即对于构建好的贝叶斯网络,我们给定其中某一变量的未来状态,从而求解交通拥堵程度的概率分布。因此,本书是针对信念更新中的预测推理进行研究。

信念更新中的预测推理包括贝叶斯网络近似推理和贝叶斯网络精确推理。

随着网络结构的不断扩大,网络结点的急剧增加,精确推理对大规模网络的应用无论是在时间复杂度和空间复杂度上都是很难实现的。贝叶斯网络近似推理算法主要用于网络结构复杂、规模较大的贝叶斯网络推理。它是在不改变计算结果正确性的前提下降低了计算精度,从而简化计算复杂性。而本书构建的贝叶斯网络包含的交通拥堵影响因素不算多,网络结构不算复杂,故考虑采用精确推理算法。

精确推理实际上是进行概率计算,是在给定的贝叶斯网络模型下,通过贝叶斯网络中各结点已知的条件概率表,经过数学计算获得随机变量的条件概率的方法。对于网络结构简单,结点数目比较少的网络,精确推理过程严谨,结果准确,常用的推理算法有:单连通网络中证据传递方法、具有 loop 的贝叶斯网络信念更新方法以及 Clique 结合树传播算法。

贝叶斯网络中各交通拥堵影响因素之间也存在很强的相互关系。因此,本书所构建的贝叶斯网络很可能不是单连通网络,故采用单连通网络中证据传递方法来进行推理很可能存在局限性。

具有 loop 的贝叶斯网络信念更新方法是基于单连通网络中证据传递方法实现的。因此该方法必须首先将具有 loop 的贝叶斯网络转化为单连通网络,即对网络进行结点合并和条件化处理,过于麻烦。且条件化方法对变量较少且简单的网络非常有效,对多变量的复杂网络,效率问题是这种方法难以克服的瓶颈,而且 loop 切割集的确定也比较困难。

Clique 结合树传播算法推理结果精确,计算效率较高,得到广泛应用,许多有关贝叶斯网络研究和应用的软件都将其作为默认的算法,是一种最常用的精确推理算法。Clique 结合树传播算法对单连通网络和多连通网络的推理都适用。且 Clique 结合树传播算法可以在同一个贝叶斯网络中进行多次不同的推理,并利用步骤共享来减少推理的时间。本文所考虑的是各个变量的变化分别对交通拥堵程度的影响,故采用 Clique 结合树传播算法进行贝叶斯网络推理。

Lauritaen 和 Spiegelhalter(1988)建立了经典的 PPTC(Probability Propagation in the Trees of Clusters)算法(也称为 Clique-Tree 传递算法)。结合树(Clique Tree)是一种无向树,每一个结点代表一个变量集合,称为团结点(Clique)。结合树必须满足变量连通性(Variable Connectedness),即包含同一变量的所有团所导出的子图必须是连通的。下面给出的是经过 Huang 和 Darwiche(1994)归纳整理的算法。分别用 G_B、G_M 和 T 表示贝叶斯网络、贝叶斯网络的道德图和 Clique 结合树,$U=\{X_1,\cdots,X_n\}$ 表示变量集。

定义 3.6 变量集合 X 的势(Potential)是一个函数,用 ϕ_X 表示,将 X 的每个例子映射到一个非负实数,并且具有下面两个特征:

①势函数边缘化后得到的仍是一个势函数,即 ϕ_x 是势函数,且 $X\subseteq Y$,则 $\phi_x=\sum_{Y-X}\phi_y$ 仍为势函数。

②势函数的乘积是一个势函数,即 ϕ_x 和 ϕ_y 是势函数,那么 $\phi_z=\phi_x\phi_y$ 也是势函数。

定义 3.7 以 Cliques 作为结点,使用无向边连接 Cliques 得到二级结构(Secondary Structure)树 T,如果树满足:对 T 的任意两个结点 Q_i 和 Q_j,在 Q_i 和 Q_j 通路上的所有结点 Cliques 都包含 $Q_i\cap Q_j$,就称 T 为 Clique 结合树(Clique Tree),对于 Clique 结合树中每一条无向边的两个端结点(或相邻的两个 Clique 结点)Q_i 和 Q_j,称 $S_{Q_iQ_j}=Q_i\cap Q_j$ 为 Q_i 和 Q_j 的分割集(Sepset)。

定义 3.8 如果对定义在 Clique 结合树中结点 Q 和其分割集 S 上的势 ϕ_Q 和 ϕ_S(或 ϕ_q 和 ϕ_s)满足 $\sum_{Q-S}\phi_Q(q)=\phi_S(s)$,称 ϕ_S 同 ϕ_Q 是一致的,当势函数对每一对 Q 和 S 都具有一致性时,称 Clique 结合树是局部一致的(Locally Consistent);如果 Clique 结合树的势函数还满足 $p(u)=\dfrac{\prod_i\phi_{Q_i}}{\prod_j\phi_{S_j}}$,称势函数为信念势(Belief Potential)。

如果选择势函数 $\phi_Q(q) = p(q)$，那么这个势函数就是信念势函数。基于具有信念势函数的 Clique 结合树便能计算任何变量 V 的边缘概率。只需选择一个包含 V 的 Clique Q，便可得到 $p(v) = \sum_{Q-\{V\}} \phi_Q(q)$。

定义3.9 一个变量的权重(Weight)是这个变量的取值数量，一个变量集合的权重是这个集合中所有变量权重的乘积，分割集 S_{XY} 的质量(Mass)是 $X \cap Y$ 中含有变量的数量，S_{XY} 的代价(cost)是集合 X 的权重与集合 Y 的权重之和。

王双成(2010)指出，结合树传播算法包括两阶段，分别为将贝叶斯网络转化为 Clique 结合树和基于 Clique 结合树的概率计算。

第一阶段，将贝叶斯网络转化为 Clique 结合树。

Clique 结合树必须满足两个性质：

①贝叶斯网络 G_B 中的任一变量 V，在 Clique 结合树中有一个团结点 Q，使得 $V \in Q$ 且 $\pi(V) \subseteq Q$；

②Clique 结合树中所有的团结点的并集刚好是贝叶斯网络 G_B 中所有变量的集合。

实现贝叶斯网络到 Clique 结合树的转化需要如下四个步骤：

第一步，建立贝叶斯网络道德图。在 G_B 中，依次用无向边连接两个具有共同子结点的结点，然后去除 G_B 所有中有向边的方向便得到贝叶斯网络道德图 G_M。

第二步，三角剖分道德图。三角剖分有多种方法，这里给出 Kjaerulff(1990)算法，算法由三个步骤构成，后两部形成一个循环，由于结点有限，没有结点删除时便结束循环。

①让 G'_M 是 G_M 的复制，在 G'_M 中选择具有最小权重的结点 V。

②在 G'_M 中依次连接与 V 直接相连的结点，同时在 G_M 中做同样的连接，得到一个含有 V 的完全子图。

③在 G'_M 中删除结点 V 以及与其相连接的边。如此下去便可对 G_M 进行三角化剖析。

第三步，确定 Cliques。Kjaerulff 证明了在三角剖分步骤②得到的所有不同完全子图就是所有的 Cliques，最多具有 $n-1$ 个。

第四步，建立 Clique 结合树。假设已确定的所有 Cliques 为 $Q_1, \cdots, Q_m$，通过如下方法建立 Clique 结合树。

①S 是一个空集，并构造一个含有 m(m 为 Clique 的个数)棵树的森林，每棵树恰由一个不同的 Clique 构成。

②对每一对不同的 Cliques Q_i 和 Q_j($1 \leq i,j \leq m, i \neq j$)，将 $S_{Q_iQ_j} = Q_i \cap Q_j$ 作为候选分割集放入 S 中，最终 S 中含有 $m(m-1)/2$ 个候选分割集。

③重复下面的步骤直到 $m-1$ 个分割集被插入森林中。a. 在 S 中选择一个具有最大质量的候选分割集 $S_{Q_iQ_j}$(如果满足最大质量的有多个候选分割集，选择具有最小代价的候选分割集)，并从 S 中删除 $S_{Q_iQ_j}$；b. 如果 Q_i 和 Q_j 属于两棵不同的树，则将 $S_{Q_iQ_j}$ 插入 Q_i 和 Q_j 中，属于同一棵树重新选择分割集，$S_{Q_iQ_j}$ 的插入便把两棵树合并为一棵树，这时的 $S_{Q_iQ_j}$ 成为 Q_i 和 Q_j 的真正分割集。重复这两步操作直到 $m-1$ 个候选分割集被插入森林中，便可得到一棵以 Clique 作为结点的树，Jensen(1994)证明了建立的以 Clique 为结点的树是一棵最优 Clique 结合树(推理具有最小的计算时间代价)。

第二阶段，基于 Clique 结合树的概率计算。

分边缘概率(没有证据)和条件概率(具有证据,条件部分是证据)两种情况给出计算方法和过程,后一种情况以前一种情况为基础。

第一种情况,基于 Clique 结合树的边缘概率计算。

计算没有证据的边缘概率需要对 Clique 结合树进行三种操作:初始化,全局传递和边缘化。

①初始化。使用贝叶斯网络中的条件概率初始化 Clique 结合树的势函数,分为两个步骤:a. 对每一结点的 Clique Q 和分割集 S_Q 的势函数用 1 进行初始化,即 $\phi_Q(q)=1$ 和 $\phi_S(s)=1$;b. 对任意一个变量 V,选择一个包含 F_V(由结点 V 和它的父结点构成的结点集,即 $F_V = \{V\} \cup \Pi_V$)的结点 Q(至少有一个 Clique 满足条件),Q 称为变量 V 的家族覆盖团(Cover Clique),将 Q 的原势函数与 V 的参数乘积作为 Q 新的势函数,即 $\phi_Q \leftarrow \phi_Q p(v|\pi_v)$(一个 Q 的势函数可能是几个条件概率的乘积),初始化后得到式(3-33)。

$$\frac{\prod_{i=1}^{m}\phi_{Q_i}}{\prod_{j=1}^{m-1}\phi_{S_j}} = \frac{\prod_{k=1}^{n}p(v_k|\pi_{v_k})}{1} = p(u) \tag{3-33}$$

②全局传递。全局传递由一系列单一信息在相邻 Clique 结点之间传递(也称为 Massage Pass)和两个过程 COLLECT_EVIDENCE(Q)以及 DISTRIBUTE_EVIDENCE(Q)的调用来实现,其目的是使 Clique 结合树局部一致。两个相邻结点 Q_i 和 Q_j,信息由 Q_i 传递到 Q_j 通过两个步骤实现:a. 投影,对 $S_{Q_iQ_j}$ 指派新值表 $S_{Q_iQ_j} \leftarrow \sum_{Q_i-(Q_i \cap Q_j)} \phi_{Q_i}$,并将原有值表保存在 $\phi_{Q_iQ_j}^{old}$ 中;b. 吸收,对 Q_j 指派新值表 $\phi_{Q_j} \leftarrow \phi_{Q_j}\frac{\phi_{Q_iQ_j}}{\phi_{Q_iQ_j}^{old}}$,Jensen(1996)证明只有 $\phi_{Q_iQ_j}=0$ 时才有 $\varphi_{Q_iQ_j}^{old}=0$,并在此时规定 $\frac{0}{0}=0$。经过一次信息传递任能得到式(3-34)。

$$\left(\frac{\prod_i\phi_{Q_i}}{\prod_j\phi_{S_j}}\right)\frac{\phi_{Q_iQ_j}^{old}}{\phi_{Q_iQ_j}}\frac{\phi_{Q_j}}{\phi_{Q_j}^{old}} = \left(\frac{\prod_i\phi_{Q_i}}{\prod_j\phi_{S_j}}\right)\frac{\phi_{Q_iQ_j}^{old}}{\phi_{Q_iQ_j}}\frac{\phi_{Q_j}^{old}\frac{\phi_{Q_iQ_j}}{\phi_{Q_iQ_j}^{old}}}{\phi_{Q_j}^{old}} = p(u) \tag{3-34}$$

全局传递的实现方法是:a. 选择一个 Clique Q;b. 对未作标记的 Q 调用过程 COLLECT_EVIDENCE(Q);c. 对未做标记的 Q 调用过程 DISTRIBUTE_EVIDENCE(Q)。

COLLECT_EVIDENCE(Q)过程是一个递归调用:a. 选择一个 Clique Q,并做标记;b. 对 Q 没做标记的邻近 Cliques 递归调用过程 DISTRIBUTE_EVIDENCE;c. 传递信息从 Q 到调用过程 DISTRIBUTE_EVIDENCE 的 Clique。

DISTRIBUTE_EVIDENCE(Q)过程也是一个递归调用:a. 选择一个 Clique Q,并做标记;b. 传递信息从 Q 到每一个没做标记的邻近 Clique;c. 对 Q 没做标记的邻近 Cliques 递归调用过程 DISTRIBUTE_EVIDENCE(Q)。

第二种情况,基于 Clique 结合树的条件概率计算。

计算具有证据(观察)的条件概率也同样需要对 Clique 结合树进行三种操作:初始化,引入证据和信息传递。

①初始化。使用贝叶斯网络中的条件概率初始化 Clique 结合树的势函数,并引入似然元素,也分为两个步骤:a. 对每一个结点 CliqueQ 和分割集 S_Q 的势函数用 1 进行初始化,即 $\phi_Q(q)=1$ 和 $\phi_S(s)=1$;b. 对于任意一个变量 V,选择一个包含 F_V 的结点 Q,将 Q 的原势函数与 V 的参数乘积作为 Q 新的势函数,即 $\phi_Q \leftarrow \phi_Q p(v|\pi_v)$,并设置每一个似然元素为 1,也即 $\Lambda_E \leftarrow 1$。

②引入证据。上一个初始化操作并没有使用观察,这一阶段是将观察引入到 Clique 结合树中,需要三个步骤:a. 用似然 Λ_E^{new} 表示观察 $E=e$;b. 选择一个含有 V 的团结点 Q;c. 对于 Q 的相邻团结点,调用 COLLECT_EVIDENCE 过程,即更新 ϕ_Q 和 Λ_E,即 $\phi_Q \leftarrow \varphi_Q \Lambda_E^{new}$ 和 $\Lambda_E \leftarrow \Lambda_E^{new}$。通过引入观察 e,$p(x)$ 和 $p(v)$ 的计算将被 $p(x,e)$ 和 $p(v,e)$ 所代替,$p(u)$ 的结合树也将变成 $p(u,e)$。

③信息传递。对给定的证据 e,由每一个 CliqueX,$\phi_x = p(x,e)$,可得 $p(v,e) = \sum_{X-\{V\}} \phi_x$,从而得式(3-35)。

$$p(v|e) = \frac{p(v,e)}{p(e)} = \frac{p(v,e)}{\sum_v p(v,e)} \tag{3-35}$$

通过对目前较典型的交通拥堵的评价方法的优缺点分析,本节给出了用于道路交通拥堵评价的综合方法——贝叶斯网络模型。该方法也是目前不确定知识和推理领域最有效的理论模型之一。要将贝叶斯网络有效应用于交通拥堵评价,首先应细致分析影响道路交通拥堵发生的各因素,并理清各因素与拥堵之间的关系,然后通过贝叶斯网络学习得出拥堵发生的概率,为交通部门的预防和管理提供相应依据,从而减少交通拥堵造成的损失,提高出行效率及道路利用率。3.5 节将具体介绍采用贝叶斯网络模型对未来年某特大城市的道路网进行交通拥堵评价。

3.5 缓解交通拥堵对策及案例分析

3.5.1 缓解城市道路交通拥堵的对策简介

根据 3.3.1 节中对交通拥堵的成因分析,本节将考虑从宏观和微观两方面提出缓解交通拥堵的政策建议。宏观上主要是从供需两方面提出政策,即以增加供给总量,减少交通需求,调整路网平衡,合理化需求分布等为目标,缓解城市交通拥堵。微观上主要针对已加载到道路系统上的交通流与道路通行能力之间的合理匹配提出相应政策建议。

1. 宏观对策研究

1) 建立保证科学决策和政策实施的城市交通综合协调机构

根据林飞(2006)的研究可知,城市交通拥堵的解决问题是一项系统工程,需要各部门、各行业之间协调合作,从整个交通系统的角度出发,制定策略来缓解城市交通拥堵问题。为保证城市交通拥堵问题的解决,各有关部门及专家学者应参加城市交通综合协调机构以统筹缓解城市交通拥堵问题。城市交通综合协调机构是实现城市交通相关政府部门协调配合的重要保证,是系统性解决城市交通拥堵问题,实现政策实施持续性的组织保证。

城市交通综合协调机构成立后,应当注意协调交通相关的各部门、各行业的发展,整合城市交通系统的各个子系统,并从规划、投资、建设、运营和管理这五个方面协调各个子系统之间的发展。

2)增加交通基础设施投资,加快城市道路建设,完善道路网络,合理配置道路等级

近几年来,大城市的道路建设都取得了较快的发展,但其建设速度还不够快,应当继续加大交通基础设施的建设。根据林飞(2006)的研究可知,为缓解城市交通拥堵,城市道路建设应注意完成以下任务:

①继续加快郊区以及城市边缘区域的道路建设。为了引导和促进郊区和卫星城市的发展,同时支持郊区的经济进一步发展,应当继续加强对于城市外围道路的建设。除了快速路和主干路的建设外,相关部门还要注意对次干路、支路的建设,以实现不同功能的层次道路的科学级配。

②完善现有路网布局。分析现有城市路网布局当中的缺点和不足,在允许的条件下,相关部门应进行部分道路的改造和建设,完善城市路网布局,消除因路网结构不合理带来的道路通行能力浪费和交通低效率问题。尤其是在中心城区,在城市布局和资源条件允许的情况下,相关部门应对中心城区次干路和支路网适当加密,实现不同功能道路之间的科学级配,以缓解中心区的交通压力。

③除了加强机动车道路的建设外,还要加强自行车以及行人道路系统的建设,为步行交通和自行车交通创造良好的条件,以减少各种交通方式之间的相互影响,从而增加道路通行能力。

3)调整城市布局,协调土地利用与交通建设,控制土地开发强度

(1)调整城市布局,采用分散组团式和多中心式城市布局

林飞(2006)指出通过规划和建设多中心分散组团的城市结构,可实现城市土地利用功能的分工和分散,从而避免土地利用布局的超强开发和城市功能混杂,减少不必要出行和小区间长距离出行,使交通均衡分布,实现从交通需求的产生源上缓解城市交通拥堵和提高城市交通运输效率的目的。

(2)做好城市设计和交通与土地利用协调规划

政府部门和交通规划者应从城市容量极限的角度出发,进行城市设计,制定土地利用规划,应在充分论证的基础上,确定城市发展轴、城市发展模式、产业布局、土地功能区分,以对城市成长进行管理。交通与土地利用相互联系、相互影响、相互促进。从交通规划的角度来说,不同的土地利用形态,决定了交通发生量和交通集中量,决定了交通分布形态,并在一定程度上决定了交通结构。土地利用形态不合理或者土地开发强度过高,将会导致交通容量无法满足交通需求。从土地利用的角度来说,交通的快速发展改变了城市结构和土地利用形态,对土地利用和城市发展具有导向作用。城市和土地利用的上述关系决定了交通与土地利用协调规划的重要性。根据林飞(2006)的研究,发达国家的实践表明,必须注意分散城市功能,采取强有力的措施,对城市的发展进行管理,严格控制城市规模和结构,从而形成交通负荷小的城市结构。

(3)在进行城市开发时导入交通影响分析制度

林飞(2006)指出,在城市总体规划和详细规划阶段应加入交通影响分析的内容,同时在大型建筑项目当中引入交通影响分析制度,以作为项目开发的先决条件,为进行交通影响评价

提供杠杆,充分发挥政策和规划部门对城市发展的导向作用,力图使城市土地利用合理化,避免城市技能和交通需求过于集中。

(4)林飞(2006)指出,实行以公共交通为导向的土地利用模式,发挥其功效,引导城市布局调整。在城市开发过程中,通过建设轨道交通以及大容量快速公交,引导城市沿线路两侧进行土地开发和城市建设,以形成交通需求较少、有利于公共交通发展的城市布局。

4)优化城市结构,协调各种交通方式的发展

(1)制定好城市战略交通规划

制定好城市战略交通规划是解决城市交通拥挤问题的关键环节和实现资源最优配置的重要保证措施。市郊铁路、地铁、准快速交通网、道路网等应统筹考虑,从定性分析和定量分析两个方面研究确定各交通方式的合理分担率,即实施的优先顺序。城市交通战略规划和近期项目应结合起来考虑。近期的所有举措都应与城市交通战略规划一致,实现战略规划的一个环节。

(2)大力发展公共交通,提升公交运力和服务水平

大力发展公共交通是世界各国解决城市交通问题的共识。林飞(2006)提出,为大力发展公共交通,提升公交运力和服务水平应做到以下几点:

①加快城市公共交通行业的改革,对现有的公共交通经营体制做出合理的调整。

②科学调整公共交通线网,提高车内舒适度,改善换乘环境,提高换成效率,使公共交通服务水平大为提高。

③加快轨道交通和快速公交建设,以提高公共交通的运力和服务水平。

(3)合理控制小汽车交通发展

近年来,小汽车已普遍进入家庭,故应正确引导人们对小汽车的购买和使用,适度调控小汽车的发展。这里所说的适度调控,是对城市交通发展政策的一种导向。它通过制定税收、管理、限制交通辆和指标控制等方法实现其调控能力。如在城市中心区停车实施高收费等措施。

5)实现城市交通管理的科学化和现代化,提高现有交通设施的利用率

①加强对道路交通拥堵对策的分析论证,实现道路交通的科学化和现代化管理。

林飞(2006)指出,造成道路交通拥堵的因素很多,应研究提高整个路网通行能力的综合措施,着重解决如何科学地决定措施的实施对象、实施顺序和实施效果的分析论证问题。为保证措施的实施还应建立规划、建设、管理一体化的机制,研究如何提高交通参与者的交通法规与严格执法意识,深入研究和实行交通需求管理对策、评价方法体系的建立,从而可对实施的交通对策进行事前、事后分析评价。

②有针对性地开展智能交通系统的研究与应用,建立智能化、现代化的城市交通管理体系。

智能交通系统是美国、日本和欧洲等发达国家为解决交通拥堵、交通事故、能源和环境问题,建立的高效、安全的运输系统。它的实质是运用当代的高新技术综合解决交通运输问题,在解决城市交通问题时,是一个不可忽视的重要途径。

林飞(2006)针对智能交通系统的应用提出如下建议:

a. 紧密结合研究地区的实际情况,积极开展智能交通系统研究;

b. 智能交通系统的研究要分清层次,有所侧重;

c. 开发交通拥堵预测、交通信息服务系统;

d. 开发实施当地城市特点的最佳信号控制系统和与此相应的现代化指挥系统、事故快速处理系统;

e. 研究并实现先进的公共交通系统;

f. 应统筹安排智能交通系统的研究工作。

6) 全面实施各种需求管理策略

国外城市交通近半个世纪发展的历史经验表明,单纯依靠道路建设,扩大道路容量是不可能满足无节制交通需求的增长需求的。因此,采取适度的交通需求管理策略可保证城市交通的可持续发展。交通需求管理就是引导交通需求在时间、空间上的分布更加合理,从交通需求源入手解决城市交通的拥堵问题。林飞(2006)指出可采取的具体对策如下:

①研究制定相关政策,积极推进弹性工作制、错开上下班时间及在家办公等制度和形式,分散高峰时段的交通流量。

②借鉴新加坡的成功经验,研究交通拥堵收费的可能性,适时引入电子道路收费系统。

③加强停车场收费管理,充分发挥停车设施的调控作用。

④积极发展驻车换乘的交通方式(Parkand Ride, P+R)。一方面,在公交站点就近设置免费的自行车停车场,鼓励停车换乘;另一方面,在郊区的公交站点和轨道交通站点设置廉价或者免费的小汽车和自行车停车场,鼓励停车换乘。

7) 加强宣传与教育,提高市民的交通素质和交通安全意识

林飞(2006)提出,为提高市民交通安全意识和遵守交通法规的自觉性,必须采取各种形式、通过各种渠道,动员全社会各方面力量,开展全方位、广泛深入的交通安全宣传教育,不断提高全体市民交通素质,这是改善城市交通秩序环境的基础。具体措施如下所示:

①开展交通安全月等活动。

②充分利用新闻媒体的优势,加大新闻宣传力度。

③加强对交通民警的素质教育,提高执法水平,严格执法。

④改革现有的驾培制度,强化对于驾驶员的培训和考试,提高驾驶员的基本驾驶技能和遵纪守法意识。

2. 微观对策研究

(1) 对道路(交叉口)进行改造,增强道路通行能力

林飞(2006)提出,通过对拥堵道路(交叉口)自身缺陷的分析,采取工程措施对道路(交叉口)进行改造,可增加道路(交叉口)自身的通行能力。道路改造的主要方式如下所示:

①交叉口的改造扩容。交通拥堵是由交叉口的缺陷所造成的,应当对交叉口进行改造,使其适应交通需求的要求。交叉口改造的主要措施如下所示:a. 拓宽交叉口进口道,或偏移中心线,增加进口车道数,使交叉口与道路通行能力相匹配;b. 合理设置人行横道,在行人多的交叉口设置行人过街天桥(地下通道)。

②路段的改造。进行路段的改造,缓解由于路段原因造成的拥堵,主要措施如下所示:a. 对于道路宽度不足的路段,进行拓宽,增加通行能力;b. 对于进出口设置过多或者不合理的路段,可以考虑设置物理隔离设施封闭出入口,同时在合适的位置设置出入口;c. 对于行人横向干扰较多的路段,设置物理隔离设施以及行人过街天桥(地下通道),实现行人过街与车流的分离。

(2)改善交通组织,优化交通流,实现交通压力均分

根据各条拥堵道路交通流集中的不同原因,采取不同的措施对交通流进行优化,以使交通流分流,交通压力均分。根据林飞(2006)的研究,交通组织主要从以下几方面进行改善:

①交通流量的削减。交通流量的削减主要针对道路交通拥堵是由于所在区域的交通需求过大而采取的交通优化措施。主要通过对拥堵区域过境流的限制,以及对于拥堵区域到达流的调控(一方面,对到达流采用的交流方式进行调控,使其更多的采用公共交通工具;另一方面,对于到达流的数量通过区域收费、停车等方式进行调控),来实现拥堵区域交通流量的削减。

②交通流的均分。交通流的均分针对拥堵区域内相邻几条道路或交叉口交通流分布不均的情况,应当从交通流量均分方面对交通组织进行改善,实现交通流的时空均分。

③交通分离。由于交通组织措施不合理,引起车辆混行、秩序混乱造成通行能力降低的情况,应当采取措施对交通流进行分离。

④交通连续。交通连续针对拥堵是由于交通组织不连续,或是运营不连续,导致车辆或者出行人员集聚的情况,应当对交通组织进行改进保证交通连续。

现有交通组织措施当中的一些不合理的措施也应当予以改善,如交叉口信号配时、交通渠化不合理,应及时予以调整,以免引发交通拥堵。

(3)严格控制拥堵道路所在区域的土地开发,减少其土地利用强度

林飞(2006)提出,对于一些开发强度大,道路交通十分拥堵的区域,采取只拆不建的政策,即只允许拆除建筑物来建设广场和绿地。该措施的实施即可以减少拥堵区域的需求强度,也可以美化环境。

3.5.2 案例分析

我国城市特别是特大城市,如北京、上海的交通问题尤为严重,若不能得到有效解决和根本治理,必将对我国经济的持续、快速、健康发展构成严重威胁。因此,本节将以我国某特大城市为研究对象,并以其某一年(基础年)的路网严重拥堵里程比例、道路网密度、城市用地扩张系数、公共交通建设投资金额与GDP的比值、私人小汽车拥有率的增长率、轨道交通客运量占公共交通总客运量的比重、万车死亡率、公共电汽车万人拥有量作为基础变量,采用贝叶斯网络模型对四年后的道路交通拥堵程度进行预测评价。

1. 贝叶斯网络的构建

本书根据3.2.2节中对交通拥堵主要影响因素的分析,总结了影响当前特大城市交通的主要因素,并将这8个影响因素作为贝叶斯网络模型构建的输入变量。

(1)路网严重拥堵里程比例

路网严重拥堵里程比例表示路网中严重拥堵道路长度与路网中道路总长的比例。下面给出道路网严重拥堵里程的详细计算过程。

第一步,根据路段平均行程速度,识别出严重拥堵路段:

定义快速路上平均行程速度低于20km/h的路段为快速路上的严重拥堵路段,判别主干路、次干路和支路上严重拥堵路段的阈值分别为:15km/h,10km/h。

第二步,分别统计各等级道路严重拥堵路段所占的里程比例。

某等级道路严重拥堵路段里程百分比 = $\frac{\text{该等级道路严重拥堵路段里程总和}}{\text{评价范围内该等级道路里程总和}} \times 100\%$

第三步，综合计算道路网严重拥堵里程比例。

将各等级道路的严重拥堵里程比例综合成道路网严重拥堵里程比例，各等级道路的综合权重为车辆行驶总里程（Vehicle-Miles of Travel，VMT）（于雷等，2005）。

$$c = \sum_{i=1}^{n} w_i \times c_i \tag{3-36}$$

式中：c——道路网严重拥堵里程比例；

w_i——第 i 等级道路的 VMT 权重；

c_i——第 i 等级道路严重拥堵路段；

n——代表了道路等级的数量。

表 3-14 给出道路网交通拥堵指数评价等级参考标准。

道路网交通拥堵指数评价等级参考标准（城市道路交通管理评价指标体系，2012）　　表 3-14

拥堵级别	非常畅通	畅通	轻度拥堵	中度拥堵	严重拥堵		
					一级	二级	三级
道路网整体平均速度（km/h）	>37	(30,37]	(25,30]	(23,25]	(19,23]	(15,19]	≤15
道路网严重拥堵里程比例（%）	[0,4]	(4,8]	(8,11]	(11,14]	(14,19]	(19,24]	≥24

本书将表 3-14 中的非常畅通、畅通和轻度拥堵考虑为不拥堵的状况，将中度拥堵和严重拥堵考虑为拥堵的状况。

(2) 道路网密度

道路网密度是指建成区内道路长度与建成区面积的比值。根据表 3-15 所示的道路网密度分级表，本书以中值 6.5km/km² 作为阈值。

道路网密度分级表（城市道路交通管理评价指标体系，2012）　　表 3-15

评价标准等级	一	二	三	四	五
A、B 类城市	≥9.5	[8.0,9.5)	[6.5,8.0)	[5.0,6.5)	[1.0,5.0)
C 类城市	≥8	[7.0,8.0)	[6.0,7.0)	[5.0,6.0)	[1.0,5.0)
D 类城市	≥7	[6.0,7.0)	[5.0,6.0)	[4.0,5.0)	[1.0,4.0)
指数	[90,100]	[80,90)	[70,80)	[60,70)	[0,60)

A、B、C、D 四类城市的划分是根据以下标准进行的：

A 类城市：特大型城市。市区人口在 500 万以上，建成区面积在 320km² 以上，市区 GDP 在 2000 亿元以上；或人口在 200 万以上，建成区面积在 500km² 以上，市区 GDP 在 3000 亿元以上。

B 类城市：大型城市。市区人口在 200 万以上，建成区面积在 120km² 以上，市区 GDP 在 1000 亿元以上。除拉萨外的 36 个省会及副省级城市类型不低于 B 类。

C 类城市：中型城市。地级市的市区人口在 100 万以上，市区 GDP 在 100 亿元以上；或市区人口在 100 万以下,但市区 GDP 在 300 亿元以上;拉萨市划为 C 类城市;县级市全市 GDP 在 300 亿元以上划为 C 类城市,所有县级市的类型划分不高于 C 类。

D 类城市:其余城市。

(3)城市用地扩张系数

城市用地扩展系数指的是市区建成面积的年均增长速度与非农业人口年均增长速度的比值。

市区建成面积的年均增长速度如式(3-37)所示。

$$s_1 = \left[\left(\frac{a_{end}}{a_{st}}\right)^{\frac{1}{(end-st)}} - 1\right] \times 100\% \tag{3-37}$$

式中:s_1——市区建成区面积年均递增速度;
  st——研究时段的初期;
  end——研究时段的末期;
  a_{st}——研究时段初期建成区面积;
  a_{end}——研究时段末期建成区面积。

非农业人口年均增长速度式(3-38)所示。

$$s_2 = \left[\left(\frac{p_{end}}{p_{st}}\right)^{\frac{1}{(end-st)}} - 1\right] \times 100\% \tag{3-38}$$

式中:s_2——市区非农业人口年均增长速度;
  P_{st}——研究时段初期市区非农业人口;
  P_{end}——研究时段末期市区非农业人口。

因此,城市用地扩展系数 k 表示为式(3-39)所示。

$$k = \frac{s_1}{s_2} \tag{3-39}$$

根据中国城市规划设计院对历年城市化过程的分析可知,k 的临界值为 1.12。因此,假定 k 大于 1.12 时,表明城市用地扩展过快;小于 1.12 时,表明城市用地扩展不足。

(4)公共交通建设投资金额与 GDP 的比值

公共交通建设投资金额与 GDP 的比值表示为市内公共交通建设投资金额比上某特大城市的 GDP 值,计算公式如下式(3-40)所示。

$$i = \frac{Pi}{GDP} \tag{3-40}$$

式中:i——公共交通投资占城市国内生产总值的比例;
  Pi——公共交通投资额,GDP 表示城市国内生产总值。

本书考虑城市公共交通发展基金稳定在城市国内生产总值的 1%~3% 来对该变量进行离散化处理(赵文俊,2009)。

(5)私人小汽车拥有率的增长率

私人小汽车拥有率的增长率表示私人小汽车保有量与人口数的比值的年增长率,私人小汽车拥有率为式(3-41)。

$$y = \frac{bo}{p} \tag{3-41}$$

式中：y——私人小汽车拥有率；

bo——私人小汽车保有量；

p——研究区域内的人口数。

因此，私人小汽车拥有率的增长率为式(3-42)。

$$o_n = \frac{y_{n+1}}{y_n} \tag{3-42}$$

式中：o_n——第 n 年私人小汽车拥有率的增长率；

y_{n+1}——第 $n+1$ 年私人小汽车拥有率；

y_n——第 n 年私人小汽车拥有率。

对于该变量，本书考虑将各年求得的私人小汽车拥有率的增长率的平均值作为离散化的标准。

(6)轨道交通客运量占公共交通总客运量的比重

轨道交通客运量占公共交通总客运量的比重是指轨道交通客运量与公共交通总客运量的比值，计算公式如式(3-43)所示。

$$r = \frac{rp}{pp} \tag{3-43}$$

式中：r——轨道交通出行量占公共交通总出行量的比重；

rp——轨道交通出行量；

pp——公共交通总出行量。

对于该变量，本书同样考虑将各年求得的轨道交通出行量占公共交通总出行量的比重的平均值作为离散化的标准。

(7)万车死亡率

万车死亡率是指全市平均每万辆机动车的年交通事故死亡人数。

万车死亡率是衡量一定机动化水平下的交通事故死亡情况的重要指标，是道路交通安全设施建设、道路交通安全管理效果的综合反映，计算公式如式(3-44)所示。

$$e = \frac{td}{mv} \tag{3-44}$$

式中：e——万车死亡率；

mv——某特大城市的机动车数；

td——年交通事故死亡人数。

根据《城市道路交通管理评价指标体系(2012年版)》可得万车死亡率分级表3-16。

万车死亡率分级表(城市道路交通管理评价指标体系,2012)　　　　表3-16

评价标准等级	一	二	三	四	五
万车死亡率	[5,2]	[8,5)	[12,8)	[16,12)	[30,16)
指数	[90,100]	[80,90)	[70,80)	[60,70)	[0,60)

根据表 3-16 万车死亡率分级表,本书以中值 10 人/万车作为阈值。

(8) 公共电汽车万人拥有量

公共电汽车万人拥有量是公共汽电车标台数量与市区人口数的比值,计算公式如式(3-45)所示。

$$b = \frac{bc}{p} \tag{3-45}$$

式中:b——公共电汽车万人拥有量;
p——市区人口,万人;
bc——公共汽电车标准车台数。

以车身长度 7~10m 的 640 型单节公共汽车为标准车,其他各种型号的车辆,按其不同的车身长度,分别乘以相应的换算系数,折算成标准车数,换算系数按表 3-17 取值。

公共交通标准汽车换算系数(城市道路交通管理评价指标体系,2012) 表 3-17

车　种	车长范围(m)	换算系数
小公共汽车	5.1~7.0	0.6
640 型单节公共汽车	7.1~10.0	1.0(标准车)
650 型单节公共汽车	10.1~14.0	1.5
≥660 型铰接公共汽车	>14	2.0
双层公共汽车	10~12	1.8

注:无轨电车的换算系数与等长的公共汽车相同。

根据《城市道路交通管理评价指标体系(2012 年版)》可得公共电汽车万人拥有量分级表 3-18。

公共汽电车万人拥有量分级表(城市道路交通管理评价指标体系,2012) 表 3-18

评价标准等级	一	二	三	四	五
A 类城市	≥15	[13,15)	[10,13)	[8,10)	<8
B 类城市	≥12	[10,12)	[8,10)	[7,8)	<7
C 类城市	≥10	[8,10)	[7,8)	[6,7)	<6
D 类城市	≥8	[7,8)	[6,7)	[5,6)	<5
指数	[90,100]	[80,90)	[70,80)	[60,70)	[0,60)

表 3-19 给出了城市道路网交通拥堵的各影响因素及其离散状态描述。

影响道路网拥堵因素 表 3-19

变　量　名	符　号　表　示	离散状态描述
路网严重拥堵里程比例(%)	c	0 畅通;1 拥堵
道路网密度(km/km²)	l	0 低;1 高
城市用地扩展系数	k	0 城市用地规模扩展不足; 1 城市用地规模扩展过快
公共交通建设投资金额与 GDP 的比值(%)	i	0 合理;1 不合理
私人小汽车拥有率增长率(%)	o	0 低;1 高
轨道交通出行量占公共交通总出行量的比例(%)	r	0 低;1 高
万车死亡率(人/万车)	e	0 低;1 高
公共电汽车万人拥有量(辆/万人)	b	0 低;1 中;2 高

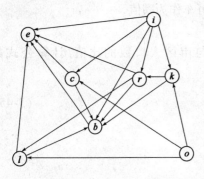

本书通过对样本数据进行随机抽样,采用数据的55%作为学习数据集,剩余的45%作为验证数据集,并根据3.4.3.2介绍的贝叶斯网络构建方法进行贝叶斯网络的构建。ε为一个给定的很小正数。本书取ε为0.01(王双成,2010)。图3-11表示通过MATLAB编程得到的路网拥堵预测的贝叶斯网络结构图。

图3-11　路网拥堵预测的贝叶斯网络结构图

对于构建好的贝叶斯网络,本书将对其进行参数更新学习从而提高随后贝叶斯网络推理的可靠性。参数更新学习将根据结果的平均百分比误差来判定网络构建的合理性。平均百分比误差根据式(3-46)获得。

$$ape = \frac{aes - aac}{aac} \tag{3-46}$$

式中:ape——平均百分比误差;
　　aes——进行参数学习得到的估计值的平均值;
　　aac——将验证数据用于贝叶斯网络中得到的参数学习的实际值的平均值。

表3-20表示通过MATLAB编程得出的贝叶斯网络中各变量的参数更新学习的平均百分比误差。

参数更新学习的平均百分比误差　　　　　　表3-20

参数变量	平均误差百分比		
$P(c\|io)$	-0.0308	0.0191	—
$P(r\|ki)$	-0.0119	0.0357	—
$P(l\|co)$	0.0238	-0.0202	—
$P(k\|ior)$	-0.0244	-0.0278	—
$P(e\|clirb)$	0.3802	-0.0663	—
$P(b\|clkir)$	0	0.3231	0.7091

从表3-20中可知,$P(e|clirb)$和$P(b|clkir)$的平均百分比误差较大。本书考虑对贝叶斯网络进行结构修改,得到如图3-12所示的更新后的路网拥堵预测的贝叶斯网络结构图。

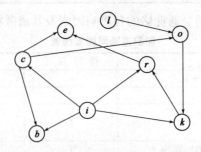

图3-12　更新后的路网拥堵预测的贝叶斯网络结构图

更新后的贝叶斯网络参数更新学习的平均百分比误差如表3-21所示。从表3-21中可以看出,此时各变量的平均百分比误差都比较小。因此,更新后的贝叶斯网具有很好的鲁棒性。

参数更新学习的平均百分比误差 表 3-21

参 数 变 量	平均误差百分比		
$P(c\|i)$	-0.032	0.0258	—
$P(r\|ki)$	-0.0119	0.0357	—
$P(o\|cl)$	-0.0165	0.0275	—
$P(k\|io)$	-0.0323	0.1111	—
$P(e\|cr)$	-0.0095	0.0286	—
$P(b\|ci)$	-0.0476	0.0130	0.0204

为分析未来年不同政策实施下交通拥堵概率的表现情况,本书将构建基本案例、案例一、案例二、案例三来进行方案比选。基本案例指政府不采取任何新的政策,贝叶斯网络中各变量将按照基础年时的发展趋势发展下去。案例1表示政府将从基础年末开始实施大力修建道路的政策,从而分析四年后某特大城市的道路交通拥堵概率将作何变化。案例二表示政府将从基础年末开始实施大力发展路面公交的政策,从而分析四年后某特大城市的道路交通拥堵概率将作何变化。案例三表示政府将从基础年末开始实施大力发展轨道交通的政策,从而分析四年后某特大城市的道路交通拥堵概率将作何变化。

2. 贝叶斯网络的推理

在进行拥堵概率预测前,本书给出了两个前提假设条件。

假设一,假定政府在实施各项政策时,以交通安全作为首要考虑指标,从而保证万车死亡率的离散状态始终对应于低状态。

假设二,假定政府对于交通建设的投资金额是逐年递增的。

这两个前提假设将用于之后的各案例分析中。

本书采用Clique结合树的算法进行后验概率预测。该方法包括两阶段,即将贝叶斯网络转化为Clique结合树和基于Clique结合树的概率计算。

首先进行Clique结合树的构建。

第一步,建立贝叶斯网络道德图G_M。在图3-13中,依次用无向边连接任意两个具有共同子结点的结点,然后去除图中所有有向边的方向便得到贝叶斯网络道德图G_M。

第二步,三角剖分道德图。将图3-13进行三角剖分,本案例中得团结点q_1,团结点q_2,团结点q_3,团结点q_4。如图3-14所示。

第三步,建立Clique结合树。图3-14表示用于推理预测的Clique结合树。

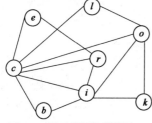

图3-13 贝叶斯网络道德图G_M

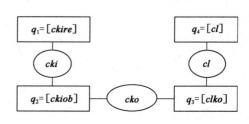

图3-14 Clique结合树

根据王双成(2010)的研究可知,Clique 结合树必须满足两个性质:

①对贝叶斯网络 G_B 中的任一变量 v,在 Clique 结合树中有一个团结点 q,使得 $v \in q$ 且 $\pi(v) = (v,e)$,$\pi(v)$ 是变量 v 的父结点配置。

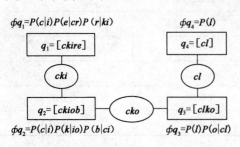

图 3-15 Clique 结合树的初始化结果

②Clique 结合树中所有的团结点的并集刚好是贝叶斯网络 G_B 中所有变量的集合。例如,对于变量 c,由图 3-15 可知,存在团结点 q_1 和 q_2 作为变量 c 的家族覆盖团,且团结点 q_1、团结点 q_2、团结点 q_3、团结点 q_4 的并集刚好等于 $\{c,d,e,l,i,o,r,s\}$。

除以上两个性质外,Clique 结合树必须满足变量连通性,即包含同一变量的所有团所导出的子图必须是连通的。例如,从图 3-15 中可知,团结点 q_1 和团结点 q_3 都包含变量 c 和 k,在连接团结点 q_1 和团结点 q_3 的所有通路上都包含变量 c 和 k。

3. 基本案例

基本案例用以分析政府从某一年开始不采用任何额外的政策,分析四年后道路交通拥堵状况将作何变化。

下面将对基于 Clique 结合树的概率进行计算。设路网严重拥堵里程比例为查询变量,即令 $x = c$,其他各变量为证据变量,即令证据 $e = l,k,i,o,r,e,b$。基于 Clique 结合树中概率计算方法来求解具有证据的条件概率,需要对 Clique 结合树进行三种操作:初始化、引入证据和信息传递。

1) 初始化

本书使用贝叶斯网络中的条件概率初始化 Clique 结合树的势函数。图 3-15 表示 Clique 结合树的初始化结果,ϕ_{q_i} 表示团结点 $i(i=1,\dots,5)$ 初始化后的势函数。

2) 引入证据

下面具体介绍以基础年为基准,四年后各变量在基本案例中的具体取值情况。

(1) 道路网密度

首先根据先验数据分别计算出某特大城市的道路长度和建成区面积的年均增长率,再根据年均增长率得出四年后的某特大城市的道路长度与建成区面积,最后根据四年后的某特大城市的道路长度与四年后某特大城市的建成区面积之间的比值求得道路网密度,具体求解公式如式(3-47)~式(3-51)所示。

$$\beta_{l,n} = \frac{d_{n+1}}{d_n} - 1 \tag{3-47}$$

$$\bar{\beta}_l = \frac{\sum_{n=1}^{N} \beta_{l,n}}{N} \tag{3-48}$$

$$s_{1n} = \frac{a_{n+1}}{a_n} - 1 \tag{3-49}$$

$$\bar{s}_1 = \frac{\sum_{n=1}^{N} s_{1n}}{N} \tag{3-50}$$

$$l' = \frac{d_N \times (1 + \bar{\beta}_l)^4}{a_N \times (1 + \bar{\beta}_m)^4} \tag{3-51}$$

式中：N——数据收集年限；
　　$\beta_{l,n}$——道路长度的年增长率；
　　d_n——道路长，$n = 1, \cdots, N$；
　　d_{n+1}——道路长，$n + 1 = 2, \cdots, N + 1$；
　　$\bar{\beta}_l$——道路长度的年均增长率；
　　s_{1n}——建成区面积每年的增长率；
　　a_n——建成区面积，$n = 1, \cdots, N$；
　　a_{n+1}——建成区面积，$n + 1 = 2, \cdots, N + 1$；
　　$\bar{s}_1$——建成区面积的年均增长率；
　　l'——基本案例中四年后道路网密度。

因此，得到基本案例中四年后的道路网密度 l'，且该值对应于离散状态 $l = 0$。

(2) 城市用地扩展系数

首先根据先验数据分别计算出某特大城市的建成面积的年均增长速度和某特大城市的非农业人口年均增长速度，再分别对求得各年的某特大城市的建成面积年均增长速度和某特大城市的非农业人口年均增长速度求平均值，最后根据某特大城市的建成面积年均增长速度的平均值与某特大城市的非农业人口年均增长速度平均值之间的比值求得城市用地扩展系数，具体求解公式如式(3-52)~式(3-56)所示。

$$s_{1n} = \frac{a_{n+1}}{a_n} - 1 \tag{3-52}$$

$$\bar{s}_1 = \frac{\sum_{n=1}^{N} s_{1n}}{N} \tag{3-53}$$

$$s_{2n} = \frac{p_{n+1}}{p_n} - 1 \tag{3-54}$$

$$\bar{s}_2 = \frac{\sum_{n=1}^{N} s_{2n}}{N} \tag{3-55}$$

$$k' = \frac{\bar{s}_1}{\bar{s}_2} \tag{3-56}$$

式中：$\bar{s}_1$——建成区面积的年均增长率；
　　s_{2n}——非农业人口的年增长速度；
　　p_n——非农业人口数，$n = 1, \cdots, N$；
　　p_{n+1}——非农业人口数，$n + 1 = 2, \cdots, N + 1$；
　　$\bar{s}_2$——非农业人口的年均增长率；
　　k'——基本案例中四年后的城市用地扩展系数。

因此，得到基本案例中四年后城市用地扩展系数 k'，且该值对应于离散状态 $k = 0$。

(3) 公共交通建设投资金额与 GDP 的比值

首先根据先验数据分别计算出某特大城市的公共交通建设投资金额和某特大城市的 GDP 值的年均增长率，再根据年均增长率得出四年后某特大城市的公共交通建设投资金额和某特大城市的 GDP 值，最后根据四年后某特大城市的公共交通建设投资金额与四年后某特大城市的 GDP 值之间的比值求得公共交通建设投资金额与 GDP 的比值，具体求解公式如下式 (3-57) ~ (3-61) 所示。

$$\beta_{p,n} = \frac{pi_{n+1}}{pi_n} - 1 \tag{3-57}$$

$$\overline{\beta}_p = \frac{\sum_{n=1}^{N} \beta_{p,n}}{N} \tag{3-58}$$

$$\beta_{g,n} = \frac{GDP_{n+1}}{GDP_n} - 1 \tag{3-59}$$

$$\overline{\beta}_g = \frac{\sum_{n=1}^{N} \beta_{g,n}}{N} \tag{3-60}$$

$$i' = \frac{pi_N \times (1 + \overline{\beta}_p)^4}{GDP_N \times (1 + \overline{\beta}_g)^4} \tag{3-61}$$

式中：$\beta_{p,n}$——公共交通建设投资金额的年增长率；
pi_n——公共交通建设投资金额，$n = 1, \cdots, N$；
pi_{n+1}——公共交通建设投资金额，$n + 1 = 2, \cdots, N + 1$；
$\overline{\beta}_p$——公共交通建设投资金额的年均增长率；
$\beta_{g,n}$——GDP 值的年增长率；
GDP_n——GDP 值，$n = 1, \cdots, N$；
GDP_{n+1}——GDP 值，$n + 1 = 2, \cdots, N + 1$；
$\overline{\beta}_g$——GDP 值的年均增长率；
i'——案例中四年后的公共交通建设投资金额与 GDP 的比值。

因此，求得基本案例中四年后的公共交通建设投资金额与 GDP 的比值 i'，且该值对应于离散状态 $i = 1$。

（4）私人小汽车拥有率的增长率

首先根据历年的私人小汽车保有量和人口数求得私人小汽车保有量的年均增长率和人口数的年均增长率，然后再求得四年后的私人小汽车保有量和人口数，从而获得四年后的私人小汽车拥有率，最后根据四年后的私人小汽车拥有率和基础年的私人小汽车拥有率求得私人小汽车拥有率的增长率，具体求解公式如式 (3-62) ~ 式 (3-67) 所示。

$$\beta_{b,n} = \frac{po_{n+1}}{po_n} - 1 \tag{3-62}$$

$$\overline{\beta}_b = \frac{\sum_{n=1}^{N} \beta_{b,n}}{N} \tag{3-63}$$

$$po_{N+4} = po_N \times (1 + \overline{\alpha}_b)^4 \tag{3-64}$$

$$p_{N+4} = p_N \times (1 + \bar{s}_2)^4 \tag{3-65}$$

$$os_{N+4} = \frac{po_{N+4}}{p_{N+4}} \tag{3-66}$$

$$o' = \sqrt[4]{\frac{os_{N+4}}{os_N}} - 1 \tag{3-67}$$

式中:$\beta_{b,n}$——历年私人小汽车保有量的增长率;

po_n——私人小汽车保有量,$n = 1, \cdots, N$;

po_{n+1}——私人小汽车保有量,$n + 1 = 2, \cdots, N + 1$;

$\bar{\beta}_b$——私人小汽车保有量的年均增长率;

po_{N+4}——基本案例中四年后私人小汽车保有量;

p_{N+4}——基本案例中四年后某特大城市的城镇人口数;

os_{N+4}——基本案例中四年后私人小汽车拥有率;

o'——基本案例中四年后私人小汽车拥有率的增长率。

因此,求得四年后的私人小汽车拥有率的增长率 o',且该值对应于离散值 $o = 0$。

(5)轨道交通客运量占公共交通总客运量的比重

首先根据先验数据分别计算出轨道交通客运量与公共交通总客运量的年均增长率,再根据年均增长率得出四年后的轨道交通客运量与公共交通总客运量,最后根据四年后轨道交通客运量与四年后公共交通总客运量之间的比值求得轨道交通客运量与公共交通总客运量的比重,具体求解公式如式(3-68)~式(3-72)所示。

$$\beta_{rp,n} = \frac{rp_{n+1}}{rp_n} - 1 \tag{3-68}$$

$$\bar{\beta}_{rp} = \frac{\sum_{n=1}^{N} \beta_{rp,n}}{N} \tag{3-69}$$

$$\beta_{pp,n} = \frac{pp_{n+1}}{pp_n} - 1 \tag{3-70}$$

$$\bar{\beta}_{pp} = \frac{\sum_{n=1}^{N} \beta_{pp,n}}{N} \tag{3-71}$$

$$r' = \frac{rp_N \times (1 + \bar{\beta}_{rp})^4}{pp_N \times (1 + \bar{\beta}_{pp})^4} \tag{3-72}$$

式中:$\beta_{rp,n}$——轨道交通客运量的年增长率;

rp_n——轨道交通客运量,$n = 1, \cdots, N$;

rp_{n+1}——轨道交通客运量,$n + 1 = 2, \cdots, N + 1$;

$\bar{\beta}_{rp}$——轨道交通客运量的年均增长率;

$\beta_{pp,n}$——公共交通总客运量的年增长率;

pp_n——公共交通总客运量,$n = 1, \cdots, N$;

pp_{n+1}——公共交通总客运量,$n + 1 = 2, \cdots, N + 1$;

$\bar{\beta}_{pp}$——公共交通总客运量的年均增长率;

r'——基本案例中四年后轨道交通客运量与公共交通总客运量的比重。

因此,求得四年后的轨道交通客运量与公共交通总客运量的比重r',且该值对应于离散状态$r=1$。

(6) 万车死亡率

首先根据先验数据分别计算出某特大城市的交通事故死亡人数和机动车数量的年均增长率,再根据年均增长率得出某特大城市的四年后的交通事故死亡人数与机动车数量,最后根据四年后的交通事故死亡人数与四年后的机动车数量之间的比值求得万车死亡率,具体求解公式如式(3-73)~式(3-77)所示。

$$\beta_{\text{td},n} = \frac{td_{n+1}}{td_n} - 1 \tag{3-73}$$

$$\bar{\beta}_{\text{td}} = \frac{\sum_{n=1}^{N} \beta_{\text{td},n}}{N} \tag{3-74}$$

$$\beta_{\text{mv},n} = \frac{mv_{n+1}}{mv_n} - 1 \tag{3-75}$$

$$\bar{\beta}_{\text{mv}} = \frac{\sum_{n=1}^{N} \beta_{\text{mv},n}}{N} \tag{3-76}$$

$$e' = \frac{td_N \times (1 + \bar{\beta}_{\text{td}})^4}{mv_N \times (1 + \bar{\beta}_{\text{mv}})^4} \tag{3-77}$$

式中:$\beta_{\text{td},n}$——交通事故死亡人数的年增长率;

td_n——交通事故死亡人数,$n = 1, \cdots, N$;

td_{n+1}——交通事故死亡人数,$n+1 = 2, \cdots, N+1$;

$\bar{\beta}_{\text{td}}$——交通事故死亡人数的年均增长率;

$\beta_{\text{mv},n}$——机动车数量的年增长率;

mv_n——机动车数量,$n = 1, \cdots, N$;

mv_{n+1}——机动车数量,$n+1 = 2, \cdots, N+1$;

$\bar{\beta}_{\text{mv}}$——机动车数量的年均增长率;

e'——基本案例中四年后万车死亡率。

因此,求得基本案例中四年后的万车死亡率e',且该值对应于离散值$e=0$。

(7) 公共电汽车万人拥有量

本文直接采用统计年鉴中查找到的公共电汽车数来表示公共汽电车标台数量。首先根据先验数据分别计算出某特大城市的公共电汽车数与人口数的年均增长率,再根据年均增长率得出四年后公共电汽车数与人口数,最后根据四年后某特大城市公共电汽车数与人口数之间的比值求得公共电汽车万人拥有量,具体求解公式如式(3-78)~式(3-80)所示。

$$\beta_{\text{bc},n} = \frac{bc_{n+1}}{bc_n} - 1 \tag{3-78}$$

$$\bar{\beta}_{\text{bc}} = \frac{\sum_{n=1}^{N} \beta_{\text{bc},n}}{N} \tag{3-79}$$

$$b' = \frac{bc_N \times (1 + \bar{\beta}_{bc})^4}{p_N \times (1 + \bar{s}_2)^4} \tag{3-80}$$

式中：$\beta_{bc,n}$——公共电汽车数的年增长率；

bc_n——公共电汽车数，$n = 1, \cdots, N$；

bc_{n+1}——公共电汽车数，$n + 1 = 2, \cdots, N + 1$；

$\bar{\beta}_{bc}$——公共电汽车数的年均增长率；

b'——基本案例中四年后公共电汽车万人拥有量。

因此，求得基本案例中四年后的公共电汽车万人拥有量 b'，且该值对应于离散状态 $b = 1$。

表 3-22 表示基本案例中各变量取值情况的汇总表。

基本案例中各变量的取值情况 表 3-22

变 量 名	符 号 表 示	离散状态描述
道路网密度（km/km²）	l	0 低
城市用地扩展系数	k	0 城市用地规模扩展不足
公共交通建设投资金额与 GDP 的比值（%）	i	1 合理
私人小汽车拥有率增长率（%）	o	0 低
轨道交通客运量占公共交通总客运量的比例（%）	r	1 高
万车死亡率（人/万车）	e	0 低
公共电汽车万人拥有量（辆/万人）	b	1 中

将表 3-22 中的各证据变量信息引入到结合树后如图 3-16 所示。

选择一个包含查询变量 c 的团结点 q_c（团结点 q_c 不一定是 c 的家族覆盖团）作为根结点，即以团结点 $q_1 = [ckire]$ 作为根结点。

3）信息传递

本书以 $q_1 = [ckire]$ 为根结点，并对 q_1 的相邻结点逐一调用 COLLECT_EVIDENCE 过程。在本案例中，根结点 q_1 有一个相邻团结点 q_2。图 3-17 为 COLLECT_EVIDENCE 信息传递过程。下面给出计算从这个团结点到根结点的信息传递过程。

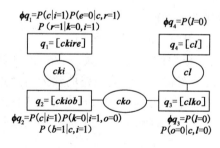

图 3-16　引入证据

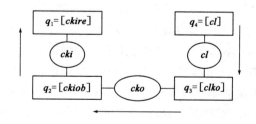

图 3-17　信息传递

$\phi_{q_2}(s_{q_1q_2})$ 传播过程表示信息由团结点 $q_2 = [ckiob]$ 传递给团结点 $q_1 = [ckire]$，而团结点 q_2 的更新势函数的获得须先求得 $\phi_{q_3}(s_{q_2q_3})$ 和 $\phi_{q_4}(s_{q_3q_4})$ 的传递过程。因此，先进行 $\phi_{q_3}(s_{q_2q_3})$ 和 $\phi_{q_4}(s_{q_3q_4})$ 的传播过程。

$\phi_{q_4}(s_{q_3q_4})$ 传播过程表示信息由 $q_4 = [cl]$ 传递给 $q_3 = [clko]$，因此，团结点 q_3 的更新势函

数为式(3-81)。

$$\phi_{q_3}^*(S_{q_3q_4}) = P(l=0)P(o=0 \mid c, l=0)\sum_{q_3 \sim s_4}\phi_{q_4} \quad (3\text{-}81)$$

$\phi_{q_3}(s_{q_2q_3})$ 传播过程表示信息由 $q_3 = [clko]$ 传递给 $q_2 = [ckiob]$，因此，团结点 q_2 的更新势函数为式(3-82)。

$$\phi_{q_2}^*(s_{q_2q_3}) = P(c \mid i=1)P(k=0 \mid i=1, o=0)$$
$$P(b=1 \mid c, i=1)\sum_{q_2 \sim s_3}\phi_{q_3}^* \quad (3\text{-}82)$$

COLLECT_EVIDENCE 过程把根结点 q_1 所收集到的信息及储存在 q_1 处的原势函数相乘，得到一个 q'_c 的函数 $h(q'_c)$，如式(3-83)所示。

$$h(q'_c) = \phi_{q_2}^* P(c \mid i=1)P(e=0 \mid c, r=1)$$
$$P(r=1 \mid k=0, i=1) \quad (3\text{-}83)$$

从 $h(q'_c)$ 中消去除 c 以外的变量，并将结果归一化，从而得到 $P(c=1 \mid lkiore)$ 的拥堵概率值，即

$$P(c=1 \mid lkiore) = \frac{\sum_{iorb} h(q'_c)}{\sum_{ciorb} h(q'_c)} = 54.33\%$$

4. 案例一：大力修建道路

案例一表示政府从某一年开始将实施大力修建道路的政策。大力修建道路是指通过建设新的城市道路以及完善原有城市道路来实现的。以基础年为基准，案例一中四年后的道路里程为基本案例中的道路里程的 1.25 倍。本案例一中道路网密度的计算如式(3-84)～式(3-86)所示。

$$d_{N+4} = d_N \times (1 + \bar{\beta}_l)^4 \quad (3\text{-}84)$$

$$a_{N+4} = a_N \times (1 + \bar{\beta}_m)^4 \quad (3\text{-}85)$$

$$l'_1 = \frac{1.25 \times d_{N+4}}{a_{N+4}} \quad (3\text{-}86)$$

式中：d_{N+4}——基本案例中估计的四年后的建成区道路长度；

a_{N+4}——基本案例中估计的四年后的建成区面积；

l'_1——实施大力修建道路的政策后，四年后的道路网密度。

因此，求得案例一中四年后的道路网密度 l'_1，且该值对应于离散状态 $l=1$。

本书考虑大力修建道路将会增加私人小汽车数量。根据调查数据及式(3-86)的计算结果可知，基本案例中私人小汽车保有量的年均增长率大于实施大力修建道路的政策后道路网密度的年均增长率。本书假定采用道路网密度的增长率和私人小汽车的增长率之和来代替私人小汽车的年均增长率，从而起到对私人小汽车增加作用。此时私人小汽车拥有率的增长率的计算如式(3-87)～式(3-90)所示。

$$\beta_{l'_1} = \sqrt[4]{\frac{l'_1}{l_N}} - 1 \quad (3\text{-}87)$$

$$po'_1 = po_N \times (1 + \beta_{L'_1} + \bar{\beta}_b)^4 \quad (3\text{-}88)$$

$$os'_1 = \frac{po'_1}{p_{N+4}} \quad (3\text{-}89)$$

$$o'_1 = \sqrt[4]{\frac{os'_{N+4}}{os_N}} - 1 \quad (3\text{-}90)$$

式中：$\beta_{l'_1}$ ——案例一中线网密度的年增长率；

po'_1 ——以道路网密度的增长率 $\beta_{l'_1}$ 和私人小汽车的增长率 $\overline{\beta}_b$ 之和代替私人小汽车的年均增长率后，案例一中四年后的私人小汽车保有量；

os'_1 ——案例一中求得的四年后的私人小汽车拥有率；

o'_1 ——案例一中求得的四年后的私人小汽车拥有率的增长率。

因此，求得案例一中四年后的私人小汽车拥有率的增长率 o'_1，且该值对应于离散状态 $o=1$。

案例一中某特大城市的城镇人口和建成区面积在基础年和四年后的变化趋势与基本案例中该特大城市的城镇人口和建成区面积在基础年和四年后的变化趋势相同。因此，案例一中城市用地扩展系数的求解公式与基本案例中城市用地扩展系数的求解公式相同。即采用式(3-52)~式(3-56)进行求解，得对应于离散状态 $k=0$ 的城市用地扩展系数。

案例一中公共交通建设投资金额和 GDP 值在基础年和四年后的变化趋势与基本案例中公共交通建设投资金额和 GDP 值在基础年和四年后的变化趋势相同。因此，案例一中公共交通建设投资金额与 GDP 的比值的求解公式与基本案例中公共交通建设投资金额与 GDP 的比值的求解公式相同。即采用式(3-57)~(3-61)进行求解，得公共交通建设投资金额与 GDP 的比值，该比值对应于离散状态 $i=1$。

案例一中轨道交通客运量和公共交通总客运量在基础年和四年后的变化趋势与基本案例中轨道交通客运量和公共交通总客运量在基础年和四年后的变化趋势相同。因此，案例一中轨道交通客运量占公共交通总客运量的比值的求解公式与基本案例中轨道交通客运量占公共交通总客运量的比值的求解公式相同。即采用式(3-68)~式(3-72)进行求解，得轨道交通客运量占公共交通总客运量的比值，该比值对应于离散状态 $r=1$。

对于变量万车死亡率，本书假定政府在实施各项政策时，以交通安全作为首要考虑指标，从而保证万车死亡率始终处于较低状态，此时对应于离散状态 $e=0$。

案例一中某特大城市的城镇人口和公共电汽车数在基础年和四年后的变化趋势与基本案例中某特大城市的城镇人口和公共电汽车数在基础年和四年后的变化趋势相同。因此，案例一中公共电汽车万人拥有量的求解公式与基本案例中公共电汽车万人拥有量的求解公式相同。即采用式(3-78)~式(3-80)进行求解，得公共电汽车万人拥有量，此时对应于离散状态 $b=1$。

表 3-23 表示案例一中各变量取值情况的汇总表。

案例一中各变量的取值情况　　　　　表 3-23

变 量 名	符 号 表 示	离散状态描述
道路网密度(km/km²)	l	1 高
城市用地扩展系数	k	0 城市用地规模扩展不足
公共交通建设投资金额与 GDP 的比值(%)	i	1 合理
私人小汽车拥有率增长率(%)	o	1 高
轨道交通客运量占公共交通总客运量的比例(%)	r	1 高
万车死亡率(人/万车)	e	0 低
公共电汽车万人拥有量(辆/万人)	b	1 中

将表 3-23 中的各证据变量信息引入到结合树后如图 3-18 所示。

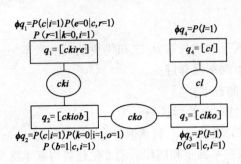

图 3-18 引入证据

选择一个包含查询变量 c 的团结点 q_c（团结点 q_c 不一定是 c 的家族覆盖团）作为根结点，本书以团结点 q_1 作为根结点，并对 q_1 的相邻结点逐一调用 COLLECT_EVIDENCE 过程。信息传递过程如基本案例中图 3-18 所示。根据公式(3-81)～式(3-83)得到根结点 q_1 的更新函数 $h(q'_c)$。从 $h(q'_c)$ 中消去除 c 以外的变量，并将结果归一化，从而得到 $P(c=1|lkiore)$，即

$$P(c=1|lkiore) = \frac{\sum\limits_{iorb} h(q'_c)}{\sum\limits_{ciorb} h(q'_c)} = 40.74\%$$

5. 案例二：大力发展路面公交

案例二表示政府从某一年开始实施大力发展路面公交的政策。大力发展路面公交是通过改善公交设施，包括加大路面公交投资、增加公共电汽车数量来实现。以基础年为基准，案例二中四年后的公共电汽车数量为基本案例中公共电汽车数量的 1.25 倍。公共电汽车数的年增长率按式(3-91)计算。式(3-92)为案例二中公共电汽车万人拥有量的计算公式。

$$\beta''_{bc} = \sqrt[4]{\frac{1.25 \times bc_{N+4}}{bc_N}} - 1 \tag{3-91}$$

$$b'_2 = \frac{1.25 \times bc_N \times (1+\bar{\beta}_{bc})^4}{p_N \times (1+\bar{s}_2)^4} \tag{3-92}$$

式中：β''_{bc}——案例二中公共电汽车数的年增长率；

bc_{N+4}——基本案例中四年后的公共电汽车数；

b'_2——案例二中公共电汽车万人拥有量。

因此，求得案例二中四年后的公共电汽车万人拥有量，且该值对应于离散值 $b=2$。

本书考虑近五年某特大城市的公共交通投资额增长率和公共电汽车客运量增长率随公共电汽车数增长率的变化情况以确定案例二中四年后的公共交通投资额和公共电汽车客运量。

$$\bar{\beta}'_{bc} = \frac{\sum\limits_{n=N-5}^{N}\left(\frac{bc_{n+1}}{bc_n}-1\right)}{5} \tag{3-93}$$

$$\bar{\beta}'_p = \frac{\sum\limits_{n=N-5}^{N}\left(\frac{pi_{n+1}}{pi_n}-1\right)}{5} \tag{3-94}$$

$$\bar{\beta}'_{pp} = \frac{\sum\limits_{n=N-5}^{N}\left(\frac{pp_{n+1}}{pp_n}-1\right)}{5} \tag{3-95}$$

式中：$\bar{\beta}'_{bc}$——近 5 年公共电汽车数的年均增长率；

$\bar{\beta}'_p$——近 5 年公共交通投资额的年均增长率；

$\bar{\beta}'_{pp}$——近 5 年公共电汽车客运量的年均增长率。

本书将求得的 $\bar{\beta}'_{bc}$、$\bar{\beta}'_{p}$ 和 $\bar{\beta}'_{pp}$ 三者的比值作为公共电汽车增长率、公共交通投资额增长率和公共电汽车客运量增长率间的比值。因此,根据式(3-96)便可求得公共交通投资额年增长率 β''_{p} 和公共电汽车客运量年增长率 β''_{pp}。

$$\frac{\beta''_{bc}}{\bar{\beta}'_{bc}} = \frac{\beta''_{p}}{\bar{\beta}'_{p}} = \frac{\beta''_{pp}}{\bar{\beta}'_{pp}} \tag{3-96}$$

再根据式(3-97)和式(3-98)求得案例二中公共交通投资额和公共电汽车客运量。

$$pi'_2 = pi_{22} \times (1 + \beta''_p)^4 \tag{3-97}$$

$$pp'_2 = pp_{22} \times (1 + \beta''_{pp})^4 \tag{3-98}$$

式中:pi'_2——案例二中四年后的公共交通投资额;

pp'_2——案例二中四年后的公共电汽车客运量。

案例二中某特大城市的轨道交通客运量和城镇人口在基础年和四年后的变化趋势与基本案例中某特大城市的轨道交通客运量和城镇人口在基础年和四年后的变化趋势相同,因此,根据式(3-99)和式(3-100)可求得案例二中公共交通建设投资金额与 GDP 的比值 i'_2 和轨道交通客运量占公共交通总客运量的比例 r'_2。

$$i'_2 = \frac{pi'_2}{GDP_{22} \times (1 + \bar{\beta}_g)^4} \tag{3-99}$$

$$r'_2 = \frac{rp_{22} \times (1 + \bar{\beta}_{rp})^4}{pp'_2 + rp_{22} \times (1 + \bar{\beta}_{rp})^4} \tag{3-100}$$

本书根据式(3-99)得到案例二中公共交通建设投资金额与 GDP 的比值,该比值对应于离散状态 $i=0$。根据式(3-101)得到案例二中轨道交通客运量占公共交通总客运量的比例,该比例对应于离散状态 $r=0$。

案例二中考虑大力发展路面公交将会降低私人小汽车保有量的增长速率。根据该特大城市发布的交通发展策略,本书假定大力发展路面公共交通后,小汽车出行比例下降了 6%。该下降值将作为大力发展路面公交后的私人小汽车保有量相对于基本案例中私人小汽车保有量的下降值。此时私人小汽车拥有率的增长率由式(3-101)~式(3-103)计算。

$$po'_2 = po_{N+4} \times (1 - 6\%) \tag{3-101}$$

$$os''_2 = \frac{po'_2}{p_{N+4}} \tag{3-102}$$

$$o'_2 = \sqrt[4]{\frac{os''_{N+4}}{os_N}} - 1 \tag{3-103}$$

式中:po'_2——案例二中四年后的私人小汽车保有量;

po_{N+4}——基本案例中四年后的私人小汽车保有量;

p_{N+4}——基本案例中四年后的城镇人口数;

os''_2——案例二中四年后的私人小汽车拥有率;

o'_2——案例二中四年后的私人小汽车拥有率的增长率。

本书根据式(3-96)得到案例二中四年后的私人小汽车拥有率的增长率,该增长率对应于离散状态 $o=0$。

案例二中某特大城市的建成区内道路长度和建成区面积在基础年和四年后的变化趋势与基本案例中某特大城市的建成区内道路长度和建成区面积在基础年和四年后的变化趋势相同。因此,案例一中道路网密度的求解公式与基本案例中道路网密度的求解公式相同。即采用式(3-47)~式(3-51)进行求解,得对应于离散状态$l=0$的道路网密度。

案例二中某特大城市的城镇人口和建成区面积在基础年和四年后的变化趋势与基本案例中某特大城市的城镇人口和建成区面积在基础年和四年后的变化趋势相同。因此,案例一中城市用地扩展系数的求解公式与基本案例中城市用地扩展系数的求解公式相同。即采用式(3-52)~式(3-56)进行求解,得对应于离散状态$k=0$的城市用地扩展系数。

对于变量万车死亡率,本书假定政府在实施各项政策时,以交通安全作为首要考虑指标,从而保证万车死亡率始终处于较低状态,此时对应于离散状态$e=0$。

表3-24为案例二中各变量取值情况的汇总表。

案例二中各变量的取值情况　　　　　　　表3-24

变量名	符号表示	离散状态描述
道路网密度(km/km^2)	l	0 低
城市用地扩展系数	k	0 城市用地规模扩展不足
公共交通建设投资金额与GDP的比值(%)	i	0 不合理
私人小汽车拥有率增长率(%)	o	0 低
轨道交通客运量占公共交通总客运量的比例(%)	r	0 低
万车死亡率(人/万车)	e	0 低
公共电汽车万人拥有量(辆/万人)	b	2 高

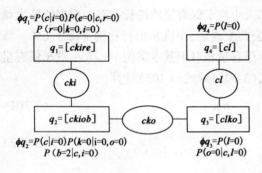

图3-19　引入证据

将表3-24中的各证据变量信息引入到结合树后如图3-19所示。

选择一个包含查询变量c的团结点q_c(团结点q_c不一定是c的家族覆盖团)作为根结点,本书以团结点q_1作为根结点,并对q_1的相邻结点逐一调用COLLECT_EVIDENCE过程。信息传递过程如基本案例中图3-18所示。根据式(3-81)~式(3-83)得到根结点q_1的更新函数$h(q'_c)$。从$h(q'_c)$中消去除c以外的变量,并将结果归一化,从而得到$P(c=1|lkiore)$,即

$$P(c=1|lkiore) = \frac{\sum_{iorb} h(q'_c)}{\sum_{ciorb} h(q'_c)} = 23.50\%$$

6. 案例三:大力发展轨道交通

案例三表示政府从某一年开始大力发展轨道交通。大力发展轨道交通是通过修建和完善轨道交通设施来实现的。以基础年为基准,案例三中四年后的轨道交通出行量为基本案例中轨道交通出行量的1.5倍。轨道交通出行量的年增长率按式(3-104)计算。式(3-105)为案例二中轨道交通出行量占公共交通总出行量的比例的计算公式。

$$\beta''_{\text{rp}} = \sqrt[4]{\frac{1.5 \times rp_{N+4}}{rp_N}} - 1 \quad (3\text{-}104)$$

$$r'_3 = \frac{1.5 \times rp_N \times (1 + \bar{\beta}_{\text{rp}})^4}{pp_N \times (1 + \bar{\beta}_{\text{p}})^4 + 1.5 \times rp_N \times (1 + \bar{\beta}_{\text{rp}})^4} \quad (3\text{-}105)$$

式中：β''_{rp}——案例三中轨道交通出行量的年增长率；

rp_{N+4}——基本案例中四年后轨道交通出行量；

r'_3——案例三中轨道交通出行量占公共交通总出行量的比例。

因此，求得案例三中四年后的轨道交通出行量占公共交通总出行量的比例，该比例对应于离散状态 $r=1$。

考虑近五年公共交通投资额增长率随轨道交通出行量增长率的变化情况以确定案例三中四年后公共交通投资额。

$$\bar{\beta}'_{\text{rp}} = \frac{\sum_{n=N-5}^{N}\left(\frac{rp_{n+1}}{rp_n} - 1\right)}{5} \quad (3\text{-}106)$$

式中：$\bar{\beta}'_{\text{rp}}$——近五年轨道交通出行量的年均增长率。

对于近五年公共交通投资额的年均增长率 $\bar{\beta}'_{\text{p}}$，根据式(3-84)求得，并将求得的 $\bar{\beta}'_{\text{rp}}$ 和 $\bar{\beta}'_{\text{p}}$ 的比值作为轨道交通出行量增长率和公共交通投资额增长率的比值。因此，根据式(3-107)便可求得公共交通投资额年增长率 β'''_{p}。

$$\frac{\beta''_{\text{rp}}}{\bar{\beta}'_{\text{rp}}} = \frac{\beta'''_{\text{p}}}{\bar{\beta}'_{\text{p}}} \quad (3\text{-}107)$$

再根据式(3-108)求得案例三公共交通投资额 pi'_3。

$$pi'_3 = pi_N \times (1 + \beta'''_{\text{p}})^4 \quad (3\text{-}108)$$

案例三中 GDP 值在基础年和四年后的变化趋势与基本案例中 GDP 值在基础年和四年后的变化趋势相同。因此，根据公式(3-109)可求得案例三中公共交通建设投资金额与 GDP 的比值 i'_3。

$$i'_3 = \frac{pi'_3}{\text{GDP}_{22} \times (1 + \bar{\beta}_{\text{g}})^4} \quad (3\text{-}109)$$

从而，根据式(3-109)得到案例三中公共交通建设投资金额与 GDP 的比值，该比值对应于离散状态 $i=0$。

案例三中考虑大力发展轨道交通将会降低私人小汽车保有量的增长速率。根据该特大城市发布的交通发展策略，本书假定大力发展轨道交通后，小汽车出行比例的下降值为 6%。该下降值将作为大力发展轨道交通后的私人小汽车保有量相对于基本案例中私人小汽车保有量的下降值。此时私人小汽车拥有率的增长率可根据案例二中的式(3-101)~式(3-103)获得。因此，求得案例三中私人小汽车拥有率的增长率，该增长率对应于离散状态 $o=0$。

案例三中某特大城市的道路长度和建成区面积在基础年和四年后的变化趋势与基本案例中某特大城市的道路长度和建成区面积在基础年和四年后的变化趋势相同。因此，案例三中道路网密度的求解公式与基本案例中道路网密度的求解公式相同。即采用式(3-47)~式(3-51)进行求解，得对应于离散状态 $l=0$ 的道路网密度。

案例三中某特大城市的城镇人口和建成区面积在基础年和四年后的变化趋势与基本案例中某特大城市的城镇人口和建成区面积在基础年和四年后的变化趋势相同。因此,案例三中城市用地扩展系数的求解公式与基本案例中城市用地扩展系数的求解公式相同。即采用式(3-52)~式(3-56)进行求解,得对应于离散状态 $k=0$ 的城市用地扩展系数。

对于变量万车死亡率,本书假定政府在实施各项政策时,以交通安全作为首要考虑指标,从而保证万车死亡率始终处于较低状态,此时对应于离散状态 $e=0$。

案例三中某特大城市的城镇人口和公共电汽车数在基础年和四年后的变化趋势与基本案例中某特大城市的城镇人口和公共电汽车数在基础年和四年后的变化趋势相同。因此,案例三中公共电汽车万人拥有量的求解公式与基本案例中公共电汽车万人拥有量的求解公式相同。即采用式(3-78)~式(3-80)进行求解,得公共电汽车万人拥有量,该对应于离散状态 $b=1$。

表 3-25 为案例三中各变量取值情况的汇总表。

案例三中各变量的取值情况　　　　表3-25

变量名	符号表示	离散状态描述
道路网密度(km/km^2)	l	0 低
城市用地扩展系数	k	0 城市用地规模扩展不足
公共交通建设投资金额与GDP的比值(%)	i	0 不合理
私人小汽车拥有率增长率(%)	o	0 低
轨道交通客运量占公共交通总客运量的比例(%)	r	1 高
万车死亡率(人/万车)	e	0 低
公共电汽车万人拥有量(辆/万人)	b	1 中

将表 3-25 中的各证据变量信息引入到结合树后如图 3-20 所示。

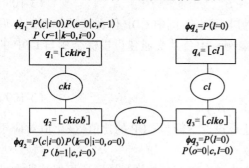

图3-20　引入证据

选择一个包含查询变量 c 的团结点 q_c(团结点 q_c 不一定是 c 的家族覆盖团)作为根结点,本书以团结点 q_1 作为根结点,并对 q_1 的相邻结点逐一调用 COLLECT_EVIDENCE 过程。信息传递过程如基本案例中图 3-18 所示。根据式(3-81)~式(3-83)得到根结点 q_1 的更新函数 $h(q_c')$。从 $h(q_c')$ 中消去除 c 以外的变量,并将结果归一化,从而得到 $P(c=1|lkiore)$,即

$$P(c=1|lkiore) = \frac{\sum_{iorb} h(q_c')}{\sum_{ciorb} h(q_c')} = 35.25\%$$

本节考虑从宏观和微观两方面提出缓解交通拥堵的政策建议。宏观上主要是从供需两方面提出政策建议,即以增加供给总量,减少交通需求,调整路网平衡,合理化需求分布等为目标,缓解城市交通拥堵。微观上主要针对已加载到道路系统上的交通流和道路通行能力之间的合理匹配提出相应政策建议。本节采用贝叶斯网络模型针对某特大城市的道路网进行了拥堵评价预测。

为分析未来年不同政策实施下某特大城市的道路网拥堵概率值,本节建立了基本案例、案例一、案例二和案例三来进行方案比选。根据预测结果可知,案例二中,政府从某一年开始实施大力发展路面公交的政策,预测到四年后的交通拥堵概率值最小,为 20.5%。其次是案例三中,政府从某一年开始实施大力发展轨道交通的政策,预测到四年后的交通拥堵概率值为 35.23%。再者是案例一中,政府从某一年开始将实施大力修建道路的政策,预测到四年后的拥堵概率值为 40.74%。基本案例是指在假定未来年政府不采取任何措施的前提下进行的,其拥堵概率预测值最大,为 54.33%。对于上述不同案例中拥堵概率值不同的情况,本接下来将对其进行分析,首先比较案例二和其他各个案例。

比较表 3-24 和表 3-22 可知,相对于基本案例而言,案例二中公共电汽车万人拥有率的离散状态由中到高。这是由于实施了大力发展路面公交的政策,通过增加公共电汽车数量来增加公共电汽车的出行量,从而减少了私人小汽车的出行量。根据交通拥堵概率的预测结果可知,案例二的拥堵概率值相对于基本案例的拥堵概率值减小了 30.83%。可见,大力发展路面公交的政策实施能够很好地缓解道路交通拥堵。

比较表 3-24 和表 3-23 可知,相对于案例一而言,案例二中公共电汽车万人拥有率的离散状态由中到高。这是由于在案例二中实施大力发展路面公交的政策,公共交通的投资金额加大,公共电汽车数也随之增加。与此同时,相对于案例一而言,案例二中私人小汽车拥有率的增长率的离散状态由高到低。这是由于案例一中大力修建道路虽可以在短期内缓解交通拥堵,但同时也会增加私人小汽车数量,从而诱增私人小汽车出行量。而案例二中大力发展路面公交主要是通过增加公共电汽车的出行量来减少私家车的出行量,从而可降低私人小车保有量的增长速率。根据交通拥堵概率的预测结果可知,案例二的拥堵概率值相对于案例一中的拥堵概率值减小了 17.24%。可见,大力发展路面公交的政策实施对交通拥堵状况的缓解作用要优于单纯的大力修建道路的政策实施效果。

比较表 3-24 和表 3-25 可知,相对于案例三而言,案例二中轨道交通出行量占公共交通总出行量的比例由高到低,公共电汽车万人拥有率的离散状态由中到高。这是由于案例三中大力发展轨道交通的政策实施是通过增加轨道交通出行量来缓解路面交通拥堵的。而案例二是通过增加公共电汽车数量来增加公共电汽车的出行量的。根据交通拥堵概率的预测结果可知,案例三的拥堵概率值相对于案例三的拥堵概率值减少了 11.74%。这是由于相对于案例三而言,案例二中公共电汽车出行量的增加值要大于轨道交通出行量的增加值,从而导致短期内大力发展轨道交通比大力发展路面公交所预测得到的拥堵概率值要大。可见,对于该特大城市的道路网而言,单纯的大力发展轨道交通而不去大力发展路面公交也容易造成道路交通拥堵。

接下来,本书将案例三和基本案例、案例一进行比较,分析案例三中预测到的拥堵概率值低于基本案例和案例一中预测到的拥堵概率值的原因。

根据交通拥堵概率的预测结果可知,案例三中预测到的拥堵概率值相对于基本案例中预测到的拥堵概率值减小了 19.08%。这是由于案例三中政府从某一年开始实施大力发展轨道交通的政策。该政策的实施将增加轨道交通的出行量,从而可减少了私人小汽车的出行量,进而缓解了路面交通拥堵。因此,通过大力发展轨道交通,四年后某特大城市的道路交通拥堵状况将得到很好的缓解。

比较表 3-25 和表 3-23 可知,相对于案例一而言,案例三中私人小汽车保有率的增长率的离散状态由高到低。这是由于案例一中道路修建虽可以在短期内缓解交通拥堵,但同时也会增加私人小汽车的数量。与此同时,相对于案例一而言,案例三中轨道交通出行量占公共交通总出行量的比例的离散状态由低到高。这是由于案例三中大力发展轨道交通政策的实施将增加轨道交通的出行量,从而可减少了私人小汽车的出行量。根据交通拥堵概率的预测结果可知,案例三的拥堵概率值相对于案例一的拥堵概率值减小了 5.49%。可见,大力发展轨道交通的政策实施对交通拥堵状况的缓解作用要优于单纯的大力修建道路的政策实施效果。

最后,对案例一和基本案例进行比较,分析案例一中预测到的拥堵概率值低于基本案例中预测到的拥堵概率值的原因。

比较表 3-23 和表 3-22 可知,相对于基本案例而言,案例一中道路网密度的离散状态由低到高。这是由于大力修建道路可通过建设新的城市道路以及完善原有城市道路来增加道路里程。与此同时,相对于基本案例而言,案例一中私人小汽车保有率的增长率的离散状态由低到高。这是由于大力修建道路政策的实施,将改善出行环境,又将诱增私人小汽车出行量。但考虑到诱增交通量存在滞后性,即诱增交通量并不是在道路网刚建成就立即大量产生的,所以短期内所增加的私人小汽车数量对道路交通拥堵的影响程度并不大(周伟和王颖,2002)。但从长期来看,随着道路建设带来的社会和经济效益的完全体现,诱增交通量的增长速度会逐渐进入一个加速增长期并随之趋于稳定。此时,道路上大量诱增的小汽车出行量又将造成新一轮的交通拥堵。比较交通拥堵概率的预测结果可知,案例一的拥堵概率值相对于基本案例中的拥堵概率值减小了 13.59%。可见,大力修建道路政策的实施可以在短期内缓解某特大城市的道路交通拥堵状况,但缓解的程度有限。

3.6 本章小结

随着我国社会经济的不断发展和城市现代化水平的迅速提高,交通供需矛盾日渐突出。道路交通拥堵引起的路网通行能力降低和交通需求突增严重影响了人们的出行效率。在这个生活节奏快、竞争压力大的现代社会,出行效率低给人类以及社会造成的损失是不可估量的。因此,对交通拥堵进行有效的预测评价已成为现代理论研究的一个必要课题。

为合理、有效地对交通拥堵问题进行评价,本章主要完成了五部分的工作,即交通拥堵问题的阐述、城市道路交通特性的研究、交通拥堵影响因素的分析、交通拥堵评价指标及评价方法的研究和缓解交通拥堵对策及案例分析的研究。具体工作内容如下:

本章首先对交通拥堵问题进行了阐述,包括交通拥堵的危害性以及对交通拥堵进行评价预测的重要性和必要性。为有效缓解城市道路交通拥堵,国内外学者和交通工程师们投入了大量的人力、物力。本章系统的回顾了国内外对于交通拥堵量化、评价和预测三方面的研究现状,并对存在的不足进行了归纳和总结,明确了现有研究需要解决的关键问题和重点内容。对于交通拥堵对策的综述,主要介绍了新加坡、美国、日本、我国香港和北京等较典型的城市缓解交通拥堵所采用的相应措施。

在对城市道路交通特性进行分析时,本章首先给出了不同国家对交通拥堵的定义。虽然各国对交通拥堵的定义不同,但有两点需要注意:一是交通拥堵的时间性,二是交通拥堵的空间性。城市道路交通拥堵现象并非是呈现在城市一天的任何时刻或任何地点,即不同的交通拥堵类型表现出的时空特性是不同的。因此,根据不同的划分标准,本章从四个方面对交通拥堵进行不同类型的划分,即将交通拥堵分为可接受拥堵和不可接受拥堵、常发性交通拥堵和偶发性交通拥堵、原始拥堵和后续拥堵以及根据道路交通运行指数 TPI 划分的五类道路运行水平。考虑到不同类型的交通拥堵呈现出不同的拥堵特征,本章又针对交通拥堵发生的地点、发生的时间、发生的原因、拥堵程度以及交通拥堵的时空特征进行了分析。这些特征也决定了影响交通拥堵成因的多属性特点。

为分析交通拥堵的影响因素,本章首先对交通拥堵的成因进行分析,即从出行需求增长速度快、小汽车拥有量急速增加、道路基础设施建设不足、道路交通管理不足、交通构成复杂、城市土地利用与规划布局不够合理等方面分析了交通拥堵的成因。考虑到交通拥堵成因的复杂性得出交通拥堵的影响因素并不单是一个纯技术性问题,即影响交通拥堵的因素涉及到经济、环境、居住、文化和行政等一系列问题。因此,本章根据拥堵的成因归纳出交通拥堵的主要影响因素,包括城市化进程加快、交通方式构成失衡、道路结构失衡、交通管理与规划落后、交通法规教育落后这五个方面,并针对这五个方面的影响因素进行了更进一步的分析。例如,城市化进程加快主要是依据土地使用不尽合理和城市空间布局形态不合理来进行分析的。得出交通拥堵的主要影响因素后,便可依据这些影响因素来确定拥堵的评价指标和评价方法,从而对交通拥堵进行评价预测以缓解道路交通拥堵。

在介绍交通拥堵评价指标前,本章首先回顾了国外发达国家自 20 世纪 50 年代开始建立的一系列的拥堵量化指标。这些指标可分为基于公路通行能力手册 HCM 的指标、基于排队论的指标、基于出行时间的指标以及传统的城市道路交通运行状况评价指标。道路交通拥堵评价指标的合理选取可以使得城市交通管理者制定出有针对性的管控措施,提高城市路网的利用率,最大程度地保障城市道路交通的畅通,同时还可以对不同城市之间、同一城市的不同区域之间、同一区域的不同道路之间以及同一道路的不同时间段之间的交通流运行状况进行纵向和横向的分析比较,便于发现问题、找出规律,作为制定交通管控措施的依据。为正确选取交通拥堵评价指标,应首先明确交通拥堵评价指标的选取原则,本章总结了五个选取原则,即目的性原则、实用性原则、有效性原则、可比性原则和实时计算性原则。对于评价指标体系的初选方法,本章给出了四种典型方法,即综合法、分析法、交叉法、指标属性分组法,并对这四种方法的适用性和优缺点进行了比较。例如,综合法一般适用于现行评价指标体系的完善与发展;分析法则是通过逐步分析评价对象而得出具体的评价指标,是构造评价指标体系最常用的方法;交叉法则是通过将评价对象做二维、三维或者更多维的交叉,最后派生出指标体系;指标属性法是通过将评价对象按属性的角度构造评价指标体系。每种方法都有自己的优缺点,在实际应用中可以结合实际考虑。根据选取原则和选取方法,本章给出了量化的交通拥堵预测的主要评价指标。

目前用于交通拥堵评价预测的较典型的评价方法包括时间序列预测方法、回归预测方法、灰色预测方法以及人工神经网络预测方法。本章对各种方法进行了比较,并分析了各方法用于评价道路交通拥堵的优缺点。通过对既有交通拥堵评价方法的分析可知,评价模型的关键在于是否能够详实的获得历史道路交通拥堵数据以及是否能够准确分析交通拥堵数据的特性。由对交通拥堵评价特点的分析可知,交通拥堵评价具有反复性、随机性、近似性、复杂性、局限性和预警性,而贝叶斯网络作为常用的数据挖掘工具具有以下三个特点:一是适用于表达和分析不确定性和概率性的事物;二是能够处理较多变量之间存在的交互作用;三是能够从大量复杂的数据中发现知识和结构。因此,本章给出了用于道路交通拥堵评价的综合方法——贝叶斯网络模型。

本章以某特大城市的道路交通网为研究对象,并以某一年的路网严重拥堵里程比例、道路网密度、城市用地扩张系数、公共交通建设投资金额与 GDP 的比值、私人小汽车拥有率的增长率、轨道交通客运量占公共交通总客运量的比重、万车死亡率、公共电汽车万人拥有量作为基础变量,采用贝叶斯网络模型对该特大城市四年后的道路交通拥堵程度进行预测评价。为了将贝叶斯网络有效应用于交通拥堵评价,本章首先对影响特大城市的道路交通拥堵的各因素进行了分析,并理清各因素与拥堵之间的关系,然后通过贝叶斯网络学习得出拥堵发生的概率信息,从而为交通部门的预防和管理提供相应依据,以减少交通拥堵造成的损失,提高出行效率及道路利用率。考虑到基于依赖分析的贝叶斯网络学习方法是通过互信息的计算和最小切割集的确定来构建贝叶斯网络的,且对结点顺序和网络先验结构的要求不高,故本书采用基于依赖分析的贝叶斯网络学习方法中的基于未定向的依赖分析方法进行贝叶斯网络的构建。Clique 结合树传播算法作为一种最常用的精确推理算法推理结果精确,计算效率较高,得到广泛应用。Clique 结合树传播算法适用于在同一个贝叶斯网络中进行多次不同的推理,具有利用步骤共享来减少推理时间的优点。而本书所讨论的即是各个贝叶斯网络输入变量的变化对道路拥堵程度的影响,故采用 Clique 结合树传播算法进行贝叶斯网络推理。

为分析未来年不同政策实施下某特大城市的道路网拥堵概率值,本书建立了基本案例、案例一、案例二和案例三来进行方案比选。根据预测结果可知,案例二中,政府从某一年开始实施大力发展路面公交的政策,预测到四年后的道路拥堵概率值最小。其次是案例三中,政府从某一年开始实施大力发展轨道交通的政策,预测到四年后的道路拥堵概率值。再者是案例一中,政府从某一年开始将实施大力修建道路的政策,预测到四年后的拥堵概率值。基本案例是在假定未来年政府不采取任何措施的前提下进行的,拥堵概率预测值最大。对某特大城市的道路交通而言,大力发展路面公交的政策实施较其他政策的实施能够更好的缓解道路交通拥堵。大力发展轨道交通的政策实施对交通拥堵状况的缓解作用要优于单纯的大力修建道路的政策实施效果。而大力修建道路政策的实施虽可在短期内缓解某特大城市的道路交通拥堵状况,但缓解的程度有限。

根据之前对交通拥堵的成因、影响因素、评价指标等的分析,本书从宏观和微观层面上提出了缓解交通拥堵的政策建议。宏观上主要是从供需两方面提出相应的政策建议,即以增加供给总量,减少交通需求,调整路网平衡,合理化需求分布等为目标来缓解城市交通拥堵。微观上主要针对已加载到道路系统上的交通流与道路通行能力之间的合理匹配提出相应政策建议,即对道路(交叉口)进行改造、优化交通流、严格控制拥堵道路所在区域的土地开发,减少其土地利用强度等。

本书对于道路交通拥堵评价的一个创新点在于采用一种综合的路网交通拥堵评价预测方法——贝叶斯网络模型。贝叶斯网络基于先验概率和样本信息,通过一定的推理算法得到所需的后验概率,从而为决策提供参考信息和支持。

贝叶斯网络用于交通拥堵预测时具有以下优势:

①贝叶斯网络能够发现数据中的隐含信息。通过一定的学习方法可以基于样本信息得到相应的贝叶斯网络,从而利用贝叶斯网络进行推理和解释,进而发掘数据中隐含的信息,为决策提供参考信息支持。本书通过贝叶斯网络挖掘各输入变量间的关系来构建贝叶斯网络。贝叶斯网络使用条件概率表示变量之间的相关程度,可以基于非完备数据进行学习和推理,从而减少对数据量的要求。

②贝叶斯网络能够处理不确定性问题。贝叶斯网络通过有向边和条件概率分布能够准确细致地表示变量之间的因果关系和相关程度,这有助于对道路交通拥堵进行分析、评估和预测。

③贝叶斯网络能够进行全局更新。当系统获得新的样本数据或证据信息后,贝叶斯网络中相应结点的变量属性将进行修改,即贝叶斯网络可以基于一定的推理技术计算其他结点变量的后验概率,从而实现全局更新。因此,贝叶斯网络可以综合利用先验知识、样本数据和证据信息,消除主观偏见和噪声影响。贝叶斯网络的全局更新能力可以保证网络参数的实时更新,从而提高系统模型的实时性。

城市道路交通拥堵的评价研究可以使得交通管理者能够从被动响应向主动管理服务方向发展,也能够使得出行者提前避开拥堵或事故路段,从而提高出行效率。但是,城市道路交通系统是一个复杂的巨系统,受到各种复杂因素的影响而时刻变化着。因此,城市道路交通的拥堵评价和预测等方面的研究将是一个含有大量复杂因素的问题,需要综合运用系统分析、交通工程、现代控制理论、人工智能等多学科的理论和方法。本章关于交通拥堵评价和预测的应用体系框架还可进一步完善,使之逐步形成更为系统、科学的体系。

第4章 城市轨道交通运营效率评价及优化

4.1 引言

随着经济的增长、城市化进程的加快,我国交通运输需求迅猛增长。城市轨道交通作为大城市交通主体的骨干力量,以其运量大、效率高等特点已成为有效缓解大城市交通拥堵的重要交通方式之一。但是在城市轨道交通迅速发展、路网逐渐扩大的同时,系统运营效率问题还需要得到进一步研究。考虑城市轨道交通是一个系统概念,系统分析是研究城市轨道交通运输效率的最可行和有效方法。具体到优化运输效率的内容,可包括运输工具技术经济效率优化和运输组织效率优化两个方面。但是对于城市轨道交通而言,运输工具技术经济效率优化往往需要大量资金,运输组织效率优化相较具有更大优势。因此轨道交通运营者在既定运输工具技术水平上,如何通过有效的运输管理和运营组织,以合理的投入成本为乘客提供更高的服务水平,并保障企业多工种、多专业技术管理人员有机地配合则成为运营效率优化的主要问题。本章将对这些问题进行阐述。

4.1.1 站外客流组织

城市轨道交通车站是城市及综合交通体系中的重要内容。源于城市一体化以及交通一体化的概念,站外客流组织,尤其是城市轨道交通车站与城市相关设施的关系,成为城市轨道交通运营效率分析的重要内容。一般车站外部性设施包括交通衔接设施和兼容设施(甘勇华,2011)。交通衔接设施是为了保障车站交通枢纽基本功能(即交通转换功能)而必须设置的交通设施,属城市交通基础设施,其相应设施应具有适应性、整体性、系统性和供需平衡性的特点。城市轨道交通车站的交通衔接设施可分为两类:第一类为公交站场、集散和换乘通道、P+R(停车+换乘)小汽车和自行车停车场等市内交通衔接设施,在车站的客运体系中,轨道交通处于主导地位,而这些设施处于从属配套地位;第二类为机场、铁路站场、公路客运站场等城市对外交通衔接设施,这些对外交通衔接设施处于主导地位,而轨道交通车站处于从属地位。兼容设施是为了更好地实现轨道交通车站的土地利用价值,为轨道交通使用乘客提供更好的增值服务而兼容设置的土地资源设施,例如商业金融、行政办公、文化娱乐和居住等性质设施,属盈利性设施。总体看来,车站外部性设施更多属于规划层面的内容。涉及城市轨道交通车站运营效率的外部性设施优化一般关注于第一类交通衔接设施,而第二类交通衔接设施兼容设施相对稳定,优化难度较大。

首先,站外客流组织的不同方式的交通衔接设施应设置合理的服务距离。根据国内外的经验,不同的出行方式对应不同的出行距离,城市轨道交通车站不同出行方式的服务范围也不一致。地铁站点直接服务区在车站300~500m的距离内,该服务区乘客一般出行以步行到达为主;自行车在服务车站 500～800m 的距离内具有相对优势;机动车具有相对优势的距离则为车站 800m 以上。其中,服务车站 2000m 以内的交通衔接设施应以公交站场配置为主,服务车站 2000m 以外则可配置私人交通的"P+R"停车场。为实现一体化的交通零距离换乘,各类衔接方式的布局应符合相应的交通衔接标准(李洪斌和何冬华,2012)。其中,步行衔接距离考虑在车站出入口 500m 以内,自行车换乘的步行距离(存车点至进出口)控制在车站出入口 100m 以内,公交车及出租车步行衔接距离控制在车站出入口 50～100m 以内,私家车步行衔接距离应控制在车站出入口 150m 左右。

除了城市轨道交通车站站外设施服务水平和布局应当满足一定标准,不同类型车站的设施配置还应符合车站自身特点。在明确交通衔接特点、北京城市空间与交通发展趋势和战略目标的基础上,王波等(2009)认为北京轨道交通衔接规划应体现分级、分层次和人性化的基本理念。分级理念考虑步行、公交车、自行车、出租车和小汽车五大衔接设施的定位和适用性(包括衔接距离、对土地占用、道路交通影响等),确定不同类型设施的优先级和关注次序。分层次是指交通衔接规划需要考虑不同区域与不同时期的差异。不同时期、不同区域的轨道交通线网密度不同,车站的吸引范围则不同,而交通供给水平和交通政策的差异性,导致各种衔接方式的适用性也有所不同,因此衔接规划有必要区别对待。人性化的交通衔接体现在对细节上的关注,尤其是对步行方式以及对弱势群体和出行公平性的关注。

不同车站外部交通衔接设施具有其特有的优化方式。例如城市轨道交通与常规公共交通存在运营协调的问题,各类方式场站衔接涉及设施的用地估计和选址的问题。所谓运营协调,是指通过运能匹配、管理政策等手段达到在轨道交通与常规公交运营组织中乘客出行时间上的连续协调(黄文娟,2008)。运营协调是实现公共交通一体化的基本内容,是提高整个公共交通系统自身运营效率和服务水平的重要途径。张宇石等(2009)提出将运营费用、候车费用、换乘费用和在车费用作为系统内乘客总费用函数,优化不同时段满足相应客流需求的公交发车频率的协调方法。但是两类运输模式的时刻表协调对两种方式的服务可靠性要求较高,适用于行车间隔较大且换乘客流较大的情景。当行车密度高时,该协调的实际意义则会衰减(Ting 和 Schonfeld,2005)。

车站外部设施的用地估计和选址研究应当以减少城市中心区交通拥堵状况,充分发挥公共交通在城市客运中的骨干作用为原则进行分析。吴娇蓉(2009)基于城市建成区大量轨道站点客流换乘特征调查数据,对轨道站公交换乘客流比例、客流空间分布、公交客流吸引范围进行分析,依托轨道网络提出轨道站点公交线路优化规划方法,给出轨道站点出入口始发公交线路、途经公交线路的公交换乘设施用地估算方法。选址研究,尤其是小汽车停车场的设置,应当保障最大可能的吸引小汽车出行者将车开至该处后换乘公共交通方式进入城市中心区。王显光等(2013)基于行程时间、车辆可达性、轨道交通线网布局、用地性质以及区域总体规划等因素在选定的城市轨道交通车站附近设置具有一定规模和功能的停车换乘设施。

如上所述,站外客流组织尤其是交通衔接设施应当根据其服务范围和乘客便捷性进行设置,且基于车站具体特征展开分层分级别区分。不同交通衔接设施的优化应基于改善乘客出行开展,最终达到促进城市交通的可持续发展。但是现阶段城市轨道交通车站站外客流组织以及设施的一体化管理体系尚未完善,不同交通方式管理自成一体。因此如何基于车站构建一体化综合交通管理机制,实现多部门的协同是日后工作的重点。

4.1.2 站内设施配置

城市轨道交通车站站内设施配置同样作为影响城市轨道交通运营效率分析的重要方面。地铁车站内提供乘客使用的设施空间根据乘客的移动方式可分为平面空间与垂直移动设施两类。乘客使用的平面空间包括车站出入口及通道、大厅、站台等平面空间,其中大厅又以验票闸门为界划分为付费区和非付费区。垂直移动设施包括楼梯、自动扶梯及斜坡等。楼梯、自动扶梯及斜坡一是设置在地铁车站进出口处,起到连接地面和车站大厅的作用;二是设置在大厅付费区,以供乘客通往站台。斜坡则多设置在电梯出入口处,与站外路面衔接,方便残障乘客通行(蒋启文,2009)。

偏好调查 SP/RP 可用于评价车站站内相关设施的使用情况,为解决客流集散及设施协调性问题提供依据。Kishi 等(2003)指出地铁站内设施位置的设置应综合考虑设施物理阻抗和乘客心理阻抗的影响,通过偏好调查建立基于动力能耗理论分析的车站设施走行阻力模型,为客流组织过程中确定乘客站内走行路径提供相应依据。黎冬平等(2010)基于心理测量学理论,调查不同方向乘客对于轨道车站设施相关因素的满意程度。该研究从进站客流的角度,采用 RP 调查(Revealed Preference Survey),对在轨道交通站台或刚上车的乘客进行调查。调查人员一对一地调查进站乘客,记录他们此次进站过程中对各单个设施和车站设施总体的服务水平评价。

一般进站乘客经由车站出入口、站厅(包括非付费区及付费区)到达站台候车,最终上车,而出站乘客下车后,经由站台、站厅及出入口出站。在此过程中乘客会使用到安检设施、售票亭、自动闸机、自动扶梯、楼梯、直梯、通道等相应设施。加强城市轨道交通车站设施的配置研究对提高车站整体服务水平有着重要意义。例如,合理的进出站自动闸机的配置直接影响着乘客进出站的效率,楼梯和通道宽度则会影响乘客走行延误时间。总的来看,车站设施配置研究多基于仿真平台开展。在自动闸机配置研究上,刘明姝和张国宝(2005)应用排队系统理论及仿真分析方法,研究城市轨道交通进站闸机配置方案,说明了仿真分析方法在设施合理配置方面的有效性与可用性。孙晓临和梁青槐(2012)从系统优化的角度出发,以稳态条件下单位时间总费用为目标函数,通过研究地铁客流出入站的过程,分析影响闸机设置的因素,以客流需求、空间限制、成本投入、疏散要求等为约束条件,采用线性规划的方法,对闸机设置进行优化研究,分别确定普通闸机与加宽闸机的个数。在客流高峰时,由于楼梯和自动扶梯的通过能力有限,大量的乘客会在楼梯和自动扶梯口处排队等候,造成乘客进出站时间延长。因此在楼梯、自动扶梯以及通道设施关注内容中,研究者更关注乘客在不同设施上的走行特征。饶雪平(2006)用排队论建立轨道交通车站楼梯和自动扶梯处客流延时模型,推导了乘客在楼梯和自动扶梯处的延时状况,为车站运营效益的发挥提供依据。郝勇(2009)参考了美国联邦公路局提出的 BPR 函数,将步行通道流量与乘客走行时间之间的关进行描述,拟合得到步行设施通道 BPR 函数的相关参数。由此可见,充分利用和合理安排城市轨道交通车站内部的步行设施,可以有效缓解客流拥堵程度,为加速客流的流通、节省乘客的走行时间和滞留时间提供重要保障。

综上所述,车站站内设施配置是车站运营的基础,能较大程度影响车站运营效率。虽然车站站内设施的研究更多集中在前期车站设计,但是随着客流量的变化,车站站内设施应当配合做出调整。因此车站设计应当考虑客流发展的情况,并在车站运营期定期开展调查,优化站内设施配置。

4.1.3 车站运营组织

在既有站内站外设施配置研究的硬件基础上,城市轨道交通车站的运营组织作为系统的软件管理部分受到了大量学者的关注。车站运营组织的优化研究领域主要分两个方面:一方面考虑轨道交通车站客流安全问题,安全研究人员开展以轨道交通车站为背景的客流行为和人群行为研究;另一方面考虑车站的客流组织服务能力对网络运输能力的影响和制约,运输组织研究人员展开了车站客流组织安全与效率的研究。这两方面的研究各自发展并互相借鉴,逐渐结合起来形成目前的客流行为和客流组织优化研究。

基于安全的角度,客流行为研究重点关注人群在一定环境下发生紧急突发事件的情况下的反应和行为,以及疏散动态(张琦等,2007)。开展此类研究将有利于提高运营者应对人群恐慌的能力和紧急疏散的能力。客流行为近年来的研究涉及空间规模、布局以及乘客行为过程和动态分布等方面。由于空间和人群规模大以及人群的动态性,研究者普遍采用运算效率较高,效果较好的计算机仿真方法进行。他们通过深入的调查和研究,建立空间模型和人群及个体的运动模型,形成描述人群运动的数学模型和算法,并且开发具有实际应用价值的仿真软件。仿真软件能为优化车站局部空间、设施配置和规模设计,评判紧急情况下的乘客疏散预案,辅助决策车站设计、客运组织以及突发事件处置提供重要依据(邹晓磊,2009)。

仿真软件研究包括宏观角度的群体行为研究以及微观角的个体行为研究。其中,宏观群体研究多适用于大规模空间和人群的动态研究,比如区域疏散的研究。排队论是宏观仿真研究基本方法。排队论既将行人在车站的运动过程抽象为"排队网络"模型。此类模型把建筑物的平面转化成网格图,每一间房屋为网络图中的一个节点。而连接房屋间的通道(门、楼梯等)对应图中的边。节点能够容纳的人数为对应的房间容量。边的通过能力为对应的门或楼梯的通过能力。任意时刻,一条边只容许一人通过。因此,每一条边可以理解为一个服务,而节点中想使用该条边的人可理解为该服务的顾客(Mitchell 和 MacGregor,2001)。排队网络仿真模型构造简单,理论难度较小。微观的个体行为研究多用于环境复杂、群体规模较小的空间,比如,车站、建筑和商业区等。微观仿真模型针对人群中的个体建模,每一个人都用一个计算对象表示。在模型中只定义个人的参数和行为规则,而对其具体的行为不作规定。在仿真过程中,个体依照自身所处的环境,按照预先设定的行为规则选择行为模式并产生自身的行为(李德伟,2007)。相比宏观仿真模型而言,微观仿真模型可以真实反映出人群组成的差异性,且可以真实地仿真出个体与环境及其他个体之间复杂的相互作用。再次,在此类模型中,由于是对个体建模,因此模型中参数的标定会比较直观和准确。

另一方面,基于效率的角度,运输组织更关注实际有效的运输组织措施。所谓车站运输组织方案,主要是指通过对车站设备、设施和空间的分析,根据车站某个时间段的进出车站乘客数量预测,制定符合地铁车站实际情况的乘客进站、乘车/换乘、下车、出站的疏导、指引方案,以及根据方案进行的车站行车、票务和人员组织(马岳,2011)。

在流线优化方面,胡春平等(2012)引入了全过程流线优化的概念,将旅客流线优化问题抽象为图论问题进行求解,即将枢纽车站抽象为多层网络连通图。同时,为优化枢纽网络节点费用,研究将节点拆分为多个带方向的分节点,并在此基础上,构造了基于广义费用函数的旅客全过程流线优化模型。最后,通过相关算例计算,验证了该模型的有效性,然而,旅客走行过程相对复杂。漆凯(2011)通过引入乘客流线优化测度熵的概念,将乘客流线设计优化描述为最大化测度熵的优化过程,并构建了基于最大熵原理地铁换乘站乘客流线优化模型。通过算例分析得到在换乘站内不同需求下,由于流线方案与换乘站建筑空间布局匹配程度的不同导致流线方案集合的概率分布差异显著。

在大客流方面,唐寿成(2007)分析了运输组织以及车站通过能力的影响因素,并通过预测客流量和乘客出行流程为大客流组织方案提供参考。宋利明(2011)提出应对大客流时应当结合行车组织和客运组织的相关内容。行车组织按照以车(设备)定运原则,最大限度挖掘运输潜力。客运组织制定立足于点—线—面结合的客流控制原则,加强客流引导,如在关键点瓶颈处设置围栏,对进出站客流进行分隔疏导,在客流交织处加强引导等。李建琳(2011)从上海轨道交通的现状出发,分析了轨道交通线路高峰小时运量与运力矛盾情况,指出早前采取的高峰时段限流措施的不足之处。并在此基础上,根据限流车站和限流时间等选择原则,重新调整实施限流措施的车站,制定相应公交衔接方案。

在出行时间方面,乘客旅行时间主要包括接近车站时间、等待时间以及在车时间三部分(Chien等,2010)。乘客的接近车站时间与车站站外流线以及其他交通方式的接续密切相关,进站时间受车站站内流线影响。而乘客等待时间以及在车时间则涉及城市轨道交通运营组织多方内容,也就是时刻表优化(PESP)问题。

通常看来,时刻表优化问题多求解列车到站和离站时刻。多篇文献皆基于乘客换乘时间最小对城市轨道交通时刻表进行优化。Vansteenwegen 和 Oudheusden(2006)首先在问题第一阶段计算理想的缓冲时间。缓冲时间的确定主要考虑换乘、在车、到达不同乘客的等待时间和相应的时间价值。其中等待时间是以列车延误到达分布表示。每个换乘连接皆通过计算考虑缓冲时间和运行时间的乘客最小等待成本得到。接下来,文章运用线性规划的方法求解优化时刻表。铁路网中以列车计划运行时间、周转时间、发车间隔、出发时间等作为限制条件在 LP 中进行设定。Shafahi 和 Khani(2010)根据最小换乘时间和平均换乘时间的相关约束,建立了两个分别以换乘时间最小为目标的函数和考虑换乘时间增量的换乘时间最小为目标的函数。随后,在模型中输入网络各线路的发车间隔、车辆在区段的运行时间、乘客换乘时间以及换乘客运量,运用 GA 遗传算法计算优化的网络换乘时间。该研究认为 GA 可以更好地解决大型交通网络的优化问题,CPLEX 优化软件适用于小规模网络问题。Wong 等(2008)定义了列车的到站时间、出站时间、区间运行时间和站停时间,乘客的换乘等待时间,以及换乘匹配虚拟变量,建立了以考虑客流量的总换乘等待时间最小的目标函数。其中模型考虑了列车旅行时间和周转时间的限制,各区间最大/小列车的运行和站停时间限界。

综上所述,车站运营组织是提高车站运营效率的关键所在。从微观上来看,仿真研究作为乘客个体行为研究的基础,可为车站运营提供决策支持依据。从中观上来看,流线设置、突发情况的客流组织方案、列车运行图将综合决定车站运营效率。

4.1.4 列车运行组织

除了车站运营效率,列车运行组织在一定程度上也是反应城市轨道交通系统运营的重要指标。一般在列车运行组织方面，乘客更加关注其出行时间，较短的列车区间运行时间和发车间隔都有利于乘客更便捷的出行，而轨道交通运营企业更加关注其运营成本，较少的能源使用消耗和列车运用数量都有利于降低企业成本。因此考虑到乘客与企业的矛盾，优化的列车区间运行效率应当兼顾双方的利益，选用综合成本较低的运输方案。

在乘客在车时间与运营企业能耗的博弈关系中，Uher 等(1984)讨论了列车的运营模式、列车牵引运行方式、乘客满载程度与牵引能耗的关系。以 1976 年建立的 EMM(Energy Management Model，能耗管理模型)仿真对华盛顿地铁进行测试，得到以下结论：

①完成同样运输任务，小编组短发车间隔模式的能耗高于大编组长间隔模式。
②降低最高速度和利用惰行可有效降低能耗，降低加速度不能有效降低能耗。
③平峰期降低发车间隔，可以降低能耗。

Wong 和 Ho(2007)考虑同时优化列车运行效率与能耗，在现有列车运行图的基础上，调整停站和运行时间，计算不同设定方案下的列车牵引能耗值，综合评价分析时间—能耗关系。Feng 等(2011)研究了我国地铁目标速度与牵引能耗强度和运输效率的关系，建立了基于能耗及时间评价的广义费用函数 TOC(Technical Operation Cost，技术运营成本)，分析了目标速度与牵引能耗强度、运输效率的量化关系。提出运营企业在非高峰期应当避免列车以较高的目标速度运行，列车在客流量较小的车站可以直播通过不停车。

在乘客等待时间与运营企业运用列车数的博弈关系中，Assis 和 Milani(2004)基于客流波动变化提出了一种综合考虑乘客服务水平和运营成本的地铁运营优化调度方法。该方法建立了描述评价列车发车间隔以及线路乘客运量的交通模型，并讨论了乘客站台等待时间、实际客运量与运力的偏差值、列车周转时间、列车连续性和稳定性因素对乘客服务水平的影响。Vansteenwegen 和 Oudheusden(2006)开展了以乘客等待费用最小为目标的铁路旅客列车时刻表优化研究，该研究旨在解决列车运行延误时提高乘客服务水平的问题。其中，将列车计划运行时间、周转时间、发车间隔、出发时间等作为限制条件考虑在内。经优化，铁路网络案例中的乘客等待时间费用减少了 40%，达到了较好的优化效果。

综上所述，平衡乘客在车时间与运营企业能耗、乘客等待时间与运营企业运用列车数这两个基本矛盾是解决列车运行组织的关键。列车运行组织优化将在既有基础上进一步整合，为提高城市轨道交通运营效率提供保障。

站外客流组织、站内设施配置、车站运营组织以及列车运行组织是影响城市轨道交通运营效率的四个重要方面。不同方式的交通衔接设施应当根据其服务范围进行设置。设施的用地估计和选址应当以减少城市中心区交通拥挤状况，充分发挥公共交通在城市客运中的骨干作用为原则进行考虑。站内设施配置不仅是车站规划的研究内容，更应当是车站运营期需要动态评价和调整的重要管理工作之一。车站运营组织需要同时关注微观层面的个体行为特征和中观层面的运输组织方案。其中典型的组织方案包括流线设置、突发情况的客流组织方案、列车运行图等。平衡乘客在车时间与运营企业能耗、乘客等待时间与运营企业运用列车数这两个基本矛盾是解决列车运行组织的关键。综上所述，加强站外客流组织，根据客流情况实时优化站内设施配置，完善车站运营组织方案都是较好提高车站运营效率的有效途径。而车站运营效率和列车运行组织则共同影响城市轨道交通整体的运营效率。因此上述内容为如何提高城市轨道交通运营效率提供了重要思路，具有较强的借鉴意义。

鉴于此,本章参考城市轨道交通运营效率的影响内容,将提出城市轨道交通运营效率评价和优化方案,并按照下述内容进行阐述。如图4-1,第一部分4.2节将概要介绍现阶段城市轨道交通运营效率评价指标,提出一般效率分析方法,并建立基于乘客出行过程的城市轨道交通运营效率优化体系。这部分内容是本章评价的基础。接下来第二部分和第三部分将分别介绍城市轨道交通运营效率的两部分评价优化内容。其中第二部分4.3节将重点介绍城市轨道交通车站运营效率评价及优化方法,并且阐述车站不同区域优化的特点。第三部分4.4节将着重说明列车区间运行效率评价及优化方法,介绍保障乘客以及轨道交通运营企业双方利益的运输方案制定的具体过程。最后第四部分4.5节将基于车站运营效率评价优化与列车运行效率评价优化的具体内容,选择典型案例进行具体分析,进而验证方法的合理性。

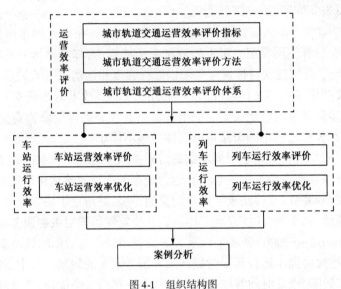

图4-1 组织结构图

4.2 城市轨道交通运营效率评价

4.2.1 运营效率评价指标

1. 运营效率的概念

运营效率表示城市轨道交通系统车站设备设施、列车车辆、线路等的能力利用情况,是运输质量及运营经济性的体现,也是运营部门最关心的问题。对于城市轨道交通系统而言,运营效率的高低在某种程度上还取决于运营企业提供的乘客服务。《城市轨道交通客运服务》(GB/T 22486—2008)中,该服务定义为为满足顾客需要,供方和顾客之间接触的活动以及供方内部活动所产生的结果。

2. 空间利用率

轨道交通车站服务设施的布局、客运组织的安排都会使车站内部空间使用不均,表现为乘客频繁经过某处,该处的空间利用率较高,而相反某些地方则较少被利用。轨道交通车站内部除了某些空间作为预留紧急疏散等特殊情况使用外,其余空间的使用应当均衡或维持在一个较小的差距之内。而正确引导客流、做好车站客运组织能够保证车站内部空间有效、经济、最优地被使用。轨道交通车站空间利用率是指在单位时间内,轨道交通车站单位面积、单位时间内实际所容纳或通过的乘客人数。由于车站内不同区域位置乘客密集程度不同。因此我们可考虑将车站划分为几片区域,对不同区域求得相应的单位面积在单位时间内实际所容纳或通过的人数。空间利用率的大小可以反映车站内部服务设施的设置及客流组织是否合理,是否需要改变其空间内布局,以便最优化车站空间的使用。

3. 设备运行效率

设备运行效率的具体含义包括设备利用率、设备可靠度、设备匹配度以及系统服务设施服务强度,此处重点叙述前三项。

(1) 设备利用率

一般而言,在轨道交通车站具有相同功能的服务设施会配备多个,服务设施的数量直接影响到车站的服务效率和服务水平。服务设施的利用率可以表示轨道交通车站哪些设施处于繁忙状态,哪些设施处于闲置状态,以便合理安排设施的服务时间及服务对象,使各个服务设施最大化的发挥作用。

(2) 设备可靠度

设备可靠度指设备实际服务时间与应服务时间之比。一般车站设备包括自动售检票设备(AFC)、自动扶梯、乘客信息系统等。其中自动售检票系统可靠度包括售票机可靠度、储值卡充值机可靠度以及进、出站闸机可靠度。乘客信息系统可靠度包括车站乘客信息系统可靠度和列车乘客信息系统可靠度。

(3) 设备的匹配度

设备的匹配程度指各轨道交通车站服务系统服务能力是否相互协调、是否出现一个系统能力大而相邻系统服务能力小等问题。具体说就是售票机、闸机、楼扶梯等服务设备之间的服务能力(高峰时间单位时间内能服务人数)是否相互协调、平衡。设备的匹配程度是从系统角度考虑车站各服务系统设备配置的合理性,反映各服务系统服务设备的相对空闲或繁忙程度,及车站服务效率的高低。通过匹配度可以看出车站系统服务效率低下的瓶颈服务系统,也可以反映子系统服务设施配置的不合理处。车站设备匹配程度可以从各个系统平均排队长度以及各个服务系统的平均等待时间之比两方面体现。

4. 列车运行效率

与运营效率相关的评价指标主要是高峰小时满载率、全日平均满载率、运用车辆数、车辆总走行公里以及运行图兑现率等。

(1) 高峰小时满载率

高峰小时满载率反映系统设计最大输送能力对高峰小时客流的适应性,也反映了乘车的舒适度。高峰小时满载率为高峰小时最高方向最高断面在车人数和与小时定员和的比值。

(2) 全日平均满载率

全日平均满载率反映系统车辆运能的平均利用水平,也反映了方案与客流时间和空间分布特征,同时也是运营效益的体现。平均满载率大,表明方案与客流时空特征的吻合度高,车辆运能利用水平高,能力损失少,运营效益高。该指标也可用列车拥堵度表示。

(3) 运用车辆数

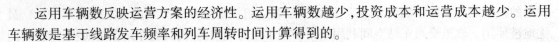

运用车辆数反映运营方案的经济性。运用车辆数越少,投资成本和运营成本越少。运用车辆数是基于线路发车频率和列车周转时间计算得到的。

(4) 全日车辆走行公里

全日车辆走行公里为所有运营车辆一日内在运行线路上走行的总公里数。在完成运输任务的前提下,总的走行公里越长,所需的运营成本就越大。

(5) 运行图兑现率

运行图兑现率是指实际开行列车数与运行图定总开行列车次数之比。该指标用以表示运行图兑现的程度。列车准点率、准点列车次数与全比开行列车次数之比,用以表示列车按图定时间正点运行的程度。其中准点列车指按图定的时间运行,终点到站时间误差小于或等于 2min 的列车。列车服务可靠度是指列车安全运行达到规定的万车公里期间未发生 5min 及以上的延误。严重晚点发生频率指列车行走多少万车公里才发生一次 15min 极其以上的延误的次数。该指标以线路或企业为对象,故单位为次/万车公里。严重晚点影响乘客人数描述受晚点事件发生影响的乘客人数的多少。

5. 乘客服务效率

乘客方便性是从使用者的角度来评判城市轨道交通的运营服务水平。与乘客方便性相关的评价指标主要有在站时间、候车时间、换乘时间、旅行时间等。

(1) 旅行时间

旅行时间反映乘客乘车时间的长短。与列车单程运行距离和列车单程旅行速度相关。

(2) 在站时间

乘客在轨道交通车站的时间是指乘客从进入到轨道交通车站开始到乘坐列车离开车站为止的时间。乘客的在站时间包括乘客走行时间、接受服务设施服务的时间、等待服务的时间。乘客的在站停留时间可以反映出车站提供的服务、服务设施的数量及布置是否合理,是否方便乘客,是否让乘客感觉方便舒适。

(3) 候车时间

乘客候车时间是指乘客在站台等候上车的时间。它是在站时间的组成部分,与站台乘客组织以及候车人数密切相关。但候车时间更大程度上与列车运行组织相关,与当前时段列车开行间隔时间成正比。

(4) 换乘时间

换乘时间为乘客换乘所占用换乘设施的服务时间。换乘时间包括换乘步行时间,排队等待时间及换乘候车时间,其中换乘步行时间、排队等待时间与车站换乘组织有关,而换乘候车时间则与线路上列车运营组织相关。

(5) 走行距离

① 乘客的有效距离。乘客的有效距离是乘客在无干扰的情况下从车站 O 出发,顺畅地经过各个服务环节到达 D 所经过的距离(排除特殊的故意绕行)。在现有的车站布局条件下,通过路径搜索得到车站某一 OD 的标准路径。计算该 OD 标准路径的距离。

② 乘客的绕行距离。乘客的绕行距离是指,由于车站布局不合理、拥堵、密度过大等原因导致的某 OD 上的乘客出现绕行,其路径为非标准路径,行走的距离大于该 OD 有效距离,其中大于有效距离部分即为乘客的绕行距离。

由于乘客在车站行走过程中不可避免的会偏离通过路径搜索得到的标准路径,因此,规定范围内乘客的距离仍是有效距离。通过乘客的绕行距离可以反映出车站布局的合理性,乘客在OD是否做了较多的无用功,同时,也反映了车站空间的拥堵程度等。

(6)走行速度

乘客在车站行走,走走停停的次数较多,速度变换即加、减速度的次数较多,则会导致乘客在车站的舒适性下降,乘客会感觉到明显的不舒适。因此,通过对乘客行走速度的变换次数加以研究,能够从侧面反映出乘客在车站的方便舒适性,车站的通畅程度等。由于乘客在车站需要接受服务设施的服务,即购票、验票、候车等,速度的变化是必然的。因此,在统计乘客的速度变化次数时,需要将乘客所做的必要速度变换排除在外。

①必要变换速度是指在车站需要接受特定的服务,因而需要变换速度以完成相应的事件。如售票区的速度变换、验票区的速度变换、楼梯前的速度变换等。

②强迫变换速度是指除了必要变换速度之外,由于外界的原因导致乘客行走速度的变换。一般情况下,乘客在一段时间内以一个稳定的速度行走会感觉舒适,反之,经常的走走停停,或不停的改变速度则会使乘客心情焦躁、不舒适。由于乘客行走速度不可能始终保持不变,总会出现一定的波动,因此,确定一个速度变换波动范围。在该变换波动范围内的速度变换认为是正常变换。乘客的行走速度及其变换反映车站内的通畅程度、拥堵状况及客流的顺畅等。

6. 安全效率

(1)客流密度分布

客流密度分布主要可分为客流密度的空间分布和时间分布。客流密度空间分布包括平均客流密度分布和最高客流密度分布。平均客流密度分布是指在高峰小时内,车站内某点处的平均密度,它主要反映了高峰小时内车站各点每平方米所聚集的人数。最高客流密度分布则是指在高峰小时内,车站内某点处的最高密度值,即每平方米所集聚的人数达到最大的值。由于车站站厅层、站台层的乘客具有不同的运动特性,站厅层的乘客大都处于运动状态,而站台层乘客大都处于等待状态。因而,对于站厅层的客流密度分布而言,两个值具有一定的动态性,它可以表示为车站某处每平方米所通过的乘客数。

客流密度时间分布是指车站在单位时间内(高峰小时)各点在达到或超过某密度值时(可看作临界密度)客流密度的持续时间。在客流密度不变的前提下,客流密度持续时间越长的地方安全隐患越大。客流密度时间分布可通过设定临界密度值,在仿真过程中观察空间各点的密度值。

(2)客流冲突

最高客流密度的计算方法建立在轨道交通车站客流仿真系统的基础上,在仿真过程中按一定步长记录空间各点的客流冲突是指随着时间的推移,客流在行进的过程中,受到不同方向的客流影响而使得流速发生改变或客流行进方向的改变,流速方向的改变直接导致乘客个体在速度、步行方向的改变,从而影响其出行效率,造成一定的安全隐患。客流冲突大小受客流量、客流密度及客流速度的影响,客流冲突的危险性随着客流量的增加、客流速度及密度的增大而提高。轻度客流冲突影响了乘客的步行速度,出行效率和舒适性,较为严重的客流冲突会导致客流堵塞,更为严重的还可能会引起乘客摔倒、踩踏等事故。因此,客流冲突的严重程度是轨道交通车站衡量其安全性的一个重要方面。对于客流冲突的严重程度可以采用客流冲突点的辐射范围、发生冲突的客流密度、客流速度这三项来反映。

(3) 客流疏散

客流疏散主要通过疏散时间来反映。保证轨道交通车站内乘客在遇到紧急事件时安全疏散的关键是所有人员疏散完毕所需时间必须小于紧急事件发展到危险状态的时间。危险状态的判定根据不同的紧急事件制定不同的标准,例如,火灾的危险状态可以根据烟气层的温度及高度来判断。

4.2.2 运营效率分析方法

运营效率分析方法属于综合评价方法。金沙江(2012)详细介绍了综合评价方法多目标问题评价的步骤、遵循的原则以及指标选择的要求。一般评价包括五个步骤:

第一步,问题的提出,对主观认识的问题提出具有高度概括性的目标。

第二步,问题的具体描述,对问题的目标进行具体的阐述,并说明衡量目标的标准与其实现的环境。

第三步,问题的建模,选择决策模型,定义问题的关键变量和这些关键变量之间存在的逻辑关系,并用数学模型形式表现出来。

第四步,问题的分析与评价,通过建立的数学模型对问题的备选方案进行分析与评价。

第五步,问题解决方案确定,根据方案的分析评价结果,选择较优的方案实施。

为了给问题的决策提供依据并做出决策,综合评价方法应遵守以下原则:

第一,科学性原则,即所用的评价方法和建立的评价指标体系要是科学的,所用到的数据信息要是准确可靠的。

第二,客观性原则,尽量从问题的客观实际出发,避免评价者的主观意念对评价结果造成影响。

第三,可比性原则,选择评价标准和对象时要选择能进行同类比较的。

第四,有效性原则,在评价的过程中尽量降低评价过程的消耗,用经济节省的方式使评价结果为实际生产生活所用。

第五,动态性原则,用发展的眼光看待问题,综合评价问题的现有情况和未来发展情况。

除了评价方法得遵循一定的原则,评价指标的选择也要有一定的要求:

①评价指标要具有代表性,能较好表达所代表层次的意思。

②评价指标取值的高低在评价过程中要有明确的含义。

③评价指标值要具有灵敏性,其值在设定范围内波动时会对方案的综合评价结果产生一定的影响。

在现在的生产与生活中,人们经常用到的综合评价方法主要有专家打分法、灰色关联度分析法、TOPSIS法和层次分析法。

1. 专家打分法

专家打分法即专家对决策方案的各评价指标进行打分,根据打分方式的不同又可以分为专家个人打分和专家会议打分(金沙江,2012)。

①专家个人打分。即各个专家根据自己的个人意见给评价指标的重要程度打分并进行统计来计算各个评价指标的权重值。这种打分方式的优点是,各个专家在打分时是独立思考的,

不会受到他人和外界的影响。但也正由于是独立思考打分,存在着片面性与过于主观的缺点。

②专家会议打分。即召集被挑选的专家以会议的形式对问题进行讨论,各自发表观点、交流意见,对评价指标进行打分,再统计得出各指标的权重值。这种方式的优点是各位专家进行意见交流,可以更综合全面地对各指标做出评价,弥补个人的不足之处。缺点是易受他人意见的影响,而对个人观点有所保留。

2. 灰色关联度分析法

灰色系统(Grey System)最早是在20世纪末由邓聚龙教授创建的。灰色系统理论(Grey Theory)是专门针对于那些已知数据很少,而且存在不确定性因素的决策问题而提出的(邓聚龙,2002)。灰色关联度分析法是根据问题的影响因素之间的相似性和相异性来衡量这些因素相互联系与影响的一种方法,两个子参数序列构成的空间几何曲线越相似,则它们之间的关联度就越大(李玉辉和张建,2005)。它对系统的动态变化发展进行了量化的度量,其具体计算步骤如下(刘思峰和谢乃明,2008):

①找出问题的参考数列(即表征问题特征的数据序列)和比较数列(即对问题动态造成影响的因素的数据序列)。

②对数列进行归一化处理,即使这些序列大致位于同一数量级。

③确定参考数据列,即由各备选方案评价指标中的最好值组成的数据列。

④计算参考数据和比较数据之间的关联度。

⑤进行关联度排序,选出关联度最大的方案作为较优方案。

3. TOPSIS 法

TOPSIS(Technique for Order Preference by Similarity to Ideal Solution)是由 Hwang 和 Yoon(1981)提出的,是逼近理想的排序方法,通过虚拟问题的最理想解决方案和最差解决方案,将备选方案与最理想方案和最差方案进行对比并进行优劣排序,找出最接近理想方案且远离最差方案的方案作为最佳方案。假设某多目标决策问题的各备选解决方案有 n 种,用方案集表示为 $X = \{x_1, x_2, \cdots, x_n\}$,用来评判这些方案优劣的属性有 m 个,即每个解决方案 $x_i(i = 1\cdots, n)$ 有 m 个属性值,它们构成向量 $X_i = \{x_{i1}, x_{i2}, \cdots, x_{in}\}$,向量 X_i 能表示某特定方案。虚拟的最理想解决方案的每一个属性值都是假设成决策矩阵中对应的最佳值,而最差解决方案的每一个属性值都是假设成决策矩阵中相对应的最差值,再将备选方案 x_i 的属性与最理想方案和最差方案的属性进行比较,对所有备选方案进行排序,并找出与最理想方案靠近而又与最差方案远离的方案作为问题的最佳方案。

TOPSIS 法的具体算法步骤如下:

①已知问题的决策矩阵 $X = \{x_{ij}\}$,求解规划决策矩阵 $Y = \{y_{ij}\}$,且有

$$y_{ij} = \frac{x_{ij}}{\sqrt{\sum_{i=1}^{m} x_{ij}^2}}, i = 1, \cdots, m$$

②确定各属性的权重向量 $\overline{w} = (\overline{w}_1, \overline{w}_2, \cdots, \overline{w}_m)^T$,再构成加权规范矩阵 $Z = \{z_{ij}\}$,$z_{ij} = \overline{w}_j \cdot y_{ij}(i = 1, \cdots, m; j = 1, \cdots, n)$。

$$d^* = \sqrt{\sum_{j=1}^{m}(z_{ij}-z_j^*)^2}, d_i^- = \sqrt{\sum_{j=1}^{m}(z_{ij}-z_j^-)^2}, i=1,\cdots,m$$

⑤求解各备选方案的综合评价指数。

$$D_i^* = \frac{d_i^i}{d_i^- + d_i^*}, i=1,\cdots,m$$

⑥按 D_i^* 的值从大到小进行备选方案的优劣排序。

4. 层次分析法

层次分析法(Analytic Hierarchy Processes, AHP)这一综合评价方法是在1973年由美国学者Saaty最先提出的,是一种将定量分析与定性分析结合起来的一种系统评价方法。在对多目标问题进行决策分析的时候,多数现实情况下难以对问题的所有属性进行定量分析,从而给问题的综合评价带来困难。而层次分析法能对那些由人们主观判断的定性指标进行客观描述并给予定量的分析,从而能为复杂问题的分析、评估与决策提供定量依据(张所地等,1993)。

层次分析法的基本思路是,首先对评估的问题进行分析,找出问题的主要影响因素,并对这些因素按一定的评价准则进行分类,然后将问题的主要影响因素进行关联度分析并建立包括目标层、准则层和方案层三阶的梯阶矩阵模型,其次将每层中各因素对上一层因素的影响程度进行两两比较,并按一定的准则进行定量化排序,最后依据层次的定量化排序得出问题解决的综合方案(罗鑫,2010)。

层次分析法的具体算法步骤如下:

①根据决策目标建立含目标层、准则层和方案层的层次结构模型。目标层即解决对象问题想要实现的总体目标,准则层是用来判断方案质量的标准集合,方案层是解决问题过程中可实现的方案集。

②根据下一层中各因素对上一层的重要程度构造定量化后的判断矩阵。判断矩阵中元素值用 a_{ij} 表示,其确定方法一般用经典1~9及其倒数的标度法,如表4-1所示。

层次分析法的标度设定 表4-1

标 度	含 义
1	表示两个因素相比,同样重要
3	表示两个因素相比,一个因素比另一个因素稍微重要
5	表示两个因素相比,一个因素比另一个因素明显重要
7	表示两个因素相比,一个因素比另一个因素强烈重要
9	表示两个因素相比,一个因素比另一个因素极端重要
2,4,6,8	上述两相邻判断的中值
倒数	因素 i 与 j 比较得判断值 a_{ij},则因素 j 与 i,比较的判断值为 $a_{ji}=1/a_{ij}$

③判断矩阵 A 最大特征值和特征向量的求解,求解过程如下:

a. 计算初始权重系数:

$$\omega_i^* = \sqrt{\prod_{j=1}^{n} a_{ij}}, i=1,\cdots,n$$

b. 求解归一化权重系数：

$$\omega_i = \frac{\omega_i^*}{\sum_{i=1}^{n}\omega_i^*}, i = 1,\cdots,n$$

c. 计算最大特征向量：

$$\lambda_i = \sum_{i=1}^{n} a_{ij}\frac{\omega_j}{\omega_i}, \lambda_{max} = \sum_{i=1}^{n}\frac{\lambda_i}{n}$$

其中，n 为检验层中子目标数。

④对判断矩阵进行一致性检验，一致性指标

$$CI = \frac{\lambda_{max} - n}{n - 1}$$

为了度量不同判断矩阵是否具有满意的一致性，还应计算矩阵的随机一致性比率 $CR = CI/RI$，其中 RI 为平均一致性指标，对于 1~9 阶判断矩阵，RI 取值如下表4-2所示。

判断矩阵取值　　　　　　　　　　表4-2

N	1	2	3	4	5	6	7	8	9	10	11
RI	0	0	0.58	0.9	1.12	1.24	1.32	1.41	1.45	1.49	1.51

当随机一致性比率 CR<0.1 时则认为判断矩阵具有满意的一致性，否则要对判断矩阵进行调整。

⑤层次总排序，做出总决策。

5. 模糊综合评价

模糊综合评价方法是模糊数学中应用的比较广泛的一种方法。在对某一对象进行评价时常会遇到这样一类问题，由于事物的边界不是十分明显，评价时很难将其归于某个类别，所以在评价的过程当中，常先对单个因素进行评价，然后再对所有因素进行综合模糊评价（邱东，1988）。

模糊综合评价方法主要分为以下步骤：

①确定评价对象的因素集 $U = \{u_1, u_2, \cdots, u_n\}$，即确定评价指标体系，以及评语集 $V = \{v_1, v_2, \cdots, v_m\}$，即确定因素集的模糊评判向量。

②计算各评价指标的权重向量 $W(U_t)$，对各评价指标进行评价并建立模糊关系矩阵 R。

$$R(U_t) = \begin{pmatrix} r_{i11} & \cdots & r_{i1n} \\ \vdots & \vdots & \vdots \\ r_{im1} & \cdots & r_{imn} \end{pmatrix}(0 \leq r_{ij} \leq 1)$$

其中，r_{ij} 表示因素 u_i 对应评语集 V 中的等级的隶属关系。

③计算各评价指标的权重系数，再通过模糊算法计算评价指标体系的综合评判矩 $p(U_t)$。

$$P(U_t) = W(U_t) \times R(U_t) = (\omega_{i1}, \omega_{i2}, \cdots \omega_{in})\begin{pmatrix} r_{i11} & \cdots & r_{i1n} \\ \vdots & \vdots & \vdots \\ r_{im1} & \cdots & r_{imn} \end{pmatrix}$$

④总评价值 Z 计算。

$$Z = W(U) \times P(U) = (W_1, W_2, \cdots, W_n) \begin{pmatrix} P(U_1) \\ P(U_2) \\ \vdots \\ P(U_n) \end{pmatrix} = (Z_1, Z_2, \cdots, Z_n)$$

根据 Z 中的各值可以得出方案对应于评语的隶属情况。

一般情况下，计算出总评议值后还要对评议结果进行分析，由于利用模糊综合评价方法进行评价时得出的结果为一个模糊向量，所以评判评价对象的优良与否时还得对评价结果进行进一步处理，常用的处理方法主要有三种：

①取最大隶属度。评价结果取 $Z = \max(Z_1, Z_2, \cdots Z_n)$ 所属的等级做为评价结果。

②模糊向量单值化。将各评语等级 $V = \{v_1, v_2, \cdots, v_m\}$ 赋值，得出向量 C，再计算 $Z' = Z \cdot C^T$，Z' 是一个单值，这样就可以对评价对象进行量化，从而得出确切的评价结果。

③计算隶属度对比系数。隶属度对比系数即表示各等级隶属度的内部结构比例情况，假设 $V = \{v_1, v_2, v_3, v_4\}$ 表示等级（优，良，中，差），评判结果为 $Z = \{Z_1, Z_2, Z_3, Z_4\}$，优良度的内部结构情况为：

$$优良度 = \frac{Z_1 + Z_2}{Z_1 + Z_2 + Z_3 + Z_4}$$

4.2.3 运营效率评价体系

运营效率评价体系的构建需要同时考虑其评价指标和分析方法。本章 4.2.1 及 4.2.2 先后介绍了运营效率的评价指标和一般分析方法。将空间利用率、设备运行效率、列车运行效率、乘客服务效率以及安全效率作为运营效率的评价指标。但是部分指标评价需要借助更智能的系统，数据采集困难度较大，精度相对不高。例如空间利用率指标评价需要基于现阶段视频采集及人脸识别等技术动态获取数据。因此运营效率评价指标的选择应考虑到数据收集的可实施程度。

运营效率分析方法一般多为综合评价方法，需要同时关注多个影响方面。专家打分法的优点是简单易操作，不需要复杂的数据计算，容易得出评价结果。它的缺点是不管专家个人打分还是专家会议打分，都是专家根据对各评价指标的主观判断来进行打分的，这种方法得出的结果易受专家们的主观意识和对问题认识程度等因素的影响。灰色关联度分析法通过分析各影响因素之间的关联程度对系统进行综合评价，克服了专家打分法存在主观偏差的缺点，而且这种分析方法对已知数据量要求不高，可以解决那些信息量不全的综合评价问题。但灰色关联度分析法的结论是根据备选方案的关联排序选择较优方案得出来的，而实际情况中有可能问题的最优方案并没有被列入备选方案中，运用此种方法可能只得出较优方案而遗漏了最优方案。TOPSIS 法的优点是不受评价对象样本数以及评价指标数的限制，同时适用于多样本、多指标和少样本、少指标评价。其缺点是评价结果会受属性权重值和距离的影响，如果 w 的取值不当或是距离公式的选择不当，都会影响评价结果的准确性。层次分析法是将定性分析与定量分析相结合的一种综合评价方法。它不仅克服了专家打分法中主观因素对评价结果的不良影响，还将问题的影响因素进行分层，然后根据相同层次中各影响因素与上一层因素的关系及重要程度进行评价并计算重要程度的权重，能将多目标多准则的复杂问题分析得简单明了,还可以根据问题的评价结果分析问题,解决方案的瓶颈和有待改善的地方,从而为优化问题解决方案提供理论依据。层次分析法多应用于对多种解决方案进行评价比选,当只有一个方案时不太好比较。模糊综合评价是对受多种因素影响的事物做出全面评价的一种十分有效的多因素决策方法,其特点是评价结果不是绝对地肯定或否定,而是以一个模糊集合来表示。由上可见,我们不难发现现阶段常用方法多少涉及主观评价影响。本章则将提出一种量化评价方法,更详尽描述并评价城市轨道交通的运营效率。

城市轨道交通系统从运营管理的视角主要包括车站和列车运行区间,城市轨道交通运营效率应当从车站运营效率和列车运行效率两方面进行开展。考虑到网络复杂性,研究可着眼于一条轨道交通线路的车站运营和列车运行。为了能够从综合角度描述城市轨道交通运营情况,城市轨道交通运营效率评价体系按照区域进行划分。其中车站运营效率以及列车运行效率是影响系统运营效率的两个重要方面,具体指标设定如图4-2所示。

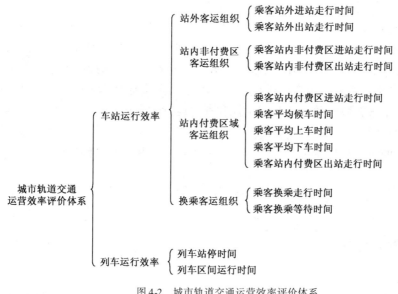

图4-2 城市轨道交通运营效率评价体系

站外、站内非付费区和站内付费区的客运组织、换乘站的换乘客运组织是影响车站运营效率的重要内容:

①站外客运组织的评价指标包括乘客站外进站走行时间和乘客站外出站走行时间。乘客站外进站走行时间定义为进站乘客从城市轨道交通车站服务范围内的公交站、停车场、自行车停靠点、出租车停靠站/点以及大型办公、居住等地步行至车站站口的时间。乘客站外出站走行时间定义为出站乘客从城市轨道交通车站站口步行至车站服务范围内的公交站、停车场、自行车停靠点、出租车停靠站/点以及大型办公、居住等地的时间。

②站内非付费区客运组织的评价指标包括乘客站内非付费区进站走行时间和乘客站内非付费区出站走行时间。乘客站内非付费区进站走行时间定义为进站乘客从轨道交通车站站口步行至站厅层自动闸机的走行时间;乘客站内非付费区出站走行时间定义为出站乘客从离开站厅出站闸机处步行至车站出站口的时间。

③站内付费区客运组织的评价指标包括乘客站内付费区进站走行时间、乘客平均候车时

间、乘客平均上下车时间以及乘客站内付费区出站走行时间。乘客站内付费区进站走行时间定义为进站乘客从站厅层进站闸机步行至站台开始候车的走行时间;乘客平均候车时间定义为进站乘客从到达站台开始到进入列车的平均站台等待时间;乘客平均上车时间定义为乘客从站台上车至列车关闭车门的平均时间;乘客下车时间定义为列车停稳打开车门至乘客从列车下到站台的平均时间;乘客站内付费区出站走行时间定义为出站乘客从列车下至站台开始步行至站厅出站闸机处的时间。

④换乘客运组织的评价指标包括乘客换乘走行时间和换乘等待时间。乘客换乘时间指的是乘客从一条线路列车下车后,经由换乘设施到达另一条线路的站台等候列车,直至离开车站的时间。这段时间包括乘客下车时间、乘客换乘走行时间、乘客换乘等待时间以及乘客上车时间四部分。乘客上下车时间与站台客流组织的内容一致。乘客换乘走行时间指乘客换乘站从到达线路列车下车步行至换乘线路站台候车的走行时间。乘客换乘等待时间指乘客到达换乘线路站台等候列车的等待时间。

列车站停时间和区间运行时间是运输计划编制过程中的重要内容。列车站停时间是指为了让乘客上下车,列车在车站的停留时间。列车区间行驶时间指列车从某站出发开始至到达下一站停止的时间长度,即两站之间的纯运行时间。列车运行效率选择以上述两个指标评价。

基于上述内容,本章将采用单指标进行评价。城市轨道交通运营效率评价体系中的各类指标描述大致可包括乘客服务效率的时间指标和列车运行效率指标。其中时间指标包括乘客区域内走行时间、乘客平均上下车时间以及乘客平均候车时间。列车运行效率指标则主要包括站停—区间运行时分合理化指标。具体内容将分别在4.3和4.4中阐述。

4.3 车站运营效率评价与优化

4.3.1 车站运营工作介绍

1. 车站的分类

城市轨道交通车站的分类标准很多,其中比较常用的是车站建筑结构形式、车站客流量、运营功能等(何静,2010)。

根据车站内线路与地面的高低位置关系,可以把车站分为三种形式。其中,线路平面在地面的为地面站,线路平面在地面以下的为地下站,线路平面在地面以上的为高架站。由于空间位置不同,三类车站的土建结构也截然不同。地面车站造价较低,但会对轨道交通线路所经过区域造成分割。高架车站多采用双层设计,站台层在上方,站厅层在下方,也可以利用高架桥下的站外广场。地下车站根据结构顶板与地下深度的不同,可分为浅埋式车站和深埋式车站。一般地下车站地下二层为站厅层,地下三层为站台层。

根据特定的列车运行计划时间和不同车站间客流的输送任务,车站被赋予不同的功能,可以划分为中间站、折返站、换乘站、枢纽站和终点站。中间站(一般站)仅供乘客上下车用,功能单一,配线形式简单,是最为常见的车站。少数中间站还设有具备临时停车功能的配线,以便在列车故障时能快捷、有效地进行列车调整,尽快恢复正常的列车运行秩序。折返站是设在两种不同行车密度交界处的车站,站内设有折返线和设备,具有折返功能,能够进行折返作业。

根据折返线与车站的相对位置可以分为站前、站后、站前站后混合设置等多种折返形式。换乘站是位于两条及两条以上线路交叉点上的车站,其主要功能是实现客流在线路间的转换。枢纽站是两种及以上交通工具在空间上集中,实现大量客流在交通开放时间转换的车站,往往是衔接地面公交、出租车、铁路、航空等交通方式的综合性站点。终点站是设在线路两端的车站。就列车上下行而言,终点站也是起点站(或始发站),终点站设有可供列车全部折返的折返线和设备,也可供列车临时停留检修。

为方便管理,通常一条线路划分为若干区域,每个区域设置一个区域站,下属管理多个一般车站。每个区域站管理3～5个一般车站。区域站是客运管理体系中承上启下的行政管理层次,与土建设备和线路设备没有任何关系。区域站的管辖范围还与车站配线和列车自动控制设备相关。

2. 车站设施

轨道交通车站作为向乘客提供服务的场所,朱海燕(2009)提出其服务于乘客的设备设施主要有车站基本服务设施、票务设施、导乘设施、问询服务设施和其他设施。

(1)车站基本服务设施

车站基本服务设施包括车站出入口、步行梯、通道、站厅、站台等,这些设施应应保证完好,自动扶梯、电梯、轮椅升降机等乘客输送设施应安全、可靠、运行平稳,屏蔽门应保证安全可靠、状态完好,无障碍服务设施应保证正常使用。

(2)票务设施

票务设施应布局合理、满足通过能力和客流疏散要求,售检票设施应安全可靠、状态完好。当票务设施发生故障无法使用时,应有明显的标志引导乘客使用其他可用设施或提供人工服务,必要时,可采用应急模式,将票务闸机处于全开通的状态。

(3)导乘设施

导乘标志应醒目、明确、规范、引导乘客安全、便捷出行,标志的设置应符合《城市轨道交通客运服务标志》(GB/T 18574—2008)的要求,车站的广播设施应具备对站台、站厅、换乘通道、出入口等处单独广播和集中广播的功能。自动广播发生故障时,应能够进行人工广播。广播设施应音质清晰、音量适中、不失真。

(4)问询设施

车站应有人工问询或自动查询设备,自动查询设备应性能可靠、操作简便、指示明确、状态完好。

(5)照明设施

车站正常照明和应急照明设施应状态完好,正常照明应采取节能措施,并持续改进,照明设施的设置、性能等应符合《城市轨道交通照明》(GB/T 16275—2008)的要求。

3. 车站客流组织流程

城市轨道交通系统的乘客,在客运组织流程的不同阶段具有不同的需求特点。由此决定了不同设备设施的设置原则及相应的客运组织要求。车站客运流程如图4-3所示。其中,车站中进出站流程是两个相对对称的逆向过程。乘客最基本流线为:进站上车的乘客进入车站后线到达站厅层,后到站台层,而下车出站的乘客流动方向相反。不同性别、年龄、身体状况和不同行走目的的行人对应的流线不尽相同。人在地铁车站中的流动是大量性、集合性的行为,"通过"行为为主,"滞留"行为为辅。地下车站空间封闭,乘客容易出现找路行为。这就要求车站加强客运组织的宣传引导工作,车站标志设置应当清晰明了。

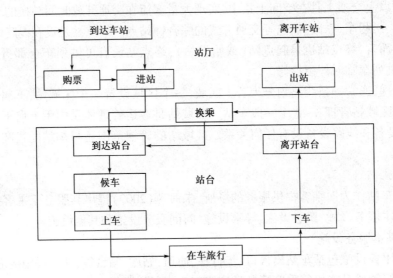

图4-3 车站客运流程图(朱海燕,2009)

(1)进站

乘客搭乘城市轨道交通,首先需要弄清本人在车站中的具体位置,然后通过最后的出入口进入。在该流程过程中,出入口应最大限度吸引客流,且保障与公交车站换乘方便,出入口标志应醒目、设施合理、具有一定高度。

(2)问询

搭乘城市轨道交通的乘客可分为一般购票乘客,老人、学生、残障人士等特殊乘客。其中购票乘客可分为熟悉城市轨道交通系统的乘客,如购IC卡的本地乘客,不熟悉城市轨道交通系统的乘客,如购单程票的外地乘客、旅客、搭乘次数不多的本地乘客。一般情况下,询问的乘客多为不熟悉城市轨道交通的乘客。在该流程过程中,询问处服务窗口的数量和面积应符合客流需求,根据不同车站的乘客特点,设计不同询问处的形式,服务人员要热情周到、礼貌待客、服务规范。

(3)购票

乘客均需持有车票才能进入车站付费区,持单程票的乘客每次进入车站均有购票需求,持储值卡的乘客根据实际情况有充值需求。

(4)验票进站

乘客购票后,将所持车票送入闸机检票,经验票无误后,闸机开放,让乘客通过闸机进入付费区。在此过程中,进站闸机设置位置应醒目,指示明确,闸机的通过能力应与实际客流量相匹配,闸机需根据不同车站的乘客组成特点进行数目和进出分配的配置。

(5)候车

乘客经过闸机后,进入付费区,下到站台等候列车到站。在此过程中,要求做到站台上有适量的座椅,站台应设有明显的候车安全线,并广播提示乘客在列车进站停稳、车门完全打开之前,不要越过安全线,以防发生室外时间。车站为乘客预报下次进站列车的方向,一种方式是自动广播——当后续列车驶入接近区段时,广播系统自动工作;另一种为在站台设置同位限制器,向乘客预告列车何时进站。站台屏蔽门可为乘客提供一个舒适的候车环境,保障乘客在站台的候车安全。除此之外,为了提供乘客舒适的候车环境,车站应当合理配置灯光照明,减少噪声干扰,提供轻柔舒适的空调气流,设置醒目的引导标志。

(6) 列车旅行

乘客从出发站上车乘坐列车至到达站下车的过程。

(7) 验票

乘客乘坐轨道交通到站后,下车持票到闸机验票出站。在此过程中,出站闸机的设置应当与乘客走行流线一致,并且应当满足乘客的需求。当车票损坏或补票等情况出现时,车站工作人员应为乘客快速处理。

(8) 出站

乘客验票出站后通过出入口离开车站。出入口与公交站的距离不宜过远,且应当设置在人流主要活动区。出入口应当兼作过街隧道或天桥,但需要处理好进出站乘客和一般过街乘客区域的分隔。

(9) 换乘

换乘乘客从一个车站走行到另一个车站,在此过程中乘客一般经由通道、楼梯、自动扶梯或者站厅等相应设施。换乘路径应在保障安全的前提下尽量缩短,方便乘客换乘。车站换乘引导标示应当清晰明了。

4.3.2 车站运营效率评价

1. 乘客区域走行时间

乘客区域走行时间是对城市轨道交通运营效率评价过程中的基本内容。从乘客进出站流程来看,乘客区域走行时间涉及站外、站内非付费区和付费区。

站外客流组织的评价指标包括乘客站外进站走行时间和站外远离走行时间。假设乘客选择最短路径接近/远离车站出入口。乘客站外进站走行时间定义为进站乘客从城市轨道交通车站服务范围内的公交站、停车场、自行车停靠点、出租车停靠站/点以及大型办公、居住等地步行至车站出入口的时间。乘客站外远离走行时间则与进站走行时间方向相反,为出站乘客从城市轨道交通车站出入口步行至车站服务范围内的公交站、停车场、自行车停靠点、出租车停靠站/点以及大型办公、居住等地的时间。站内非付费区客运组织评价指标包括乘客站内非付费区进站走行时间和乘客站内非付费区出站走行时间。乘客站内非付费区进站走行时间,定义为进站乘客从轨道交通车站站口步行至站厅层自动闸机的走行时间。乘客站内非付费区出站走行时间,定义为出站乘客从离开站厅出站闸机处步行至车站出站口的时间。

站内付费区客运组织评价指标包括乘客站内付费区进站走行时间和乘客站内付费区出站走行时间。乘客站内付费区进站走行时间定义为进站乘客从站厅层进站闸机步行至站台开始候车的走行时间。乘客站内付费区出站走行时间定义为出站乘客从列车下至站台开始步行至站厅出站闸机处的时间。

不论任意区域任意方向的乘客走行时间,皆可描述为式(4-1)形式。

$$t^z = \sum_i (a_i^z) \sum_j t_i^{z-j} \qquad (4-1)$$

式中：t_i^z——乘客 z 区域走行时间；

a_i^z——乘客 z 区域沿第 i 条流线的乘客人数占总人数的比值，且 $\sum a_i^u = 1$，即各流线人数比值之和为1。z 区域的客流流线和数量需根据不同时间区别确定；

t_i^{z-j}——乘客在 z 区域第 i 条流线上平均设施 j 走行时间。

乘客沿第 i 条流线走行需要依次经由多个设施，乘客在每个设施的走行时间之和 $\sum t_i^{z-j}$ 为乘客在 i 流线下的走行时间。当流线的客流量较小时，平均设施走行时间可以用常数表示。而当流线的客流量较大时，乘客在 i 流线下的设施 j 走行时间则与该流线的客流量具有一定关系。具体可如(4-2)所示。

$$t_i^{z-j} = \overline{t_i^{z-j}}\left(1 + \alpha_i^{z-j}\left(\frac{q_i^{z-j}}{c_i^{z-j}}\right)\beta_i^{z-j}\right) \tag{4-2}$$

式中：$\overline{t_i^{z-j}}$——在 z 区域，乘客 i 流线 j 设施的自由流进站走行时间，s；

q_i^{z-j}——在 z 区域，i 流线 j 设施的客流量，人/min；

c_i^{z-j}——在 z 区域，i 流线 j 设施（如自动扶梯、楼梯、通道等）的通过能力，人/min；

α_i^{z-j}——在 z 区域，i 流线 j 设施客流—时间参数；

β_i^{z-j}——在 z 区域，i 流线 j 设施客流—时间参数。

2. 乘客上下车时间

乘客上下车时间属于站内付费区评价的内容。其一方面受到车站站台客流组织、候车人数的影响，另一方面还受到列车满载率的影响。乘客平均上车时间定义为乘客从站台上车至列车关闭车门的平均时间。乘客平均上车与作业时间之和理论上应不大于列车计划站停时间。即在计划站停时间内，乘客上车人数是相对有限的。乘客下车时间定义为列车停稳打开车门至乘客从列车下到站台的平均时间。当列车满载率较高时，乘客下车时间将会延长。乘客上下车时间可表述为式(4-3)。

$$t^{\text{board}} = \frac{p}{m \times r} \tag{4-3}$$

式中：t^{board}——乘客平均上/下车时间；

p——乘客上/下车人数；

m——列车车门数；

r——乘客上/下车速率，人/s。

3. 乘客候车时间

乘客平均候车时间定义为进站乘客从到达站台开始到进入列车的平均站台等待时间。当站台乘客候车人数大于列车能力与下车人数之差时，乘客的等待时间与线路的发车间隔呈线性关系，部分文献将此等待时间定义为发车间隔的一半。当站台乘客候车人数小于列车能力与下车人数之差时，即需求大于供给，那么站台候车队列中偏后的乘客则需要等待下一列列车，这部分乘客的候车时间则在原基础上增加了一个发车间隔。而乘客的平均候车时间则需要同时考虑上述等候下列列车的乘客与其他乘客的候车。

$$t^{\text{wait}} = \begin{cases} \lambda_1 h + \gamma_1, \text{if } \frac{p}{\gamma_1} + \frac{q}{\gamma_2} + t \leq T^s \\ \frac{p+q-c}{p+q}[(\lambda_2 + 1)h + \gamma_2] + \frac{c}{p+q}(\lambda_2 h + \gamma_2), \text{if } \frac{p}{\gamma_1} + \frac{q}{\gamma_2} + t > T^s \end{cases} \tag{4-4}$$

$$T_{wait} = \begin{cases} \lambda_1 h + \gamma_1, & if \dfrac{p}{\gamma_1} + \dfrac{q}{\gamma_2} + t \leq T^s \\ \left(\dfrac{p+q-c}{p+q} + \lambda_2\right)h + \gamma_2, & if \dfrac{p}{\gamma_1} + \dfrac{q}{\gamma_2} + t > T^s \end{cases} \quad (4-5)$$

式中：p——车站上车人数，人；

q——车站下车人数，人；

c——列车计划站停时间内最大上下车人数；

γ_1——站台乘客平均上车效率，人/s；

γ_2——列车乘客平均下车效率，人/s；

t——列车平均开关门时间以及司机确认等站停时间；

T^s——列车计划站停时间；

h——发车间隔；

λ_1、λ_2——参数。

4.3.3 站外客流组织优化

站外客流组织优化旨在通过强化车站站外客运管理，在既有进出站客流量的基础上尽量保障站内设施利用水平处于可接受范围，并且适当提高乘客的便捷性。现阶段站外客流组织主要关注接驳公交站布局问题、衔接设施配置问题两部分。进站客流量较大的车站还将考虑站外限流问题。除此之外，随着一体化城市交通建设的推进，B+R(自行车换乘)和P+R(停车换乘)也将成为站外客流组织中的重要内容。公交衔接优化、衔接设施优化、限流方案优化以及 P+R 场站优化的最终目标旨在减低乘客站外进站走行时间及乘客站外出站走行时间。

1. 公交衔接优化

轨道交通的客运特点是快捷、舒适且运量大，可实现站点间的快速"直通"客运，而常规公交的客运特点是方便灵活，可将乘客送往四面八方。现阶段公交接驳为城市轨道交通车站最常见的方式之一。与车站站外其他接驳类型客流相比，公交接驳客流到达较为集中，对车站站外客流组织影响较大。在条件允许的情况下，公交站点与城市轨道站点应尽量设置在同一位置，如条件不允许，公交站点也应尽量靠近城市轨道交通站点，两个系统间的最佳垂直换乘距离在100～200m(莫海波，2006)。一般运量大、客流密集的城市轨道交通车站站外设置大型公交换乘站，且公交换乘站可以是全市性的客运交通枢纽站，进而达到快速地疏导客流的效果。常规公交车停靠站和站台数量，应该由接驳交通工具的线路条数、车辆配备、乘客上下车所需时间、车辆停靠所需空间决定，并预留发展空间。公交车站的布设应避免在人流聚集密集的地面平交。轨道交通与公共汽车车站处于不同平面时，应通过某一路径，使公共汽车到达站和轨道交通的出发站同处一侧站台，而公共汽车的出发站与轨道交通的到达站同处另一侧站台，使轨道交通与公共汽车共用站台，两方向都有很好的换乘条件。

为了降低城市轨道交通车站与站外常规公交换乘的乘客换乘时间，覃煜和晏克非(2000)提出两个系统间的衔接协调一般遵守以下原则：

(1) 换乘过程的连续性

换乘的连续性是指组织换乘交通最基本的要求和条件，乘客完成各交通方式间的搭乘转换,应是一个完整连续的过程。公交与轨道的换乘枢纽位置应为乘客提供最佳交通路线和最少换乘延误的机会,这样才能保证交通连续,减少延误,提高服务质量。

(2) 两系统客运设备的适应性

应保证轨道交通与常规公交之间的客运设备(包括接运公交车的数量,公交站台的停车位,轨道枢纽中的站房、广场、行人通道、检票设备、乘降设备、停车设施等)的运输能力相互适应、匹配。只有当各出行环节的客运设备能及时地"消化、吸收"彼此的客流,及各自的运输能力、容纳能力或通过能力时,才能实现轨道交通与常规公交之间的协调。

(3) 客流过程的畅通性

要使乘客均匀分布在换乘过程的每一个环节上,不致在任何一个环节滞留、集聚,保证换乘过程的紧凑和通畅,减少换乘延误时间。为保证出行的顺畅,避免乘客在各换乘环节上滞留,两系统协调衔接的第三个原则是要求乘客通过各换乘环节占用交通衔接设施的服务时间应满足一定的条件。

总结看来,调整站外公交站位置可有效降低乘客站外区域走行时间。一般城市轨道交通车站站外分散多个公交站。乘客从公交站步行至城市轨道交通车站常穿越城市道路。该现象往往对城市道路产生不利影响。因此公交站位置的选择应当基于减少人流和交通流的交叉冲突。在条件允许的情况下,适当优化公交线路不失为可取的方法之一。这就要求充分分析车站站外可接驳公交线路的走向,有效与公交公司进行沟通。与此同时,公交站位置的调整可以采取相对分散布局的原则,而不是过度集中。这样可以有效避免大客流对某一个进站口的影响,将进站客流分散,整体降低乘客车站站外走行时间。另一方面,为了提高乘客的便捷性,在客流条件允许的情况下,公交站的位置尽量靠近车站出入口,进而降低某流线下的乘客站外走行时间。

以 A 站站外公交站布局为例进行说明,如图 4-4 所示。A 站附近公交车走向主要包括四种形式:东西向走向公交线路;南北向走向公交线路,且该线与地铁站的公交接驳站为线路的终点站/首发站;北—西单向绕行的公交环线;北—东及东—北双向线路。综合考虑优化公交站位置及乘客走行距离,东—北向线路由原先 B1S 停靠调整至 B2SS 停靠。B2SN 和 B2SS 分别向西侧移动 20m 和 10m。

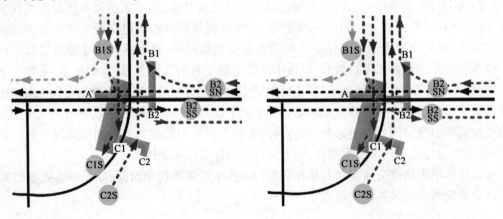

图 4-4 站外公交位置优化示意图

2. 衔接设施配置优化

衔接设施主要指车站站外公交站场、公共停车场、大型商业区和大型公共建筑等客流吸引源与车站出入口连接的步行道、集散广场等。直行通道等衔接设施的设置可以有效缩短乘客换乘时空距离。设置人行立体过街设施可为行人乘坐轨道交通提供方便，实现人车分离。充分利用轨道交通车站出入通道的布局，同样为引导行人过街提供保障（甘勇华，2006）。

加强主客流流线管理，保证步行道无阻挡是衔接设施管理的重要内容。其中包括步行道的建设和拓宽，清理站外不当占道行为，如违法黑车、摊贩等。保障衔接设施的畅通也为车站安全提供了必要的基础。为了减少客流对车站的冲击，部分衔接设施可以根据实际情况设置围栏。B站站外步行道设计之初为乘客从公交站点步行至车站进站口的必经线路。但该步行道一方面被站外商贩占道，一方面步行距离过长，多数乘客偏好选择走行距离较近且未经修葺的道路接近车站，该现象应为日后步行道设置和管理提供借鉴。

3. 限流方案优化

对于进站客流量较大的车站，限流无疑是控制车站进站客流的有效方式。限流是指一定时间内限制进站上车或换乘通行的客流量，以达到保障乘客安全、确保线路顺畅的目的，是城市轨道交通运营方所使用的常态化客运组织方式。当设备已经到达投用极限，仍无法满足大客流需要时，只能通过限流来控制单位时间内的客流量。限流主要针对三类情况：第一类是运能运力与客流量不匹配，即供大于求，如工作日早高峰部分线路和区段出现大客流拥挤、满载率居高不下的情况；第二类是遇到故障等突发事件，运营受到影响导致运力暂时不足，出现客流积压的情况；第三类是因特殊节假日、大型活动等引发的局部线路、车站超大客流一时无法快速疏散的情况。限流的实施可保障乘客安全，有效、合理地均衡线路各座车站单位时间进站客流，提高整体运营，顺畅全线运营。从空间上，限流包括站内限流和站外限流。站内限流包括关闭部分自动售票机、闸机、出入口以及设置站内限流栏杆等。站外限流则是在车站外设置限流栏杆，高峰时段引导乘客分批有序进站，确保进站后的乘客顺畅行走。综上看来，限流方案的设置应综合考虑乘客服务水平效率和安全效率这两方面指标。具体看来，乘客在限流区域的走行时间可反应乘客服务水平效率。限流方案优化应当包括以下几个方面。

（1）限流布置形式

站外限流栏杆设置在站外车站出入口处，用以高峰期减缓客流进站的速度，一定时间内限制进站的客流量，以减小车站客流压力。不同类型车站应当根据其客流特点选择合理的限流布置方案。吴君尚（2013）认为站外限流栏杆的布置形式可分成4类：即通道型、T型、S型和S型入口前预留出口。如图4-5所示。

①通道型栏杆主要设在出站楼扶梯的延伸位置，几乎不占用站外路面资源，设置形式简单，主要为固定式硬质栏杆，通常使用插销或者链条锁进行封锁限流。

②T型栏杆主要设在出站楼扶梯两侧，占用较少路面资源，设置形式为通道型栏杆的组合，为固定式硬质栏杆，通常使用插销或者链条锁进行封锁限流。

③S型栏杆主要设在出站楼扶梯的延伸位置，通过设置固定式硬质栏杆划分出一个S型通道，引导蛇形排队。相比前两种栏杆设置形式，S型栏杆占用大量路面资源。

④S型入口前预留出口的栏杆设置方式基本同S型栏杆，主要区别在前者在S型栏杆方阵与楼扶梯出口间预留一块区域，两侧分别设置开口，可根据实际需要封锁或开启出口，该栏

杆形式占地略大于 S 型栏杆。

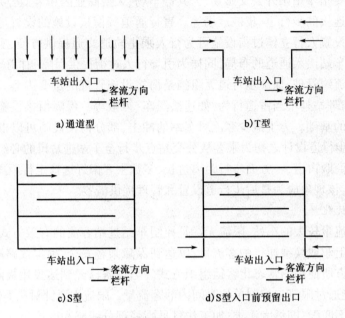

图 4-5　典型限流方式(吴君尚,2013)

以上 4 种形式的栏杆在一定程度上均能起到限流的作用,其中通道型和 T 型栏杆主要通过关闭部分入口的方式减少进站客流,表现为刚性的限流手段,S 型栏杆和 S 型入口前预留出口的栏杆主要通过增加绕行距离的方式减缓客流进站,表现为柔性的限流手段。S 型及 S 型入口前预留出口栏杆的设置主要在站外铺设大面积的蛇形栏杆,一般占地很大,容易对地面道路资源造成影响。通道型和 T 型栏杆虽然相对占地较少,但是入口处急剧增加的客流同样会妨碍地面交通,因此站外限流栏杆一般具有较大的影响范围。

(2) 限流强度

考虑区域客流聚集程度较高,乘客走行时间与客流量和设施能力有较大关系。其中设施能力为限流通道长度及宽度。

(3) 限流位置

此外,限流方案的位置设置应基于车站站内客流组织,均衡站内设施的使用。例如,车站 S 设置两个出入口 A 和 B,其早高峰进站客流量较大,线路运力瞬时无法满足客运量需求,属于限流第一类运力与运量匹配的情况。根据上述情况,S 站采取早高峰常态限流措施,组织乘客在站外 A 口限流进站,B 口出站。该方案实施初期保障了车站的安全效率,但是乘客站外限流走行时间过长,车站 A 口利用过高,B 口闲置,造成车站设施没有充分利用。因此,基于限流方案优化的原则,在保障车站安全运营的前提下,车站可将两个出入口同时限流,并适度调整限流通道的长度,降低乘客限流区域走行时间。

4. P + R 场站优化

广义的 P + R 是指一次出行过程中为实现低载客率的交通方式向高载客率的交通方式转换所提供的停车设施,这里的转换可以是小汽车、摩托车、自行车、步行方式向地面公交、轨道交通、多人合乘车方式的转换。通常意义上，P+R 是指为实现小汽车方式向公共交通方式转换所提供的停车设施，即主要是指在城市中心区以外区域的轨道交通站、地面公交站以及高速公路旁设置停车场，低价收费或免费为私人汽车提供停放空间，辅以优惠的公共交通收费政策，引导乘客换乘公共交通进入城市中心区，以减少私人小汽车的使用，缓解中心区域交通压力，最终达到促进城市交通结构优化的目的（何保红，2006）。

城市边缘地区的轨道交通枢纽站应设置公共停车场或结合轨道交通站周边的物业开发设置地下停车库，形成"P+R"系统。为方便小汽车到达和衔接换乘，接驳小汽车的停车场一般应布置于联系中心城区和外围城区的主要道路一侧或高等级道路出入口处。

自行车交通具有自主灵活，准时可靠，连续便捷，可达性好的优势，并且自行车用户出行费用低廉，运行经济，节能特性显著，环境效益好。轨道交通具有大运量、快捷、舒适和准时的优势，但不灵活，可达性也不强。自行车交通可弥补这些缺限。因此，自行车交通衔接主要是侧重在城市中心区边缘地区、郊区和市区生活性道路附近的轨道交通站点设置自行车停车场，为自行车换乘轨道交通提供停放方便（甘勇华，2006）。

基于城市交通的一体化建设，城市轨道交通车站将建设配套 P+R 及 B+R 设施，使私人小汽车用户及自行车用户实现便捷换乘，进而提高城市公共交通出行比例。其具体优化调整方法与公交衔接优化相似，都需要充分考虑 P+R 站点和 B+R 站点布局的合理性，保证乘客从站点步行至城市轨道交通进站口的顺畅。另一方面还应当兼顾站点与车站周边道路设施的配套性，保障小汽车和自行车高效进出 P+R 及 B+R 站点。

4.3.4 站内非付费区客流组织优化

站内非付费客流组织优化主要关注乘客从购票、安检最终通过自动检票设备进站的一系列过程。现阶段站内非付费区客流组织主要关注站厅流线组织优化问题、安检区域优化问题、售票区域布局问题以及自动检票机优化问题。优化上述问题的目标旨在减低乘客站内非付费区进站走行时间及乘客站内非付费区出站走行时间，保证车站运行平稳。

1. 站厅流线组织优化

地铁站厅人流通行能力与乘客步行系统关系密切。站厅流线的合理组织，可降低步行设施瓶颈对乘客非付费区走行时间的影响，减少乘客换乘步距，提高车站站内非付费区的乘客通行能力。汪晓蓉（2008）提出站厅流线优化可包括以下几个方面：

（1）减少同向走行乘客之间的干扰

在高密度的行人通道中，行人会利用一切空挡超越前者，从而会引起对对向人流的干扰。在这种情况下，运营管理者可以在通道中间放置一些柱状物，起到隔离墙的作用。行人若要走到另一侧，需要绕道行走，这样会减少行人占用人流空隙的情况。

（2）通道设施的瓶颈突变处设置漏斗形的渐变

车站通道设施的瓶颈处设置缓冲设施，进而提高行人通过瓶颈处的流畅性。一般渐变的最佳的形式是球状外凸形渐变。

（3）提高乘客垂直流线交叉处的通行效率

当两股人流垂直相交时，会出现不同方向上行人冲突。若在相交处放置圆形障碍物形成绕行，可以减少步行效率的损失，步行效率可提高13%。

除此之外,当出站客流为脉冲式时,出站流线的畅通就更显突出。同时站厅流线组织还要考虑疏散通道的设置,在紧急情况下乘客能迅速疏散到安全区域(吴波,2009)。

综上所述,站厅是连接车站非付费区各个设施的缓冲区域,优化站厅流线组织将是有效降低乘客站内非付费区走行时间的必要内容。

2. 安检区域优化

安检仪是利用小剂量的 X 射线照射备检物品,利用计算机分析透过的射线,根据透过射线的变化分析被穿透的物品性质。显示屏上的图像是计算机模拟图像,主要突出显示有危险性质的物品(用颜色区分)。现阶段地铁站多在站内非付费区设置安检设施,进而保障整体的运营安全。安检仪一般情况为非独占服务系统,在前一个旅客将行李放在传送带后,其他旅客可以相继在其后放置行李并通过安检门。但是乘客通过安检设施无疑增加了乘客非付费区进站走行时间,因此有效组织好乘客顺序通过安检也是站内非付费区的重要工作之一。

由于安检属于排队类设施,当客流集中到达时,安检机前则会形成进站的第一个瓶颈。因此为了避免安检设施前秩序混乱,降低乘客非付费区走行时间,安检设施优化应当考虑以下内容:

①根据进站客流量合理配置安检机数量、位置,保障客流进站顺畅。安检设施属于排队类设施服务,其配备数量与高峰时段设施所服务客流的平均到达率、每个服务台的平均服务效率以及客流最大排队长度的期望值或最大排队等待时间的期望值等因素相关。乘客在排队类设施服务台前排队等待服务可以看作是一个典型的排队论系统,因此车站安检设施的配备可以利用排队论的有关方法来确定排队类设施服务台的数量。

②在条件允许的情况下,分离带包进站客流和非带包进站客流。经调查,安全检查服务时间为18s,计算公式如(4-6)所示。而排队等候时间则受到单位时间进站客流量的影响波动。以安检仪的通过能力说明,每个行李占用空间非高峰期按 0.4m 估算,系统平峰通过能力为1800 人/min。早高峰时段每台安检设备的实际通过能力为2600 人/h,乘客等待时间约为400s(乔庆杰,2010)。对于无包乘客而言,其非付费区走行时间则被无谓延长。因此在条件允许时,安检设备前应当设置无包乘客进站通道,降低此类乘客的非付费区走行时间,进而在保障安全的前提下,改善车站的非付费区进站走行时间。

$$T_{安检} = \frac{L_{传送带}}{v_{传送带}} \quad (4-6)$$

式中:$T_{安检}$——安全检查服务时间;

$L_{传送带}$——传送带长度;

$v_{传送带}$——传送带移动速度。

③适当设置围栏,拉长客流走行路径,避免客流堆积。当乘客集中到达时,安检处出现乘客滞留。运营考虑增加设置围栏,如限流围栏,避免乘客拥挤争抢,组织乘客顺序安检,降低车站整体的乘客非付费区走行时间。

3. 售检票区域设施布局优化

售检票设施为车站非付费区内重要组成部分,其主要包括自动售票机、人工售票窗口、进站闸机和出站闸机。这些设施的布局形式影响车站非付费区进站出站流线,同时也影响着购票进站乘客和直接进站乘客的顺畅性。乘客非付费区域内的走行时间很大程度受到区域设施布局的限制。售检票区域设施布局形式按照售票窗口与检票闸机的相对位置可以分为售检票并列、售检票平行和售检票垂直三种类型。吴先宇(2011)对这三种布局类型的特点及其客流组织进行了分析。

(1)售票窗口与检票闸机并列

售票窗口与检票闸机并列有两种形式,分别为单出站方向和双出站方向。进站闸机和出站闸机在售票窗口的两侧、安检设备在售票窗口的对面且临近出站方向。单出站方向情形下,自动售票机位于进站闸机一侧墙壁附近,如图4-6a)所示,出站客流直接通过出站闸机出站,而进站客流从出站方向首先通过安检设备后购票,再通过进站闸机进站,进出站客流流线交叉范围少,相互干扰少。双出站方向情形,如图4-6b)所示,出站客流通过出站闸机后向两个出站方向分流,与进站客流形成交叉,相互干扰大,而进站客流从两个出站方向通过安检后,多种购票方式的存在使得进站客流流线之间也有交叉。

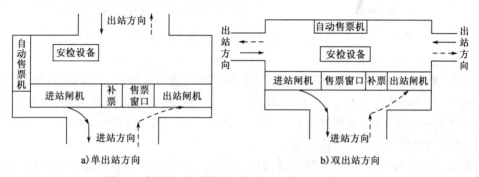

图4-6 售票窗口与检票闸机并列客流流线图(吴先宇,2011)

(2)售票窗口与检票闸机平行

售票窗口与检票闸机平行也有两种形式,分别为单出站方向和双出站方向。单出站方向时,按照进出站方向的相对位置分为进出站方向平行和进出站方向垂直。如图4-7a)所示,检票闸机与售票窗口平行,进出站客流交叉少。如图4-7b)所示,进站方向与出站方向垂直,乘客购票和检票进站的走行路径有一定的冗余,并且与出站客流形成严重的流线交叉。

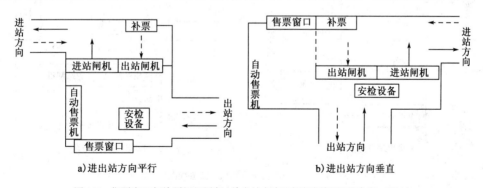

图4-7 售票窗口与检票闸机平行(单出站方向)客流流线图(吴先宇,2011)

如图4-8a)所示,售票窗口与检票闸机平行,右侧乘客既可以进出站,也可以换乘,与左侧售检票区域的客流没有流线交叉,仅在进站方向形成进站客流的合流、出站客流的分流。如图4-8b)所示,两个出站方向功能相同,进站客流在进站闸机处合流,而出站客流在出站闸机处分流,多种购票方式使得进站客流之间存在交叉,且和出站客流也有交叉。

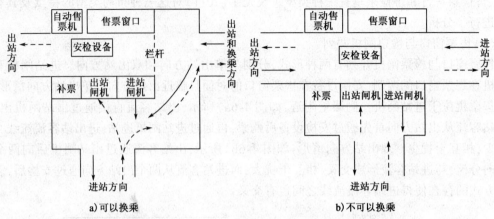

图4-8 售票窗口与检票闸机平行(双出站方向)客流流线图(吴先宇,2011)

(3)售票窗口与检票闸机垂直

售票窗口与检票闸机垂直,按照进出站方向的相对位置分为进出站方向平行和垂直两种。如图4-9a)所示为进出站方向平行,进站客流通过安检设备,购票并检票进站,而出站客流直接通过出站闸机出站,与进站客流没有流线交叉,相互干扰较少。如图4-9b)所示为进出站方向垂直,进出站客流之间也没有流线交叉。

售检票设施的布局多在车站设计交付时已经固定,优化空间存在一定限制。运营者应当根据售检票设施的布局形式和本站进出站客流特点,按照站厅流线组织优化的几个原则重点关注客流交叉区域。当优化组织措施仍不能保障区域乘客非付费区走行顺畅且客流冲突较大时,可以考虑与多个部门协商完成设施布局的优化,进而降低乘客非付费区走行时间。

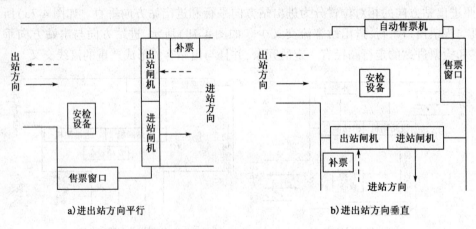

图4-9 售票窗口与检票闸机垂直布局客流流线图(吴先宇,2011)

4.自动检票设施优化

检票闸机是轨道交通 AFC 系统中的关键设备之一。它不仅是轨道交通 AFC 系统的检票设备,而且构成轨道交通中车站的出入口通道。轨道交通中的各个车站的出入口均安装有闸机,旅客出入车站均要经过闸机组成的通道。闸机利用其内部的智能识别系统对旅客的行为进行识别,从而实现自动检票。

根据闸门机构的不同,检票闸机现在主型产品为三棍式和门扉式两大类。虽然三棍型闸机不需要具有检测旅客通行的识别算法,但是它的传动机构复杂,旅客通行速度慢,紧急情况下不利于旅客疏散。门扉式的活动门被安装在闸机的中部,每个通道只需要一套门机构。此外,门扉式的通行速度快,利于在紧急情况下疏散旅客。但是,门扉式闸机通常需要检测旅客通行的智能识别算法,且算法比较复杂。

自动检票机的主要指标有外形尺寸、重量、工作温度、存储温度、电源、功率消耗、读写车票响应时间、车票使用条件、票箱容量、网络接口和最大通行量等。其中,最重要的性能指标是最大通行量指标(单位:分钟通过率)。最大通行量指标是用于评价自动检票机的综合业务处理能力最直观的指标,它是指在正常操作的情况下,检票机通道在1min内最大的通过人数。最大通行量指标主要受车票处理速度、应用软件处理时间、阻挡装置释放时间以及通道长度四个因素影响(乔庆杰,2010)。地铁售检设备通过能力见表4-3。

地铁售检票设备通过能力[《地铁设计规范》(GB 50157—2013)]　　表4-3

部位名称		每小时通过人数
自动检票机	三杆式 磁卡	1500
	三杆式 非接触IC卡	1800
	门廊式 磁卡	1800
	门廊式 非接触IC卡	2100

进出站自动检票机的位置要按进出站乘客的流线加上栅栏分隔设置,合理组织付费区和非付费区,避免进出站人流的交叉。进出站检票机均设在付费区的两个端头,检票机垂直于人流方向设置,且进出站检票机分别对应设置,由此可将进出站乘客流线分开,票亭设在进出站检票机之间。通常出站的人流是比较集中的,因此出站检票口与楼梯或自动梯要保持一定的距离,避免乘客检票时的拥堵。检票机的数量应根据高峰小时客流量和检票机通过人流的速度来计算。

进站检票排队系统主要研究如何使乘客在排队过程中平均等待时间最短、排队长度最短、检票设备的利用率最合理的问题,从而提高城市轨道交通车站的客运服务水平。系统具有以下特征:由于乘客的到来是源源不断的,乘客之间相互独立,乘客相继到达服务系统的时间间隔是随机的;检票机可以看作是系统的服务台,由于进出站口检票设备配置一般多于一台,系统是由多个并行的服务台组成,每个乘客的服务时间是相互独立的;按照先到先服务的原则,随机服务系统是动态的多服务台等待制排队系统。

4.3.5　站内付费区客流组织优化

1. 基本服务设施优化

除了出入口、站厅之外,车站基本服务设施还包括楼梯、自动扶梯以及通道。这些设施属于相对封闭的设施,是出入口与站厅、站厅与站台的过渡连接设施,具有相对固定的通行能力,如表4-4所示。当客流量较大或者客流集中到达时,乘客在这些服务设施区域内的走行速度往往低于站厅等设施区域的走行速度。乘客区域走行时间往往比估计值大。因此为了清晰描述此区域的乘客走行时间,我们运用 BPR 函数进行描述,如式(4-2)。乘客区域走行时间与非拥挤时段内乘客设施区域走行时间、设施内单位时间通过能力以及流量相关。其中非拥挤时段内乘客设施区域走行时间与乘客构成及个体行为影响有关,影响因素如性别、年龄、出行目的等。设施通过能力与设施宽度相关,该值相对固定。设施单位时间流量与车站整体的客流流线相关。当客流流线比较合理且各个设施利用程度比较均匀时,乘客区域设施内的走行时间处于较优水平。因此基本服务设施的乘客区域走行时间优化主要是完成客流流线优化。

车站基本服务设施通过能力[《地铁设计规范》(GB 50157—2013)] 表4-4

部 位 名 称		每小时通过人数
1m 宽楼梯	下行	4200
	上行	3700
	双向混行	3200
1m 宽自动扶梯	输送速度 0.5m/s	8100
	输送速度 0.65m/s	不大于9600
1m 宽通道	单向	5000
	双向混行	4000

(1) 楼扶梯类设施

单向楼梯与单向通道相连成为从一个线路至另一个线路的主要路径。当楼梯与自动扶梯组合使用时,乘客可以有两种选择,或者使用自动扶梯、或者使用楼梯,两者互不干扰,仅在楼梯与自动扶梯结合处,通道左侧与右侧客流在进行方式选择时有一定的相互影响。因此优化可以在进入设施前设置隔离围栏或引导人员,加强该区域的管理。

双向楼梯可以与单向自动扶梯、双向自动扶梯结合使用。自动扶梯的运行方向应根据客流需要调整使用,进而确保客流走行更加方便快捷。双向楼梯可以通过栏杆将两个方向的客流隔开,减少客流之间的相互干扰。

(2) 通道类设施

在单向换乘通道类型的通道中,换乘的旅客均向同一个方向流动,没有对向的客流干扰,换乘效率高且安全。根据单向通道内换乘客流与其他客流的连接形式,可分为分流和合流两种形式,分别如图 4-10a)和 b)所示。这两种形势下直向客流与转弯客流存在交叉干扰。

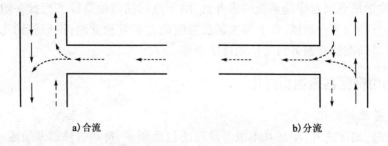

图 4-10 单向换乘通道客流流线图(吴先宇,2011)

根据交叉口的类型,双向换乘通道布置形式可分为"丁"字型和"十"字型两种,分别如图 4-11a)和 b)所示。该布置图中,不同方向客流在交叉口处存在大量的交叉干扰。

第4章 城市轨道交通运营效率评价及优化

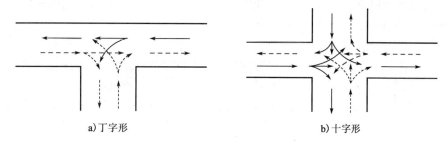

a) 丁字形　　　　　　　　　　b) 十字形

图 4-11　双向换乘通道客流流线(吴先宇,2011)

2. 站台候车组织优化

乘客站台候车时间与线路发车间隔、上下车人数以及车站站台组织有关。因此优化站台候车时间主要从上述几个方面开展。线路发车间隔是根据一定时期内的客流量、线路条件以及车辆配置数量等因素综合制定的。受到多种因素限制,其优化调整需要涉及城市轨道交通运营企业多个部门协调进行,且属于运输计划制定层面的调整。上下车人数作为系统的需求方在一定时期内相对稳定。因此如何完成站台候车组织则成为优化乘客站台候车时间的重要内容。一般候车人数随候乘位置距入口距离的增加而减少。站台候车组织的最终目标是提高站台乘客的流动性,保障站台客流均匀分布。站台类型包括岛式站台、侧式站台以及混合式站台。楼梯及自动扶梯布置位置决定站台的客流组织。不论哪一种站台类型,基本都包括以下两种组织形式。下文将以岛式站台为例对客流组织方式进行说明。

(1) 两端式

岛式站台位于上、下行线路之间,具有站台面积利用率高、能灵活调剂客流、乘客使用方便等特点,一般常用于客流量较大的车站。但其一大缺点就是站台面积受到限制,因而造成了乘客流线复杂及扩建不易的问题。岛式站台区域内进出站台设施可以在站台两端,也可以在站台中间。对于进出站台设施设置在两端的站台而言,如图 4-12 所示,站台两端客流较为密集,而站台中间客流则会较少。为了避免乘客在站台两端滞留,站台两端可利用围栏引导乘客向站台中间移动,与此同时在乘客滞留处设置引导人员进行组织宣传。

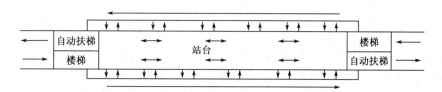

图 4-12　岛式站台进出站在两端客流流线图(吴先宇,2011)

(2) 中间式

对于进出站设施设置在中间的站台而言,如图 4-13 所示,楼梯口客流较为密集,两个楼梯设施空隙处客流量较少。与上述内容相似,站台可以设置围栏避免客流滞留。与此同时,站厅应使乘客由固定设施进站,尽量避免进出站客流交叉相互影响。

3. 乘客平均上下车时间优化

数据统计发现,当车门宽度一定时,乘客上下车时间随上下车人数的增加而增加,但上下

167

车人数与上下车时间之间并不是简单的线性关系,上下车时间还受到其他因素的影响(曹守华等,2009;张鹏和张国武,2012),如表 4-5 所示。

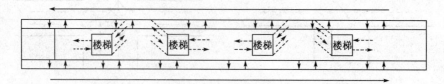

图 4-13 岛式站台进出站在中间客流流线图(吴先宇,2011)

(1)乘客平均上下车时间的分段特性

乘客平均上下车时间受车门乘客密度影响,且存在两个临界值 Q1 和 Q2(Q1 < Q2)。当乘客密度小于临界值 Q1 时,乘客上下车时间较小,平均上下车时间随上下车人数增加变化不大;当乘客车门处密度大于 Q1 而小于 Q2 时,乘客上下车时间随上下车人数增加开始变化;当乘客车门处密度大于 Q2 时,乘客上下车时间处于较高水平,乘客上下车时间随上下车人数增加明显。一般 Q1 值取空座均被占用时的乘客密度,Q2 则根据实际调查得到。取值如表 4-5 所示。

乘客上下车时间特点(曹守华,2009;张鹏和张国武,2012) 表 4-5

相关因素	上车时间	下车时间
分段特性	1.44s/人,　　车门人数 <18 人 0.73s/人,18 人< 车门人数 <50 人 1.51s/人,　　车门人数 >50 人	0.35s/人,　　车门人数 <21 人 0.50s/人,21 人< 车门人数 <65 人 0.75s/人,　　车门人数 >65 人
周围环境影响	受列车车厢内客流密度影响,当列车满载率较低时,乘客的上车时间较随后上车的乘客时间长	受站台客流密度及上车人数影响。若站台人数较少时,乘客的下车时间较随后下车的乘客时间长
车门关闭提示音	当车厢内乘客密度较小时,列车关门提示音能加快乘客的上车速度,降低乘客的平均上车时间	当下车人数较多时,提示音对响铃后有很多没下车的乘客的下车时间影响大
有序性	当上下车乘客皆排为两队有序下车时,上下车时间较短;但当秩序混乱,上下车时间较长	
行李	携带大量行李的乘客平均上下车时间较大	

(2)车站周围环境与上下车时间的关系

乘客平均上车时间与列车车厢乘客密度有关。在上车人数较多时,若列车上没有乘客,最初的 3~4 个乘客的上车速度较随后上车的乘客速度慢,乘客的平均上车时间为 0.58s/人。此后,由于上车乘客急于抢占空座,上车速度加快,乘客的平均上车时间为 0.42s/人。

乘客平均下车时间与站台客流密度以及上车人数有关。若下车人数较多而站台无人或人数很少时,刚开始的前几位乘客下车时间稍长,一般为 0.45~0.58s/人,此后由于下车乘客开始迹象车门,乘客下车速度加快。但当站台比较拥挤时,流动的客流会影响下车乘客的下车时间,拥挤度和乘客下车时间接近线性关系。当站台上车乘客较少对下车乘客的下车时间影响小,但当上车乘客非常拥挤时,该影响较大。

(3)列车关门提示音与上下车时间的关系

当车厢内乘客密度较小时,列车关门提示音能加快乘客的上车速度,降低乘客的平均上车时间,但若车厢内乘客密度较大,该作用并不明显。

当下车人数较少时,提示音对乘客的下车影响不大;当下车人数较多时,尤其是当响铃后有很多没下车的乘客时,后边的乘客则会拥挤前面的乘客,缩短下车时间。

(4)有序性与乘客上下车时间的关系

车门宽度为1.3m左右时,不论乘客候车时的分布形状如何,站台的宽度如何,乘客上车通过车门时通常分为左右两队(约占76%),当上车乘客体形较小时,可能形成3队上车(约占20%)。乘客有序下车时一般分为两队。当客流有序性较强时,乘客的平均上下车时间较短;但当下车秩序混乱时,下车时间较长。

(5)携带行李对乘客上下车时间的影响

乘客携带较少行李时,其上下车时间几乎不受影响;但当乘客携带较多行李时,平均上车时间急剧增加,乘客平均上车时间达到1.96s,乘客下车时间则为1.45s/人。

4.3.6 站内换乘效率优化

城市轨道交通车站按照功能可以分为一般车站和换乘车站。换乘站与一般站相比,除了完成每条线路乘客进出站组织外,还要进行不同线路换乘乘客的客流组织。一般换乘客流组织是基于车站基本服务设施将两条及以上数量的线路连接起来。按照换乘客流的组织方式,换乘可以分为站台换乘、站厅换乘、通道换乘、站外换乘和组合式换乘(毛保华,2006;龙建兵,2004;耿志民,2007)。

(1)站台换乘

站台换乘有两种形式,一种是两条不同线路的站线分设在同一站台的两侧,乘客只需穿越站台即可换乘另一条线路上的列车,称为同站台换乘。同站台换乘中,站台一般采用双岛式的结构形式,可以布置在同一平面,也可以双层设置。这两种形式的换乘站,可以实现四个换乘方向的同站台换乘,另外四个方向的换乘需要采用其他方式。站台换乘的另一种形式是,在两条线路的交叉处,采用阶梯将上下两个站台直接连通,乘客通过自动扶梯或步行楼梯直接换乘到另一条线路站台,也称楼梯换乘,其换乘走行距离较短。

(2)站厅换乘

站厅换乘是指设置两线或多线的共用站厅,或相互连通形成统一的换乘大厅,乘客由一条线路的站台通过楼梯或自动扶梯先到达站厅,再由站厅进入另一线路的站台进行换乘。站厅换乘中,由于下车客流在站厅分流,减少了站台上乘客流线间的交织,乘客走行速度较快,可以避免列车集中到达或延误所引起的站台拥挤。站厅换乘与站台换乘方式相比,乘客换乘路线通常要先上(或下)再下(或上),换乘总高度落差大,一般适用于侧式站台间的换乘。如果站台与站厅之间有自动扶梯连接,则可以改善换乘条件。

(3)通道换乘

通道换乘是指当两线交叉处的车站结构完全分开时,在两个车站之间设置单独的换乘通道供乘客进行换乘。连接通道一般设于两站站厅之间,也可直接设置在站台上。通道换乘方式布置较为灵活,对两条线路交角及车站位置有较大适应性,预留工程少,后期线路位置调整的灵活性大。换乘条件取决于通道长度,由于受各种因素的影响,换乘通道一般都较长,给乘客换乘带来不便。

（4）站外换乘

站外换乘是乘客在车站付费区以外进行换乘，实际上是没有专用换乘设施的换乘方式。站外换乘中，乘客需要增加一次进出站手续，步行距离较长，加上在站外与其他人流的交织混行，很不方便，是轨道交通设计时一种系统性缺陷的反映，应尽量避免。

（5）组合式换乘

在换乘实际中，往往需要采用两种或多种换乘方式组合，以达到完善换乘条件、方便乘客使用的目的。例如，同站台换乘辅以站厅或通道换乘，可以使所有的换乘方向都能换乘；楼梯换乘在岛式站台中，必须辅以站厅或通道换乘，才能满足换乘能力等。这些组合的目的是既能保证车站具有足够的换乘能力，又能使得乘客使用和工程实施方便。

为了更全面对换乘站运营效率进行说明，乘客换乘时间评价指标得以提出。乘客换乘时间指的是乘客从一条线路列车下车后，经由换乘设施到达另一条线路的站台等候列车，直至离开车站的时间。这段时间包括乘客下车时间、乘客换乘走行时间、乘客换乘等待时间以及乘客上车时间四部分。乘客上下车时间优化在4.3.5进行了详细介绍。本研究将进一步对换乘走行时间和换乘等待时间进行进一步说明。

1. 换乘走行时间优化

马超云（2010）将影响换乘走行时间的因素归结起来为走行速度因素和走行距离因素。其中走行速度因素与乘客个体属性相关，走行距离因素包括换乘方式、换乘设施和换乘环境三个方面。

（1）乘客个体属性

乘客个体属性是指与乘客个体特点或行为密切相关的各种因素，包括年龄（老年、中年、青年）、性别、身体状况（孕妇、残疾人等）、行为特点（带包或大件行李、带小孩等）、行为习惯（习惯行走步速、走近路、方向感等）和出行目的等。这些将影响乘客的走行速度，进而会对乘客换乘走行时间产生影响。

（2）换乘方式

轨道交通换乘站线路间一般采用垂直交叉、斜交、平行交织等布局形式，换乘方式有同站台换乘、站厅换乘、通道换乘、站外换乘、组合式换乘等。由于线路和车站布局的差异，不同的换乘方式中，乘客的走行距离或者换算走行距离可能不同，从而导致走行时间的差异，换乘走行距离过长，势必会导致乘客的走行时间增加，离散度增加。

（3）换乘设施

换乘设施包括完成换乘所需的通道、楼梯、自动扶梯、直梯、换乘标志标线等。在换乘过程中，乘客往往需要上下楼梯，使用自动扶梯或借助换乘通道来完成线路间的换乘，同时还要接受换乘标志标线的引导。通道中自动扶梯、直梯的设置可以降低换乘的不变形，通道、楼梯合理的位置和尺寸设计、清晰醒目的换乘标志标线等都有助于缩短换乘走行时间。

（4）换乘环境

换乘环境是指换乘客流所处的运输组织状况，主要包括换乘站客流流线和拥挤状况。科学合理的流线设计，能使换乘客流与进出站客流各行其道，避免交织和相互干扰，减少换乘走行时间。在早晚高峰时段，换乘客流量大，通道和站台较为拥挤，乘客走行速度较慢，走行时间趋于一致且分布相对集中。平峰时段,换乘客流量小,乘客走行近似于自由流,走行时间主要取决于乘客个体属性。此外,列车到发信息的实时发布、车站工作人员对客流的有序引导也会对换乘产生积极影响。

因此,从优化的角度来看,应根据设施服务状态的特性,改善换乘站设施衔接。系统上不同设施的能力属性可以提高换乘站设施协调的水平。为了优化乘客换乘走行时间,提高换乘效率,徐前前(2010)提出设施优化应当从时间和空间两个方面进行改善。

(1) 从时间上改善

随着时间的变化,客流的分布特征可能发生着变化,而设施时间服务属性是指换乘站设施随时间变化导致其使用状况的改变。因此,轨道交通换乘站内设施,可随着时间的推进改变其属性增加流线通过能力来达到优化的目的。例如,双向换乘通道根据两个方向的客流比例,通过设置栏杆等措施来调节两个方向的通道宽度,可以综合提高设施的使用效率。

(2) 从空间上改善

换乘站设施空间服务属性是指不同设施之间的相对空间位置关系。首先应当减少流线交叉,将换乘与进出站等各流线分开,以减少交叉点。可以通过高架和地道等立体交叉疏解方式,也可以在同一平面通过控制各种流线的方向解决交叉问题。其次为满足缓冲空间容量需求,换乘站设施的相对空间位置改变,可以改变缓冲空间的容量,产生组合效应。如进行楼梯的长短错落的改善。

2. 换乘等待时间优化

从乘客的角度来看,换乘乘客期望出行过程能尽量减少等待时间。换乘站内设置两条或两条以上的轨道交通线路,每条轨道交通线路的列车运行图各不相同,乘客从一条线路换乘至另一条线路的过程中,除了必须的换乘走行时间外,换乘等待时间同样是评价换乘客运组织的重要内容。

换乘等待时间的优化涉及换乘线路间列车时刻表的匹配,也就是换乘协调问题。所谓换乘协调问题(Timetable Synchronization)即通过调整两条线路的列车到站时刻和发站时刻,达到乘客换乘等待时间较小的问题。对于城市轨道交通而言,协调多指到达列车的到站时刻与出发列车的出发时刻。列车到站时刻指某列列车驶进并停稳到达车站的时刻,离站时刻指某列列车启动驶离车站的时刻。Wong 等(2008)针对换乘协调问题建立了最优化模型进行求解。问题设定路径 t 与路径 t' 可在构成换乘,两条路径对应的车站为 j 和 j',列车分别为 q 和 q',发车次数分别为 N_t 和 $N_{t'}$。此模型包括三部分:决策变量、目标函数、约束条件。

(1) 决策变量

A_j^{tq}——第 t 条路径第 q 次列车到达换乘站 j 的时刻;

L_j^{tq}——第 t 条路径第 q 次列车离开换乘站 j 的时刻;

R_j^{tq}——第 t 条路径第 q 次列车从车站 $j-1$ 至车站 j 的区间运行时间;

D_j^{tq}——第 t 条路径第 q 次列车在换乘站 j 的站停时间;

$w_{t'q'}^{tq}$——乘客由第 t 条路径第 q 次列车换换乘至第 t' 条路径第 q' 次列车的换乘等待时间,定义为非负数;

$a_{t'q'}^{tq}$——0~1 变量,当乘客可以从第 t 条路径第 q 次列车换乘至第 t' 条路径第 q' 次列车时,即构成有效换乘车次对时,变量为 1,否则为 0。

其中,上述决策变量中,$q = 1, 2, \cdots N_t, q' = 1, 2, \cdots N_{t'}$。

(2) 目标函数

目标函数以乘客换乘等待时间最小设置,如式(4-7)。其中,当 $\overline{\omega}_{t'q'}^{tq}$ 非零时,表示乘客可实现有效换乘,$c_{t'q'}^{tq}$ 表示乘客从第 t 条路径第 q 次列车换乘第 t' 条路径第 q' 次列车的乘客数量。

$$\min \sum_{q=1}^{N_t} \sum_{q'=1}^{N_{t'}} c_{t'q'}^{tq} \overline{\omega}_{t'q'}^{tq} \tag{4-7}$$

(3) 约束条件

路径 t 上运行列车符合约束条件式(4-8)和式(4-9)。其中式(4-8)表示列车到达车站 j 的到站时刻与首站至该站的列车区间运营时间以及站停时间的关系。式(4-9)表示列车离站时刻与到站时刻和站停时间的关系。

$$A_j^{tq} = L_0^{tq} + \sum_{k=1}^{j} R_j^{tq} + \sum_{k=1}^{j-1} R_j^{tq} \tag{4-8}$$

$$L_j^{tq} = A_j^{tq} + D_j^{tq} \tag{4-9}$$

考虑到线路技术条件,线路运营前后相连的两列列车的离站时刻满足发车间隔最大最小的约束要求,如式(4-10)所示。

$$\underline{h}_j^t \leq L_j^{tq} - L_j^{t(q-1)} \leq \overline{h}_j^t \tag{4-10}$$

约束条件(4-11)和(4-12)对换乘有效性和换乘等待时间进行了限制。式中,M 被设定为一个大数,$e_{t'}^t$ 表示乘客在换乘站从路径 t 的站台走行至路径 t' 站台的换乘走行时间。当路径 t 第 q 列列车乘客换乘走行至 t' 站台开始等车的时刻早于路径 t' 列车到达时刻时,也就是可以构成合理的有效换乘时,$a_{t'q'}^{tq} = 1$,否则为 0,如式(4-11)所示。但是在客流量得到满足的情况下,换乘乘客到达换乘站台后选择等待时间最短的列车离开。$L_i^{t'q'} > A_j^{tq} + e_{t'}^t$ 的列车并不一定能够构成有效换乘。因此约束条件(4-12)被提出。只有当 $d_{t'(q'-1)}^{tq} = 1$ 且 $L_{q'}^{t'q'} > A_i^{tq} + e_{t'}^t$ 同时满足时,两条线路对应车次才构成有效换乘。

$$M(\alpha_{t'q'}^{tq} - 1) \leq L_i^{t'q'} - A_i^{tq} - e_{t'}^t \leq M\alpha_{t'q'}^{tq} \tag{4-11}$$

$$L_j^{t'q'} - A_j^{tq} - e_{t'}^t - Ma_{t'(q'-1)}^{tq} \leq w_{t'q'}^{tq} \tag{4-12}$$

换乘站乘客换乘等待时间基于上述模型得以优化。该模型为换乘等待时间优化问题的一个典型解决方法。部分研究在此基础上考虑了网络运营条件下,多条线路的列车换乘协调及时刻表优化问题。模型的复杂度和算法设计难度相对较为复杂。

4.4 列车运行效率评价与优化

4.4.1 列车运行组织介绍

1. 列车运行组织相关概念

毛保华等(2006)对城市轨道交通列车运行组织相关概念进行了定义,具体概念如下。

客流量:某一时段内沿某方向通过某个断面的旅客人数。

发车间隔:在一条运营线路上两个连续的运营车辆沿同一个方向经过某个固定位置的时

间间隔。

发车频率：一小时内（或其他时间间隔）一条线路上沿同一个方向经过某一个固定点行驶的车辆数。发车频率是发车间隔的倒数。

站间行驶时间：列车从某站出发开始至到达下一站停止的时间长度，即两站之间的纯运行时间。

停站时间：为了让乘客上下车，列车在车站的停留时间。

线路旅行时间：列车沿着线路从一个终点站出发至到达另外一个终点站停止的时间长度，它是线路中所有站间旅行时间之和，也称为单程载客时间。

折返时间：列车在折返站的停留时间。

周转时间：线路上列车往返一周的时间长度，或者是一列车在正常情况下连续两次从同一个折返站出发的间隔时间，它包括线路上两个方向的线路旅行时间和折返时间。

在线运用车数：为完成日常运输任务所必须配备的技术状态良好的可用车辆数，它与线路长度、最小发车间隔、列车旅行速度和折返站停留时间等因素有关。

车辆能力：车辆能够容纳的乘客数或能够提供的空间大小。车辆能力的计算涉及三个方面，即座位密度、座位率、站立密度。设计能力一般可以从拥挤水平来评价，即考察乘客不再上车而等待下一列车时（出现留乘时）的车辆载荷。

线路通过能力：在采用一定的车辆类型、信号设备和行车组织方法条件下，城市轨道交通系统线路的各项设备在单位时间（通常是 1h）内单方向所能通过的列车数。

断面运力：在单位时间内沿某方向经过某个断面可以运送的乘客数。某条线路的断面运力可以用线路通过能力与车辆能力的乘积来表示。一般情况下，运营线路在客流高峰时段提供的发车频率最大，具有最大的断面运力。

2. 运营计划制定步骤

毛保华等（2006）提出城市轨道交通列车运营计划的制定主要包括数据准备、计划制定以及运营计划分析和调整三个基本步骤。其中计划制定则包括列车全日行车计划、列车运行图、车辆周转计划以及乘务计划四部分内容。

1）数据准备

需要准备的数据包括各条线路的基本情况、乘客数量、服务标准、车辆或列车性能、换乘线路间车辆的协调和各种需要遵守的规则等等，这些数据可以分为固定数据（如线路长度）、需要时常更新的数据（乘客数量）和标准规范，这些标准规范一般都是富有经验的计划制定人员的经验积累。

2）计划制定

（1）编制列车全日行车计划

全日行车计划指城市轨道交通系统全日分阶段开行的列车对数计划。它决定着系统的输送能力和设备列车的使用计划，也是列车运行图编制的依据。列车全日行车计划一般规定交路、首末车和分时段最低发车频率。

根据城市轨道交通线路的特点，列车交路可分为长交路、短交路以及混合交路三种类型。长交路是指列车在全线各站间运行，为全线提供运输服务，列车到达折返线/站后返回；短交路是指列车在某一区段内运行，在制定车站折返，它可为某一区段旅客提供服务；混合交路则指出线路上长短交路并存的情形。

全日行车计划的编制一般要在分时行车计划编制完毕的基础上汇总后完成。分时行车计划中的列车开行对数可按式(4-13)计算。

$$n_i = \frac{p_{(\max,i)}}{(c_p \times \beta)}$$ (4-13)

式中：n_i——某小时 i 内应开行的列车数；

$p_{(\max,i)}$——该消失最大客流断面旅客数量；

c_p——列车的设计载客能力；

β——列车满载率。

于是，全日列车开行对数应为：$N = \sum_i n_i$

(2) 编制列车运行图

列车运行图规定了车辆的运行时间、发车间隔、折返时间等运营要素，以图形方式提供给运营和管理人员，如图4-14所示。

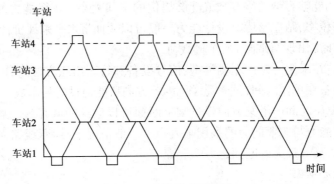

图4-14　列车运行图示意图

(3) 编制车辆周转计划

车辆周转计划规定了运行图中的运行线与运营车辆间的关系，即合理安排车辆完成列车运行计划的计划。实际编制过程中，车辆周转计划和运行图的编制是同一个过程。列车运用过程包括列车出车、列车正线运行、列车回库收车三个阶段。周转计划一般的内容包括列车在各个车站到达和离开的时刻。表4-6 为某城市轨道交通线路的车辆周转计划示意表。一般车辆周转计划将具体说明一列列车的运用情况，包括表号、出入段时间、折返站到达离开时间、任务车次等。1 号列车于6:10:40 出段,6:43:23 到达折返站2，结束2018 次车次任务；随后列车折返并于6:48:30出站，继续执行1027 车次任务；列车 11:44:30 分离开折返站 1 后，行驶回车辆段完成一列列车的周转。

(4) 编制乘务计划

乘务计划是在车辆周转计划基础上配备司机的计划，即安排司机的出乘计划。表 4-8 为乘务计划示意表，主要包括轮乘班组信息、出段、接车以及回段对应的出勤位置、出勤时间、出勤任务。以表4-7 为例进行说明，乘务 R6 于 14:37 在站 a 出勤，并于 14:57:46 完成接车，车辆编号为 35，完成1164 以及 1171 次工作任务后，于 15:42:46 交车休息。乘务员 16:40:20 继续接车完成后续任务。

车辆周转计划示意表　　　　　　　表4-6

表　号	折返站1	车　辆　段	折返站2	车　次
1		6:10:40	6:43:23	2018
	7:42:10		6:48:30	1027
	7:46:30		8:44:05	2055
	9:41:15		8:47:35	1064
	9:45:35		10:41:30	2094
	11:37:40		10:44:00	1094
	11:44:30	12:08:55		2116

乘务计划示意表　　　　　　　表4-7

位　置	出勤时间	表　号	接车时间	车　次	交车时间	交车位置
R6	14:37	35	14:57:46	1162-1171	15:42:46	站a
		16	16:40:20	1187-1205-1223	18:20:16	站a
		9	18:37:46	1230-1246-1257	20:07:46	站a

3) 运营计划分析和调整

各种运营计划除了直接指导运营生产外,还提供了很多反映运营效率的数据,例如车辆(列车)走行公里、司机驾驶时间和总工作时间等等,对这些数据的统计和分析有助于成本核算和运营效率的评价,进一步改进和优化运营计划。

实际工作中运营计划的制定过程非常复杂,需要考虑非常多的细节因素,例如发车间隔、车辆类型和大小、满载系数等,而且这些因素在很多情况下都不是一成不变的。为了提高运营效率,在一定程度上对不同的运营计划进行比选就显得非常有必要。

4.4.2　列车运行效率评价

1. 列车运行时间

列车运行时间的计算是列车牵引计算中的重要内容。列车运行时间的计算需要对列车受力进行分析,并根据运动方程进行推算。

毛保华等(2008)提出,列车运行过程中,受到多种力的作用,主要包括牵引力F、列车基本阻力、线路附加阻力W、列车制动力B、车辆重力P等。其中列车牵引力是由机车动力装置发出的内力经传动装置传递,在轮轴上形成切线方向力,再通过轮轨间的黏着而产生的、由钢轨反作用于轮周上的外力。列车基本阻力是指列车在任何线路(平直道、坡道或曲线等)上运行都存在的阻力。基本阻力主要来自机车、车辆轴颈与轴承之间的摩擦阻力,车轮在钢轨上滚动产生的阻力,车轮与钢轨间的滑动摩擦阻力,冲击振动产生的阻力,空气阻力等。附加阻力是指列车在某些特殊线路上运行时,除基本阻力外所增加的阻力,如列车在坡道上运行时的坡道附加阻力、通过曲线时的曲线附加阻力、列车起动时的起动附加阻力、通过隧道时的隧道空气附加阻力等。制动力是由制动装置产生、与列车运行方向相反、阻碍列车运行的、司机根据需要可以调节的外力。牵引运行时,作用在列车的合力为:

$$C = F - W_k \tag{4-14}$$

单位合力为:

$$c = \frac{C}{(P+G) \cdot g} = f - w_k \tag{4-15}$$

式中：F——牵引力，N；

W_k——列车运行的总阻力，N；

P——动车计算总质量，t；

G——拖车计算总质量，t；

f——单位牵引力，N/kN；

w_k——列车运行时的单位总阻力，N/kN。

惰行时，作用于列车上的合力为：

$$C = -W_k \tag{4-16}$$

单位合力为：

$$c = \frac{-W_k}{(P+G) \cdot g} = -w_k \tag{4-17}$$

制动时，作用于列车上的合力为：

$$C = -(B + W_k) \tag{4-18}$$

单位合力为：

$$c = -(b + w_k) \tag{4-19}$$

列车运行过程中，合力是列车速度和位置的函数。牵引计算采用简化方法，将列车速度分为多个间隔，用有限小的速度增量代替理论上无限小的速度增量。列车运行时间与速度、列车运行距离与速度的关系分别如式(4-20)和式(4-21)所示。列车初始速度开始，可以计算出列车在各位置的速度与所需时间，得到运行距离与时间、速度与时间的关系，进而得到列车站间运行时分。

$$\Delta t = t_1 - t_2 = \frac{v_2 - v_2}{0.2c} \tag{4-20}$$

$$\Delta s = \frac{41(v_2^2 - v_1^2)}{c} \tag{4-21}$$

在计算列车区间运营时间的同时，列车牵引能耗值可以相应计算出来。列车区间运行时间和列车牵引能耗值往往对列车区间运行方案进行综合评价。基于列车牵引计算相关理论（毛保华等，2008），北京交通大学毛保华科研团队对列车运行过程进行仿真模拟，开发了城市轨道交通列车牵引计算模拟系统。该系统通过建立列车的速度、牵引力以及运行能耗的关系模型，能够有效地计算列车在不同线路条件下的运行能耗以及时间损耗。Feng(2011)对整个仿真过程进行了比较全面的描述，如图4-15所示。该模拟系统设定1s为模拟计算单位时间间隔，在一个间隔内列车的速度、牵引力及运行模式（即牵引、制动或惰行）保持不变。

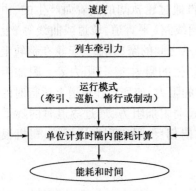

图4-15 列车运行仿真能耗时间计算方法(Feng，2011)

城市轨道交通列车在线路上运行时有三种工况:牵引(包括满极位牵引和中间极位牵引)、惰行和制动。在列车运行过程中,一般列车将首先以全功率牵引(满极位牵引)运行状态起动。在列车的运行速度达到其目标速度后,列车转换至巡航模式(中间极位牵引)并保持此速度运行,即列车以额定功率牵引运行。在此过程中,列车的实际运行速度与设定的目标速度之间允许存在不大于10km/h的误差。为了保证列车能够安全准确地在前方车站停车,列车需要在距离到达该站一定距离时开始制动,其开始制动的位置由列车实际运行速度、线路限速以及列车的制动性能决定。在列车安全停车前的每一个时间间隔内,当列车的运行速度大于最大允许速度时,列车将进入制动模式,否则,列车则保持惰行。

列车的运行速度、牵引功率和牵引力的关系如公式(4-22)所示。

$$f_i^k = \frac{P_i^k}{v_i^k} \tag{4-22}$$

式中,f_i^k、P_i^k、v_i^k 分别表示在 i 计算单位时间间隔内,列车利用其 $k\%$ 的牵引总功率时的牵引力、牵引功率以及运行速度,单位分别为 N、W 以及 m/s。

列车的速度受到牵引力和运行阻力的影响,在两个相邻的时间间隔内,速度与牵引力的关系如公式(4-23)所示。

$$v_i^k = v_{i-1}^{pk} + \frac{f_i^k - f_i^r}{M}\Delta t \tag{4-23}$$

式中:v_{i-1}^{pk} ——列车在前一个计算单位时间间隔($i-1$)的速度值,m/s;

f_i^r ——在 i 计算单位时间间隔内列车的线路运行阻力,N;

M ——列车质量,kg;

Δt ——计算单位时间间隔,即1s。

列车的运行阻力包括基本阻力和附加阻力,附加阻力包括坡道阻力、曲线阻力、隧道阻力等。该模拟系统在列车牵引能耗及运行时间损耗计算过程中主要考虑基本阻力以及附加阻力中的坡道和曲线阻力。

基于列车的牵引力、速度和运行模式与能耗的关系曲线,该仿真模拟系统可以计算出列车整个运行过程的总牵引能耗,如公式(4-24)所示。

$$E_{(mn)} = \sum_{i=1}^{n} E_i^{f_i^k, v_i^k, o_i} \Delta t \tag{4-24}$$

式中:$E_{(mn)}$ ——列车从 m 到 n 站的牵引能耗,kW/h;

$E_i^{f_i^k, v_i^k, o_i}$ ——在 i 计算单位时间间隔内,列车(处于以 o_i 运行模式下,牵引力为 f_i^k、速度为 v_i^k)的牵引能耗,kW/h。

2. 列车站停时间

列车站停时间的主要影响因素包括:

①在列车停稳和旅客下车的时间内有一个开车门的时间。在某些可以由旅客控制开门的车辆上,列车尾部没有进入信号机内或列车速度低于9.6km/h前,车门是不能打开的。驾驶员在列车没有完全停稳前不能按压开门按钮。

②在驾驶员关闭列车车门和列车准备离站的时间内,车厢实际已经满载,但有待上车旅客,等待旅客挤上车;旅客挡住车门以等待其他旅客上车;关车门时的速度快慢;确认车门完全

关闭后到列车出发的时间。

毛保华等(2006)提出列车实际的站厅时间决定于车门开关的时间、上下车旅客的人数、站在车门口延缓旅客上下车速度的人数。实际列车停车时间的计算可以参照以下方法。任意车站的站厅时间可根据单向乘客人次(上下车乘客)等因素来计算,如式(4-25)所示。

$$t_{ST} = t_0 + \left[\frac{乘客人次 \times \psi \times t_{AB}}{L \times D \times T_h}\right] + t_{CL} + t_{DEP} \quad (4-25)$$

式中:t_0——列车停稳至车门开启的时间,可取 1s;

t_{CL}——车门关闭(包括告警)的时间,可取 5s;

t_{DEP}——车门关闭至列车驶离的时间,可取 3s;

t_{AB}——每位乘客上下车顺序时间,按 1.2s/车门通道计算;

L——车门通道数,一般 1.3s 的车门宽度可假设两条宽度;

ψ——车内乘客和站台候车乘客分布不均造成的影响系数,可取 1.7;

D——每列车车门数量,如 24 个门取值 24;

T_h——该方向每小时开行列车次数,4min 发车间隔时该值取 15。

4.4.3 列车运行效率优化

1. 减少加减速时间

减少加减速时间是指减少列车在加速距离或制动距离内的运行时间,但有时也指减少列车的停车附加时间。减少加减速时间的措施主要有:

(1)改善车辆的加速与制动性能

改善车辆的加速与制动性能可减少加减速时间,但提高启动加速度与制动减速度既有车辆动力学的极限,也有乘客的生理承受和安全方面的限制。过高的启动加速度与制动减速度会使站立乘客失去稳定性,导致乘车舒适度下降并存在不安全因素。因此,当启动加速度与制动减速度已经达到 1.4m/s 方时,改善车辆加速与制动性能受到限制。

(2)合理设计地下车站线路段的纵断面

在车辆启动加速度与制动减速度一定的条件下,地下车站线路段采用凸形纵断面设计与采用平道或凹形纵断面比较,能减少加减速时间。

2. 减少列车运行时间

减少列车运行时间的关键是提高列车运行速度,而列车运行速度本身是车辆构造速度、列车运行控制方式和站间距等多因素综合作用的结果。减少列车运行时间的措施主要有:

(1)提高车辆构造速度

车辆构造速度是限制列车运行速度的因素之一。因此,要提高列车运行速度就必须提高车辆构造速度。

(2)采用列车运行自动控制系统

列车运行自动控制系统能连续、自动地对列车运行进行控制,由于提高了列车的制动限速,列车能在安全的情况下以较高的速度运行。

(3) 提高列车的制动能力

列车运行速度必须和列车的制动能力匹配,否则就不能保证安全。因此,制动能力较大的情况下,允许的列车运行速度也越高。

(4) 适当延长列车停站间距

随着站间距的延长,列车稳定运行距离也相应延长,列车运行速度可较高。但站间距与列车运行速度关系类似于站间距与运送速度的关系,即当站间距增加到一定程度后,列车运行速度的提高会趋于平缓。

3. 减少列车站停时间

从列车一次停站而言,列车站停时间取决于高峰小时车站的上下车乘客数和平均上下一位乘客所需时间等。但从列车的一次单程运行而言,列车站停时间还与站间距和列车运行方案等因素有关。减少列车站停时间的措施主要有:

(1) 增加车辆的车门数及车门宽度

采用该措施能使平均上下一位乘客所需时间减少,从而减少列车站停时间。

(2) 采用高站台或低地板车辆

在轻轨线路上,采用高站台或低地板车辆能减少列车站停时间。

(3) 组织乘客均匀分布候车

组织乘客在站台上均匀分布候车,可使乘客在列车内均匀分布,缩短上下车时间。

4. 合理分配列车站停时间和区间运行时间

在乘车高峰期,部分车站上下车乘客较多,列车满载率较高,站台候车乘客并不能全部顺利登上列车,部分乘客需要等候多列列车才能上车。对于这种高峰期特殊的客流特点,为了降低乘客等候列车次数,降低乘客等待时间,在保障列车运用数量不变的前提下,列车站停时间和区间运行时间应当根据全线上下车人数进行合理分配,完成列车运行图的调整。

(1) 站停时间调整

列车站停时间的调整应当根据高峰时段到站列车满载率、乘客下车人数以及站台乘客候车人数确定。当运行图设定的计划站停时间大于根据实际客流计算的站停时间时,即候车人数相对较少的车站,站停时间可以稍微缩短。当运行图设定的计划站停时间小于实际客流计算的站停时间时,即候车人数相对较多的车站,站停时间可以稍微增加。但是当列车满载率过高时,即使站台候车人数较多,乘客也无法完成上车,此站停时间的延长程度不宜过大。

(2) 临近区间运行时间调整

随着列车站停时分的增加,列车的周转时间有所延长。为了保障改线的列车数量不因为站停时间的增加而发生改变,优化过程将调整延长站停时分车站临近区间的列车运行时间。列车运行时间的调整可根据列车牵引计算理论中的相关内容进行操作,包括列车操作模式的改变、惰行位置的选择等。列车区间运行时间在调整过程中应当兼顾列车牵引能耗值的变化。避免以过大的牵引能耗值增长获得列车运行时间的降低。

(3) 折返时间压缩

根据全线列车各站站停时间以及列车区间运行时间的调整情况,列车终点站折返时间相应做出调整,保证列车周转时间尽量不变、全线列车数目不变。

4.5 案例分析

4.5.1 案例一：北京地铁西二旗站运营效率优化分析

1. 现状分析

西二旗站是现期北京地铁昌平线最南端的车站，亦是昌平线与13号线的换乘车站。车站周边土地利用形式略为单一，但利用强度较高。其中车站西侧为密度较高的商业用地，东侧则为居住用地。该站早高峰进站客流主要来自车站周边从居住区出发进入北京市区的通勤者，早高峰出站客流则主要去往西侧软件园方向的商业用地，晚高峰进出站客流则与早高峰相反。该站昌平线站台为高架站，13号线站台为地面站，具有高峰期进出站客流较大，其余时段进出站客流量较小的特点。早高峰期车站80%左右的进站客流是经由站外公交站接驳进站，90%左右的出站客流则经由站外公交站接驳出站。平峰期客流量小且分散到达。晚高峰期车站进站客流集中在17：30～19：00到达。车站运营的主要问题在早高峰期间突出体现。

西二旗站的车站运营效率分析将按照站外客流组织、站内非付费区客流组织、站内付费区客流组织进行讨论：

①由于车站外公交站位置的设置不合理，公交车站至地铁站进出站流线设置比较混乱，与机动车存在冲突，乘客站外进站走行时间以及乘客站外远离走行时间存在优化空间。

②受到站外公交站位置变化的影响，乘客站内非付费区走行流线的进出站客流比例发生变化，导致乘客站内非付费区进站走行时间以及乘客站内非付费出站走行时间变化。

③受到站外公交站位置变化的影响，乘客站内付费区走行流线的进出站客流比例发生变化，导致乘客站内付费区进站走行时间以及乘客站内付费区出站走行时间变化，而乘客平均上车时间、平均候车时间以及平均下车时间受到换乘车次的影响。

现阶段西二旗站的站外问题主要集中在接驳公交站布局和衔接设施配置不合理两部分。在接驳公交站布局方面，西二旗站周边共设置5个公交站：ASN、ASS、BSW、BS1、BS2，如图4-16所示。其中ASN和BSW两个公交站距离地铁站出入口较远，乘客须穿过马路步行较长时间才能到达地铁出入口。为了降低车站平均乘客乘车接近时间，站外公交站布局应根据西二旗站早高峰各客流流线的客流分布情况进行优化。在衔接设施配置方面，ASS受到步行通道宽度以及步行道两侧黑车商贩阻碍流线的影响，乘坐以西二旗为首发站的公交车的乘客由地铁出口步行至车站时往往出现瓶颈拥挤的现象，秩序比较混乱。衔接设施配置需要根据公交线路对公交场站相关设施布局以及周边道路设施进行优化。

另一方面，受到车站进出站客流流线比例变化的影响，车站进出站流线客流比例相应改变，乘客站内非付费区进出站走行时间以及付费区进出站走行时间都产生不同的变化。因此验证上述区域乘客流线也是西二旗站优化的重要内容。

2. 乘客站外进站走行时间优化

（1）公交站位置优化

西二旗站附近公交车走向主要包括两种形式，即东西向走向公交线路和南北向走向公交线路,如图 4-17 所示。其中,东西向线路为西二旗车站南侧下沉车道行驶线路,线路上公交车站位置分别设置在 BS1、BS2 上。南北向线路为西二旗车站西侧车道行驶线路,其中由南向北的线路上的公交车在 ASN 处停靠,由北向南的线路上的公交车在 BSW 处停靠。乘客从 BSW 站下车后多横穿马路与车辆形成严重冲突。优化方案考虑将 ASN 移动到道路西侧,BSW 移动到道路东侧且靠近 A 侧出口,因此北向南行驶的公交车全部在 ASN 处停靠,南向北行驶的公交车全部在 B2 口西侧不远处 ASS 停靠。站外乘客乘车接近时间优化前后的变化比较如表 4-8 所示,乘客站外走行时间皆得到有效降低。

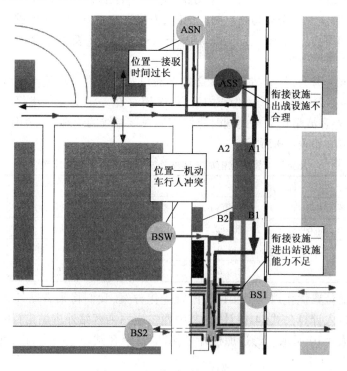

图 4-16　西二旗站站外进出站流线

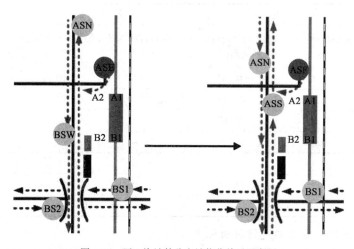

图 4-17　西二旗站外公交站优化前后示意图

公交站位置优化前后乘客站外进站走行时间变化比较　　　　　表4-8

位置	优化前		优化后		时间改变量(s)
	客流比例(%)	时间(s)	客流比例(%)	时间(s)	
ASN	25.11	105.83	8.87	100.42	-5.41
ASS	8.87	77.32	25.11	66.15	-15.13

(2) 衔接设施配置优化.

对于西二旗车站北侧,避免行人乱穿马路,优化方案在车站西侧道路上设置车道间隔围栏。设置围栏后,乘客无法横穿马路。与此同时,方案还应在红绿灯十字路口设置交通协管人员,维持丁字路口车辆行人秩序。公交站 ASN 与 ASS 的优化(表4-9)是由衔接设置配置与车站位置优化方案共同作用完成。

对于西二旗车站南侧,公交站 BS1、BS2 的客流以及直接进站客流等流线皆经由南侧人行过街天桥南侧天桥进站。考虑天桥为双向混行,客流存在一定交叉。优化方案考虑在天桥上设置围栏,加强站外客流渠化。与此同时我们应加强该流线的管理,移除相应阻挡客流流线的商贩。具体优化结果如表4-9 所示。

公交站位置优化前后乘客站外进站走行时间变化比较　　　　　表4-9

位置	优化前		优化后		时间改变量(s)
	客流比例(%)	时间(s)	客流比例(%)	时间(s)	
BS1	30.64	85.60	30.64	82.78	-2.82
BS2	12.91	112.93	12.91	110.11	-2.82
BZ	17.95	296.65	17.95	293.83	-2.82

基于上述公交位置优化以及衔接设施配置优化方案,我们将乘客站外各流线进站走行时间以及流线比例带入计算公式(4-1)计算,其中西二旗站乘客站外进站走行时间和流线比例的优化前后数据如表4-10 所示。经过加权计算,南邵站乘客站外进站走行时间由 132.06s 变化至 122.41s,缩短 7.31%。

乘客站外进站走行时间优化结果比较　　　　　表4-10

位置	优化前		优化后		改变量(%)
	各流线进站客流比例(%)	乘客站外进站走行时间(s)	各流线进站客流比例(%)	乘客站外进站走行时间(s)	
ASN	25.11	105.83	8.87	100.42	-5.11
AZ	4.52	101.05	4.52	101.05	+0.00
ASS	8.87	77.32	25.11	66.15	-14.45
BS1	30.64	85.60	30.64	82.78	-3.29
BS2	12.91	112.93	12.91	110.11	-2.50
BZ	17.95	296.65	17.95	293.83	-0.95
加权时间		132.06		122.41	-7.31

3. 乘客站内非付费区进站走行时间优化

基于西二旗站乘客进站流线的基本情况,乘客站内非付费区进站时间是由乘客一层站厅走行时间、自动扶梯/楼梯走行时间以及二层站厅走行时间三部分构成。根据既有公式和西二旗站的具体情况,我们将站厅、自动扶梯以及楼梯这三部分设施的物理属性以及设施内的乘客走行时间进行调查。

(1)数据调查

乘客设施走行时间调查主要测量乘客在站内外设施或区域内的走行时间。本研究采集的走行时间数据为一组"客流—时间"数据。该数据需要测量某个设施或区域内5min的客流量以及其测量时间内的乘客平均步行时间,其中乘客平均步行时间是对随机采集的乘客设施走行时间数据取平均值得到。数据要求调查车站主要设施在高峰期和平峰期的"客流—时间"样本不少于30组。表4-11为"客流—时间"调查表以及数据采集填写示例。

客流—时间调查表　　　　　　　　　　　　　　　　　　　表4-11

样本	设施	5min客流(人)	随机数据(s)			平均步行时间(s)
1	楼梯1	120	33	29	27	26.33
			25	27	23	
			22	25	26	
2	楼梯1	97	26	22	19	24.33
			25	27	27	

(2)数据标定

为了将车站不同类型设施进行更为精准的优化,研究将车站设施基于BPR函数描述,如式(4-2)所示。BPR函数是可以反映设施通过客流量与乘客设施走行时间的函数。我们调查车站各个设施的"客流—时间",并根据数据处理结果将设施分为:客流强影响设施和客流弱影响设施两类。这样我们可根据不同客流影响程度的设施分别进行乘客走行时间的优化。

对于某一设施而言,我们将客流和时间数据带入BPR函数进行验证处理。其中客流对应函数自变量q,时间对应因变量t,而换算5min设施能力则带入公式常数项c,平均时间的最小值带入公式常数项t_0。由于BPR函数的基本参数标定属于本质线性回归问题,因此为了得到函数中的参数,我们将对函数进行如下处理:

将$t = t_0\left(1 + \alpha\left(\dfrac{q}{c}\right)^\beta\right)$进行对数变化,得到$\ln\left(\dfrac{t}{t_0} - 1\right) = \ln\alpha + \beta\ln\left(\dfrac{q}{c}\right)$,令

$$Y = \ln\left(\dfrac{t}{t_0} - 1\right), X = \ln\left(\dfrac{q}{c}\right), m = \ln\alpha$$

则

$$Y = mX + b$$

如公式推导,客流q以及时间t可带入变化公式得到相应的X和Y值。接下来我们运用SPSS的回归功能计算,将X和Y值输入标定m和n值,得到显著性验证指标t值、显著性sig、判定系数R^2指标。当达到显著性要求时,有$\alpha = e^m, \beta = n$。而对于显著性不明显的设施标定值,设施标定形式则采用常数平均值来表示。其中接受参数标定值的设施为客流强影响设施,平均值标定的设施为客流弱影响设施。经处理,车站非付费区进站流线设施"楼梯"以及"自动扶梯1"为客流强影响设施,标定结果如表4-12所示,站厅为客流弱影响设施。

西二旗站乘客站内设施走行时间 BPR 函数标定结果   表4-12

设施	t_0	c	a			b		R^2
			$\ln a$	标定值	t 值	标定值	t 值	
楼梯	8.23	220	0.22	1.24	2.51	0.65	5.51	0.65
自动扶梯1	8.71	160	0.26	1.30	3.42	0.78	6.87	0.73

西二旗站乘客站内非付费区设施走行时间标定为如下所示。

楼梯：

$$t_i^{\text{stair}\_j} = 8.23 \times \left(1 + 1.24 \left(\frac{q_i^{\text{stair}\_j}}{220}\right)^{0.65}\right)$$

自动扶梯1：

$$t_i^{\text{esc}\_j} = 8.71 \times \left(1 + 1.30 \left(\frac{q_i^{\text{esc}\_j}}{160}\right)^{0.78}\right)$$

(3) 数据计算

基于站外调整的优化方案，我们将乘客站内非付费区各流线进站走行时间以及流线比例带入公式(4-1)计算，其中西二旗站优化前后乘客站内非付费区进站走行时间和流线比例如表4-13所示。假设早高峰进站客流为6000人/h，对于同时设置自动扶梯和楼梯的流线，西二旗站内非付费区所有乘客选择自动扶梯。经过加权计算，西二旗站乘客站内非付费区进站走行时间由32.25s提高至34.51s，增加7.01%。

乘客站内非付费进站走行时间优化结果比较   表4-13

优化区域		各流线进站客流比例(%)	乘客站内非付费进站走行时间(s)			加权时间
			站厅区（一层）	楼梯/自动扶梯区	站厅区（二层）	
优化前	A区	29.63	10.34	10.75	8.76	32.25
	B区	70.37	13.92	12.71	10.90	
优化后	A区	38.50	10.34	11.20	8.76	34.51
	B区	61.50	13.92	12.32	10.90	
改变量(%)			+7.01			

4. 乘客站内付费区进站走行时间

考虑西二旗为换乘站，因此对于不同线路，乘客站内付费区进站流线有所不同，其中包括昌平线进站流线、13号线上行进站流线、13号线下行进站流线三种类型。下文将对昌平线进站流线优化进行说明。

按照西二旗站昌平线乘客进站流线，乘客站内付费区进站走行时间是由乘客站厅走行时间、自动扶梯走行时间以及站台走行时间三部分构成。根据既有公式和西二旗站的具体情况，我们将上述三部分设施的物理属性以及设施内的乘客走行时间进行处理。数据调查及标定方法与乘客站内非付费区进站走行时间处理的思路基本一致。其中乘客站内付费区内的自动扶梯走行时间则按照公式(4-2)的BPR形式进行，标定结果见表4-14，乘客站内付费区内的站厅走行时间和站台走行时间皆取值常数。

第4章 城市轨道交通运营效率评价及优化

西二旗站乘客站内设施走行时间 BPR 函数标定结果　　　　表 4-14

设施	t_0	c	a			b		R^2
			$\ln a$	标定值	t 值	标定值	t 值	
自动扶梯 2	23.13	160	0.23	1.25	1.98	0.73	5.77	0.59

自动扶梯 2：

$$t_i^{esc\_j} = 23.13 \times \left(1 + 1.25 \left(\frac{q_i^{esc\_j}}{160}\right)^{0.73}\right)$$

基于站外公交调整的优化方案，我们将乘客站内付费区各流线进站走行时间以及流线比例带入公式(4-1)进行计算，其中西二旗站优化前后乘客站内付费区进站走行时间和比例如表 4-15 所示。其中早高峰进站客流量 6000 人/h，且进站客流中 80%的乘客经过自动扶梯。经过加权计算，西二旗站乘客站内付费区昌平线进站走行时间由 73.78s 降至 73.11s，缩短 0.91%。

乘客站内付费区昌平线进站走行时间优化结果比较　　　　表 4-15

优化区域		各流线进站客流比例(%)	乘客站内付费进站走行时间(s)			加权时间
			站厅区(二层)	自动扶梯区	站厅区(三层)	
优化前	A 区	29.63	26.76	30.36	13.12	73.78
	B 区	70.37	24.15	36.56	14.56	
优化后	A 区	38.50	26.76	32.06	13.12	73.11
	B 区	61.50	24.15	35.13	14.56	
改变量(%)				−0.91		

4.5.2　案例二：北京地铁昌平线列车区间运行效率优化分析

1. 现状分析

北京地铁昌平线为连接郊区与城区的重要线路，其旨在满足昌平线沿线居民通勤出行需求。该线具有较大的客流不均衡性。高峰期间单向客流量极大，且早高峰入城客流以及晚高峰出城客流分别占总客流较大比例，而其平峰期客流量较小。昌平线沿线设有南邵、沙河高教园、沙河、巩华城、朱辛庄、生命科学园以及西二旗七座车站。从客流空间分布来看，沙河站早高峰进站客流最大，且下行方向(南邵至西二旗方向)客流量处于较高水平。

理论上来看，列车在各个车站的站停时分应能够保障列车在发车间隔内聚集的乘客顺利上车。假设站台候车的乘客均匀分布在列车的 24 个车门上，且在一个计算时间间隔内(30min)每列车候车乘客数基本相等。乘客上车时间设定 1s/人，且列车容量满足乘客上车数量。对于一列车的站停时分，其组成部分可表述为如图 4-18 所示形式。

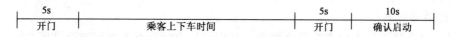

图 4-18　列车站停时分的构成

实际调查可知，在早高峰期，昌平线乘客往往等待一列以上列车才能顺利上车，乘客候车时间有所延长。而受到列车运用数的限制,列车发车间隔并不能进一步缩短。因此合理调整列车沿线站停时间,保障一定数量乘客上车则成为列车区间运行效率优化的一个重要内容。与此同时,在运营条件不发生改变的前提下,站停时间的延长往往导致列车区间运行时间降低,列车区间运行速度增加,列车运行时的牵引能耗值增加。为了综合评价列车区间运行效率,本研究提出综合成本的概念。综合成本包括列车候车时间成本和列车能耗成本两方面内容。其中列车候车时间成本为一列列车候车乘客的总候车时间与乘客时间价值的乘积,列车能耗成本为一列列车在整条线路运行的牵引能耗成本。具体表述如式(4-26)所示。

$$C = Ct + Ce \tag{4-26}$$

式中:C——综合成本;
Ct——列车候车时间成本;
Ce——列车牵引能耗成本。

$$Ct = VOT \times t \times n \tag{4-27}$$

式中:VOT——乘客平均单位时间价值,元/h;
t——一位乘客平均候车时间,h;
n——乘客数。

$$Ce = VOE \times e \times \left(\sum_{i=1}^{n} l_i \times R_i \times C\right) \tag{4-28}$$
$$= VOE \times e \times n \times C \times \sum_{i=1}^{n} l_i$$
$$= VOE \times e \times n \times C \times L$$

式中:VOE——换算能耗价值,元·kW·h;
e——列车牵引单位能耗,kW·h/人·km;
l_i——区间 i 的长度,km;
R_i——列车满载率,取 100%;
C——列车定员,人。

对于一列列车而言,列车候车成本与列车能耗成本具有以下关系。对于站台候车人数较多且列车满载率未达到100%时,列车站停时间的增加可以增加站台乘客上车人数,进而降低乘客的平均候车时间,列车候车时间成本相应得到了降低。在列车全线运行总时间不变的前提下,列车区间运行时间要求缩短,列车区间运行目标速度提高,相应列车区间运行牵引能耗值增加,列车能耗成本相应增加。因此,如何有效调整分配列车站停时间和区间运行时间,保障列车运行过程中的综合成本最低,则是列车区间运行优化的主要研究内容。

2. 列车区间运行优化

基于合理调整列车站停时间和区间运行时间的原则,本书将根据现阶段线路早高峰各车站上下车人数,重新确定列车站停时间。昌平线早高峰下行方向列车站停时间的调整遵循以下几个方面:

(1)保障乘客上车

昌平线早高峰下行方向上车乘客数多。过短的站停时分并不能保障该站所有候车乘客顺利上车。为了保证乘客不因过短站停无法上车等待下一列车的问题,站停时间将根据实际上车乘客数适当延长。昌平线早高峰下行方向的沙河站和生命科学园站的上车乘客过多,在一个发车间隔内,所有候车乘客无法在既定站停时间内上车,根据进站乘客数与站停时间的换算关系,两站的站停时分皆从原先30s调整到45s。

(2)未来换乘站需要

朱辛庄站为昌平线与8号线的换乘站。随着朱辛庄站由原先普通站向换乘站的转变,该站的站停时分应当稍作延长。高峰期按照一般换乘站等级的站停时间设定,将时间由原先30s改为45s。

随着列车站停时分的增加,列车的周转时间有所延长。为了保障改线的列车数量不因为站停时间的增加而发生改变,本书提出的优化方案将进一步调整列车区间运行时间,也就是说将在一定程度上缩短列车在区间的运行时间。具体调整过程如表4-16所示。

早高峰下行方向列车运行图调整   表4-16

区间	下 行(s)	
	原方案	早高峰优化
南邵		
沙河高教园	300	290
	30	30
沙河	150	145
	30	45
巩华城	150	145
	30	30
朱辛庄	240	230
	30	45
生命科学园	180	170
	30	45
西二旗	350	340

3. 综合成本计算

基于表4-17列车运行图的调整,优化方案中列车站停时间得到延长,乘客时间成本得到降低。对于早高峰下行方向列车(6:30~9:30)而言,列车运行受到沿线上车人数较多的影响,站停时间不足以满足一定数量乘客上车。部分乘客需要在站停等候下列列车才能顺利上车,等候时间增加了一个发车间隔(早高峰约6min)。车站乘客候车人数及候车时间如表4-17所示。考虑北京市城镇人口收入,时间价值成本取值9.32元/h。经计算早高峰(6:30~9:30)列车站台候车时间约为2687.00h,折合候车时间成本25042.84元。优化方案考虑调整沙河站和生命科学园站的站停时分,站台候车时间约为2305.25h,折合候车时间成本21484.93元。

早高峰下行方向各车站乘客候车时间分布 表 4-17

站　点	乘客候车次数	原方案		早高峰优化方案	
		乘客数(人)	时间(s)	乘客数(人)	时间(s)
南邵站	0 次	6000	180	6000	180
沙河高教园站	0 次	4060	180	4060	180
沙河站	0 次	4850	180	8360	180
	1 次	7800	450	4290	450
巩华城站	0 次	600	180	600	180
朱辛庄站	0 次	3200	180	3200	180
生命科学园站	0 次	4280	180	5860	180
	1 次	4500	450	2920	450

由于列车站停时间发生改变,列车区间运行时分相对发生变化。本书运用列车运行牵引计算软件对列车牵引过程进行仿真。模拟早高峰下行方向列车区间运行的牵引能耗值结果如表 4-18 所示。

早高峰下行方向列车运行牵引能耗值 表 4-18

区　间	原　方　案	早高峰优化
南邵—沙河高教	64.45	67.87
沙河高教—沙河	25.74	27.53
沙河—巩华城	26.86	28.74
巩华城—朱辛庄	38.14	40.68
朱辛庄—生命	40.84	41.56
生命—西二旗	40.16	43.40
运行总能耗(kW/h)	236.19	249.77

如表 4-15 所示,除朱辛庄—生命科学园区间的能耗增加外,受到沙河站以及生命科学园站的站停时间增加影响,沙河—巩华城、巩华城—朱辛庄以及生命—西二旗的区间运行时分得以调整。早高峰下行方向每列车能耗由 236.19kW·h 增至 249.77kW·h,平均每列车增加能耗 13.58kW·h。考虑早高峰期间(6:30~9:30)的列车发车车次为 27 次,工业用电 VOE 取值 0.8 元/kW·h,那么在列车等待时间成本计算的对应时段内,下行方向列车牵引能耗成本由原方案 5101.70 元增至 5395.03 元。

综合考虑列车等候时间成本与牵引能耗成本。对于早高峰下行方向列车而言,原方案综合成本为 30144.54 元,而早高峰优化方案综合成本为 26879.96 元。综合成本降低 10.82%。因此运营部门可按照上述方式对列车运行图进行调整。

4.6 本章小结

本章介绍了城市轨道交通运营效率评价指标和优化方法,建立了城市轨道交通运营效率评价体系,并针对体系中的评价内容提出相应优化措施,为城市轨道交通运营企业提供了理论和实践支持。其中站外客流组织、站内设施配置、车站运营组织以及列车运营组织是影响城市轨道交通运营效率的重要方面。

城市轨道交通运营效率评价指标主要涉及空间利用率、设备运行效率、列车运行效率、乘客服务效率、安全效率五个方面。效率常用的分析方法则包括专家打分法、灰色关联、TOPIS、层次分析、模糊综合评价。本章主要建立了基于车站运营效率、列车运行效率的城市轨道交通运营效率评价体系。其中车站运营效率评价按区域划分主要包括站外、站内非付费区、站内付费区以及换乘站的客运组织。

本章涉及的车站运营效率评价指标包括乘客区域走行时间、乘客上下车时间和乘客候车时间三类。乘客区域走行时间与该区域客流流线以及对应流线乘客设施走行时间相关。考虑乘客个体走行特点及 BPR 函数，乘客设施走行时间可基于设施通过客流量等变量进行描述。具体到不同区域，则包括乘客站外进站走行时间、乘客站外出站走行时间、乘客站内非付费区进站走行时间、乘客站内非付费区出站走行时间、乘客站内付费区进站走行时间、乘客站内付费区出站走行时间。乘客上下车时间与列车内部和车站站台组织密切相关。乘客候车时间则受到站台候车人数、列车到达间隔以及站台客运组织等因素影响。客流高峰期乘客往往在站台等候多列列车才能顺利上车，这就对车站运行组织和列车运行组织提出了更高的要求。具体车站运营优化措施总结如图 4-19 所示。

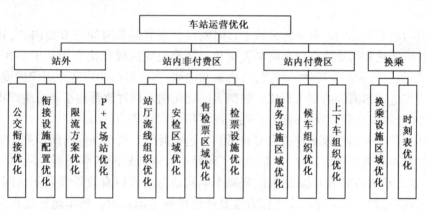

图 4-19　车站运营优化措施

站外客流组织优化主要针对乘客站外进站走行时间、乘客站外出站走行时间开展，其优化措施包括公交衔接优化、衔接设施配置优化、限流方案优化以及 P + R 场站优化。对于进出站客流主要以公交衔接接驳的车站而言，站外公交站位置的设置将大大影响乘客站外走行时间。公交站的设置应避免进出站客流与道路车流出现交叉，多条公交线路车站的布置避免过于集中，尽量保障城市轨道交通车站各出入口客流的均衡性。与此同时，站外衔接设施，如步行道、天桥等，应保障步行通畅。对于进站客流量远超过车站运输能力的车站而言，限流可作为有效手段控制客流。但是在限流方案的实施过程中，应当充分调研确定合理的限流布置形式、限流强度以及限流位置，避免出现限流方案不合理导致的站外效率过低的问题。除此之外，随着城市公共交通系统的逐步完善，城市轨道交通站外停车换乘设施逐步引入到站外管理中来。不论是适用于郊区车站的 P + R 设施，还是适用于市区的 B + R 设施，在建设管理的过程中都应体现交通一体化便捷化管理，逐步形成统一管理的交通枢纽，保障乘客、小汽车、自行车顺畅进出。

站内非付费区客流组织优化主要针对乘客非付费区进站走行时间、乘客非付费区出站走行时间开展,其优化措施包括站厅流线组织优化、安检区域优化、售检票区域设施布局优化以及自动检票设施优化。站厅流线优化应当基于减少同向走行乘客之间的干扰的原则开展,通道设施的瓶颈突变处设置漏斗形的渐变,客流组织应当注意站厅客流流线垂直流线交叉处的通行效率。安检区域优化一方面需要根据进站客流量合理配置安检机数量,另一方面可分离带包进站客流和非带包进站客流进站流线,必要时设置围栏,避免客流堆积。包括自动售票机、人工售票窗口、进站闸机和出站闸机构成的售检票设施布局应当配合站厅流线进行组织,保障购票进站乘客以及直接进站乘客的顺畅性。自动检票区域的进出站闸机设置应当保障乘客在非付费和付费区交叉区域走行顺畅。

站内付费区客流组织优化针对乘客付费区进站走行时间、乘客付费区出站走行时间、乘客上下车时间以及乘客候车时间开展,其优化措施包括基本服务设施优化、站台候车组织优化以及乘客平均上下车时间优化。车站站内楼扶梯、通道设施区域内的客流流线应当清晰:楼梯与自动扶梯组合使用区域可设置隔离围栏,降低乘客选择路径时的相互影响;混合方向的楼梯区域应降低不同方向客流之间的干扰;通道内客流流线分流和合流区域应适当采取引导措施。站台候车组织优化应当根据站台楼扶梯设施的布置位置和乘客流动性特点,组织乘客在站台均匀候车。

换乘站的换乘优化则针对乘客区域走行时间以及乘客候车时间三方面内容,其优化措施包括换乘设施优化和换乘线路列车时刻表优化。换乘设施区域优化应当基于乘客个体属性、换乘方式、换乘设施和换乘环境的特点,考虑换乘流线、客流量与相应客运组织的变化关系,避免换乘流线与进出站流线的交叉干扰。时刻表的优化则是通过改善列车运行组织提高乘客换乘的接续性,进而降低乘客候车时间,达到提高车站运营效率的目的。

本章涉及的列车运行效率评价主要包括列车运行时间和列车站停时间。列车运行效率的优化需要综合考虑列车牵引计算(车辆性能)和列车运营计划的基本限制。从列车车辆性能方面来看,改善车辆的加速与制动性能、提高车辆构造速度可以有效降低列车区间运行时分。但在优化过程中,列车牵引能耗应当作为重要评价指标考虑在内。列车运行过程应进行能耗和运行时分的综合评价。另一方面,从运输组织方面来看,合理分配列车运行时分和站停时分、有效组织乘客上下车则是管理措施的重要内容。

第5章 城市轨道交通与沿线土地利用

5.1 引言

5.1.1 背景与现状

世界工业化和城市化进程的发展过程,是人们不断寻求解决城市交通问题而努力探索的过程,其中城市交通系统与土地利用的相互分离是造成交通问题的根源之一。复杂的城市交通系统与土地利用互动关系研究一直方兴未艾。随着我国工业化、城市化和机动化进程的不断加快,城市交通问题日益显现,对两者互动关系进行深入定性、定量研究已经成为我国相关学者所面临的重要课题。城市交通发展作用于城市发展,改变城市的布局,引导人们的出行;城市发展也作用于交通发展,城市范围内不同的土地利用类型和强度,决定了人们的出行距离和出行方式。交通需求是人们的衍生需求,而非本源需求。人们前往目的地是为了从事其他活动,如工作、购物、学习等等。而交通出行则是伴随着这个过程产生的衍生需求。因此,城市土地利用类型和强度,从根本上决定了交通出行需求。如今面临的诸多交通拥堵问题,则是交通需求与交通供给不匹配所导致。一个城市只有交通规划与城市规划相结合,合理开发利用,才能最大程度的提高出行效率,降低出行成本,缓解城市拥堵问题。随着城市化进程的加快,大城市人口集聚增加,政府鼓励市民选择公共交通方式出行。城市轨道交通具有运量大、速度快、安全、准点、保护环境、节约能源和用地等特点,吸引了众多决策者的注意。世界各国普遍认识到,解决城市的交通问题的根本出路在于优先发展以轨道交通为骨干的城市公共交通系统。诸多国家都在努力开发建设城市轨道系统以缓解城市拥堵问题。如何合理开发城市轨道交通与沿线土地利用成为当今世界各大城市面临的主要问题。土地的合理开发和利用既能减缓交通拥堵,提高城市交通运营效率,还能带来一定的经济效益。但是如果开发不合理,不仅不能缓解原有的交通拥堵,还会导致新的交通问题。因此,城市轨道交通与沿线土地利用合理开发具有重要意义。

轨道交通沿线土地的合理开发利用一方面有利于提高土地开发价值,另一方面则有利于为轨道交通提供稳定的客流支撑,支持轨道交通的可持续发展(伯利恒,2007)。目前,香港、哥本哈根、东京等城市建立的公交导向城市土地利用模式均获得了不小的成功。香港地铁目前运营总里程达210km,车站152座,拥有员工12000多名,日客运量394万人次,轨道交通市场占有率达40.6%。香港地铁成为世界上最繁忙的地铁线路之一,但香港地铁的运营却从来没有出现过大的事故。列车服务的准点率和各设备系统的可靠性等各项指标均达到99%以上。如此优异的运营表现和香港地铁线路与沿线土地的合理开发直接相关。香港地铁的建设过程中,改善了既有地铁车站的可达性。一般情况下,车站周边500m(步行范围)半径内的客流为地铁吸引客流的主要来源。香港地铁通过设置自动扶梯使乘客进出车站更加舒适,在地铁车站与居民楼、商场之间设置全天候人行连廊,给乘客创造了一个不受气候干扰的乘车环境,同时通过设置人行隧道接驳系统扩大了地铁车站的辐射范围。在香港,共有40座轨道交通车站设有人行接驳系统。而香港地铁之所以可以完成如此良好的人行接驳系统,要归功于香港地铁"铁路+物业"的综合发展模式。正是交通系统和土地利用合理开发才保证了香港地铁的优异运营表现。香港的成功经验验证了交通和土地利用之间的互相作用关系。

5.1.2 城市交通与土地利用

城市交通系统与土地利用关系研究有着长久的历史。在早期,古典经济学派区位理论的研究者们应用经济分析方法研究了理想市场模式下的经济活动区位选择及其地域空间分布特征,形成了农业区位论、工业区位论和市场区位论等著名理论,其中交通系统与土地利用关系的探讨是该理论中的重要研究内容,是研究交通系统与土地利用关系的基础理论之一。Thuen(1826)在农业区位论中从运费支出最少、利润最大化出发,考察了距离城市远近与农业耕作方式的关系,构建了以中心城市为核心的同心圆农业圈图,阐明了交通系统对农业土地利用区位的重要作用,是影响农业土地利用的重要因子。Weber(1909)工业区位论认为运费、工资和集聚是影响生产费用的主要区位因素,其中运费起着决定性作用,工资引起运费定位产生第一次"偏离",集聚作用又使运费、工资定位产生第二次"偏离",即最佳理想工业区位和企业厂址的选择就是在运费、工资和集聚三者关系中选择生产费用最低的区位,说明交通系统在工业区位选择中有重要作用。Chrisatller(1933)和Losch(1940)在市场区位论中认为市场区及中心地体系的形成受不同原则和条件的支配,中心地和市场区大小的等级和顺序按照所谓的K值排列成有规则的、严密的中心地网络系列。他们探讨了商业中心分布、居住、工作岗位、服务与交通系统之间的相互关系,认为交通系统是影响市场区和中心地体系形成的一个重要影响因素。之后出现了芝加哥学派城市地域空间结构理论。芝加哥学派的研究者们从人文生态学角度去研究人类活动对城市地域的空间作用,形成了著名的城市地域空间结构三理论,其中作为人类主要活动之一的"交通"与土地利用的相互关系是该理论研究的重要内容之一。Burgess(1925)在城市同心圆结构理论中认为中心商业区交通条件最好,形成城市中心,分布着城市的主要商业,远离城市中心时,交通条件变化,由于不同的用地功能对交通条件要求不同,城市地域空间分化为5个同心圆地带。该理论忽略了交通线对城市地域结构的影响,Hoyt(1939)对其进行了修正,提出了城市地域结构的扇形理论,认为城市发展是从市中心沿主要交通干线向外延伸,呈现出由交通干线支撑的扇形组合形式,市中心仍是中心商业区,而住宅区向四周沿交通干线呈放射状延伸,高级住宅区处于城市周边位置,中产阶级住宅区则位于高级住宅区和工人住宅区之间,工人住宅区位于市中心外围,其间夹杂批发商业区和轻工业区。1945年,Harris和Ulman又提出了城市多核心理论模式,认为城市核心的分化和城市地域的分异是在区位、可达性、集聚、分异和地价等因素综合作用下形成的,再加上历史因素影响和局部地区的特殊性,使城市地域形成了多极核心。中心商业区是市内交通的焦点,但并非居于城市几何中心,靠近市中心是批发和轻工业区,重工业区布置在市区边缘,工人住宅区通常分布于市中心周围,而中、高级住宅区则布置于环境较好的城市另一侧。最后出现了城市土地价值理论。Alonso(1964)正式发表《区位与土地利用》一书,提出了城市土地价值理论,从土地区位和租金的角度论述了城市交通系统与土地价格之间的密切联系。他认为城市土地价格取决于租金,租金取决于土地区位,区位取决于土地可达性,也就是说城市地价取决于可达性。土地的可达性与城市交通系统密切相关,城市地价将随着它到城市中心的交通运费增加而下降,最高地价将产生于城市中心可达性最高的地块。

现代城市交通系统与土地利用关系理论研究也已经有了长足的发展。1971年,美国交通部提出了"交通发展和土地发展"的研究课题,揭开了土地利用与交通关系理论的综合研究序幕,其后许多学者开始了现代城市交通系统与土地利用关系理论的专门研究,概况起来主要有三方面内容。首先是城市交通系统深刻地影响着城市空间形态。J. S. Adams(1970)归纳总结了北美城市交通系统与城市发展模式特征,认为两者关系发展经历了四个阶段:步行马车时代(1800～1890年)、电车时代(1890～1920年)、汽车时代(1920～945年)和高速公路时代(1945年～今)。Schaeffer(1975)和Sclar(1975)系统地探讨了城市交通系统与城市空间形态的关系,他们认为城市空间形态在交通系统影响下经历了由"步行城市"演变到"轨道城市"直至最终"汽车城市"的过程,指出了城市交通系统在城市空间形态演变中的影响作用。1980年美国一项关于亚特兰大、巴尔的摩等城市环城公路对土地利用影响的报告指出了公路和城市形态之间的联系,再次证明了公路对城市空间形态有着巨大影响。之后,Newman和Kenworthy(1996)再次深入研究了交通系统对城市空间形态的影响,把城市空间形态划分为传统步行城市、公交城市和汽车城市三个阶段,后来Hall(1997)和Richmond(1998)等人的研究对此表示了肯定与支持。城市交通系统影响土地利用布局。Knight(1977)研究了交通系统对土地利用的影响,系统总结了影响土地利用的各种因素,包括土地可达性、土地连接成片难易程度和土地使用政策等,其中土地可达性(即交通条件)是影响土地使用的最重要因素之一。但城市交通系统与土地利用之间的关系并非是单向的,Stover(1988)和Koepke(1988)研究指出两者之间存在双向反馈影响作用,它们之间形成一个作用圈,交通系统影响土地利用类型,而土地利用反过来又影响交通系统。城市交通建设对城市土地价格有着重要影响。新交通设施的建设提高了城市土地的交通可达性,使得在一定通勤时间内所能到达的土地增加,而这些土地对开发商更具吸引力,一般认为土地的价格将随之提高。Baerwald(1981)讨论了交通可达性对住宅开发的影响,指出交通可达性是住宅开发的关键因素,那些不具备公路通道的地块由于缺乏价格竞争力,没有开发的可能性。

城市土地利用对交通系统也存在影响。城市土地利用特征从不同角度影响交通系统。Nithin(1979)专门研究了土地利用对交通系统的影响,系统地总结了影响交通系统的土地利用因素:规模因素,包括人口、工作岗位和住房等土地利用规模等;密度因素,包括土地利用密度、人口密度等;布局因素,包括土地利用结构、城市结构、城市中心布局等。Simmonds(1997)等人在详细研究了布里斯托尔地区后指出土地利用混合程度是影响城市交通的主要因素。Giuliano等(1997)则详细研究了住宅、人口和工作岗位等因素对交通系统的作用和影响。Pushkarev和Zupan(1977)研究指出土地利用密度越高,交通需求量就越大,当土地利用密度低于每英亩7栋住宅时,公共交通几乎没有可能性,当土地利用密度达到每英亩60栋住宅时,公共交通将成为该地区的重要交通方式。Dimitriou(1991)的研究更证实了土地利用密度对交通的影响。其研究分析了全球32个大城市的交通系统与土地利用的关系,指出高密度与对公交依赖型之间存在很高的相关关系。许多研究者们研究指出土地利用密度影响交通出行方式选择,进而影响到交通系统模式。一般而言,土地利用高密度与公交出行模式有相对应的关系,除此之外,城市土地利用还影响交通出行特征。Handy(1992)综合有关研究,分析了土地利用对出行特征的影响,指出随着土地利用密度的提高,交通出行次数减少,但随着出行速度的降低将有可能引起出行距离的增加,土地混合程度对交通出行类型影响微弱。其所得出的结论与Pushkarev和Zupan(1977)以及Cervero(1989)等人的结论基本一致。后来,Hanssen(1995)研究奥斯陆市时发现土地利用的变化引起了交通出行流量的相应变化,住宅密度是其中一个主要因素。这些研究充分表明了土地利用对交通出行特征有着深刻影响。

城市交通系统与土地利用互动关系研究一直都是城市地理学家、城市交通规划师和城市规划师研究的一个热点课题。由于土地利用和交通系统之间的不协调是造成城市交通问题的主要原因,许多学者从促进城市良性发展出发,开展了两者关系的相互协调研究。Thomson(1982)依据城市用地结构、城市形态和经济发展状况的不同,提出了五种解决城市交通问题的战略即强中心战略、完全机动化战略、弱中心战略、低成本战略和限制交通战略。随着可持续发展理论研究的兴起,土地利用与交通系统的可持续发展也成为学者们研究的热点,许多学者从技术、价格资金和交通土地利用一体化规划等角度出发研究了土地利用与交通系统的可持续性。1996年,Black和Willian认为可持续的交通系统必须能够满足目前的交通需求而又不危及下一代的需求能力,这一定义得到了许多学者的肯定。Whitman和Christine(1997)则进一步指出良好的土地利用和完善的交通系统是社会可持续发展的重要因素。

自交通与土地利用相互关系研究以来,国外学者建立了很多模型用以定量描述两者之间的关系,例如劳瑞模型及其发展、标准规划数学模拟方法模型、基于投入产出分析理论的多元空间模拟模型、城市经济学方法模型和微观模拟方法模型等(毛蒋兴和闫小培,2004年)。虽然交通与土地利用相互关系模型研究蓬勃开展,但是模型的灵活性、适用性和可移植性有所欠缺。并且国外关于两者关系的相关研究成果丰富,但不完全适合我国特有国情。必须指出的是,对城市交通系统与土地利用互动关系的研究是进行城市交通政策分析、制定未来城市交通政策及解决复杂城市交通问题的基础。研究者们必须坚持"协调好城市交通系统与土地利用两者关系是顺利解决城市交通问题的根本对策"的观点,全面系统地开展我国两者互动关系的研究,积极拓展相关研究的新领域和新方向,为顺利解决我国城市交通问题提供科学的理论和实践支持。

5.1.3 城市轨道交通与土地利用

轨道交通作为大运量、高速度的公共交通运输方式对土地开发有极大的促进作用,但这种促进作用需要其他因素的支持(周世惊,2012)。这种支持就是指轨道交通沿线土地的合理开发利用。Cervero(1986)认为轨道交通与土地一体化开发,可以提高公共交通使用率。研究表明轨道交通周围居民乘坐轨道交通的概率是其他地区的2~5倍(Cervero,1994)。Shinbein和Adler(1995)的研究认为轨道交通车站周围土地混合开发模式,是解决城市扩张和交通拥堵的一条途径,并且居民离车站越近,乘坐公共交通的概率就越大,同时居住密度越大,乘坐公共交通的概率也越大。

轨道交通具有高运量特点,对城市发展有巨大的支撑作用。日本早在明治时期就提出以铁路带动东京城市发展的规划蓝图,并相继建设了大量的国铁、私铁和地铁线路,建造成了今天东京、大阪、名古屋等轨道上的城市。此外,斯德哥尔摩、哥本哈根以及亚洲的香港、首尔等一批城市都在开展基于轨道交通的城市建设。

SD Ireport 2002 – R – 03 研究了首尔市国铁车站与周边土地一体化开发的方法,分别探讨了几个不同区位的车站与周围建筑的联合建设、影响区内用地配置及交通设施布置等方面的规划设计。报告中所提的规划发展模式,对我国城市轨道交通车站与周边城市联合规划建设有很强的借鉴意义。SDI 的研究报告 2007 – R – 03 对首尔市轨道交通车站周围现状土地利用进行了较为翔实的调查分析,并提出了相应的改进措施。这个报告对首尔市车站进行了分类,采用 GIS 系统对车站周围不同的距离圈层进行土地利用调查,分析了用地强度(容积率、人口密度)、用地结构在空间上的分布。报告中的分析方法对本文章的研究具有很强的指导意义,研究结果对我国大城市轨道交通与土地利用有很强的借鉴意义。寺崎友芳(2005)分析了东京站周围采用容积率缓和制度带来的诱增交通量,以及这种交通量在周边各个车站的分布。轨道车站周边的土地利用形式和强度对轨道车站的客流量有显著影响。

Keefer(1994)研究发现,在地铁车站附近每新增加 $92.9m^2$ 的楼地板面积,将额外每天产生 60 个乘次的客流量。Dill(2008)通过调查轨道交通周围居民发现,住在城市轨道交通车站周围大都是没有小孩的、人数较少的家庭。尽管他们乘坐轨道交通的概率比其他人高,但也不是以轨道交通为主。到达轨道交通的方式比轨道交通车站本身的位置和形式对公众是否乘坐轨道交通的影响更大,距离和停车费是影响交通的方式的重要因素。此外,被调查者也认为相对于以前的居住环境,现在他们更愿意乘坐轨道交通。Crowley 等(2009)的研究说明便捷的步行环境对人们的生活方式和轨道交通的使用率有很大的影响。

此外,新加坡、香港等国家和地区对于轨道交通与沿线土地利用之间关系的研究及经验对于我国轨道交通和土地利用的协调发展都有很强的参考价值。

我国城市轨道交通起步晚,城市轨道交通与土地结合开发的研究也主要在近十几年,但仍取得了丰硕成果。最初,我国关于城市轨道交通与周围土地开发的研究主要是定性分析,学习借鉴了美国、香港、日本、新加坡等地的理论和实践经验。随着实践的增多,越来越多的学者结合我国的实际情况及相关城市轨道交通线路进行了具体分析,近几年来,关于城市轨道交通与土地开发的定量化研究逐渐成为新的关注点。

郑捷奋和刘洪玉(2002、2003)分别对香港、新加坡、日本等地的轨道交通与土地资源综合开发的实践进行了研究分析。冯浚和徐康明(2006)介绍了哥本哈根的 Transit Oriented Development(TOD)模式。夏朝阳(2006)采用理论分析与案例分析相结合的方法,以日本、香港为例分析了城市轨道交通与土地综合开发模式,并从规划原则、综合开发方式、管理制度和法制化建设四个方面进行了探讨。柏立恒(2007)介绍了香港的轨道交通与土地规划。姜小文(2007)以东京轨道交通发展作为成功事例,探讨了北京交通可持续发展模式。王治和叶霞飞(2009)总结世界典型城市 TOD 开发经验,认为城市轨道交通站点周围的土地利用性质应以商业和住宅为主,其土地开发强度应较高。王京元、胡江、张剑石等(2010)分析日本和香港经验,认为城市轨道交通周围土地应以居住、商业及办公等功能开发为主。董铖(2011)则以香港地铁为例对城市轨道交通与土地综合开发模式进行了具体分析。

田莉在1999年就对快速轨道交通沿线土地利用的性质、强度,快轨影响区内地价的制定,沿线土地利用的控制管理等进行了探讨。刘金玲和曾学贵(2004)以及郑俊、题峰(2007)都认为轨道交通与土地利用一体规划应从点、线、面三方面考虑。吴丹等(2009)提出站点地区开发强度应遵循整体高密度土地使用开发强度梯度递减的原则,土地使用功能与强度的确定,应和要求高密度开发的轨道交通系统相匹配。

林艳等(2004)、王祥和张雅琪(2004)等系统的阐述了TOD策略的内涵、规划思路和实施原则。刘迁(2004)从分析轨道交通方式、特点和城市结构发展规律入手,辩证分析了不同城市结构中轨道交通TOD功能和一般规律。张席洲、张小亮(2006)分析了在TOD环境下土地开发的对策。李程鱼和陈峰(2007)认为TOD是城市可持续发展的一种必然结果,对我国有重要借鉴意义。李木秀(2008)分析了轨道交通导向的城市边缘区土地利用模式。陆化普和赵晶(2008)从宏观、中观、微观等3个层次以点带面地提出TOD规划中的关键环节,着重从微观层面给出了对规划有指导意义的土地混合利用分析模型。

随着研究的深入,大家就逐渐会根据不同车站类型进行分类研究,关于车站分类这一块也有很多学者进行了专门研究,其他学者在研究城市轨道交通车站周围土地开发模式时,都会根据已有分类,结合不同类型车站特点,提出不同的建议。

惠英(2002)采用场所导向型的分类标准,将站点地区分为以下四类:公共中心区;交通枢纽区;成熟居住区;城市外围区。刘菁(2005)根据轨道交通车站与城市中心区的距离可以分为以下三种情况进行分析:城市中心区的车站、城市边缘区的车站、城市外围区的车站。姚文琪(2005)根据人流交通密度程度,换乘需求量大小和车站周边用地开发潜力的不同,将车站分为三类,即重点枢纽站、次重点车站和一般车站。王静(2006)将上海轨道车站周边的开发按区位和功能分成市区车站开发、近郊车站开发和远郊车站开发三大类。陈卫国(2007)从交通和用地两个方面综合判断,将车站分为四种类型,即综合枢纽站、交通接驳站、片区中心站和一般站。林琴等(2006)探讨了聚类分析在城市轨道交通车站分类中的应用。郑文含(2008)将轨道交通站点按照功能划分为居住型、中心型、枢纽型三种类型,确定车站的空间影响区,提出站点地区开发应遵循整体高密度土地使用,开发强度梯度递减的一般规律,针对三种类型站点特点分别提出适宜的开发强度建议。马小毅(2008)以广州市为例,在研究了土地开发强度和站点客流之间的关系时,按照区位和性质,将站点分为10类。

在实践探索过程中,大家逐渐认识到国外的成功经验在移植过程中会遇到许多法律制度上的阻碍,同时具体的开发强度等指标也不能完全照搬其他地区经验,因此大家又逐渐开始进行新的探索和研究。

国内对于轨道交通与土地利用的早年理论分析主要集中在定性分析阶段,大家一方面从城市轨道交通与土地开发之前的关系入手,研究开发模式,另一方面引入TOD理论,结合国内实际情况进行研究。国内对于轨道交通与土地利用的定量研究主要集中在两个方面。一是城市轨道交通对土地增值效益的影响,二是轨道交通沿线土地开发相关指标的定量化研究,主要包括开发范围和开发强度。开发强度体现在统计率、开发密度、人口密度等用地指标。开发强度方面的研究,主要是探讨合理开发范围内人口密度、容积率、各种性质用地比例,北美在此方面研究以确定下限为主,确保交通系统的有效利用。国内的研究大多以参照国内外城市经验为主,尚缺乏定量分析依据。

姚文琪(2005)参照东京、香港的车站周边容积率设定方法,列出了深圳规划时设定的容积率。田莉(1999)提出轨道交通沿线土地利用影响区内土地开发容量,可通过对站点的集中交通量、各种用地性质建筑面积所占比例求得。李凌岚等(2007)结合苏州市实情,参照香港、深圳和上海的轨道周边开发建设强度,拟定了TOD社区适宜的居住用地开发密度,紧邻站点的商业、娱乐、办公等综合用地功能区容积率按4左右控制,住宅容积率按2左右控制。成见开和周勇(2006)介绍了香港地铁沿线的地块容积率,并分析了东莞市土地开发容积率的分布情况。柏立恒(2007)认为香港地铁的高效率运营和轨道线路与沿线物业的合理开发有密不可分的关系。尤其是良好的人行接驳系统,为地铁提供了充足客源,增加了运营收入。林依标和陈权(2013)则以香港地铁土地利用模式为基础,分析了香港地铁公司基于土地开发的盈利原因,论证地铁线路选择与土地开发间的互惠关系。郑捷奋和刘洪玉(2002)认为发展公共交通导向的土地利用形态是解决我国城市交通问题的关键,混合土地使用功能与城市线性发展形态的优点在于城市居民的高度交通可达性、少量的城市道路与城市公共交通的商业化运营。

王雾虹和何帅领(2007)分析现有制度对"地铁+物业"模式的制约,提出在现有土地制度下,地铁项目公司取得沿线土地使用权的模式有捆绑招标和以土地作为出资两种。赖轶峰(2008)分析我国目前的法律制度,发现目前任何一种对策均很难完全解决地铁与土地捆绑开发中土地取得的法律问题,建议制定专门法律解决这一难题。张勇(2008)提出将保障性住房和轨道交通建设沿线土地利用相结合的模式。阳运巨(2010)提出用综合开发的土地储备应该以实现调控市场、保障公共利益为目标,并保证轨道交通企业能以较小的代价获得土地使用权。

近年来相关学者在城市轨道交通站点周边土地开发的定量化研究方面进行了大量的工作,取得了一定成效。大家的关注点主要集中在两方面,一方面关注土地开发的具体范围,另一方面关注在具体范围内什么样的强度比较合适。

在开发范围方面,规划者主要考虑城市轨道交通的影响范围。戴洁(2009)认为在步行环境较好的地区,轨道交通的步行吸引范围(直线距离)可达到1000m以外,而在步行环境较差的地区,站点的吸引范围平均在500m之内。轩宏伟等(2007)以最小乘车时间为出行方式选择标准,构建了常规公交影响下轨道交通站点吸引区域模型。杨京帅等(2008)综合考虑步行、自行车、公交车及出租车(含私人小汽车)四种接驳方式,计算出城市核心区、中心区、外围区合理吸引范围分别是0.765km、2.120km、2.138km。姚丽亚等(2008)根据站点效用计算结果,结合雷厉公式,给出站点的吸引力以及距离站点一定距离的地点的吸引力强度计算公式。郭涛等(2008)按照交通设施利用率和交通影响范围的方法来确定轨道交通车站合理区阈值。李研等(2008)建立多目标优化模型,采用两阶段并行遗传算法对土地开发强度最优解集进行搜索,以提供多个可供选择的规划方案。刘炽(2009)、李哲(2010)认为站点200m服务半径内为高强度开发区,200~500m服务半径范围为中高强度开发区,500m服务半径以外为低强度、低密度的城市开发区及公共绿地。王京元等(2011)从两个层面构建轨道交通TOD的密度分区制度:其一,依据车站功能定位划分为综合站点和一般站点两种发展区域类型;其二,根据受轨道交通影响的大小,将站点周边划分为三个圈层,300m以内为高密度复合开发区,300~600m之间为中密度开发区,600~1000m之间为低密度开发区。

许多学者从交通供给角度出发,研究土地的开发强度。赵童和徐慰慈(2001)用逆四阶段法反算土地可开发强度。陈卫国(2006)利用倒推法计算得出,若要站点500m半径范围内覆盖人口达到5万人的门槛值,车站周边地块开发平均容积率需在3以上才能做到。王献香(2008)通过对路网交通需求量和交通供给量的定量研究,建立路网饱和度与土地开发强度之间的数学模型,并提出得到合理土地开发强度的交通门槛值。郑猛和张晓东(2008)采用静态对比测算与动态模型测试相结合的交通承载力分析方法对土地开发强度和交通承载力关系进行定量化研究。王京元等(2009)研究表明,轨道交通站点周边土地效能的优化,需要合理确定各类用地结构及开发强度以确保土地开发收益,并提供与轨道运送能力较为匹配的客流。莫一魁等(2009)建立了以提升轨道交通系统运量、保证区域生活环境品质和均衡土地利用为目标,以轨道交通站点地区不同类型土地的容积率为决策变量的多目标决策模型,设计了模型的实用求解方法。陈金玉和刘建明(2010)以道路通行能力为制约因素,研究区域土地开发强度。张鹏程和刘灿齐(2010)以所研究目标区域路网的剩余容量为限制条件,论证土地开发利用强度,建立了相应的数学模型,并给出了算法。许炎等(2010)以苏州高新区为例进行研究,认为若延续现有交通方式比例,开发容积率平均只有2.5左右,若以公共交通为主,则开发容积率可达5.5左右。谷一祯等(2010)以北京13号线为例研究表明,在郊区的轨道交通站点周边,住宅项目的容积率表现出明显的圈层结构,即每靠近站点330m,项目容积率约提高。王治等(2011)提出轨道交通沿线土地开发应以城市轨道交通线路运输能力作为控制土地开发强度上限的基本依据及以保证轨道交通项目财务平衡(在给定政府补贴额度的前提下)所需最小客流量作为控制土地开发强度下限的基本依据,为合理确定城市轨道交通沿线土地开发规模提供了一种可行的控制方法。

随着我国经济的快速发展,城市化进程明显加速,交通拥堵问题日益严重。因此,在我国讨论轨道交通发展与城市土地利用一体化开发具有重要意义。

我国城市在借鉴国外先进知识和成功经验的基础上,应根据城市自身特性,在建设城市轨道交通系统的同时合理开发沿线土地,避免沿线土地的过度开发利用和土地开发利用类型过于单一的问题。城市规划应在概念、理论的研究基础上,进一步结合交通系统发展,定量分析如何合理开发轨道交通沿线土地,从土地利用的类型、强度和规模多个角度进行深入的考虑和研究。这对于一个城市的交通系统和城市形态的健康发展具有重要意义。本章将从以下几个部分对于该问题进行深入介绍和分析。第二部分介绍国外和国内的城市土地利用的分类以及我国城市土地利用开发现状。第三部分将举例介绍城市轨道交通沿线土地利用形态、强度和规模。第四部分介绍如何研究分析城市轨道交通车站客流量与周边土地利用关系,包括对于研究区域及调查数据的介绍和模型的分析。最后一部分是对本章内容的总结和概括。

本章内容研究技术路线如图5-1所示。

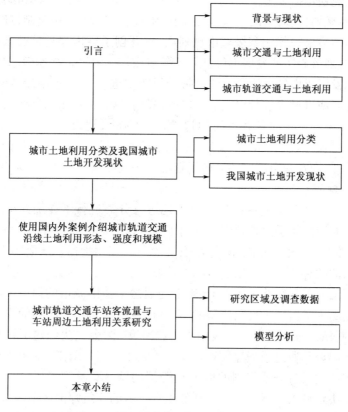

图 5-1 本章研究技术路线

5.2 城市土地利用分类及我国城市土地开发现状

5.2.1 城市土地利用分类

　　土地是基本的自然资源,是人类及一切生物赖以生存的基础。土地的数量是固定的,而全球人口数却随着经济的发展在不断的增长,同时人们对土地资源的需求也在不断增加。如何合理、有效的利用有限的土地及土地资源,使得土地资源得以永续利用、社会经济得以持续发展,已经成为当今人类面临的重要的土地问题。根据严金明和蔡运龙(2001)的研究,由于世界上各国及地区的社会制度、土地产权制度、土地管理体制、土地基本国情等因素存在差异。所以土地利用规划的内容、要求很不一样,很难找到一个比较一致的规划模式。在规划体系上,世界各国和地区的土地利用规划大多与区域规划、国土规划、城乡规划、都市计划等联系在一起,并都有形成像我国相对独立的国家、省、市、县、乡完整的五级规划体系。所以,在研究世界上各国及地区土地利用规划模式时,需要研究与土地利用有关的整个规划体系。通过研究发现,各国及地区在规划体系上。绝大多数国家和地区大致维持三级制,即全国性(或全地区性)规划、区域性规划和地方性规划。在这三级规划中,最重要的且与民众最有直接关系的为第三级的地方性规划,其法律效力对民众具有直接约束力。在规划层次上相当于我国的县、乡级规划。而其上位规划包括全国性(或全地区性)的国土综合开发规划及地域性的区域规划,多属规范性、纲要性规划,其对一般民众并无直接约束力。1874年瑞典制订的《城市规划法》是目前所能查阅到的最早一部国家级城市规划法,它开创了城市规划核心法的先例。120多年来,各国的城市规划核心法的发展不仅打上了各自政治、经济和文化传统的烙印,也反映出世界现代城市规划发展历史各个阶段上的波折和思想演进。在通过对22个国家和地区的城市规划核心法的发展演进过程进行比较研究之后,我们可以发现,虽然这些核心法的名称受其政治、经济和文化传统的影响而各有不同,例如德国的称为《建设法典》、英国的称为《城乡规划法》、法国的第一部城市规划核心法称为《城市规划法》、日本的称为《都市计画法》,但它们有其共同的基本特征,即在一个国家的城市规划法律法规体系中发挥着核心主干的作用。

1. 美国土地分类方法

彭飞飞(2009)对美国如何使用区划法对土地进行分类进行了详细介绍。区划法是西方许多国家的地方政府用法律手段来管理土地利用和建设的一种规划法。它将土地按不同利用性质分类,对不同类别的土地,规定土地使用强度的不同控制指标。从而实现有秩序的建设,防止滥用土地带来的种种危害。区划法实际上控制着城市的发展方式。美国不同的城市、地区使用不同的区划法。美国纽约市于1916年率先通过了美国城市的第一个区划法。第一次将私有土地的利用纳入了由城市规划控制的、有秩序发展的轨道。纽约的先例启发了许多城市的立法机关,它们相继通过了自己的区划法。1920年,国会立法创建了首都华盛顿的区划委员会并授权特区起草和通过了华盛顿市的第一个综合区划法。70年来,除个别情况外(据称休斯敦是美国仅有的没有分区规划的城市),美国的城、镇、县都采用区划法来管理城市土地的开发。它成了决定城市发展方式最有利的工具。有的建筑师把区划法对首都华盛顿发展所起的作用与朗方规划和麦克米兰规划并列,并称近几十年构想出来的种种规划方案,没有一个对华盛顿市的发展目标产生过更大的影响。由于区划法是一项涉及地主、开发者、规划师、建筑师、工程师以及土地管理者的法律。所有与土地利用有关的人都必须懂得它。建筑师们要花几十个小时来阅读它、研究它,弄清楚哪些是不能冒犯的规定和限制,哪里有可供自由发挥和施展才能的地方。律师们不仅要研究区划法的细节,还要熟悉有关规划和建设的专门知识。因此,在美国已经形成了一支规划建设领域的专门律师队伍。区划法规作为美国城市开发控制的法定依据,在美国城市规划法规体系和世界城市开发控制体系中均具有重要地位。美国区划法规是一项法律文件,具有法定地位,它充分尊重私有财产,没有统一的内容和格式,各城市可根据自身特点在不同方面增减相应的内容,对我国城市开发控制体系改革具有借鉴意义(杨军,2005)。

区划法的基本内容包括对土地利用性质的分类和对不同类别土地上进行建设的具体要求。最早时期,区划法一般由律师、测绘师和土木工程师起草,建筑师和规划师极少参与。区划的依据主要是土地的原有用途、(不可靠的)人口预测和当时潜在的房地产价值。因此,当时的区划是使各类土地在用途、经济和社会阶级、建筑型式与质量等方面保持与现状一致的二度空间规划。今天,土地利用性质的划分和土地使用强度已有很大的发展。

土地利用性质分类是对土地利用的定性分类,也是区划法的核心。一般划分为居住、商业、工业三类。五六十年代以来,单一用途的、分隔的和精确的几何分区规定,不仅不能符合日益复杂的城市社会、经济发展的需要,而且严重地阻碍了规划、建筑、金融和市场的发展。人们逐渐认识到区划法不应只是保护现状的抑制剂，而应成为城市设计和发展的催化剂。区划法中增添了许多新的功能区。

①混合利用区。指既用于商业又用于住宅的商业居住混合利用区或者办公、旅馆、商业混合利用区，甚至混合利用建筑等等。

②特殊功能区。为适应经济发展和文化娱乐的需要，对某些具有地理特征和历史意义的地区规定了特殊的利用性质，如某些重要的街道、公园、会议中心和展览中心，著名的商业中心或广场、少数民族聚居区等。这类特殊功能区是仅供立法机关批准的特殊项目建设用的地区。在城市规划中这类特殊功能区日益增多。纽约市的区划法共有11章，其中4章为特殊功能区，共划出了30个这类特殊功能区。

③有条件的开发区。区划法中对某些地块规定了特定的开发条件，开发者或土地拥有者只允许在满足规定的条件下进行开发，否则就是违法。

④群集建设区。指在保证居住密度不变的条件下，允许将单栋住宅集中建设的某些居住用地。这样可以提高建筑密度、提高基础设施的集中利用率和增加公共绿地。

⑤鼓励性建筑区。区划法也被用作换取某些公众利益的工具。例如，划分为商业区的纽约市中心，为了获取最大利润，开发者总是最大限度地利用区划法中对土地使用强度的规定，如尽可能填满地块、采用允许建筑面积的最大值和最高的允许高度等等。结果，曼哈顿岛上狭窄的道路两旁出现了体量庞大、轮廓呆板的密集的建筑群，剥夺了城市居民接近绿地、阳光、空气和水面的机会。在这类地区，区划法采取一些鼓励性措施，如允许提高建筑物的高度、增加建筑面积等，以获得地面的一片绿地、一条拱廊或者一段马路等等。开发鼓励性建设区的具体条件必须与区划委员会逐项协商，通过法律程序确定"公私交易"。

为开发上述新的分类地区，建设者必须提交总平面图及建筑设计方案，经专门的评议和区划委员会批准。

区划法中还规定了土地利用强度，即在各类土地利用性质分区及次分区的基础上，分类确定各项用地建设指标。其中包括用地大小（最小地块尺寸）、建筑覆盖率、院落大小、建筑后退、居住密度（有时以每英亩土地上的住宅套数表示）、建筑物的高度与体量（建筑面积与用地面积之比）等等。

环境指标也属土地利用强度的范畴。区划法对创造优美的环境、防止有害影响作了更广泛的规定，包括对绿化、美化的要求和各种防污染条款。如在居住用地的城市设计条款中有关于植树密度、草坪、艺术街景、喷泉与水池、儿童游戏设备的具体规定，在商业用地的条款中对橱窗、照明、广告牌等各种标记都有明确的要求，在工业用地对噪声、振动、烟尘、气味、有毒排放物、放射性以及防火、防湿、防热等破坏环境质量的因素规定的更加严格。

美国各个城市的区划法是法律，但它不是一成不变的。区划法经过一定的法律程序可以变更和修改。市议会每年都有修订区划法中个别条款的议事日程。如费尔法克斯县现行的区划法是1978年6月通过，同年8月生效的。到1984年2月，该法已修订了96处，平均每年修订十余次。其中1983年是该县建设高速发展时期，修订了22次。此外，经过若干年（数年、十数年不等）还可作一次全面修订。如华盛顿特区的区划法从1920年到1955年修订了五次。纽约1977年出版的区划法决议是以1961年生效的修订版为基础，纳入了1961年以后修订的条款。由此可见，美国的区划法修订和补充的频率是相当高的。这就使该项法律能不断适应城市发展的需要。裁决变更土地利用性质的主要依据有三条：第一，原区划法中的居住区性质已发生根本变化；第二，原区划是错误的或不适当的；第三，建议重划的土地利用性质明显地符合公众利益，最重要的是与批准的总体规划相一致。土地重划是一个很长的调查、审批过程。有时一项申请要拖延好几年。但重划一旦批准，随着土地利用性质的改变，土地利用强度也相应变化。土地价值的提高对开发者的吸引力是很大的。因此，旷日持久、耗资颇昂的重划申请每年都有不少。表5-1为华盛顿特区土地利用分类表。

华盛顿特区土地利用分类方法(彭飞飞，2009)　　　　表5-1

划区	用途	建筑面积与用地面积之比	高度(英尺)
居住			
R-1-A	一户(独立式)	—	40
R-1-B	一户	—	40
R-2	一户(半独立式)	—	40
R-3	联立式住宅	—	40
R-4	联立式住宅	—	40
R-5-A	公寓(低密度)	0.9	40
R-5-B	公寓(中密度)	1.8	60
R-5-C	公寓(中-高密度)	3.5	90
R-5-D	公寓(高密度)	6.0	90
特殊用途			
SP-1	混合利用(低密度)	4.0	65
SP-2	混合利用(高密度)	6.0	90
混合利用(商业/居住)			
CR	混合利用	6.0	90
W-1	水边(低密度)	2.5	40
W-2	水边(中密度)	4.0	60
W-3	水边(高密度)	6.0	90
商业			
C-1	邻里	1.0	40
C-2-A	社区(中密度)	2.5	50
C-2-B	社区(中—高密度)	3.5	65
C-2-C	社区(高密度)	6.0	90
C-3-A	主要中心(小体量)	4.0	65
C-3-B	主要中心(中体量)	5.0	70
C-3-C	主要中心(大体量)	6.5	90
C-4	中心商业区	8.5	110
C-5	宾夕法尼亚大街开发区	10.0	130
工业			

续上表

划 区	用 途	建筑面积与用地面积之比	高度(英尺)
C-M-1	轻型制造业(小体量)	3.0	40
C-M-2	轻型制造业(中体量)	4.0	60
C-M-3	轻型制造业(大体量)	6.0	90
M	一般工业	6.0	90
外交			
D	使馆(低、中密度区)	—	—
HR 旅馆/居住鼓励	会议中心周围的旅馆	—	—

美国不同城市区划条例存在区别。陈珑(2009)对美国不同城市的区划条例进行了简单的概括。例如,美国纽约市的区划文本就经过了多次修改才最终成型。纽约市是美国最大、最繁荣的城市,位于哈德逊河口,由中心区和周围多个卫星城市组成,市区总面积 953 km^2。纽约市最初的区划决议颁布于 1916 年,主要是为了抑制曼哈顿地区的过度开发。当时的决议仅仅是一份简单的文件,建立了高度和收让控制要求,并将不相容的建筑物或用途分隔开来。然而,随着城市的快速发展、土地用途的改变、大量移民的涌入,原来的区划决议已经满足不了城市控制管理的要求。在经过长时间的讨论和公众辩论后,纽约市在 1961 年颁布了修止后的区划决议,这也是纽约市现行的区划决议。区划决议包括区划文本和区划地图两部分,区划文本 12 章条款,区划地图 126 幅。具体的土地分类方法包含在区划条例内。纽约市区划条例目录,如表 5-2 所示。

纽约市区划条例目录(陈珑,2009) 表 5-2

条 款	条 款 名 称	分 类
第一条款	总则	总则
第二条款	居住区规则	基本用途区及其规则
第三条款	商业区规则	
第四条款	工业区规则	
第五条款	与条例不相容的现状建筑物或用途	不相容建筑物或用途规则
第六条款	主要机场周边的高度规则和滨水区	补充规则
第七条款	管理	管理规则
第八条款	特别意图区	特别意图区及其规则
第九条款	特别意图区	
第十条款	特别意图区	
第十一条款	特别意图区	
第十二条款	特别意图区	

杨军(2005)总结了美国城市所拥有的不同区划条例对于土地分区存在差异。总体来说,这些分区分为基本用途区和特别分区两大类。基本用途区指用于满足城市基本功能要求,适用于城市大部分地区的功能分区,如居住区、商业区、工业区等。特别分区用于实现特定的意图,适用于城市中某个或某类在某方面有特殊性的地段,如纽约市的下曼哈顿区,哥伦比亚特

区的国会大厦区等。这一部分是区划法规的核心内容,也是占篇幅最多的部分。

基本用途区是城市的主要分区类型,涵盖了城市绝大部分甚至全部地区。这一部分内容主要包括基本用途区的划分及其适用的各种规则。在不同的城市,基本用途区适用的规则类型并不完全相同,但总的来说,可分为以下几个方面:用途规则、使用强度规则、路外停车场规则和标牌规则。

(1)基本用途区的划分

因为各城市基本用途区的划分没有统一的标准,且各城市面临着不同的城市问题,所以各城市基本用途区的种类存在着一定的差异,如表5-3所示。虽然不同城市的基本用途区分类没有统一的标准,但基本上都含有居住区、商业区和工业区这三个大类。在某些城市,为了突出某些特别分区的重要性,将某些特别分区列入了基本用途区的范畴,如芝加哥的市中心区、哥伦比亚特区的滨水区、旧金山的Mission Bay用途区等。在纽约市,市中心区和滨水区都属于特别分区。在某些城市,为了突出某些次区或过渡用途区的重要性,将其列入基本用途区的范畴,如旧金山的邻里商业区、哥伦比亚特区的商业—居住混合用途区等,而在纽约市和芝加哥市,这些分区都属于基本用途区中的次区。由于每个基本用途区涵盖的范围比较广,为了方便管理,又可将每个基本用途区细分为若干次区,以适应城市不同地区的发展要求,如表5-4所示。

各城市区划法规的基本用途区划分比较(杨军,2005)　　　　表5-3

城　市	基本用途区种类
纽约	居住区、商业区、工业区
芝加哥	居住区、商业商务区、工业区、市中心区
波特兰	开放空间分区、居住区、商业区、就业工业区
哥伦比亚特区	居住区、特别意图区、商业—居住混合用途区、商业区、工业区、滨水区
旧金山	开放空间分区、居住区、商业区、工业区、邻里商业区、混合用途区、Mission Bay用途区

纽约基本用途区的次划分(杨军,2005)　　　　表5-4

基本用途区	次　区
居住区(R)	R1、R2、R2X(单一家庭独立式居住区)、R3A、R3X、R4A(独立式居住区)、R3-1、R4-1(独立式和半独立式居住区)、R3-2、R4、R4B、R5、R6、R7、R8、R9、R10(普通居住区)
商业区(C)	C1(地方零售区)、C2(地方服务区)、C3(滨水休闲娱乐区)、C4(普通商业区)、C5(限制中心商业区)、C6(普通中心商业区)、C7(商业娱乐区)、C8(普通服务区)
工业区(M)	M1(轻工业区)、M2(中等工业区)、M3(重工业区)

(2)基本用途区的用途规则

在不同的基本用途区允许不同种类的用途存在,且用途被允许的条件也有所不同,如表5-5所示。从城市的用途规则的分析可知,一般来说,在某个地区,某种用途可以有三种方式:许可用途、特别用途(特别许可用途、附条件用途、受限用途)、附属用途。许可用途指符合区划法规规定,被认定为合法,应被核发建筑许可证的用途。特别用途指只有在满足一定特殊条件的情况下才能被允许的用途。特别许可证在颁发之前一般要召开公众听证会,并遵守区划条令中的一些具体规定。附属用途指与同一分区地块中允许的主要用途有明显附属关系的用途,一旦主要用途被允许,则在满足一定要求的情况下,其附属用途也会被允许。

各城市中用途的允许情况比较(杨军,2005)　　　　　　　　　　　　表5-5

城　市	用　途　分　类
纽约	许可用途、特别许可用途、附属用途
芝加哥	许可用途、特别许可用途、禁止用途、附属用途
波特兰	许可用途、受限用途、附条件用途、禁止用途、附属用途
哥伦比亚特区	许可用途、特别许可用途、附属用途
旧金山	许可用途、附条件用途、附属用途

(3)基本用途区的使用强度规则

区划法条例中还对基本用途区的使用强度建立了规则。使用强度规则的采用是为了防止各基本用途区出现拥挤,确保合理、稳定的建筑物开发,如表5-6所示。城市基本用途区的使用强度规则主要包括下述几个方面:与地块有关的规则、与地块中的建筑物或构筑物有关的规则、与地块中的院落有关的规则、其他补充使用强度规则。

纽约区划决议基本用途区使用强度规则(杨军,2005)　　　　　　　表5-6

使用强度规则		居　住　区		商　业　区	工业区
		住　宅	社　区　设　施	商业和社区设施	住　宅
与地块相关的规则	地块最小面积	●			●	
	地块最小正面宽度	●				
	最大地块覆盖率	●	●		●	
	最大容积率	●	●	●	●	●
与建筑物相关的规则	建筑物最大高度	●	●	●	●	●
	建筑物必须收让	●	●	●	●	●
	居住单元最大数量	●			●	
	居住单元最小面积	●			●	
	建筑物最小间距	●			●	
与院落和开放空间相关的规则	前院最小尺寸	●	●		●	
	侧院最小尺寸	●	●		●	
	后院最小尺寸	●	●	●	●	●
	院落中允许的障碍物	●	●		●	
	庭院规则	●	●	●	●	●

注:●表示纽约市基本用途区具有的使用强度规则。

(4)基本用途区的附设路外停车场和装卸场规则

美国的区划决议还规定了基本用途区的附设路外停车场和装卸场。美国是个"车轮上的国家",汽车的保有量非常大,为了避免出现停车混乱的局面,减少因把街道用作汽车停放空间而造成的交通堵塞,每个城市的区划规则都对附设路外停车场和装卸场做了比较严格的规定,如表5-7所示。

各城市区划法规的附设停车场主要规则比较(杨军,2005)　　　　表5-7

主　要　要　求	纽约	芝加哥	哥伦比亚特区	旧金山	波特兰
必须路外停车空间	●	●	●	●	●
许可路外停车空间					●
停车空间位置限制	●	●	●	●	●
停车空间使用者和出租要求	●				
停车空间附加设计要求	●	●	●	●	●
共享和合作停车协议					
自行车停车空间标准		●	●	●	●

注:●表示各城市区划法规中具有的附设路外停车场主要规则。

(5)基本用途区的标牌规则

五个城市均对城市中的标牌进行了限制。与标牌有关的规则一般包括以下几个方面:允许的标牌类型、标牌内容限制、最大高度和突出、表面积、最大数量、照明规则、特殊地段的特别要求等。以下具体介绍了城市的基本分区以及基本分区的重要内容。

城市分区中除了基本分区还包括特别分区。下面具体介绍特别分区的概念和相关内容。

(1)特别分区的划分

城市中某些地段,由于其在历史、地形、经济、功能、位置等方面的特殊性,或为实现某些特定意图,不能仅仅使用基本用途区的规则加以管理,一般都通过建立特别分区的方式加强对这些区域的管理和控制。一般来说,特别分区有两种模式。第一种属于叠加区,即该区域叠加在基本用途区之上,在叠加区范围内,基本用途区的规则在不与叠加区规则冲突的情况下仍然适用,在冲突的情况下,将采用叠加区的规则。第二种属于独立区,即该区域独立于基本用途区之外,用于控制不能简单归于基本用途区的城市用地,在独立区范围内,完全使用独立区的规则,不受基本用途区规则的限制,如表5-8表示。

各城市区划法规的特别分区比较(杨军,2005)　　　　表5-8

城　市	特别分区名称	特别分区数量	类　型
纽约	特别意图区	特别海湾山脊区等27个	叠加区
		特别科尼岛混合用途区等4个	独立区
芝加哥	特别意图区	公园和开放空间区等3个	独立区
	普通叠加区	北部历史叠加区 No.1 等4个	叠加区
	独特特征叠加区	SD-1 Norwood Park 独特特征叠加区等8个	叠加区
波特兰	叠加区	机场降落区等14个	叠加区
	规划区	Albina Community 规划区等26个	叠加区
哥伦比亚特区	叠加区	外交使节混合用途叠加区等10个	叠加区
旧金山	叠加区	Garment Shop 特别用途区等	叠加区

(2)特别分区的规则

在规则内容方面,特别分区一般包括三个部分。第一部分首先介绍建立该特别分区的意图,以及该特别分区的确切范围。如果存在仅适用于该特别分区的术语,一般也在这一部分给出定义。第二部分是对基本用途区的规则进行修改或重新规定,涉及的规则类型与基本用途区的规则类型相同,包括用途、使用强度、附设路外停车场、标牌等规则。第三部分是结合特别分区的特点和意图,提出若干仅适用于该特定地区的特定类型的规则或规定,如纽约针对市中心区建筑高度过高提出的阳光补偿和阳光评估规则等。

通过对美国五个城市区划法的比较分析,可以发现美国区划法规具有以下特点:

①区划法规是一项法律文件,具有法定地位,其制定和修改都必须经过规定的法律程序,是城市开发控制的惟一法定依据。这是区划能够得到贯彻实施的最重要的保证。

②区划法规充分尊重私有财产。它虽然依据"治安权"对私有财产进行公共管理,但它一直在寻找私有财产和公众福利间的平衡点,且其最终目的仍是为了保护地产价值,保护城市税基。

③区划法规没有统一的内容和格式,每个城市都可以根据各自的特点和问题,在不同的方面增减相应内容,或改变区划法规的内容编排顺序、写作格式,最大限度地增加区划法规对于不同城市的灵活性和适应性。

④区划法规规则内容十分精细。首先,对于每一个控制范围都设立了大量的控制指标,如标牌规则中确定了标牌类型、面积、数量、高度、内容、字体大小、照明方式、支撑方式等数十项控制指标。其次,每一项控制指标都根据其使用地点、环境等的不同而分为各种不同的控制强度,并考虑了各种特殊情况下的使用方式和强度,如高速公路附近的标牌高度等。

⑤区划法规对不同的控制指标采用了不同的控制方式和力度。控制指标以能影响居民基本权益(安全、健康、财产等)的指标为主,如容积率、建筑密度、建筑高度、收让等,且严格规定了必须满足的条件。而控制美感或视觉效果等辅助性的指标比较少,且多采用奖励性政策加以引导,并不强行要求。

⑥区划法规中各项控制指标的控制强度有着统一的标准和科学的依据。首先,对于位于同一区位的各地段,应一视同仁地对地块的形状大小、建筑体量、容积率、收让等进行规定,以追求土地经济利益的公正分配。其次,对于不同区位的地段,依据科学、客观的方法来计算其在控制强度上的差别。

⑦区划法规从制定到实施再到上诉,有一套完整的体系。与区划法规相关的几个部门的权力是相对独立的,有各自的权职范围,可以起到权力制衡的作用,这充分反映了美国立法、执法和司法三权分立的特点,有效地保证了区划法规制定和实施的公正性和透明度。

2. 英国土地利用规划

根据宋国明(2010)的研究,土地规划管理是英国土地管理制度中的重要组成部分,根据现行英国相关法律,在英国进行土地开发活动必须得到政府颁发的规划许可证。政府通过规划管理使其土地得到更加合理的开发利用和保护。

英国虽然是单一制国家,但英格兰、苏格兰、威尔士和北爱尔兰4个行政区域相对独立。因此,在规划立法方面并没有统一的规划法,而是针对不同的地区制定有专门的立法。中央政府制定的《1990年城乡规划法》(Town and Country Planning Act 1990)是涉及英格兰和威尔士规划管理的主要法律,与之配套的还有3个法律,即《建筑物和保护区域规划法》、《有害物质规划法》、《重要条款规划法》,2004年出台的规划和强制购买法对上述法律做了部分修改。在北爱尔兰规划的基本法律是《1991年规划法》。苏格兰规划的相关法律是《苏格兰1997年城乡规划法》。2006年苏格兰规划及其他事务法对该法进行了较大修改,为其规划变革铺平了道路。

英国作为最早开展城乡规划立法的国家之一,于1909年即颁布了第一部关于城乡规划的法律——《住宅、城市规划及其他事务法》,标志着规划成为政府管理职能的开端。为弥补早期法律的不足,1919年和1932年,又相继出台了《住宅、城镇规划及其他事务法》《城乡规划法》。二战结束后,在规划建设战争毁坏地区以及全面建立规划制度以调控发展与开发活动等现实需求的驱动下,英国出台了控制土地开发的新的法律制度。1947年,英国颁布了第一部真正意义上的《城乡规划法》。这部法律重申了之前有关城乡规划的法律规定,为构建英国城乡规划法规体系奠定了基础。在随后的40多年间,英国对1947年《城乡规划法》做过多次修改和完善。目前,英国正在执行的是1990年颁布的《城乡规划法》和《2004年规划与强制性购买法》。

根据严金明和蔡运龙(2001)的研究,英国规划的体系由国家级规划、区域性规划、郡级规划和区级规划所组成,后两者与土地利用关系最为密切。其中,郡级规划也叫结构规划,为一般性的规划规定,而较详细的规定在地方规划,两种规划共同组成土地开发利用规划。

结构规划是每一个郡级的规划机关在土地测量及在与相关委员会协商后提出的含有最重要规划基础的规划,此规划包括文字说明及图表等,但并没有规划图。一个在最近将进行全面的改善或新开发的地域称为行动地区。规划应予以公布,其后必须将规划呈报规划主管部长。审核时,他必须顾及一些已提出的反对理由,虽然不需按法律再进行调查,但必须进行公开审核。

地方规划机关进行地方规划。在提出地方规划前,应由相关委员会先提出地方规划范围,在此图中应确定哪一些郡属地区被列入地方规划内,且应由哪一机关负责草拟,通常此负责人为郡委员会。地方规划可分成3类,即"district plan"、"action area plan"及"subject area"。这些规划详细地列出规划机关对特定地域土地使用的构想,包括规划图及规划说明书,且原则上必须与结构规划协调一致。

从上面所讲可知,在英国规划体系中与土地利用有关的规划可分为:发展规划,在郡这一级的结构规划,在区一级的地方规划。地方规划原为非所有地区均应提出,且无强制性,直到1992年新的土地、规划和补偿法才规定全面性的地方规划,且规定至1997年所有区均需通过地方规划。就地方规划规定的内容来看,规划图仅划定及限制发展的界线,并无具体规定建筑使用的种类及规模,其仅为私人开发者及地方机关提供空间使用的主要规范而已。另外,在现在的规划体系上,有所谓"unitary development plan",它是根据1975年废除的"metropolitan Counties"所订立的,结合了结构规划及地方规划两种规划的功能,这些规划在"metropolitan boroughs"中提出且经由主管部长许可。

另外,立足于规划基础上的英国规划管制也有其特色。其目的有两项:一为避免不合理的土地使用,二为经由地方机关的规划促进合理的土地使用,特别值得一提的是它所持有的全面严格实施的许可制度,每一项的土地开发都需要许可。

英国城市规划的法规分为主干法和从属法,主干法具有纲领性和原则性的特征。实施细则是由中央政府的规划主管部门制定的各种从属法规。从属法规包括《用途分类规则》、《一般开发规则》和《特别开发规则》。《用途分类规则》主要是界定土地和建筑物的基本用途类别,以及每一类别中的具体内容。在同一类别内的用途变化不构成开发,因而不需要申请开发许可。《一般规划原则》是为了界定不需要申请的小型开发活动,并提供相应的基本规划要求,采用通则式的管理方式(开发活动对周围的环境无影响)。《特别开发原则》是为了界定特别开发区(如新城、过节公园等)由特定机构管理,不受地方规划部门控制。

英国土地利用规划具有分级明确的特点。规划分级包括最高一级的国家发展规划,区域性规划,在郡一级的结构规划和在区一级的地方规划。就地方规划规定的内容来看,其并无强制性规定土地利用强度,而是注重对提交的规划案给予许可。另外,英国的土地私有化为城市土地规划在征地时带来了一定困难。

3. 日本城市土地利用规划

根据谭纵波(2000)的研究,日本自1888年颁布《东京市区改正条例》起,在迄今为止的一百多年中逐步建立起一个较为完整的城市规划法规体系,对日本的城市建设和城市规划的发展起到了不可取代的作用。可以说,日本城市规划的历史就是城市规划实践到实践内容成文法规划,再到一个再实践的过程。日本一百多年的经验与教训对我国的城市规划立法和目前所推行的城市规划依法行政应具有较强的参考价值。

在日本近现代城市规划立法的历史上,有3次重要的立法活动,即1888年《东京市区改正条例》,1919年《城市规划法》和1968年《城市规划法》。这些立法活动的进行与当时城市所面临的问题、政府的意图以及城市规划技术的引进和发展密切相关。其立法内容也反映出各个时代对城市规划实质的认识,对日本城市的发展产生了深远的影响。

1868年明治维新后,当时的维新政府在城市建设方面所面临的任务主要有2个:一是要解决由密集木结构建筑所组成城市的防火和环境问题,二是急于改变城市原有的落后面貌,跻身"文明开化"国家的行列。1872~1877年间的银座砖石建筑一条街的建设就是这种意志的集中体现。同时,为从根本上解决城市的改造与建设问题,以当时东京府、内务省官员为主组成的"市区改正调查委员会"、"市区改正审查委员会"等开始着手城市规划方案的编绘和作为法律依据的城市规划立法条文的制定。1888年《东京市区改正条例》在由于财政预算问题没有得到当时的立法机构元老院通过的情况下,以"赦令"的形式强行公布。

《东京市区改正条例》共16条,以当今的标准衡量过于简单,但对当时急需解决的主要问题做出了规定,即确定了城市规划编制及实施的组织,城市规划的审批程序,按照规划进行城市建设所需经费的来源及征收和使用方法。与《东京市区改正条例》相配套制定的还有1889年《东京市区改正土地建筑处置规则》,计划同时出台的《房屋建筑条例》因故未能颁布。《东京市区改正条例》的重点是保障作为城市骨架的道路桥梁、公园、给排水等城市基础设施的建设。由于《家屋建筑条例》的流产,城市规划立法的另外一项主要职能——对大量的单体建设活动实施控制,未能得到体现。在城市规划技术上《东京市区改正条例》所体现的内容被认为深受奥斯曼巴黎改造规划的影响。虽然《东京市区改正条例》最初的适用对象仅为东京,直至1919年《城市规划法》颁布前夕,才扩大到大阪、京都等其他5大城市。但其颁布是日本城市规划立法中的一个里程碑,它代表着日本的城市规划与建设从此走上法制化道路。

在《东京市区改正条例》颁布后的30年中,日本的城市有了较大的发展,城市发展过程中的各种问题和对城市规划立法的需求日趋表面化。这主要体现在:第一,伴随工商业的发展,城市经济在国民经济中的比重有了较大的提高,城市与城市人口的数量有了相应的增加,需要带有普遍性的城市规划立法;第二,以东京的城市改造为目的的《东京市区改正条例》无论是其内容还是手法都无法满足新兴工业、军事城市的建设,以及大城市向郊区扩展过程中对相应规划手段的要求;第三,西方工业化国家中城市化的实践及产生的相应城市规划技术,以及大阪等地方城市中对建筑物控制的实践为新的立法提供了可借鉴的思路。

1919年《城市规划法》以及与之相配套的《市街地建筑物法》由内务省提交帝国议会审议后,正式颁布。该法由正文26条、附则7条,共33条所组成。1919年《城市规划法》虽然在城市规划编制审定程序、机构、城市规划实施项目的实施体系等方面继承了《东京市区改正条例》,但在对城市规划的理解、城市规划技术法律化等方面有所突破。这主要表现在以下几个方面。

①扩展法律适用范围,确立城市规划区的概念(对城市化普遍性的认识)。
②区别对待城市规划与城市规划实施项目,引入城市规划控制的概念。
③引入地域地区、土地区划整理以及指定建筑线等城市规划技术,并将其法律化。
④确立以推进城市规划的实施为目的的土地及建筑物等的征用制度。
⑤创立受益者负担制度。

在依据1919年《城市规划法》的城市规划中,城市基础设施的规划与建设依旧占据了主导地位;土地区划整理作为面状开发手法初步解决了大量农业用地向城市用地转化过程中的规划问题;同时,作为对大量单体建设实施控制的"地域地区"制度开始发挥作用。这3种规划手法亦被称为1919年《城市规划法》的3大支柱。1919年《城市规划法》、《市街地建筑物法》及其相关法令的颁布标志着日本近现代城市规划理念的初步形成和城市规划立法体系的初步建立。其中所确立的法定城市规划的内容、制度和建立起的城市规划与建筑法规的关系依然是现行法定城市规划的核心。

1923年关东大地震和1945年结束的第二次世界大战分别对东京和日本的主要城市造成了大面积的破坏。在这2次灾害发生后,发生过2次城市规划特别立法活动,即1923年《特别城市规划法》与1946年《特别城市规划法》。这2次城市规划特别立法的主要目的均为促进城市在较短时期内的重建,以及利用重建的机会,实现在正常情况下难以在短期内实现的规划内容。因此,土地区划整理被作为主要手段,其实施主体由私人土地主组成的合作社扩展到政府机构或公共团体,实施方式由自愿扩展到强制实施,实施对象由向郊外扩张的城市用地转向建成区。另外,基于1946年《特别城市规划法》的"绿地地域"虽然在后来城市发展过程中名存实亡,但作为城市规划的手法却具有一定的前瞻性。

此外,第二次世界大战后,日本还颁布了一大批以具体城市为对象的特别城市建设法,如广岛和平纪念城市建设法等。其目的主要是通过中央政府在财政上的支持实施规划建设,在规划内容上并无新意。

第二次世界大战结束后,虽然要求修改城市规划法的呼声较高。但由于种种原因,仅仅将1919年《市街地建筑物法》改为1950年《建筑基本法》。直至1968年,新的《城市规划法》才颁布实施。因此,战后至1968年的20多年在日本规划史上又被称为城市规划母法(基本法)缺席的时期。

但在这一时期中,日本的城市规划相关立法状况和立法环境有了较大的变化,主要表现在:第一,城市规划立法活动并未因母法修改的停滞而停止;第二,城市化的进展使得城市规划立法状况发生了根本性变化。除建筑法规在1950年有了较大的修改,扩充了地域地区种类外,城市及区域规划相关专项立法活动较为活跃,城市规划法规体系趋于完善。另一方面,伴随经济高速发展所出现的城市化现象使得《城市规划法》的立法环境发生了根本性的变化。这表现在:第一,作为政府行政内容的城市规划由东京等少数核心城市逐渐向大量的地方城市普及,从制度上产生了城市规划由中央集权向地方自治转变的要求;第二,城市开发建设领域中民间资本的大量渗入使得以城市基础设施为核心的城市规划法规无法对城市用地的有序发展起到有效的控制作用,土地利用控制亟待加强。在此背景下,新《城市规划法》于1968年经国会审议通过,并颁布实施。1970年《建筑基准法》中的"集团规定"也有了较大改动。全面修订后的《城市规划法》及《建筑基准法》所组成的法规体系主要有以下变化:

①城市规划行政的权限由中央政府转移至都道府县和市町村地方政府。

②新增了城市规划方案编制及审定过程中市民参与的程序。

③将城市规划区划分为城市化促进地区和城市化控制区,并增加了与之配套的开发许可制度。

④增加、细化了确定及限制城市土地利用的分区种类,并广泛采用容积率作为控制指标。

1968年《城市规划法》虽然在最终颁布内容上仍有一定的遗憾,但在城市规划现代化以及适应时代发展潮流方面迈出了一大步,是日本城市规划由开发建设型规划真正向控制引导型规划过渡的转折点。

《城市规划法》在1980年代初和1990年代初分别有过2次较大的修订。一次是1980年的修订,新增了"地区规划"等详细规划层次的内容,填补了以往规划法规中缺少详细规划方面内容的空白。另一次是1990年及1992年的修订:第一,对用地分区进一步进行了细化,将原来的8种扩展到12种,并新设立了3种特别用地分区;第二,增设地区规划的种类,并通过双重设定容积率以促进地区基础设施建设的手法等,进一步扩充了地区规划制度;第三,首次将总体规划的概念引入城市规划编制体系;第四,设立促进转换利用闲置土地地区制度。

这2次重大修订均反映出高速城市化时代结束后,日本城市规划的重点由大刀阔斧的城市基础设施建设和大规模城市扩张转向注重以居住为主的生活环境质量,以及对土地利用实施更加切合实际的合理、细致的控制。

现行《城市规划法》由7章,共97条正文和附则所组成。《城市规划法》中第一章总则主要阐述了城市规划的意义、政府及个人的责任和义务,并对作为城市规划法适用范围的城市规划区及规划相关名词进行了界定。第二章城市规划主要列出了法定城市规划的内容,以及城市规划编制、审批的程序,是整部法律的核心。第三章城市规划限制等规定了通过城市规划对一定范围内的某种建设活动实施控制,以达到实现城市规划目的的程序和内容。第四章城市规划实施项目主要涉及以道路、公园为代表的城市设施和土地区划整理、城市再开发等城市开发项目的实施者、审批手续、土地征用及对建筑活动的限制等。第五章城市规划中央审议会则对城市规划的编制、审批至关重要的组织——城市规划中央及地方审议会,以及处理开发许可中所出现异议的开发审查会的组织程序进行了规定。第六章杂则、第七章罚则分别对上述法律条文中的未尽相关事项以及违反法律时的处罚进行了规定。

此外,作为政令的《城市规划法实施令》、作为省令的《城市规划法实施规则》等,以及建设省城市局局长颁布的一系列《通知》负责对法律内容的具体化和解释,是日本城市规划法规体系的重要组成部分。

《城市规划法》第二章第一节列出了法定城市规划的内容,其中包括以下几个方面。

①城市化地区与城市化控制区。城市化地区与城市化控制区为1968年《城市规划法》中首次引入的概念,其目的在于通过将城市规划区划分为促进城市发展建设的地区(城市化地区)与原则上控制城市开发建设活动的地区(城市化控制区)的方法,配合"开发许可"制度,达到控制城市用地无秩序扩展,保障城市建设用地中的城市基础设施达到一定水平。由于该手法将城市规划区一分为二,所以又称为"划线"制度。

②地域地区。地域地区首次出现在1919年《城市规划法》中,其作用是通过将城市规划区范围内的用地,按照规划意图划分为不同的"地域"或"地区",并协同建筑法规等相关法规,对各个分区范围内的土地利用实施不同程度的和不同目标的控制,使城市土地利用的质量保持在某个最低水准之上。现行《城市规划法》共提供了17种可供选择使用的"地域地区",其中,与《建筑基准法》相配合的用地分区(用途地域),按照居住、商业、工业之间的用途纯化或兼容,分12类对建筑物的用途、建筑密度、容积率、体形等实施控制,是法定城市规划的基础内容。其他种类的地域地区可根据实际需要选用。各种"地域地区"的范围可相互重叠。该手法与北美地区广泛应用的Zoning制度颇为相似。

③促进区域。促进区域是1975年伴随《城市再开发法》的修订和《关于促进大城市区域住宅用地等供给的特别措施法》的颁布而新设立的规划制度。相对于被称为"消极的土地利用控制"手法的地域地区,促进区域增加了土地所有者在一定期限内实现预定土地利用的义务以及义务未履行时的措施。因此,被称为是"积极的土地利用控制"。促进区域共分3种,即城市再开发促进区域、土地区划整理促进区域和住宅地区建设促进区域。

④促进闲置土地转换利用地区。促进闲置土地转换利用地区是1990年修改《城市规划法》时新增加的内容,目的在于促进城市化地区中尚未充分利用土地的合理使用,减少土地私有权对城市合理开发所形成的障碍,减少土地投机。

⑤城市设施。城市设施是通过主动的规划建设实施城市规划的主要手段。现行《城市规划法》列举出的城市设施大致可以分成3类,即道路、公园、排水等城市基础设施,学校、医院、市场等社会公益设施,一定规模以上的住宅、政府机构或流通设施等。城市设施规划的确定可以保障城市基础设施建设的先行并引导城市用地的发展,同时通过对设施用地范围内建设活动的控制,以及利用土地征用政策,确保城市基础设施、公益设施建设的顺畅。

⑥城市开发项目与城市开发项目预定地区。通常,政府的职能是通过土地利用规划实施对开发活动的控制,由政府组织实施的城市建设项目仅限于上述城市设施。但在特别需要按规划形成良好城市环境的地区,特别是需要在较短时期内完成时,政府可以亲自组织实施城市开发项目。这些项目包括土地区划整理、城市再开发、新住宅地区开发项目等6种,统称城市开发项目。城市开发项目预定地区就是为了顺利实施城市开发项目,对项目策划初期决定的项目实施范围内的其他建设活动具有较强的限制和约束力。

⑦地区规划等。地区规划是1980年修改《城市规划法》时新增的内容,后逐步扩展成6种不同的类型。地区规划主要通过对对象地区内的地区设施(主要供地区内使用的道路、小公园等)和土地利用(用途、建筑密度、地块面积等)进行规划,达到针对城市局部地区实际情况,实施详细规划的目的。地区规划可在不违反城市整体规划意图的前提下,适度严格或放宽

地域地区中所确定的土地利用控制指标。地区规划是日本法定城市规划中唯一的详细规划手法。

根据邵春福(2004)的研究,日本的《城市规划法》规定了居住类、商业类和工业类3大类、12小类土地用途,如表5-9所示。

日本的城市土地用途分类(邵春福,2004)　　　　表5-9

用地大类	细 分 类	说 明
居住类	①第一类低层居住专用地	保证良好的低层居住环境的用地
	②第二类低层居住专用地	以保证良好的低层居住环境的用地
	③第一类中、高层居住专用地	保证良好的中、高层居住环境的用地
	④第二类中、高层居住专用地	以保证良好的中、高层居住环境的用地
	⑤第一类居住专用地	保护居住环境的用地
	⑥第二类居住专用地	以保护居住环境为主的用地
	⑦准居住地	作为道路的沿道、谋求提高与所在地特性相吻合的业务的方便,同时保护与之相协调的居住环境的用地
商业类	⑧近邻商业用地	以对附近居民提供日常用品为主要业务、提高商业和其他业务方便的用地
	⑨商业用地	提高以商业为主的业务方便的用地
工业类	⑩准工业用地	提高对环境没有恶化影响的工业为主的用地
	⑪工业用地	提高工业方便为主的用地
	⑫工业专用地	提高工业方便的用地

与其他国家的城市规划法相比,日本的城市规划法具有分类细致和注重房屋防灾建设特性的特点。另外,日本规划法在实施过程中遇到的问题与英国类似,也具有征收土地困难的问题。

4. 我国城市土地利用分类

我国2012年01月施行的《城市用地分类与规划建设用地标准》将城市建设用地共分为8大类、35中类、44小类。表5-10为城市建设用地的8大分类,以及每个分类字母所对应的字母和英文术语。

表5-11则为更加具体的分类方法,包括了所有大类、中类和小类。从表中可以看出每个大类又划分为若干中类,而每个中类又分为若干小类。例如R表示居住用地,大类中又分为3个中类,分别为R1,R2和R3,每个中类又继续划分为若干小类。

我国城市用地分类(大类)　　　　表5-10

代码(codes)	用地类别中文名称(Chinese)	英文同(近)义词(English)
R	居住用地	residential
A	公共管理与公共服务用地	administration and public services
B	商业服务业设施用地	commercial and business facilities
M	工业用地	industrial

213

续上表

代码(codes)	用地类别中文名称(Chinese)	英文同(近)义词(English)
W	物流仓储用地	logistics and warehouse
S	交通设施用地	street and transportation
U	公用设施用地	municipal utilities
G	绿地	green space

我国城市用地分类(详细) 表5-11

类别代码			范围
大类	中类	小类	
R	R1	一类居住用地	公用设施、交通设施和公共服务设施齐全、布局完整、环境良好的低层住区用地
		R11 住宅用地	住宅建筑用地、住区内城市支路以下的道路、停车场及其社区附属绿地
		R12 服务设施用地	住区主要公共设施和服务设施用地,包括幼托、文化体育设施、商业金融、社区卫生服务站、公用设施等用地,不包括中小学用地
	R2	二类居住用地	公用设施、交通设施和公共服务设施较齐全、布局较完整、环境良好的多、中、高层住区用地
		R20 保障性住宅用地	
		R21 住宅用地	住宅建筑用地、住区内城市支路以下的道路、停车场及其社区附属绿地
		R22 服务设施用地	住区主要公共设施和服务设施用地,包括幼托、文化体育设施、商业金融、社区卫生服务站、公用设施等用地,不包括中小学用地
	R3	三类居住用地	公用设施、交通设施不齐全,公共服务设施较欠缺,环境较差,需要加以改造的简陋住区用地,包括危房、棚户区、临时住宅等用地
		R31 住宅用地	住宅建筑用地、住区内城市支路以下的道路、停车场及其社区附属绿地
		R32 服务设施用地	住区主要公共设施和服务设施用地,包括幼托、文化体育设施、商业金融、社区卫生服务站、公用设施等用地,不包括中小学用地
A	A1	公共管理与公共服务用地	行政、文化、教育、体育、卫生等机构和设施的用地,不包括居住用地中的服务设施用地
		A11 行政办公用地	党政机关、社会团体、事业单位等机构及其相关设施用地
	A2	文化设施用地	图书、展览等公共文化活动设施用地
		A21 图书展览设施用地	公共图书馆、博物馆、科技馆、纪念馆、美术馆和展览馆、会展中心等设施用地
		A22 文化活动设施用地	综合文化活动中心、文化馆、青少年宫、儿童活动中心、老年活动中心等设施用地

续上表

类别代码			范围
大类	中类	小类	
A	A3	教育科研用地	高等院校、中等专业学校、中学、小学、科研事业单位等用地，包括为学校配建的独立地段的学生生活用地
		A31 高等院校用地	大学、学院、专科学校、研究生院、电视大学、党校、干部学校及其附属用地，包括军事院校用地
		A32 中等专业学校用地	中等专业学校、技工学校、职业学校等用地，不包括附属于普通中学内的职业高中用地
		A33 中小学用地	中学、小学用地
		A34 特殊教育用地	聋、哑、盲人学校及工读学校等用地
		A35 科研用地	科研事业单位用地
	A4	体育用地	体育场馆和体育训练基地等用地，不包括学校等机构专用的体育设施用地
		A41 体育场馆用地	室内外体育运动用地，包括体育场馆、游泳场馆、各类球场及其附属的业余体校等用地
		A42 体育训练用地	为各类体育运动专设的训练基地用地
	A5	医疗卫生用地	医疗、保健、卫生、防疫、康复和急救设施等用地
		A51 医院用地	综合医院、专科医院、社区卫生服务中心等用地
		A52 卫生防疫用地	卫生防疫站、专科防治所、检验中心和动物检疫站等用地
		A53 特殊医疗用地	对环境有特殊要求的传染病、精神病等专科医院用地
		A59 其他医疗卫生用地	急救中心、血库等用地
	A6	社会福利设施用地	为社会提供福利和慈善服务的设施及其附属设施用地，包括福利院、养老院、孤儿院等用地
	A7	文物古迹用地	具有历史、艺术、科学价值且没有其他使用功能的建筑物、构筑物、遗址、墓葬等用地
	A8	外事用地	外国驻华使馆、领事馆、国际机构及其生活设施等用地
	A9	宗教设施用地	宗教活动场所用地
B	B1	商业设施用地	各类商业经营活动及餐饮、旅馆等服务业用地
		B11 零售商业用地	商铺、商场、超市、服装及小商品市场等用地
		B12 农贸市场用地	以农产品批发、零售为主的市场用地
		B13 餐饮业用地	饭店、餐厅、酒吧等用地
		B14 旅馆用地	宾馆、旅馆、招待所、服务型公寓、度假村等用地
	B2	商务设施用地	金融、保险、证券、新闻出版、文艺团体等综合性办公用地
		B21 金融保险业用地	银行及分理处、信用社、信托投资公司、证券期货交易所、保险公司，以及各类公司总部及综合性商务办公楼宇等用地
		B22 艺术传媒产业用地	音乐、美术、影视、广告、网络媒体等的制作及管理设施用地

续上表

类别代码			范围
大类	中类	小类	
B	B2	B29 其他商务设施用地	邮政、电信、工程咨询、技术服务、会计和法律服务以及其他中介服务等的办公用地
	B3	娱乐康体用地	各类娱乐、康体等设施用地
		B31 娱乐用地	单独设置的剧院、音乐厅、电影院、歌舞厅、网吧以及绿地率小于65%的大型游乐等设施用地
		B32 康体用地	单独设置的高尔夫练习场、赛马场、溜冰场、跳伞场、摩托车场、射击场,以及水上运动的陆域部分等用地
	B4	公用设施营业网点用地	零售加油、加气、电信、邮政等公用设施营业网点用地
		B41 加油加气站用地	零售加油、加气以及液化石油气换瓶站用地
		B49 其他公用设施营业网点用地	电信、邮政、供水、燃气、供电、供热等其他公用设施营业网点用地
	B9	其他服务设施用地	业余学校、民营培训机构、私人诊所、宠物医院等其他服务设施用地
M	M1	一类工业用地	对居住和公共环境基本无干扰、污染和安全隐患的工业用地
	M2	二类工业用地	对居住和公共环境有一定干扰、污染和安全隐患的工业用地
	M3	三类工业用地	对居住和公共环境有严重干扰、污染和安全隐患的工业用地
W	W1	一类物流仓储用地	对居住和公共环境基本无干扰、污染和安全隐患的物流仓储用地
	W2	二类物流仓储用地	对居住和公共环境有一定干扰、污染和安全隐患的物流仓储用地
	W3	三类物流仓储用地	存放易燃、易爆和剧毒等危险品的专用仓库用地
S	S1	城市道路用地	快速路、主干路、次干路和支路用地,包括其交叉路口用地,不包括居住用地、工业用地等内部配建的道路用地
	S2	轨道交通线路用地	轨道交通地面以上部分的线路用地
	S3	综合交通枢纽用地	铁路客货运站、公路长途客货运站、港口客运码头、公交枢纽及其附属用地
	S4	交通场站用地	静态交通设施用地,不包括交通指挥中心、交通队用地
		S41 公共交通设施用地	公共汽车、出租汽车、轨道交通(地面部分)的车辆段、地面站、首末站、停车场(库)、保养场等用地,以及轮渡、缆车、索道等的地面部分及其附属设施用地
		S42 社会停车场用地	公共使用的停车场和停车库用地,不包括其他各类用地配建的停车场(库)用地
	S9	其他交通设施用地	除以上之外的交通设施用地,包括教练场等用地
U	U1	供应设施用地	供水、供电、供燃气和供热等设施用地

续上表

类别代码			范围
大类	中类	小类	
U	U1	U11 供水用地	城市取水设施、水厂、加压站及其附属的构筑物用地，包括泵房和高位水池等用地
		U12 供电用地	变电站、配电所、高压塔基等用地，包括各类发电设施用地
		U13 供燃气用地	分输站、门站、储气站、加气母站、液化石油气储配站、灌站和地面输气管廊等用地
		U14 供热用地	集中供热锅炉房、热力站、换热站和地面输热管廊等用地
		U15 邮政设施用地	邮政中心局、邮政支局、邮件处理中心等用地
		U16 广播电视与通信设施用地	广播电视与通信系统的发射和接收设施等用地，包括发射塔、转播台、差转台、基站等用地
	U2	环境设施用地	雨水、污水、固体废物处理和环境保护等的公用设施及其附属设施用地
		U21 排水设施用地	雨水、污水泵站、污水处理、污泥处理厂等及其附属的构筑物用地，不包括排水河渠用地
		U22 环卫设施用地	垃圾转运站、公厕、车辆清洗站、环卫车辆停放修理厂等用地
		U23 环保设施用地	垃圾处理、危险品处理、医疗垃圾处理等设施用地
	U3	安全设施用地	消防、防洪等保卫城市安全的公用设施及其附属设施用地
		U31 消防设施用地	消防站、消防通信及指挥训练中心等设施用地
		U32 防洪设施用地	防洪堤、排涝泵站、防洪枢纽、排洪沟渠等防洪设施用地
	U4	其他公用设施用地	除以上之外的公用设施用地，包括施工、养护、维修设施等用地
G	G1	公园绿地	向公众开放，以游憩为主要功能，兼具生态、美化、防灾等作用的绿地
	G2	防护绿地	城市中具有卫生、隔离和安全防护功能的绿地，包括卫生隔离带、道路防护绿地、城市高压走廊绿带等
	G3	广场用地	以硬质铺装为主的城市公共活动场地

我国城市土地分类相关文件并非是法律性文件，不具有法律效应。另外我国对于城市土地仅有定性分类，缺少定量的，如对于土地开发强度、规模的相关规定。

5.2.2 我国城市土地利用现状

1. 香港土地开发现状

根据邓聪(2010)的研究，城市土地是城市形成与发展的基础，是城市社会、经济、政治、文化等各项活动的载体，随着人口的快速增长、经济的迅猛发展及城市化进程的加快，城市面临的人口资源环境与社会经济发展之间的矛盾日益突出。城市土地资源利用的合理性与否，直接关系到城市的兴衰与区域经济发展的可持续性。

香港特别行政区位于东经114°15′,北纬22°15′,由香港岛、九龙半岛、新界内陆地区以及262个大小岛屿组成。北接深圳市,南面是珠海市,与西边澳门相距61km,土地面积1108km²(2007年数据,未包括海岸下),土地和水域的管辖总面积2755.03km²,水域率达59.9%,已开发利用土地少于25%,其中23个郊野公园、15个特别地区、4个海岸公园及1个海岸保护区,面积共占40%。地形以丘陵为主,全境丘陵山地占全港土地的80%以上,平地、台地仅占19%。香港总人口7008600(2008年底),人口密度为每平方公里6420人,是世界上人口密度最高的地区之一。香港经济以服务业为主,国际金融中心之一,全球十一大贸易经济体系、第六大外汇市场及第十五大银行中心,亚太地区的交通旅游中心之一。从中可以看出其有限的土地资源并未限制其经济的发展,而节约建设用地,高效利用土地使其土地利用效率高居世界前列。

根据郑捷奋和刘洪玉(2002)的研究,香港的地理条件决定了其只有高密度的发展模式才能解决大量的交通需求。香港在过去半个世纪的急速发展中,由于地理和传统土地权益等种种因素,采取了高密度的发展模式,而且是以公共交通,特别是以铁路为主导的高密度发展模式。保护了约40%的土地,未受发展影响,如表5-12所示。

香港土地用途分布情况(郑捷奋和刘洪玉,2002)　　　　表5-12

土地用途	草地和灌木地	林地	已发展用地	耕地和鱼塘	荒地、沼泽和红树林	水塘	其他用途
%	43.7	20.0	16.7	7.7	4.0	2.4	1.9

根据赵思凡(2009)的研究,香港是举世公认的集约用地典范区,其土地利用模式具备两个特点:混合使用,立体发展。两者结合下的土地集约利用水平代表国内的集约利用最高水平。香港总面积1070km²,截至2008年,建成区面积不足25%,但2007年建成区地均GDP产值为58.78亿港币/km²,远远高于经济发展速度最快的上海、北京、广州、深圳。以深圳为例,集约用地水平最高的5个国家级开发区的地均GDP为6.4亿元/km²。同时,港区内交通便捷,四通八达,城市发展井然有序。以香港为代表的混合立体土地利用模式日益得到世界各地的认可,并成为集约用地效仿的对象。该模式促使大陆学者对集约用地的内涵和模式进行重新思考。

具体而言,香港集约用地模式包括以下5方面:

①建筑布局的紧凑化。在香港,任意两个建筑物之间无论是直线距离还是空间距离都比较小,从而减少了对交通的需求。以香港中环CBD为例,它占地152.97hm²,由于建筑物之间的水平距离非常小,完全可以以步行的方式游览整个CBD,与北京市朝阳CBD(占地面积约399hm²)和深圳市CBD(占地面积约607hm²)的规模和用地模式差别非常大。

②土地利用的高密度。香港提倡高密度发展模式,一般楼高达200m或更高,通过增加垂直高度,提高土地的利用强度,从而减少建筑物占用土地的面积。

③土地利用的立体化。通常土地的利用分地面、地上和地下三个层面。地面主要用于构建城市的主要交通,地上主要用于修建人行天桥及公用设施,譬如学校、展览馆等,地下主要用于修建地铁和周边的购物场所。

④底层空间开放化。在香港,大多数建筑楼高超过200m,建筑的底层通常采用开放式的

开敞或半开敞的样式,底层通常建设成公共平台,平台连接不同建筑物、不同用地类型,平台上设有公园、娱乐场所、医疗场所等,从而将整个社区连接起来。平台还与人行天桥、地面交通及地下地铁相连,保证社区与城市周边交通连接起来,融为一体。大学的底层也用于连接公共交通,而不作为学校的私用空间。以位于九龙西的香港理工大学为例,其底层专门连接两条主干道路,由于规划合理、封闭性好,公共交通并不会影响学校的正常运转。

⑤以社区为核心的综合用地模式。社区集居住、商业、娱乐、公共配套于一身,各类用途的用地总面积不得超过整个社区面积的2/3。任何社区都是立体使用的,地面以上为私人空间,包括居住、商业等,地面及地下基本属于公共空间。敞开式的设计主要用于连接公共交通和布局公共设施。以最近开发完成的九龙城社区为例,该区土地总面积为135403m²,容积率为10。不同用地类型的建设面积比例为住宅42.87%,商业(包括五星级宾馆及办公楼)13.13%,公共用地(包括绿地,社区内的主干道)32.9%,娱乐用途1%,剩余为其他用地。混合使用模式既满足了住宅对配套的要求,又满足了商业接近消费群体的要求,同时提高了公共设施和交通的使用频率,从而能够保证加大对基础设施的投入力度。由于规划合理、交通便捷,该区的物业价格达到香港楼价的最高水平。混合使用模式提升了土地的经济价值,同时改善了居住和办公环境,提高了土地的社会效益,真正实现了土地的综合利用。由此可见,混合使用能够发挥集聚效益,体现城市的政治、经济、文化中心和人口高密度的空间组织形态。

香港集约用地具有以下特点:

①通过合理的混合布局提高土地的集约利用水平。在合理的混合用地布局情况下,土地的产出水平有所提高。其原因在于通过周边环境的改善,譬如公共设施的增加、购物环境的改善等,弥补用地不平衡造成的生产、消费和交换失衡。此时增加土地投入水平有利于提高用地的经济、社会等综合效益。反之,如果公共设施不足,住宅、商业配比缺乏合理性,随着单位土地面积的投入水平不断增加,与其相应的公共配套被完全占用、很快耗尽,土地的总产出不仅不会提高,相反产出水平会停滞不前或呈下降状态。

②通过混合使用,提高社会效益与经济效益。香港集约用地模式非常强调用地的合理布局,其实质是强调用地的混合性,充分发挥土地的正外部性,从而实现经济效益与社效益并重的集约用地目标,提高土地的综合价值。以香港中环CBD为例,从经济价值角度看,此区域商用用途的土地价格几乎达到香港地价的顶级水平,根据传统的地租分区理论,只有商业用途才能体现CBD区域土地的经济价值,但香港政府依据以人为本的原则,合理规划,在CBD中心地段修建了著名的香港中心公园,占用了CBD大面积的土地。从表面上看,公共用地性质并不能实现土地经济价值最大化,但事实上,香港中心公园带来的社会效益远远大于经济效益,使CBD不仅适合办公,而且能为在CBD及附近工作的员工提供良好的工作环境。这一举措不仅不会有损CBD的土地经济价值,反而提升了CBD的吸引力,从而提升了该区的经济价值。

③特殊的集约用地评价划分标准。香港的混合集约用地模式并不简单地以用途和功能划定集约用地评价标准,而是选择工业和非工业作为划分的标准。正是出于上述原因,香港鼓励以社区为核心的发展模式,香港的社区不是居住的概念,更多地是指小的综合集聚区,具备经济功能和社会功能。这样的发展模式可以将所有具备兼容性的非工业用途综合起来,共同使用,从而突出土地利用的综合性和外部性。同时,对于采取何种有效措施,提高集约用地水平,

也按照工业和非工业用地进行区分。这样的划分标准将土地利用的外部性和相互影响性考虑在内,有别于目前大陆提倡的以简单的商业、居住、办公、工业用途区分作为集约用地评价区分的标准。其关键在于工业用地和非工业用地之间存在很大的不相容性,而非工业用地内部存在很大的相容性,通过合理配置,非工业用地之间会产生正的影响作用。因此,有必要将非工业用地作为整体,综合考虑。

2. 我国海口市土地利用现状

夏兰娣等(2013)等对我国海口市的土地利用现状进行了评价,提到土地利用是区域发展的重要内容,土地利用的方式、结构、程度和效益直接影响区域的可持续发展性。土地利用现状评价是对研究区域现时土地资源的特点、利用结构与布局利用程度、利用效果及存在问题的分析评价。城市土地是城市形成和发展的基础,是城市社会经济、政治、文化等活动的载体。因此,城市土地资源是否被合理利用直接关系到城市的可持续发展及人民生活的幸福程度。并在基于科学性、整体性和代表性、稳定性和动态性、可行性和可操作性、目的性原则的基础上建立了如表5-13的评价指标体系,对海口市土地利用现状进行评价。

土地利用现状评价指标体系(夏兰娣等,2013)　　　　表5-13

目标层A	准则层B	指标层
土地利用现状评价	B_1 经济效益	C_1 单位面积固定资产投资
		C_2 单位面积房地产投资
		C_3 单位面积地区生产总值
		C_4 单位面积规模以上工业增加值
		C_5 单位面积建筑业增加值
		C_6 人均社会消费品零售总额
		C_7 单位土地面积财政收入
		C_8 第二产业对GDP贡献率
		C_9 第三产业对GDP贡献率
	B_2 生态效益	C_{10} 城市人均绿地面积
		C_{11} 环保投资占比重
		C_{12} 工业废水排放达标率
		C_{13} 工业固体废弃物综合利用率
		C_{14} 建成区绿化覆盖率
	B_3 社会效益	C_{15} 建成区人口密度
		C_{16} 人均居住面积
		C_{17} 人均可支配收入
		C_{18} 居住用地比例
		C_{19} 工业用地比例
		C_{20} 交通用地比例
		C_{21} 文卫费用占财政支出比重

根据海口市土地利用现状评价目标层和准则层计算结果可知,海口市2011年城镇土地利

用各项水平都处于可持续合理利用阶段。海口市土地利用各项水平及总体水平皆处于海南省前列。但经过综合分析,海口市城市土地利用方面还存在以下几点问题:一是土地投入产出比较高,土地集约利用程度偏低;二是环保投入较多,但仍存在一定的提升空间;三是人口密度较高,人地矛盾突出。针对海口市土地利用中存在的问题,提出如下解决建议:第一,提高土地生产力,保护土地资源,注重城市外延发展的同时,加强城市内部土地的挖潜改造,提高土地利用效率,完善土地持续利用管理机制;第二,调整城市用地结构和布局,将城市中心区效率低下、高能耗、重污染的工厂和机关事业单位迁出,发展高附加值的第三产业,充分发挥城市的CBD作用;第三,在保证环境保护投入的同时,提高资金使用效率;第四,放缓人口增长速度,同时完善城市各项配套设施。

3. 我国西部非中心城市土地利用现状

盖凯程和李俊丽(2007)认为西部地区城市化进程的加快推进了西部城市的迅速发展,但是作为城市空间载体的城市土地又必然随着城市人口的持续增长和经济的发展显得更加稀缺,随着城市化从中心城市向非中心城市的蔓延,这必将成为西部城市尤其是非中心城市进一步发展的制约瓶颈。如何使西部非中心城市有限的城市土地得到可持续利用,形成合理的城市土地利用空间结构成为日益重大的课题。

西部非中心城市近年来通过健全土地市场,运用市场机制对土地资源进行市场化运作和优化配置,实行政府高度垄断土地一级市场和对经营性用地实行招标、拍卖、挂牌出让,推进土地资源向土地资本的转变,取得了明显的效果。以四川南充市为例,在加快土地资源向土地资本转变的过程中,为了实现土地资本增值的最大化,南充首先通过整顿、规范土地市场,由政府垄断土地一级市场,规范用地秩序,完善土地储备制度。土地资本的高速增值使得南充财政充盈,得以加大投资力度,加快城市基础设施建设,推动了南充经济的快速发展。从2000年以来,南充GDP以11.35%的年均速度增长,GDP总量已从2000年的176.78亿元增加到2002年的219.11亿元。通过对南充城市土地利用的成果调查分析可以得知:近几年西部非中心城市通过土地利用一方面促使土地资本增值,大大提高了土地收入,为当地政府增加了财政收入和城市建设资金,扩大了城市面积和规模,提高了城市化率;另一方面,土地利用市场化程度的提高加快了非中心城市城市化进程,促进了GDP的迅速增长,表明土地利用市场化作为非中心城市一个新的强有力的经济增长点,是非中心城市自我发展、跨越式发展的重要途径。

类似南充市的西部非中心城市土地利用存在相似的问题。

(1)西部非中心城市土地利用异化为"以地生财"

从对南充近几年城市土地利用来看,土地收益增长过分膨胀。近几年南充市市本级政府获土地总收益往往相当于市本级一般财政收入的几倍,土地收益占当年市本级政府财政收入的绝大部分。非中心城市土地利用过程中土地收益增长都很明显,成为当地政府财政收入的重要构成部分,成为"第二财政"。政府作为土地利用行为中的"经济人",发现土地的资本属性、土地增值能力以及其对财政的贡献率后,在当前政府政绩和官员升迁仍以GDP增长为主要评估尺度的前提下,政府作为城市土地利用的委托代理人在自身利益最大化目标驱使下,出现类似公司治理结构委托关系中的"道德陷阱",增加城市真正的所有者——市民的委托代理成本,滋生腐败。例如南充经营土地利用中,前副市长李斌等政府官员以权谋私,南充"大都会"违规滥占建设用地一案,就验证了这一点。

(2) 非中心城市土地利用异化为对土地的"滥占滥用"

在"以地生财"的刺激下,非中心城市往往出现盲目占用耕地,扩大土地供应量,单纯追求土地收益现象,由此导致的危害明显,其一是盲目扩大土地供应总量,拉动非中心城市地方政府随意圈地。例如南充市从2000年到2004年五年全市土地实际供应面积分别是281.97hm²、309.74hm²、566.12hm²、404.3227hm²、443.33hm²,近五年实际土地面积合计高达2005.4827 hm²。盲目扩大供应量又会造成土地闲置和浪费,引发土地纠纷,导致土地生产要素市场无序竞争、市场波动、房地产市场虚热。

土地是不可再生的资源,城市土地总量有限,尤其对西部一些非中心城市而言,土地更是稀缺资源。由于四川非中心城市大多处在丘陵地带,跟成都等平原城市相比,其土地存量非常有限。随着这些非中心城市城市化的深化,政府通过土地运营所带来的增值资金增多,必然将资金投入城市建设中,扩大城市基础设施建设,使城市项目建设用地需求量激增。今后,随着西部非中心城市化的加快对城市建设用地的增加,必定使这些非中心城市土地需求量过大和土地供应量不足的矛盾激化。

(3)城市扩张侵害农民土地权益,非中心城市地方政府"与民争利"

土地征用加快了非中心城市城市化进程,但由于相关制度的缺位,征地往往导致被征地农民的权益遭到侵害,法定的征地补偿价格过低,严重侵害农民生存权益。政府建设征用土地,按照被征用土地原用途进行补偿。征用耕地的补偿费用包括征地补偿费、安置补助费及地上附着物和青苗补偿费,但由于偿标准过低,补偿费只能解决失地农民暂时的生产生活问题,无法解决被征地农民长期的生产生活问题。南充市每亩耕地种植业近三年平均年产值为975元/亩,按照补偿的最高标准,南充城郊农民每失地一亩获得的补偿费是15600元。由于实际上这些非中心城市部分城郊农民人均耕地普遍不到1亩,如南充市人均耕地仅为0.74亩/人,补偿费更低。过低的土地补偿标准严重侵犯了农民的利益。另外,现行的补偿标准并不完全以土地价值为依据,对住房、地上附着物、青苗的补偿不符合市场经济规律,尤其是价值规律。实际上,这些非中心城市城郊农村农业已经不是传统意义上的农业,多种经营、多种产业、农地出租、入股经营使土地产出不完全是农作物,按市场最低价而非土地的真实价值去补偿农民的青苗、附着物、房屋,严重违背市场经济规律。

4. 我国武汉土地利用现状

罗雄飞等(2007)对武汉市城市土地集约利用进行了评价。该评价中提到我国经济正处于由粗放型向集约型转变的时期,城市正处于超常规的快速发展阶段,城市的急剧膨胀造成了对土地资源的巨大需求,城市土地利用在新旧体制过渡中存在诸多问题。首先,城市用地规模扩张过快,大城市呈"摊大饼"式发展,中小城市用地浪费严重;其次,开发区建设"泛滥",城区土地闲置浪费严重;再次,城市土地利用结构与布局不尽合理,土地利用效率低。我国城市土地的粗放式利用,给城市建设及社会经济的发展带来了严重的后果,造成土地资源遭到极大的人为破坏与浪费。珍惜和合理利用每一寸土地,实现城市的可持续发展和城市土地利用方式由低效益、粗放式向高效益、集约化转变已刻不容缓。然而,城市土地集约利用标准体系研究尚处于起步阶段,研究力度仍不能满足建设节约型社会的迫切需求。

罗雄飞等(2007)认为武汉市土地利用主要存在以下主要问题:

①工业用地比例偏高,布局不尽合理。近年来武汉市中心城区实施了"退二进三"工程和

土地置换等措施,以改善城市用地结构,但大量工业、行政办公及军事设施等低价用途土地占据着相当部分区位优越的土地,使得土地的区位优势不能充分发挥作用。

②人居环境质量下降。武汉市居住用地比例偏低,低于全国超大城市平均值约5%。道路广场指标偏低,在全国特大城市中处于中游水平,相对于武汉市近年来机动车辆的飞速增长和城市人口的增长显得过少。绿地指标严重不足,且在空间上集中于城郊,市区人均实际拥有量极低。随着城市人口的不断增加,公共绿地不足的矛盾将更加突出,使城市人居生态环境质量进一步下降。

③土地闲置现象较严重。据统计,截至2004年,武汉市共发现闲置土地128宗,面积达600余平方公里。通过行政划拨获得的城市内部机关、企事业单位"大院"用地十分普遍,生产性用地重复布点多,城市建设低成本外延扩张的倾向盛行,城市用地规模超标。"征而不用,多征少用,乱征乱用"的现象大量存在。

④城区生态环境质量下降。随着城市规模扩大和各种职能的发展,武汉市大气质量有下降趋势。由于近年来二氧化硫排放量逐年增加和工业燃煤烟气脱硫措施的缺乏,城区酸雨出现频率上升。城市水面大量减少,地表水水质下降,主城区个别水体污染有所加重。噪声污染日益加重,首先是因为道路布局不合理,其次是城区内工业和施工噪声。

为进一步提高武汉市城市土地集约利用度,一要有效发挥市场机制配置土地的基础性作用,继续实施紧缩的土地供应政策;二要合理编制土地利用规划,加强规划的权威性;三要优化城市用地结构,实现城市空间结构的生态化;四要加快"城中村"与旧城区改造,盘活城市存量用地;五要完善公众参与土地利用的监督机制,开展城市土地整理(罗雄飞等,2007)。

陈雪婷和陈亮(2012)在关于当前我国城市土地利用中存在问题的思考一文中指出我国的城市土地利用现状令人担忧。中国社科院2010发布的《城市蓝皮书:中国城市发展报告No.3》认为,我国城市可用土地资源已接近极限。现阶段我国土地利用处于一个不断变化、调整的时期,这与当前我国经济飞速发展、社会可持续发展和制度不断深化变革是紧密相关的。从城市内部更新来看,为改善居民居住条件而进行的大片住宅区的改造工作,为改善城区内环境质量而进行的污染企业外迁,都是为了腾出足够的片区土地满足居住方便;从城市规模不断向外扩展看,城郊结合部的蔓延,经济开发区、工业园区的大力建设发展,使得城市发展空间急剧向农村要地、圈地。在这个过程中,城市土地利用方式也发生了根本性的变化:从土地利用制度上看,由土地的无偿、无流动性、无期限的行政划拨制度向有偿、有流转、有使用期限的使用制度转变;从土地资源配置方式看,由计划经济配置向市场配置转变;从土地市场建设看,由协议供地出让为主导更改为以公开出让使用权方式(挂牌等)转变。

当前国内很多城市仍然实施"摊大饼"式的发展模式,大量占用郊区和农村土地,土地浪费严重。平面扩张是城市化必不可少的发展需要,但是如不考虑城市内部存量土地的盘活利用,最终会本末倒置,影响该地区的发展。因为平面多分的扩张会直接或间接地导致两个明显的不良后果:一是占用了农用土地,使得人地矛盾更加突出,从土地和农民的关系出发实际是人与人的关系矛盾的激化,不利于当地集体组织的稳定;二是忽视了城区的存量土地的利用和旧城区的充分改造与开发建设,使城区的土地没有充分的发挥资产作用,土地资产价值无法体现出来,也会带来后期城区积累的闲置土地过多,如重新开发和改造,会带来双重压力或者更多,会在同一城市形成现代与落后场景并存,看上去格格不入的一面。为了应对我国城市现在存在的问题,笔者提出应该做到严格参照相关法规执行和加强土地出让市场体系建设。

本节首先介绍了美国、英国、日本和我国的城市土地分类方法以及不同国家城市规划法的建立及其发展变化。然后具体为大家介绍了我国香港、海口、西部非中心城市和武汉的土地利用现状。从上述介绍可以看出,在不同的国家和地区,政体的构成、各级政府的权利分配、城市规划的法规、行政、实施等各不相同,特别是城市土地开发控制的实践也不尽相同。在不同的国家形成了不同的规划控制、法规控制结合方式。我国的城市规划法发展较晚,存在一些不完善的地方,需要多借鉴其他国家的成功经验。另外,我国不同城市的土地开发现状表现出良莠不齐的现象,出现的一些问题亟待解决。下节将会具体介绍城市轨道交通沿线的土地利用形态、强度和规模。

5.3 城市轨道交通沿线土地利用形态、强度和规模

5.3.1 国外案例

1. 日本轨道交通沿线土地利用

根据郑捷奋和刘洪玉(2003)的研究,日本国土面积约38万平方公里,占世界陆地面积的0.3%,人口约为1.2亿,占世界人口的3%,国土面积仅为我国的3.9%,人口为我国的11%。由于日本山地多,平原少,可居住面积仅为8万平方公里,居住面积的人口密度比我国多2倍,平均每平方公里329人(1992年统计数字)。据日本国土厅1990年提供的数字,耕地面积为国土面积的14%,人均耕地面积433.3m^2,仅为我国的1/2,为世界上最少的国家之一。日本有80%的人口密集的分布在太平洋沿岸狭窄的平原上,仅东京、横滨、大阪、名古屋四大城市,就约占全国总人口的20%。全国90%的人口集中在城市,只有10%的人口在农村。三大城市交通圈面积和人口(1995年计)分别为:东京周边(半径约50公里)面积10117km^2、人口3198万人,大阪周边(半径约50km)面积7713km^2、人口1712万人,名古屋周边(半径约50km)面积6228km^2、人口838万人。上述三大城市圈的人口占日本总人口的45%。日本实施了高密度的开发模式,严格控制和规范土地开发行为,有效的保护了自然生态环境。日本的森林面积占全国总面积的66.7%,成为世界上森林覆盖率最高的国家之一。同时,日本以快速轨道交通支撑和引导城市发展、实现城市与交通可持续发展。在50km半径范围内,人们在1h内便可能从事业务、通勤通学,表5-14为日本三大交通圈通勤通学所需的平均时间。

日本三大交通圈通勤通学平均时间(单位:min)(郑捷奋和刘洪玉,2003) 表5-14

年 份	东京交通圈		京阪神交通圈		名古屋交通圈	
	50km交通圈	都心三区	50km交通圈	都心三区	50km交通圈	都心三区
1975	61	65	57	57	60	59
1980	63	66	58	56	62	59
1985	64	67	60	59	63	59

日本拥有轨道交通线路总长27121km,而城市交通和城间交通约占10000km左右。全日本拥有地铁线路524.8km,有轨电车线路264.1km,拥有车辆6143辆。有9个城市建设了快

速轨道交通系统,包括东京、大阪、民古屋、横滨、京都、福岗、神户、札幌和仙台等。仅东京圈(以东京为中心辐射的轨道交通网)营业里程就有2143km,其中地铁约271km。

日本轨道交通企业采取的是以铁道为中心,以房地产及租赁业、购物中心等零售服务业、公共汽车业、出租车业、旅游观光、宾馆设施等为兼业的经营模式。其中最主要的经营战略是土地经营和铁道经营同时进行的战略,日本铁路企业的土地经营类型主要可归纳为三类:以铁道为轴心的沿线开发型、土地开发主导型、与铁路完全无关在沿线以外地区开发土地经营业务。铁路公司负责规划的土地,自然以追求最大经济效益为目的。效益的目标包括两个方面:一是土地经营效益最大化,二是为铁路提供尽可能多的客流,使铁路投资能够赢利。由于交通方便程度不同,越靠近车站物业价值越高。在追逐利润的目标驱使下,房地产自然地向车站集中,形成车站建筑密度高,向外围逐步降低的趋势。这种布局反过来对铁路经营也极为有利。为充分利用铁路的派生价值,铁路公司还经营其他与铁路共生的商业项目,包括百货商店、体育场馆、游乐公园、宾馆等,许多项目直接布置在车站建筑内,它们既可以利用铁路的客流,又能够为铁路提供客流。不少铁路公司还经营接驳公共汽车线路,为铁路在更大范围内集散客流。虽然公交线路本身亏损率较高,但有助于维持公共交通方式的支配地位,保证铁路的客流强度,提高铁路公司的整体利润水平。

在分配土地用途的过程中,铁路公司特别注意以极优惠的方式吸引各类学校、医疗中心、邮局、图书馆、消防局以及其他政府机构。因为这些机构不仅能够增加当地的房地产吸引力,还可以为铁路提供非高峰时间客流。上述设施的存在,使铁路车站实际上成为沿途的社区中心。由车站向周围放射的步行系统和公共汽车线路得以同时兼顾上下班和使用公共中心的两股人流,显然符合低收入、高效益的原则。根据1988年对东急财团经营的"田园城市"铁路沿线的调查统计,居民到铁路车站(社区中心)的出行总量中,有67.8%为步行,24.7%为公共汽车,仅有6.1%为使用私人小汽车。显然,这种用地布局在吸引远距离出行使用铁路的同时,还有效降低了社区内部的机动车交通量。

在日本,轨道交通与房地产的综合开发策略,是20世纪20年代初期,由Hankyu铁路公司在大阪地区首先采用的,由于这种综合开发策略取得了巨大的成功,被铁路公司在东京及日本其他地方广泛的采用。理想主义的"田园城市"理念被发展成为一种赢利性的商业投资方式。对私营铁路的经营者而言,修建铁路不仅能从为城市提供交通服务中获利,也是房地产开发的重要商机。以东京为例,很多私铁公司将郊区铁路与铁路沿线的零售商业、房地产、公共汽车、宾馆等产业综合经营。其中,Tokyu,Odakyu,Keio和Seibu等经营东京西部铁路线路,Tobu经营北部铁路线路,Keisei经营东部铁路线路。铁路公司通常由分别先行从手中廉价获得沿线土地的众多公司合伙组成。统一进行土地利用与铁路建设规划以及基础设施配套,然后出售部分土地以补偿配套费用,其余用于自行开发。这就是日本城市建设中著名的"土地重整"过程。

张宁等(2010)选取东京核心四区(千代田区、中央区、港区、新宿区)范围内的31个轨道交通车站为研究对象,其中24个车站为两线或多线换乘站,7个车站为非换乘站。在分析过程中,将车站影响范围(以车站为中心的500m半径范围)交织的几个车站作为一个整体样本来考虑,例如将溜池山王站、国会议事堂前站、赤坂站、赤坂见附站和永田町站作为"溜池等5站",将新宿站、新宿西口站、新宿三丁目站、都厅前站、西新宿站、南新宿站、西武新宿站、新宿御苑前站作为"新宿8站",将新宿副中心最重要且彼此紧靠的新宿站、新宿三丁目站和西武新宿站作为"新宿3站"考虑。统计各车站影响范围内各丁目(日本行政单位,大致相当于中国的街道或居委会)的建筑用地面积、总建筑面积、零售商场面积、岗位数、居住人口数、常住人口数、在家中工作的人口数等调查值,最终得到各车站影响范围内的建筑容积率、岗位数/常住人口数。

张宁等(2010)分别给出东京核心四区轨道交通车站影响范围内的建筑容积率与岗位数/常住人口数的关系,以及容积率与单位潜在客流、单位建筑面积产生的日均上下客流量的关系。所有车站中车站影响范围内的容积率最小的是高田马场站,容积率小于2,最高为新宿3站,容积率接近7。其余车站的车站影响范围内容积率大概在4左右。而岗位数/常住人口数最小值接近0,为月岛站,最大超过25,为永田町站、赤坂见附站。部分车站周边零售商场建筑面积所占比例,如表5-15所示。

零售商场建筑面积所占比例(张宁等,2010)　　　　　　表5-15

序号	车站名称	容积率	岗位数/常住人口数	零售商场面积/总建筑面积(%)
1	永田町站、赤坂见附站	3.96	25.3	1.13
2	茅场町站	5.27	12.5	0.44
3	溜池山王、国会议事堂前站	5.77	24.4	0.67
4	新宿8站	6.10	15.6	6.31
5	新宿3站	6.84	23.7	7.45
6	银座站、东银座站	7.64	116.2	10.0

2. 瑞典斯德哥尔摩轨道交通沿线土地利用

根据孙晓强(2012)的研究,斯德哥尔摩位于瑞典的东海岸,东濒波罗的海,西连梅拉伦湖,整个市区由14座大大小小的岛屿和一个半岛组成,市内水道纵横,70多座桥梁将这些岛屿连为一体,斯德哥尔摩由此享有"北方威尼斯"的美誉。市区内高层建筑很少,低平的建筑与自然地形完美地结合在一起,构成山、水、城、林自然交融的格局。但是,这样的城市形态和地理条件却无疑给交通系统的规划建设带来不少难度。

斯德哥尔摩早在1945～1952年的城市总体规划中明确了以发展公共交通的战略来配合"小分散、小集中"的城市空间规划理念。在优先发展公共交通的概念指导下,斯德哥尔摩总计建设了108km长的地铁线,日均客流量达107万人次,全线共计设有100个地铁站点,其中47个地下站点、53个地上站点。共设置有7条地铁分支线路,编号为10～19。分别为红、绿、蓝三种颜色,每种颜色拥有2条或者3条分支线路。

在斯德哥尔摩乘坐地铁不但方便快捷、运行安全,而且通过地铁站厅的独特设计,让人有一种全新的艺术体验。不仅如此,斯德哥尔摩地铁系统在依靠轨道交通引导城市拓展以及环境保护和可持续发展等方面也走在了世界的前列。另外,作为世界上拥有最安全交通体系的城市之一。斯德哥尔摩市的零事故率地铁安全运行体系无疑是值得借鉴的。

经过多年的发展和完善,斯德哥尔摩在依靠轨道交通引导城市拓展方面,成为了国际推崇的典范。斯德哥尔摩有72万城市人口,其中近40%人口居住在市中心,有60%以上的人口居住在规化的六个卫星城。这些卫星城环绕于市中心并通过放射性区域轨道交通系统与城市核心区相连。轨道交通的发展规划使得斯德哥尔摩形成了一个卫星状、多中心的城市结构。基于交通与土地利用的互动关系,近些年来在国际上兴起了一种全新的规划方式——TOD规划模式。TOD即公共交通导向土地开发,是一种结合土地利用的交通战略,适用于大都市或者小的社区。在TOD开发区的节点位置处,主要布置商贸、邮电、金融等公共服务设施,组成一个核心商业区,同时每一个TOD开发区都要有一个与它相邻的次要区域,这个区域必须与车站相距不到1.6km,次要区域支持TOD区商业运行,同时为地铁交通提供足够的乘客。

斯德哥尔摩瓦伦拜地区在TOD模式应用方面可称驾轻就熟。瓦伦拜是斯德哥尔摩的六个卫星城镇之一,距主城10km,人口2.3万人。以公路和地铁与主城相连,交通便捷,景色秀丽,紧临大城市的繁华,又拥有小镇的田园与宁静。2005年联合评选的最适宜居住的地方,瓦伦拜小镇就在其中。瓦伦拜从上世纪50年代末开始规划,在完善轨道交通的基础上,沿着这些交通轴线形成了商业、服务业等为主的高密度土地利用模式,在交通规划方面形成了一体化的公共交通体系。目前的瓦伦拜在工作日内有超过70%的人选择地铁或其他公共交通,公共交通成为居民出行的主要交通方式,而围绕着地铁站点形成的商业区和住宅区又为公共交通提供了大量的乘客。同时瓦伦拜的开发加强了与南部较差的市郊区域的紧密联系,建立了和其他周边地区的合作,已经开始促成在更大范围内建设新的公共交通系统。

根据同工(2007)的研究,正是斯德哥尔摩以公共交通为导向的社区发展模式促进了双向客流的平衡发展,避免了"潮汐"交通现象,使公共交通系统得到了均衡利用。斯德哥尔摩大力发展公共交通,使越来越多的新城居民和上班族以轨道交通或公共汽车作为出行的首选交通工具。更重要的是,以公共交通为导向的社区发展(一些社区以居住为主,一些社区以就业为主)产生了高效的、双向平衡的交通流。在高峰期,系统的双向间客流之比为45.35,造成这种平衡的主要原因在于区域规划中,沿轨道交通走廊将人口和工作岗位的增长集中于紧凑混合开发的郊区市镇中心,产生了由城区到郊区城镇上班的反向通勤。这样,轨道交通系统克服了潮汐性客流的弱点,得到了均衡的利用。

3. 美国轨道交通与沿线土地利用

根据许越等(2013)的研究,捷运社区的概念在美国最早是在洛杉矶、纽约等大城市提出来的。伴随这些大城市膨胀式大规模发展的是居住社区的供应短缺以及人们对居住条件下降的担忧。这是这些城市数十年来以土地无序开发、交通拥堵、环境污染等为代价的恶性发展的必然结果。毫无疑问,急需研究新的城市土地开发模式。针对以上问题,有学者提出在城市主要轨道交通站点周边建造一些新型居住社区,并通过对土地的多样性开发、倡导公共交通出行等措施来构建高品质的居住社区。捷运社区的概念便由此逐渐发展而来。

捷运社区是在城市快速运输体系(捷运系统有时专门指轨道客运系统)周边进行土地综合开发而形成的以快速运输体系为主要交通工具的居住社区。捷运社区一般是在轨道交通站点500~550m范围内,通过紧凑混合式的土地开发构建的能够促进发展的智能化社区。而西雅图规划委员会指出,捷运社区的一个重要特点是社区居民可以通过步行、骑车、公交等多种方式去完成绝大部分的日常活动。表 5-16 为美国捷运社区发展情况。

美国捷运社区发展情况（许越等，2013） 表 5-16

城　　市	捷运社区发展情况
新泽西	1999 年开始提倡捷运社区建设，每年向捷运社区建设投入高达 1 亿美元的"捷运社区建设基金"，至今已建立 24 个捷运社区
洛杉矶	2008 年提出"社区改造计划"，投入 50 亿美元对洛杉矶的 20 个社区新建 20 个捷运社区，在洛杉矶轨道交通和 BRT 站点沿线重点建设捷运社区
西雅图	根据捷运社区所处位置将捷运社区按照"城市中心合区"、"居住混合区"、"特殊区域"、"工业就业区"分类，截至目前共新建、改造 45 个捷运社区
迈阿密	在两个轨道交通站点 Brownsville 和 Santa Clara 周边新建捷运社区
波特兰	在轻轨站周边实行 Metropolitan Area Express（MAX）计划

捷运社区一般具有以下特点：

①社区土地开发贯彻 TOD 模式，即依托轨道交通系统，在其站点周边实行高密度、高强度的土地开发形成聚集效应，并合理布局其社区空间形成适宜的人居环境，从而提高社区公共交通系统的可达性以及利用率。在土地开发强度方面，根据梯度递减的原则，从轨道交通站点由内而外逐步递减进行用地开发，并在其中穿插布设商场、广场、绿地等公共设施。

②步行友好的社区慢行系统。捷运小区通过建设步行优先的社区道路和构建发达的社区自行车系统吸引人们放弃小汽车出行。美国新泽西州的 North Brunswick 社区为了鼓励居民采用步行出行，设计者将道路一侧的机动车道改成步行道，并用栅栏将其与机动车道隔离，将道路优先权赋予社区居民的同时也保证了步行安全，如图 5-2 所示。

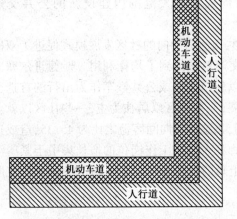

图 5-2　North Brunswick 社区道路示意图

③便捷的接驳巴士系统。接驳巴士是另一种有效连接社区与轨道交通站点的运输方式。不同于常规公交，作为一种辅助性的城市公共交通方式，接驳巴士的服务目标主要是帮助轨道交通吸引站点周边客流，扩大服务范围。接驳巴士能够有效地连接捷运社区与轨道交通站点，居民可以在社区内众多的接驳巴士站点处乘坐巴士前往轨道交通车站，方便居民出行。

④大量的社区内出行。捷运社区在社区内除了布置住宅之外，还设有大量的生活基础设施（如超市商场图书馆体育场等），甚至为了创造一定的工作机会，可在社区内建设一定的办公区域。在社区内各种设施合理配置的前提下，产生的协同效应能够刺激居民在社区内完成日常活动，从而有效减少不必要的社区外出行，缓解城市交通压力。North Brunswick 捷运社区为了方便居民生活，减少不必要的出行，在社区内构建了居住、办公、零售等一系列功能区的同时，还配有图书馆、社区酒店等一系列配套设施。

捷运社区的规模必须处在一个合理的范围之内。捷运社区若规模过大,将导致社区居民出行不便,规模过小,则无法满足社区居民的日常生活要求。捷运社区规模的适合与否,将直接影响其吸引力和居民的生活质量。North Brunswick 社区十分重视对于社区规模的控制。该社区的占地面积基本上控制在以轨道交通站点为核心,半径 500~550m 范围之内。在社区内的功能建筑和人口数量也保持在合理的范围内,从而保证了捷运系统对该社区的服务质量。表 5-17 为美国新泽西州进行社区规划时对不同方案规模指标提出的参考值。

North Brunswick 土地利用和开发规模(许越等,2013)   表 5-17

捷运社区方案		Small-A	Small-B	Medium	Large
捷运社区面积(km²)		1.2	1.2	1.5	1.8
住宅(户)	居民单元	1697	2735	3662	4602
	别墅单元	327	342	441	531
	单元总计	2024	3077	4103	5133
非住宅(个)	办公楼单元	1509	610	720	750
	餐馆/商场单元	350	350	35	350
	酒店单元	120	120	200	200
	其他	100	100	100	100
	单元总计	2079	1180	1370	1400

5.3.2 国内案例

1. 香港轨道交通沿线土地利用

柏利恒(2007)认为香港轨道交通与土地利用综合发展的成功经验值得我国其他城市借鉴。香港自 20 世纪 60 年代起进入人口快速增长期,至 70 年代已经是一个非常拥堵的城市,公共文通设施严重不足,城市各功能区之间缺乏有效的交通连接,交通拥堵问题也日益严重。香港地铁公司正是在这样的大背景下建立的。香港地铁公司的前身是创立于 1975 年、由港府全资拥有的地下铁路公司,1970 年开通运营第一条地铁线。从成立至今,在经历了香港地区快速的人口增长、GDP 增长及私家车增长后,香港地铁也从当初完全由政府控股的公司发展成 2000 年上市、港府控股 76% 的股份公司。

根据王旭波(2013)的研究,香港铁路网由观塘线、荃湾线、港岛线、东涌线、将军澳线、东铁线、西铁线、马鞍山线及迪斯尼共 9 条港铁路线组成,共 84 个车站,整个系统运营总长约为 168.1km。每天接载的乘客达 340 万人次。在早上繁忙时间,港岛线的列车班次最短可达 120s 一班,东铁线更可加密至约 60s 一班。载客量最多的西铁线列车,每小时载客量可达 12 万人次,每天工作约 19h,约占全香港公共交通总客量的 35%,是全球最繁忙的铁路系统之一。根据柏利恒(2007)的研究,香港地铁平均日客运量 240 万人次,历史最高值出现在 2004 年圣诞前夕,日载客量达到 338 万人次(通宵行车)。早高峰发车最小间隔为 124s,平均每天发车 3000 班次,运用列车数为 1074 节。2006 年,香港政府宣布合并香港地铁公司和九广铁路公司,使香港地铁运营总里程达 210km,车站 152 座,拥有员工 12000 多名,日客运量 394 万人次,轨道交通市场占有率达 40.6%,香港地铁成为世界上最繁忙的地铁线路之一。

虽然每天都要承担巨大的客运压力，但香港地铁的运营表现却从来没有出现过大的事故。列车服务的准点率和各设备系统的可靠性等各项指标均达到99%以上，在2006年都市铁路联会对世界各地铁路综合服务表现评比中名列前茅。之所以能够有如此优异的运营表现，香港地铁线路与沿线土地的合理开发直接相关。

香港地铁的建设过程中，改善了既有地铁车站的可达性。一般情况下，车站周边500m（步行范围）半径内的客流为地铁吸引客流的主要来源。因此，改善这个范围内客流步行进入车站的环境，提高地铁车站的可达性，是增加地铁客流吸引力的重要举措，鼓励市民乘坐地铁，如可以通过设置自动扶梯使乘客进出车站更加舒适，通过在地铁车站与居民楼、商场之间设置全天候人行连廊，给乘客创造一个不受气候干扰的乘车环境。另外可以通过设置人行隧道接驳系统扩大地铁车站的辐射范围。在香港，共有40座车站设有人行接驳系统。而香港地铁之所以可以完成如此良好的人行接驳系统，要归功于香港地铁"铁路+物业"的综合发展模式。

香港的土地非常稀有，尤其是地铁沿线的物业随着地铁的投入运营其价值大幅度攀升，如何将地铁带来的外部效益向地铁自身内部进行转化，是世界上每个修建地铁的国家和地区都在面对的问题。一般情况下，如果别的开发商掌握了站点周边地产的开发权，则会由于地铁与物业之间接口复杂而不愿与地铁部门沟通，从而无法实现两者之间的紧密结合。香港政府的交通发展战略规划中，明确了公共交通的主体地位，制订了轨道交通为骨干的公共运输策略，同时明确了环绕站点周边进行高密度地开发为集约利用土地，在车站和车辆段上盖作综合物业开发。"铁路+物业"的综合发展模式即地铁公司和政府达成协议，支付土地价格（不考虑地铁建设因素的市值）给政府以取得车站和车辆段上盖及周边的物业开发权。香港地铁利用其专业项目管理体制以监督地铁建设工程及物业联动开发，把各项权责划分清楚，有利于保障地铁的安全实施运营，妥善处理各类有关地铁与房地产项目的接口难题，发挥两者的协同效益及无缝连接的优势。此模式一方面利用地铁的便利使周边土地升值，利用物业开发回收增值，以补贴地铁建设成本，令项目获得合理回报；另一方面物业同步发展，为地铁提供充足客源，增加运营收入。"铁路+物业"的综合发展模式有利于地铁建设面向市场，以达到资源高效利用的目的。

因为物业方面的补贴，公众能以合理的价格享用世界级的地铁服务，并享受完善配套、交通便捷的新社区，真正实现了地铁与周边城区的可持续发展。2007年香港总人口为690万人，其中约280万人居住在地铁沿线500m范围之内，港铁为香港超过40%的人口提供快捷便利的交通选择。香港地铁物业已建及在建迄今已达到840万平方米，以地铁为主导规划的将军澳地区总人口2007年约为34万人，其中约85%的人口（约29万人）居住在地铁沿线500m的服务范围内，有效地疏导了城市人口。

郑捷奋和刘洪玉（2002）在关于香港轨道交通与土地资源的综合开发的研究中提到，在新界约有78%的就业岗位集中在8个位于铁路车站附近的就业中心内，其用地面积之和仅占新界总面积的2.5%。商务中心更是高度集中在各类公共交通工具的大型枢纽处。其中，中环—金钟—铜锣湾地铁沿线的平均就业密度超过每公顷2000人。特别值得一提的是，金钟与中环地铁站之间中心距离虽然仅有800m，但其间的办公建筑依然没有均匀布置，而是分别向两站靠拢，从多数建筑到地铁站的步行距离仅200m左右。高密度的发展，不单保留了一大片绿洲,更有助于公共交通的发展。在建于 1975~1986 年的 3 条铁路线上,香港地铁公司开发了 18 处房地产,其中包括 10 处不动产的 28000 套公寓、3 个购物中心的 150500m² 零售店及 128500m² 写字楼。3 个购物中心分别建于 3 个地铁货仓之上,是地铁公司长期投资项目。

事实上香港公共交通的发达,可从每天乘坐公共交通工具上班的比例反映出来。香港每天乘坐公共交通工具上班的人数占总体上班族的 80%,而整个交通系统所造成的二氧化碳排放量,以每个乘客计算,是主要的国际城市中最少的。从表 5-18 可以看出,香港是几个城市中公共交通出行分担比率最大的城市。

根据顾新(2009)的研究,轨道交通"廊道效应"理论,轨道建设将改变沿线土地的可达性,引起地价和土地利用方式的变化。从而促进轨道沿线人口分布形态的改变。高密度的住宅及商业项目通常置于邻近车站的地方。通过对香港大量车站实例的解剖发现,香港在轨道线路规划及车站设计中充分运用了土地"珠链式开发"模式和交通设施"无缝接驳"模式。围绕站点腹地(一般 500m 步行半径范围)进行高强度综合开发,外围逐渐降低,同时,利用车站组织道路、公交、人行系统的无缝接驳,实现交通设施的整合。政府的策略规划也鼓励位于车站周边地块的高密度发展。香港《建筑物(规划)准则》第 123F 章规定了车站周边各类用地的容积率和覆盖率。1991 年《都会计划总体发展密度指引》将紧靠车站的地块列为一等密度区,允许容积率 6.5。目前位于城市商业中心的中环、铜锣湾、尖东、旺角等车站周边地块的开发容积率大多在 9~15 之间,新近建成的机场铁路、将军澳支线的车站地区发展密度也都在 5 以上,该密度还未计入地下及地面停车设施面积,如表 5-19、表 5-20 所示。

世界主要城市上班交通工具分布及二氧化碳排放量(郑捷奋和刘洪玉,2002) 表 5-18

世界城市	交通工具分布(%)			人均二氧化碳排放量(kg)
	私人	公共	非机动	
伦敦	46	40	14	1700
东京	29	49	22	1400
香港	9	74	17	750

香港机场铁路物业发展项目(顾新,2009) 表 5-19

地铁站	地盘面积(hm²)	住宅面积(m²)	写字楼面积(m²)	商场面积(m²)	酒店面积(m²)	总面积(m²)	发展密度
香港站	5.71	—	254190	59460	102250	415900	7.28
九龙站	13.54	608026	231778	82750	167472	1090026	8.05
奥运站	16.02	493152	111000	63500	—	667652	4.17
青衣站	5.40	245700	—	46170	—	291870	5.4
东涌站	21.70	935910	15000	56000	22000	1028910	4.74
总计	62.37	2282788	611968	307880	291722	3494358	5.6

香港将军澳支线物业发展项目(顾新,2009)　　　　　　　表 5-20

地　点	地盘面积 (hm²)	住宅面积 (m²)	商场面积 (m²)	写字楼面积 (m²)	总面积 (m²)	发展密度
调景岭	3.24	236.965	16800	—	253.765	7.8
将军澳	5.55	110.925	75514	103130	279.569	5.0
坑口	1.80	138.652	3500	—	142152	7.9
86区	32.68	1612800	40000	—	1652800	5.05
总计	43.27	2099342	135814	103130	2338286	5.4

通过上表可以发现香港地铁站周边土地的开发密度都非常高,并且混合开发。这种集约、立体开发模式为香港地铁提供了稳定客流,也在一定程度上控制减少了出行需求,保证香港地铁的高效运行。

2. 上海轨道交通沿线土地利用

根据单卓然和黄亚平(2013)的研究,轨道交通沿线土地利用趋于高效。"依托轨道交通提高城市土地利用效率"已然成为各地方政府和规划师们的共识。根据所处区位、土地利用现状的不同,轨道交通站点对周边地区的影响也有所差别(站点适应与站点引导)。但土地的高效利用却全部突出地表现在强度、密度、高度的三级跳和循环正向促进上。传统的容积率等控制指标在当下的轨道交通建设中难以适用,社会各界普遍意识到轨道交通将可能最大限度地盘活鲜有或新建土地并使附着于其上的城市建设持续发挥"一点三度"效能,如图5-3所示。

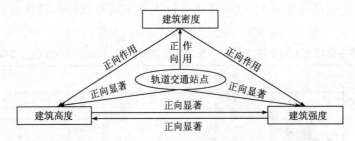

图5-3 轨道交通站点周边的"一点三度"作用机制(单卓然和黄亚平,2013)

图5-4 上海轨道交通嘉定新城站周边地区的用地功能(单卓然和黄亚平,2013)

伴随土地利用的高效,轨道交通站点地区的功能日趋复杂。其积极意义在于一定程度上打破了传统刚性功能分区带来的种种弊端,塑造出具有复合特征的城市综合功能区域,从而促使具有活力的消费街区产生并进而提高站点地区的功能与设施的现代化水平,而消极意义则在于其组织方式的单一与堆砌,导致商务办公、商业酒店、高层住宅等若干功能要素的拼贴与泛滥,并进一步造成生态环境破坏、景观风貌无序和地方特色丢失,如图5-4所示,其中商办是指商业办公用地。上海轨道交通11号线嘉定段站点综合开发规划情况如表5-21所示。

根据莫一魁(2009)的研究,上海徐家汇轨道交通车站周边的宛平路、广元路、宜山路、南丹路围成的 125hm² 区域为实证研究对象。研究区域的特点是：商业发展已经形成规模，但核心区功能过度集聚，层级不清；对于体现地区品位的文化休闲、社交场所的塑造比较缺乏；周边商业区步行系统与步行空间衔接不顺，步行环境还待改善。在该区域进行土地规划的重点是维持较高的商业服务类土地利用强度和适度加强土地的混合利用。研究区域的用地情况如表 5-22 所示。

上海轨道交通 11 号线嘉定段站点综合开发规划情况（黎冬平等，2011） 表 5-21

站点名称	建设用地面积（hm²）	住宅（万平方米）	商业（万平方米）	办公万（万平方米）	总建筑面积（万平方米）	容积率
嘉定北站	30.5	37.8	33.8	8	79.6	2.61
嘉定西站	7.84	14.3	2.07	1.5	17.87	2.28
白银路站	6.5	9	1.2	4.1	14.3	220
嘉定新城站	15.6	21.6	14.27	18.04	53.91	3.46
马陆站	6.57	8.3	4.3	1.7	14.3	2.18
南翔站	5.36	5.9	2.9	4.3	13.1	2.44
安亭站	5.3	4.3	8.4	0	12.7	2.40
上海汽车城站	6.6	9	1.99	2	12.99	1.97
昌吉东路站	3.87	5.6	2.8		8.4	2.17

轨道交通站点地区的开发日益倾向于服从理想市场经济下的价值规律和地租竞价曲线。这种转变很难用竞争关系演化解释，也不属于新一轮宏观调控的直接后果，但却是地方政府和开发运营商期盼的难得双赢局面，持续的资本进驻和公共政策支撑不断巩固着这一具有中国特色的开发方式和建设行为。

近年来，轨道交通站点周边地区的土地开发模式日益趋同，可概括为"功能拼贴、强度之上、纷乱复合"，是典型的"生产大于生活"的空间组织方式。不仅带来了环境风貌的"千城一面"，还导致文化丧失、生活品质降低、创新能力下降、消极思想和享乐主义至上等社会问题的衍生。依托单个轨道交通站点形成的空间结构基本相同，功能上普遍由"酒店商业—商务办公—商住结合体—住区与社区商业—少量开敞空间"组成，形态上则呈现出典型的"中心＋环状放射"，公共空间及绿地开敞空间通常在外围分布。

徐家汇站点地区用地分析表（莫一魁，2009） 表 5-22

用地类型	现状用地(hm)	现状容积率	规划后用地(hm)
居住	29.1	2.5	29.6
商业办公	26.9	3.5	30.1
商住综合	9.8	4.1	17.6
教科文卫	5.4	1.3	10.6
绿地及市政设施	10.5	0	13
工地或空地	19.3	0	0

轨道交通的出现进一步刺激空间生产过程的加剧，潜在的开发价值和高强度的建设规模处于意料之中。随着开发量的攀升，站点地区的整体高强度逐渐成为"迫切需要"。过高的开发强度导致了环境品质下降、卧城与空城现象频发、贫富差距拉大等经济环境与社会问题。轨道车站周边存在两个过度问题，即过高强度和过度紧凑，如表5-23所示。

分层次轨道交通站点周边商业服务业类型建议（单卓然和黄亚平，2013）　　　表5-23

分因素层	问题层	
	空间问题	社会问题
过高强度	超出土地承载能力，千城一面，高度失去控制，对各类基础设施需求压力加大，降低单一土地的可持续利用程度，三高现象	社会公平公正缺失，贫富差距加大，交通拥堵导致社会认可度降低，社区责任感与归属感下降
过度紧凑	开敞空间意识，公共空间边缘化，交通拥堵，生态系统恢复能力降低。空间结构难以协调，私密空间减少，白日空巢	生活氛围消失，文化塑造能力下降，区域可识别性降低，社会交往水平与空气质量下降

上海轨道交通站点周边土地过高强度的开发给站点运营带来了巨大压力。在每日高峰时车站客流过大，导致车站为了安全运营需要实施限流措施。但是在非高峰时期，车站客流过小，又造成了运力的浪费。

3. 北京轨道交通沿线土地利用

轨道建设可以带动周边土地、房地产升值，相关研究结果显示，我国地铁沿线800m范围内物业可能增值2~2.5倍（路刚，2013）。北京地铁运营里程为442km，有15条线路，222个地铁车站，其中36个为换乘车站（刘剑锋，2013）。

根据刘剑锋（2013）的研究，随着城市轨道交通网络化发展，轨道交通车站直接覆盖人口数量呈现快速增长的发展态势。北京市轨道交通车站周边1km半径覆盖的人口由2000年81万人增长至2012年976万人（见表5-24），年均递增23%，大幅超过在此期间全市和六环快速路内常住人口的年均增速。受此影响，轨道交通日均客运量由2000年119万人次每天增长至2010年518万人次每天，年均递增16%。由此可见，轨道交通线路周边土地利用及其开发强度直接影响客运量。轨道交通车站周边土地利用也直接影响车站客流的时间分布特征。例如，广州市轨道交通车站依周边用地性质主要分为居住、办公、商业、枢纽四类，除广州市的四类车站外，北京市还涉及场站类、混合类和高校类车站。不同类型车站进出站客流出现的高峰时段和高峰小时系数不同，如居住类车站进站高峰一般出现在早高峰时段，高峰小时系数一般在20%以上，个别车站高峰小时系数超过30%。例如北京市地铁8号线霍营站为38%，地铁13号线回龙观站为33%。

北京市城市人口增长与轨道交通网络覆盖人口对比（刘剑锋，2013）　　　表5-24

年份	全市常住人口（万人）	六环快速路内常住人口（万人）	车站1公里半径覆盖的人口（万人）	覆盖人口占全市人口比例（%）	覆盖人口占六环快速路内人口比例（%）
2000	1364	1105	81	5.9	7.3
2005	1538	1200	172	11.2	14.3
2010	1961	1465	503	25.7	34.3
2012	2069	1552	976	47.2	62.9

城市轨道交通进(出)站衔接方式构成中,步行占据绝对主导地位,北京和上海市步行衔接比例均达到60%以上,表明轨道交通对沿线居民的吸引力最大。除步行外,公共汽车和自行车衔接比例也相对较大,北京和上海均在25%左右。公共汽车衔接程度会显著影响轨道交通客运量,尤其是外围地区。北京市地铁八通线、13号线在运营初期公共汽车衔接水平比较落后,导致运营效益较低。

下面具体介绍北京昌平线典型车站周边土地利用形式、强度和规模。北京地铁昌平线是连接城市中心区与昌平新城的一条轨道交通快速客运线路。北起十三陵景区,南至地铁十三号线西二旗站,全长31.2km。昌平线一期于2010年12月30日开通试运营,线路长21.24km,设车站7座。图5-5为昌平线一期的线路图。昌平线一期中除了南邵站和西二旗站,其余车站全部为高架车站。由于地铁昌平线途径的北部地区大部分为待开发区域,所以规划者在其沿线设置了大规模的停车场,这是其他城市轨道线路难以实现的。

图5-5 北京地铁昌平线线路图

西二旗站、沙河站和南邵站是昌平线的三个典型车站。从图5-5我们可以看到三个车站在线路中的位置。西二旗车站为昌平线最南端,最靠近市中心的车站,同时也是昌平线与十三号地铁线的换乘站。南邵站是昌平线最北端车站,而沙河站是位于线路中部,靠近南邵站的一个普通中间站。下面将详细介绍每个车站周边一公里土地利用的类型、规模和强度。

西二旗地铁站是北京地铁昌平线与十三号线的换乘站,也是昌平线最南端的车站。车站地面一层为十三号线,高架为昌平线。西二旗站是三个车站中距离市中心最近,也是周边土地开发最多的车站。西二旗车站附近是著名的软件园,诸如百度、神州数码等十几家网络公司坐落于此。从图5-6我们可以看出,车站周边土地利用类型比较单一。以地铁线路为界限,周边土地被大致分为东西两个区域。东部多数土地为居住楼,只有少部分的商业区域和办公区域,西部几乎全部为商业区。图5-6中用不同的填充形式表明了不同的土地利用形式,图中线条或点越密集表明土地利用强度越大,这里土地利用强度是指楼层高度。图5-6中车站西北方向点状填充最密集的大厦高23层,最稀疏的大厦高5层。线条最密集,即用地强度最大的居住用地位于车站的东北方向,楼高20层,其南边和东边填充稀疏的居民楼高4层。因为车站的最西部设有一些工厂,所以工厂周边有部分绿地。而北部浅灰色的区域为待开发用地,现在还没有建筑。西二旗车站是换乘站,车站周边土地开发强度在三个车站中最大,同时西二旗地铁站是所研究的三个车站中客流最大的车站。

沙河站是北京地铁昌平线上的一个普通中间高架站。从图5-7可以看出沙河站西南方位和北部方位是大片的待开发土地。虽然车站周围居住用地比较少,但是居民楼层数较高,西北方位的居民楼高18层,但是东北方向的居民楼高7层。北部为大片的工厂区域,土地利用强度较低。在车站东向沿路有几家酒店,东南方向有所学校,学校师生人数共约2500人。沙河站周边土地正在被高强度的开发,尤其是西南方向,现在正在建设多幢高层居民楼。可以预测此站在住宅区建成后,会产生大量的出行需求。

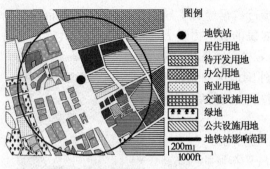 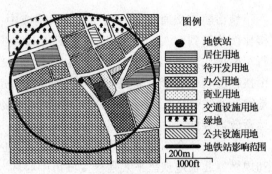

图5-6 西二旗站周边土地利用规模图　　　　图5-7 沙河站周边土地利用规模图

南邵站是北京地铁昌平线一期北方终点站。车站位于昌平区南邵镇镇中心,也是昌平线唯一一个地下车站。从图5-8中可以发现,南邵站仅有紧邻车站的部分土地被低强度利用,而外围有大量未被开发利用的土地。车站周边用地类型包括办公用地、居住用地和公共设施用地。办公用地用粉色表示,有南邵镇政府、公安局、文化中心。公共设施用地用接近白色的颜色表示,包括南邵小学、中学、幼儿园、卫生服务中心。车站周围有大面积的土地正在拆迁而未被开发。南邵站是三个车站中离北京市市中心最远的车站,也是开发利用程度最低的车站。车站周围最高的建筑为居民楼,高7层,其余均为4层或5层的建筑。但是车站周围现在正在建设多幢高层居民楼,可以预见,当居民楼建成居民入住后,此地铁车站的客流量将同沙河站一样在未来会有增长。

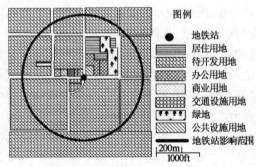

图5-8 南邵站周边土地利用规模图

通过以上对三个车站的站位、性质和周边土地利用类型、规模和强度的详细介绍,我们可以发现三个车站之间存在的显著区别。从车站性质上而言,西二旗车站是换乘站,沙河站是普通中间站,南邵站是线路终点站。从土地利用角度分析,三个车站周边土地开发利用强度由高到低分别为西二旗、沙河站、南邵站,并且开发强度之间存在较大差距。地铁车站周边土地开发利用类型、规模强度直接作用影响车站客流强度。

通过上述介绍,可以看出北京轨道交通站点周边土地利用开发具有以下特点。首先,站点周边土地利用开发类型过于单一。其次,轨道交通站点周边土地利用开发强度和规模过大,导致高峰期车站进出站客流强度超过了车站的设计能力。

本节具体介绍了国内外大城市轨道交通沿线土地利用形态、强度和规模。根据单卓然和黄亚平(2013)的研究,我国大城市轨道交通站点地区的开发建设具有三大特征,即土地利用趋于高效、城市功能日益复杂、开发服从经济规律。我国大城市轨道交通站点地区普遍存在四项土地利用谬误,即土地利用与空间结构趋同、空间封闭现象严重、公共设施布局边缘化、强度过高紧凑过度。单卓然和黄亚平(2013)提出了五项积极的规划引导策略,即开发模式的多样化策略、生态开敞空间预留策略、低碳交通换乘接驳策略、公益服务设施临近策略和整体开发强度梯度策略,以期为解决我国大城市轨道交通站点地区的普适性问题提供可借鉴的思路。

在下一小节会具体介绍城市轨道交通车站客流量与周边土地利用关系,说明土地利用对于轨道车站客流量的影响和作用。

5.4 城市轨道交通车站客流量与周边土地利用关系

5.4.1 研究区域及数据调查

城市轨道交通车站客流量与周边土地利用关系的研究区域一般为以轨道交通为圆心,周围 500～1000m 为半径的圆。调查数据主要包括车站客流量和研究区域的土地利用类型、强度和规模。

1. 土地利用变量介绍

我国城市用地分类是通过不同用地方式将土地进行定性的分类,但是在具体研究中我们需要将这些用地的类型、强度和规模定量化,才能在之后进行定量分析。在不同的研究中,笔者考虑到收集数据的难易程度和精确度等,会采用不同的土地利用变量。表 5-25 中的变量可以表示不同的土地利用类型的强度和规模。

在交通与土地利用的研究中,土地利用的分类大致与规划中的土地利用分类类似,但是也存在不同的地方,这是因为不同两者之间的交通发生率存在较大区别。例如,在规划中行政、文化、教育、体育、卫生等机构和设施的用地都属于公共管理与公共服务用地,但是它们的交通发生率存在较大区别。比如说学校和医院,两者同属一类用地,但是学校的交通发生和吸引主要发生在早晚高峰,而医院的交通发生率在一天之中则相对平均。另外,两个地方的交通发生强度也存在较大差别,所以不能划为同一种用地类型,而是要区分开来作为两种土地利用形式变量分别运算。

土地利用变量 表 5-25

用地类型		选取变量
居住用地		住户数、家庭数、人数
办公用地		职位数、面积层数
商业用地		营业额、面积层数
交通设施用地	私家车停车场	停车位数量
	自行车停车场	停车区域面积
	公交车车站	单位时间到站频率、可乘坐的线路数、公交车到站间隔、单位时间换乘地铁人数
公共设施用地	花园	面积
	医院	医护人员数
	小学、初中、高中、大学	全校师生数

许多国外的研究将影响交通出行的土地利用变量分析的更加细致。例如,Bhat 和 Puluu-gurta(1997 年)研究居住区影响机动车出行的自变量时,使用不同的变量来描述家庭构成。例如家庭中非就业的成年人数,工作的成年人数,家庭年收入,一个人的家庭等等。Rentziou 等

(2012年)则是将不同类型的人数百分比作为自变量,如白人人口百分比,黑人人口百分比,西班牙人口百分比,亚洲人人口百分比,18岁以下人口百分比,65岁以上人口百分比等等。并且认为种族和年龄对人们的出行行为都有影响。这样细致的分类可以有助于提高预测或者回归的精度。即使是居住小区,不同类型的家庭的交通发生率之间也存在着显著区别。Potoglou和Kanaroglou(2008)认为影响出行的变量还包括家庭中拥有驾照的人数,家庭是否有小孩,土地的混合程度,信息熵,居住小区附近500m范围内的公交站点数和在离家6公里以外的地方上班的人数。而Wang等人(2011年)则使用了居住人口密度,工作职位密度和联合密度来具体表现土地利用强度。密度越大,说明土地开发利用强度越大。其中居住人口密度和工作职位密度分别指每平方公里内居住人口数和工作职位数,而联合密度是前二者的一个线性组合,从总体的角度表明一块土地在白天的工作职位用地强度和夜间居住用地强度。

因此,在不同的研究中,可以根据研究目的的不同,采集数据的方便性等原因,重新进行土地类型的分类,并且选择不同变量来表明土地的利用强度。

本文以北京地铁昌平线为研究线路,对地铁昌平线上西二旗站、沙河站和南邵站三个车站及车站周边一公里范围内的土地利用形式、规模和强度进行具体分析。三个车站的周边的土地利用状况在5.3.2.3中已经做过详细介绍,这里具体介绍描述土地利用强度和规模的变量。

不同利用类型的土地的交通发生率存在着明显差异。一般来说,居住用地、公共设施用地的交通发生率明显高于绿地、水域和其他用地。但是即使同属于一个大类的土地利用类型之间也存在着较大差异,如前面列举的公共设施用地中文化用地与教育科研用地的交通发生率就存在着较大差异。

基于以上原因和本研究的内容,本文将土地利用类型共分为居住用地、办公用地、商业用地、公共设施用地、交通设施用地、仓储及工业用地、其他用地和待开发用地。其中办公用地主要指政府部门的办公用地,如南邵镇政府、公安局等用地。商业用地为写字楼、商场、酒店等用地。公共设施用地为小学、中学、幼儿园、医院等用地。交通设施用地为社会车辆停车场、自行车停放处和公交车站用地。仓储及工业用地包括工厂或者仓储用地。本文将办公用地、商业用地和仓储用地统称为工作用地。待开发用地为正在开发用地。其他用地指除了以上土地类型的其他所有土地类型。下面我们分析一下不同类型的地铁站周围土地利用特点。

地铁车站按照线路布线情况可以分为地面站、地下站、高架站。市中心地区建造地铁车站是为了不影响地面的正常活动,一般采取地下站形式。地下站形式的地铁站周围的土地利用形式一般在建设地铁站之前就已经确定,所以建设地铁站对周边土地利用影响不大。地处市中心的地下站,周边的住宅区较少,一般为工作用地和商业用地,如西单站,王府井站。地面站和高架站因为其造价低但是对地面的交通和发展有一定程度的影响一般建立在远离市中心的地区。这类地铁站周围的用地,可能表现为居住属性的用地,也可能表现为工作属性的用地,如南邵站和西二旗站。本文选取的三个车站中南邵站是地下站,沙河站是高架站,而西二旗车站是两条线路换乘车站,地面和高架均有线路。

值得注意的是,因为本书选取的三个车站中,有部分车站的大部分客流来自于公交换乘客流,所以本研究将公交车站也当做一种土地利用形式,并使用公交车单位时间(半个小时)内到站频率作为此种土地用地的强度。表5-26为各种土地利用类型和各土地利用类型规模强度的代表变量。

土地利用类型及规模变量数据　　　　　　　　　　表 5-26

用 地 类 型	具体划分	选取变量	南邵	沙河	西二旗
居住用地	—	住户数（户）	1076	3752	15660
办公用地	—	面积层数（km²）	0.0312	0.2464	0.0000
商业用地	—	面积层数（km²）	0.0000	0.3165	15.4257
公共设施用地	—	人数	1470	3000	495
交通设施用地	停车场	停车位数量	850	0	210
交通设施用地	自行车停放区域	自行车停放区域面积	0.0600	0.0600	0.3462
交通设施用地	公交车站	公交车单位时间到站频率	（车次/半小时）		
交通设施用地	公交车站	早高峰	20	23	32
交通设施用地	公交车站	平峰	11	12	19
交通设施用地	公交车站	晚高峰	12	10	25
仓储及工业用地		面积层数	0.0285	0.8973	0.0640
待开发用地	—	—	—	—	—
其他用地	—	—	—	—	—

对于不同类型土地利用形式，需要使用不同的变量来描述其土地利用规模和强度。本研究中使用住户数来描述居住用地使用强度。办公用地、商业用地、仓储及工业用地使用总面积层数来表示其利用强度。面积层数为土地实际利用面积乘以实际使用层数。公共设施用地使用总人数，如幼儿园、各类学校师生人数表示用地强度。交通设施用地包括社会车辆停车场、自行车停放处和公交车站三种用地，分别使用停车场车位数、自行车停放区域面积和公交车单位时间到站频率来描述其对应土地利用类型的利用强度。其中与进站客流量强度相关的变量主要有住户数、公交车单位时间到站频率、自行车停发区域面积、停车场停车车位数。与出站客流量强度相关的变量为提供工作职位的用地，如办公用地、商业用地、公共设施用地和仓储及工业用地的土地利用强度。

2. 轨道交通车站客流量介绍

下面介绍车站客流量数据。根据北京昌平线客流现状，本书取早高峰时段为早 7:00～9:00 共 2 个小时，平峰为中午 11:00～12:00 以及下午 14:00～15:00 共 2 个小时，晚高峰为下午 17:30～20:30 共 3 个小时。表 5-27 为西二旗、沙河和南邵三个车站 2013 年 1 月 1 日至 2013 年 1 月 31 日一个月的早高峰、平峰和晚高峰三个时间段进出站的客流（人次）数据。

车站各时段总客流量　　　　　　　　　　表 5-27

高峰时段	早高峰 07:00～09:00	平峰 11:00～12:00 14:00～15:00	晚高峰 17:30～20:30
南邵站	145137	71423	165121
沙河站	282160	71680	307391
西二旗站	892890	163919	977495

三个车站早高峰、平峰和晚高峰三个时间的进出站总客流量,可以反映出三个车站总体客流强度之间的区别。从图 5-9 中我们可以明显看到在早高峰、平峰、和晚高峰三个时段,西二旗车站的客流量都是大于沙河站和南邵站的客流量,尤其是在早晚高峰。沙河站除了平峰时段与南邵站相近外,早高峰和晚高峰客流量大小也超过南邵车站的客流量。三个车站的客流强度由高到低依次为西二旗站、沙河站和南邵站,在早高峰和晚高峰尤其明显。平峰时期,西二旗车站客流量最大,沙河站和南邵站客流强度相近,这与两个车站的性质相关。沙河站和南邵站均地处郊区,周边土地开发强度不大,少

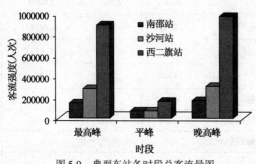

图 5-9 典型车站各时段总客流量图

有商业区或娱乐区域吸引客流,所以其在平峰时期客流相近。客流强度大小与三个车站距离市中心的远近相关,也与车站周围土地开发利用强度相关。

上面的进出站客流量是从车站总体角度来描述车站客流强度的,下面分别从车站进站客流量和出站客流量两个角度观察三个车站性质的区别。表 5-28 为三个车站各时段的进站客流量和出站客流量。

图 5-10 为南邵站和沙河站各时段进出站客流量,从图中得知南邵站和沙河站的客流情况比较类似,即早高峰客流以进站客流为主,晚高峰客流以出站客流为主。从客流组成我们可以判断车站周边住宅用地利用强度大于工作用地利用强度,整个车站以住宅用地属性表现为主属性,我们定义此类车站为居住属性车站。居住属性车站在客流上的表现为早高峰乘客从家出发乘坐地铁前往工作地点,晚高峰乘坐地铁回家。所以地铁车站客流量表现为早高峰进站客流多于出站客流,晚高峰出站客流多于进站客流。

车站各时段进出站客流量 表 5-28

车站	早高峰		平峰		晚高峰	
	进站量	出站量	进站量	出站量	进站量	出站量
南邵	114396	30741	39305	32118	38635	126576
沙河	259248	22912	43861	27819	31438	276333
西二旗	239314	653576	84316	79603	307751	235044

西二旗车站客流表现比较复杂。图 5-11 中显示西二旗车站早高峰出站客流量约为进站客流量的 3 倍,可见西二旗车站周围土地利用主要表现为工作土地利用属性,即出站客流量大于进站客流量。但是在晚高峰虽然进站客流量比出站客流量大,但是相差不大。这是因为选取的晚高峰时间段为下午 17:30~20:30 共 3 个小时,而西二旗作为著名的软件园,工作单位诸如百度、神州数码等 IT 信息公司下班时间一般较晚,部分员工不在晚高峰时间段下班,所以晚高峰进站客流仅为早高峰出站客流的一半。

从图 5-12 中我们可以看出不同车站不同时段的客流强度,可以看出早高峰西二旗站出站量和晚高峰进站量远大于另外两个车站。以上为三个车站早、晚高峰进出站客流的横向比较。后面将会具体结合车站周边土地利用类型、强度和规模具体对各车站之间的客流量进行

比较。

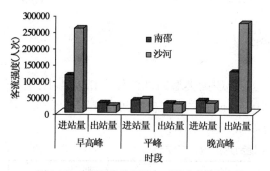

图 5-10 南邵站和沙河站各时段进出站客流量

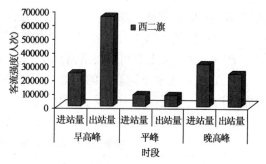

图 5-11 西二旗站各时段进出站客流量

本书选择南邵、沙河和西二旗三个车站作为研究对象,是因为无论从车站的地理位置还是车站本身的性质而言,三个车站具有非常显著的区别,这对于我们研究分析不同车站周边土地利用类型、规模和强度与车站客流的关系是有益处的。另外南邵、沙河和西二旗三个车站分别作为北京地铁昌平线的起始站、一半中间站和换乘站,在车站性质方面较全面的代表了昌平线所有车站的现状,所以作者选取这三个车站进行具体分析研究。

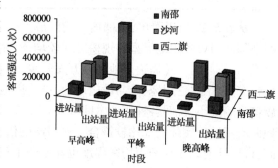

图 5-12 典型车站各时段进出站客流量

5.4.2 建模分析

1. 信息熵

根据刘保奎和冯长春(2009)的研究,熵这个概念产生于热力学领域,由法国物理学家 K. Clausius 于 1854 年提出,是表征系统紊乱程度的测度。对于一个具体的系统来说,系统越混乱、越无秩序,信息熵就越大。反之,一个系统越确定则信息熵就越小。通过熵值大小可以了解土地利用的混合程度。一般来说,熵值越大,表明各种土地利用类型之间越均衡,熵值越小,说明土地利用类型越单一。

地铁车站的信息熵计算公式如式(5-1)所示。

$$P_i = \frac{A_i}{A} = \frac{A_i}{\sum_{i=1}^{N} A_i} \qquad (5-1)$$

式中:P_i——第 i 类土地利用类型面积层数百分比;

A_i——第 i 类土地利用类型面积层数;

A——地铁车站周围一公里范围内已开发利用用地面积层数;

N——地铁车站周边一公里范围内土地利用类型数。

P_i 具有归一性质,即 $\sum_{i=1}^{N} P_i = 1$。土地利用结构的信息熵定义为

$$H = -\sum_{i=1}^{N} P_i \log P_i \quad (H \geq 0) \tag{5-2}$$

式中：H——地铁车站信息熵；

N——地铁车站周边一公里范围内土地利用类型数；

P_i——第 i 类土地利用类型面积层数百分比。

熵值越高，表明不同职能的土地利用类型数越多，各职能类型的规模强度相差越小，土地分布越均衡。熵值越小则相反，说明土地利用类型单一，或者强度规模之间存在明显区别。

南邵、沙河和西二旗三个车站的熵值计算结果如表 5-29 所示：

南邵、沙河、西二旗车站周边土地利用熵值计算结果　　　表 5-29

车站	南邵	沙河	西二旗
熵值	0.5089	0.4719	0.3133

从表 5-29 可以看出，南邵信息熵值最大，西二旗信息熵值最小。南邵站的信息熵最大，说明南邵站周边各用地类型的规模之间较均衡，相差不大。现实情况正是如此。从图中我们可以看出，虽然南邵站周边土地利用开发较少，仍有很多待开发区域，但是已开发利用的土地类型较多，包括居住用地、公共设施用地、办公用地等，而且每种用地的规模强度相差不大。西二旗信息熵最小，说明各种用地之间规模相差大，不均衡，这与西二旗站几乎只有居住和商业用地两类用地的实际情况比较符合。沙河站的信息熵值大小介于南邵站和西二旗站信息熵值之间，说明沙河站土地利用均衡程度也介于两个车站的土地利用均衡程度之间。

以上是从信息熵的角度分析南邵、沙河、西二旗三个车站周边一公里范围内已开发利用土地的利用均衡程度。一般来说信息熵值的大小和车站的进出客流量强度是有直接关系的。信息熵越大，车站周边用地越均衡，那么车站周边一公里范围内的居住用地的住户就可以在车站周边的工作区域工作，不需要乘坐地铁或其他交通方式去其他地区工作。因此，车站的客流量较小。而信息越小，表明车站周边用地越不均衡，比如说车站周围只有居住用地而没有工作用地，那么车站的住户就只能使用不同的交通方式前往工作目的地工作，那么车站的早高峰进站量、晚高峰出站量就相应较大。若是车站的周边以工作用地为主，则车站的早高峰出站量、晚高峰进站量就会相应较大。实际客流结果与上述分析结果一致。从图 5-11 中我们知道三个车站早高峰、平峰和晚高峰的总客流强度由高到低分别为西二旗站、沙河站和南邵站，这与信息熵值的大小成反比，与上述分析相同。但是虽然南邵站的客流强度最小，但是这不仅是因为车站周边土地利用均衡，更是因为其周边土地利用开发强度最小，所以车站客流量最小。所以车客流量的大小不仅与车站周边的土地开发利用强度相关，还与车站的熵值相关。

2. 回归分析

本研究将早高峰、平峰和晚高峰三个时段的车站进站客流量和出站客流量和车站周边的土地利用类型、强度和规模建立联系。考虑这三个时间段是因为地铁车站的客流一般在早高峰或者晚高峰达到最大客流。而平峰的客流虽然不大，但是也有一定的参考作用。我们将车站的进站客流量和出站客流量分别与车站周边土地利用形式、规模和强度进行联系是因为车站周边的不同土地利用形式在不同时期表现出不同性质的客流。而不同性质的客流在不同时段会对调。假设车站周边土地主要为住宅用地，表现为居住属性，那么这个车站早高峰的客流主要为进站客流，住宅小区的住户前往地铁站乘坐地铁到达工作地点。而晚高峰时，这些住户又会乘坐地铁到达车站出站回家。因此,这个车站在晚高峰以出站客流为主。而表现为工作属性的地铁车站的客流性质恰好相反,这里不再赘述。将客流量分为进站量和出站量分别进行考虑可以有助于将客流量和地铁车站周边的土地利用性质进行联系。

以下为三个车站的各时段进出站客流量。下面将具体分析不同时段不同性质的客流量与车站周边土地利用类型、强度和规模之间的关系,通过回归,寻找合适的函数形式描述变量之间的函数关系,并作出合理的解释。这里将分别从早高峰出站客流量和晚高峰进站客流量、平峰进出站客流量以及早高峰进站客流量和晚高峰出站客流量三个方面来讨论。因为一个车站的早高峰出站客流量一般与其晚高峰进站客流量相差不大,早高峰出站的乘客在晚高峰下班后要乘坐地铁回家,所以他们也是晚高峰进站的乘客。基于上述原因,我们从以下三个方面,建立地铁车站客流强度和车站周边一公里范围内土地利用类型、强度和规模之间的函数关系。

(1)早高峰出站客流量和晚高峰进站客流量

地铁车站早高峰出站量主要为通勤客流量,主要与地铁站周边的工作性质用地相关,如办公用地和商业用地的规模强度,另外还与车站周边的信息熵相关。图5-13表明西二旗车站的早高峰出站量远高于其余两个车站,这是因为西二旗周边土地开发强度最大,并且其中几乎一半为商业用地。商业用地提供大量的职位,吸引了大量客流。除此之外,因为西二旗最靠近城市中心,公交相对发达,有较多换乘公交的客流,所以西二旗站的早高峰出站量最大。沙河站的早高峰出站量是三个车站中最小的,这是因为沙河站周边的办公用地和商业用地少,并且土地利用强度不大,所以沙河站早高峰出站量最小。南邵站相对于沙河站虽然远离城市中心,但是早高峰客流强度却高于南邵站,这是因为虽然其周边土地开发强度小,但是南邵站离昌平区中心较近,并且是离昌平区中心最近的地铁站,有很多出站后换乘公交的乘客前往中心区,所以其出站客流大。

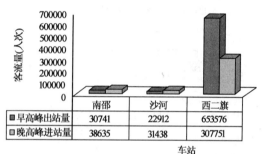

图5-13 典型车站早高峰出站量和晚高峰进站量

下面先具体分析早高峰出站客流量。我们知道和出站客流量相关的土地利用类型是提供工作岗位的土地利用类型,主要包括办公用地、商业用地、仓储及工业用地等。信息熵是通过各类用地面积百分比计算而得,和每种土地利用变量都有关系,所以也应该和地铁车站出站客流量相关,回归结果如式(5-3)所示。

$$y = cH^a \left(\sum_{i=1}^{n} X_i \right)^b \quad (n = 1, 2) \tag{5-3}$$

式中:y——早高峰出站客流量;

H——信息熵;

X_1——办公用地规模变量;

X_2——商业用地规模变量;

a、b、c——系数。

附录2中的回归结果表明与地铁车站的早高峰出站量相关的变量有办公用地和商业用地

两种土地利用强度规模变量以及信息熵。其中办公用地和商业用地都是提供工作职位的用地,性质类似,所以为加和关系,并且两者之和的系数为正,说明这两个变量之和与早高峰出站量成正比,两者之和越大,即提供的工作职位数越多,早高峰出站量越大。信息熵变量是通过各类用地面积百分比计算而得,和每种土地利用变量都有关系,所以和其余变量为乘积关系。信息熵的回归结果显示其系数为负数,说明信息熵越大,出站量越小,这与前面讨论的结果一致,即信息熵越大,用地越不均衡,客流量则越大。虽然仓储及工业用地也是提供工作职位的土地利用类型,但是回归后不显著,说明在这三个车站附近的这类用地面积较少或者利用强度与车站客流量强度不成比例。

晚高峰进站客流是早高峰出站客流的逆客流,所以与晚高峰进站客流相关的变量与早高峰出站相关变量相同,并且回归模型相同,回归结果如式(5-4)所示。

$$y = cH^a \left(\sum_{i=1}^{n} X_i \right)^b \quad (n = 1, 2) \tag{5-4}$$

式中:y——晚高峰进站客流量;
$\quad H$——信息熵;
$\quad X_1$——办公用地规模变量;
$\quad X_2$——商业用地规模变量;
a、b、c——系数。

附录2中的回归结果表明晚高峰进站客流强度函数和早高峰出站客流强度函数相似,这里不再解释。

(2)平峰进出站客流量

平峰进站客流量的大小应该与车站周边的住户数和公交车到站频率相关。一般而言,车站周边住户数越多,在平峰时段进站的客流量一般也就越大。在本文中,公交车站被看作一种土地利用形式,所以公交车单位时间到站频率越大说明到站客流越多,这些客流中包含换乘地铁的客流,相对应的是,乘坐地铁换乘公交的客流也可能越大。图5-14 为平峰时各车站进出站客流量与车站周边住户数和公交车到站频率数据。由于平峰公交车到站频率与其他数据数量级相差太远,为了方便观察,此处的平峰到站频率为乘以一千以后的结果。可以看出,进出站客流量的大小与住户数和公交车到站频率大小一致。

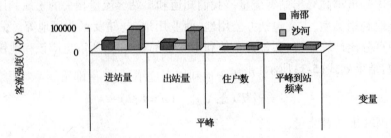

图5-14 典型车站平峰进出站客流量及车站周围住户数和到站频率图

函数回归结果如式(5-5)所示。

$$y = aX_1 + bX_2 + \varepsilon \tag{5-5}$$

式中:y——平峰进站客流量;

X_1——住户数；

X_2——公交车平峰到站频率；

ε——误差项；

a、b——系数。

附录2中的回归结果显示住户数变量系数为正，说明车站周边的住户数越多，车站在平峰时的客流量越大。公交车到站频率系数为正，说明公交车到站频率越大，地铁车站平峰时进站客流量越大。这与上述分析一致。但是住户数的系数很小，这一点原因将在早高峰进站客流量的分析中做具体介绍。

平峰出站客流量大小应该与车站周边的办公用地和商业用地、公共设施用地及车站的信息熵相关。另外，如果一个地铁车站周边可换乘的公交车到站频率大，那么会吸引更多的乘客出站。因此，平峰出站客流量大小应该与车站周边公交车的到站频率也有关。因此，相关变量包括办公用地开发利用强度、商业用地开发利用强度、公共设施用地利用强度、公交车到站频率和信息熵，回归结果如式(5-6)所示。

$$y = a(X_1 + X_2) + bX_3 + \varepsilon \tag{5-6}$$

式中：y——平峰出站客流量；

X_1——办公用地规模变量；

X_2——商业用地规模变量；

X_3——平峰公交车到站频率；

ε——误差项；

a、b——系数。

附录2中的回归结果表明平峰出站客流量只与平峰公交车到站频率和商业用地与办公用地开发利用强度之和相关，而与信息熵不相关。两个变量的系数分别为26.082和0.826，都为正数，说明平峰公交车到站频率越大，商业用地与办公用地开发利用强度越大，地铁车站的平峰出站客流量就越大。这与我们预测推断的一致。一般而言，车站周边的公园或娱乐休闲场所越多，车站的平峰出站客流量应该越大。但是因为本文没有考虑这类用地，并且公共设施用地包含的是中小学教育用地和医疗机构用地，虽然其中包含医疗机构用地，但是只有南邵站一个地铁车站周边有医疗用地，并且用地强度很小，所以公共设施用地强度变量不显著。另外，信息熵在回归结果中也表现不显著，这是因为信息熵只能表现出地铁周边土地利用强度规模的混合程度，却不能表现出地铁周边一公里范围内的开发利用程度。虽然南邵站的信息熵比沙河站的信息熵值大，并且南邵站周边土地利用强度小，但是南邵站的平峰出站客流量比沙河站的平峰出站客流量大，这是因为南邵站作为昌平线的终点站，有很多换乘客流，所以其平峰出站客流多于沙河站平峰出站客流。我们发现，换乘客流的存在加大了我们分析地铁车站和车站周边土地利用强度关系的难度，即便我们将车站周边的公交车站也看做一种土地利用形式。

（3）早高峰进站客流量和晚高峰出站客流量

早高峰进站客流一般为通勤客流，所以其应该与车站周边的住户数有关。住户数越多，进站的客流量应该越大。当然，这是在其他所有变量都一样时，信息熵的大小会影响车站的早高峰进站客流。当车站周边的土地表现为比较明显的居住属性时,其车站的早高峰进站量应该较大,信息熵较小。反而言之,信息熵小表示车站周边土地利用形式比较单一,既可以是表现为居住属性的单一,也可以是表现为工作属性的单一。假设一个车站的信息熵小,并且表现为工作属性的单一,那么车站的早高峰进站量大,出站量小。而当其表现为工作属性的单一,则为车站的早高峰出站量大,进站量小。所以当信息熵小时,研究的车站如果全部为工作属性为主的单一车站,并且研究早高峰出站量,那么信息熵的系数应该为负,因为信息熵越小,出站量越大。而如果研究的是早高峰进站量,那么信息熵的系数应该为正,因为信息熵越小,进站量越小。所以信息熵系数的正负与车站周边土地利用形式导致车站表现的属性相关。车站的进站量还应该与车站周边的公交车单位时间到站频率相关。公交车单位时间到站频率越大,说明需要换乘地铁的客流越多,那么车站的早高峰进站客流量就越大。根据上述讨论,对数据进行回归,得到的回归模型结果如式(5-7)所示。

$$y = cX_1^a X_2^b \tag{5-7}$$

式中:y——早高峰进站客流量;
$\quad X_1$——住户数;
$\quad X_2$——早高峰公交车到站频率;
a、b、c——系数。

附录2中的回归结果表明地铁车站早高峰出站量和车站周边的住户数和早高峰公交车到站频率相关联。车站周边住户数越多,车站的进站客流量越大。车站周边早高峰公交车到站频率越大,换乘地铁的乘客越多,车站的早高峰进站客流量越大。两者相乘,说明两者之间存在微弱的联系。但是回归方程的R方值却很小,说明拟合结果不是很好。图5-15是三个车站的早高峰进站客流量、晚高峰出站客流量和住户数数据图。图中显示,沙河站早高峰进站客流量最大,西二旗其次,南邵站最小。但是西二旗站的住户数却,南邵站住户数的4倍之多。西二旗站住户数最多,但进站客流量却不是最大,因为车站周边的工作类型用地开发利用强度大,虽然住户多,但是很多住户都是在附近上班,自产自销,所以车站进站量小。因此,西二旗车站的信息熵小,表现得是以工作用地为主的土地利用属性。而沙河和南邵站却是明显的居住用地属性的车站。基于以上复杂的关系,信息熵在回归结果中不显著。而南邵站因为周边土地开发强度过小,即使有很多乘坐换乘的乘客,车站的进站量仍然小于沙河站。方程总体拟合结果不是很理想。因此,考虑在未来的研究中引入折算公交车单位时间到站频率的信息熵。计算公交到站频率的信息熵对于考虑有较大部分客流为换乘客流的车站比较有利。

晚高峰出站客流为早高峰进站客流的逆客流,一般乘客早上从某个地铁车站出站,工作一天后,晚上还会从这个地铁车站进站。所以影响晚高峰出站客流强度的变量应该和影响早高峰进站客流强度的变量一样。经过多次回归尝试,得到回归结果如式(5-8)所示。

$$y = dX_1^a X_2^b H^c \tag{5-8}$$

式中:y——晚高峰出站客流量;
$\quad X_1$——住户数;
$\quad X_2$——晚高峰公交车单位时间到站频率;
$\quad H$——信息熵;

a、b、c、d——系数。

回归结果显示,晚高峰出站客流量和车站周边的住户数、车站周边晚高峰公交车单位时间到站频率以及车站周边土地利用的信息熵相关。所有自变量的系数都是正数,说明所有自变量和因变量之间都是正相关关系。即住户数越多,晚高峰出站量越大。但是住户数的系数很小,这一点可以通过图5-15来解释。从图5-15中我们可以看到南邵站、沙河站和西二旗站的住户数依次增多,但是三个车站的晚高峰出站客流量却是沙河站最大。这个现象的根本原因同早高峰相同,所以这里不再赘述。而晚高峰公交车单位时间到站频率系数为正数很好理解,即可换乘的公交车越多,车站出站客流量越大。而此时信息熵系数为正数,说明信息熵越小,出站客流量越小,这与西二旗车站的现状是符合的。信息熵的正负比较复杂,前面已经讨论过了。在早高峰出站客流强度回归方程中,信息熵系数为负数,说明信息熵越小,出站客流越多。这里也可以解释为主要显示的为工作性质的信息熵,而在晚高峰出站时的信息熵相反,所以系数相反,为负数。通过对不同性质的车站使用信息熵回归,我们发现信息熵回归,系数为正为负都有可能,只能根据不同情况具体分析。所以,当以信息熵为自变量回归时,因变量最好是能总体反应车站客流量强度的变量,如车站进出客流量之和,即总客流量。两者之间的为负相关关系,即信息熵越大,车站的总客流越小。而如果仅使用车站的进站客流量或者仅使用出站客流量,我们就要考虑车站的主属性,这时的回归系数的结果就有可能为正,有可能为负,结果比较复杂。

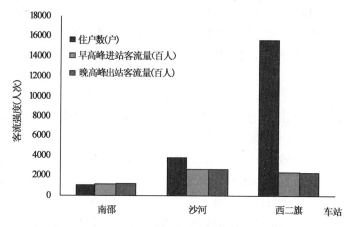

图5-15 典型车站高峰期进出站客流量及车站周围住户数

以上为北京地铁昌平线典型车站的早高峰、平峰和晚高峰三个时段的进出站客流强度与车站周边一公里范围内土地利用形式、规模和强度之间的关系研究。研究结果显示地铁车站在不同时段的不同性质的客流与不同的变量相关。研究得到的回归结果与预期分析基本一致,但仍然存在一些问题,如回归方程拟合程度不好,预期的变量不显著等等。这与我们实际选取的车站和一些车站的实际情况相关。以下是在回归过程中发现的一些问题并对这些问题的出现做出的解释。

首先是信息熵不显著的问题。在上面讨论早高峰进站量和晚高峰出站量时已经具体分析过。信息熵作为自变量时与地铁车站总客流强度相关性较强,而与地铁车站不同性质的客流之间的相关性则较为复杂。地铁车站周边土地利用形式使其表现出来的属性对于信息熵的分析也有一定影响,所以研究信息熵的时候情况复杂。第二,我们选取的车站周边土地利用开发强度存在较大的差别。从图 5-8～图 5-10 中我们可以明显看到南邵站的土地已开发面积最小,而西二旗车站的已开发面积最大,两个车站之间的客流强度因开发强度的区别存在着较大的差异。而计算信息熵的时候并没有计算未开发土地的面积,因为未开发土地类型不能产生和吸引任何客流。在此前提下假设两个车站的信息熵相同,则表示两个车站周边的土地利用混合程度相同。但是假设一个车站周边有大面积未开发土地,而另一个车站周边所有土地都已经开发了,那么两个车站的客流强度定然存在差异,可是在回归函数中却没有变量可以表明这种影响。第三,造成回归方程精度低还有可能是数据的精度问题,因为是个人实地调研,所以诸如住户数等数据必然存在一定的误差,这一定程度上影响回归的结果。最后,是笔者在本研究中将公交车站也看做是一种土地利用形式,但是在计算熵值时却没有将公交车的到站频率折算到交通设施用地中,所以对熵值的回归结果也有影响。

5.5 本章小结

本章对城市轨道交通与沿线土地利用的合理开发进行了介绍。首先介绍了不同国家的城市土地利用分类状况,土地利用相关法律法规以及我国的城市土地开发现状。然后具体介绍了国外及国内的部分城市轨道交通沿线的土地利用形态、强度和规模。最后对城市轨道交通车站客流量与周边土地利用关系进行了建模分析。每节的知识内容总结如下。

在不同的国家,土地利用和开发受到国家相应法律、法规的限制以及监管部门的管理和监督。各国根据自身土地利用特点,建立其具有自身特色的法律、法规或者是相应的制度,对土地利用类型、开发强度和规模进行明确定义和规定。例如在美国,政府使用区划法这一法律手段,对土地利用和建设进行管理。区划法将土地按不同利用性质分类,对不同类别的土地,规定土地使用强度的不同控制指标,从而实现有秩序的建设,防止滥用土地带来的种种危害。可见区划法实际上也控制着城市的发展方式。英国政府使用经过多次修改的《城乡规划法》对城市土地建设进行管理。《城乡规划法》分级明确,由国家级规划、区域性规划、郡级规划和区级规划所组成,后两者与土地利用关系最为密切。就地方规划规定的内容来看,其并无强制性规定土地利用强度,而是注重对提交的规划案给予许可。日本使用《城市规划法》对城市发展进行引导。日本自 1888 年颁布《东京市区改正条例》起,在迄今为止的一百多年中逐步建立起一个较为完整的城市规划法规体系,对日本的城市建设和城市规划的发展起到了不可取代的作用。可以说,日本城市规划的历史就是城市规划实践到实践内容成文法规划,再到一个再实践的过程。日本在《城市规划法》中对土地类型进行了非常细致的分类,并且十分注重房屋的防灾建设。日本一百多年的经验与教训对我国的城市规划立法和目前所推行的城市规划依法行政具有较强的参考价值。我国并无强制性的法律法规对城市的土地利用规划和建设进行监督和管理。在我国,根据《城市用地分类与规划建设用地标准》,城市建设用地共分为 8 大类、35 中类、44 小类。但是对每类用地的开发强度和规模没有定量的规定。

在我国,不同城市的土地利用开发现状存在较大差异。香港作为我国的特别行政区,虽然可利用面积仅占全部面积的 19%,但是其高效、集约利用土地的方法,使得其经济发展并没有受到有限土地资源的限制和影响。香港是举世公认的集约用地典范区,其土地利用模式具备两个特点:混合使用,立体发展。两者结合下的土地集约利用水平代表国内甚至全世界的集约利用最高水平。香港集约用地模式包括以下5方面:建筑布局的紧凑化,土地利用的高密度,土地利用的立体化,底层空间开放化和以社区为核心的综合用地模式。这5种用地模式使得香港通过合理的混合布局提高土地的集约利用水平,通过混合使用,提高社会效益与经济效益,并且具有特殊的集约用地评价划分标准。香港集约用地的成功经验值得我国其他类似城市学习。我国海口市虽然各项土地利用水平都处于可持续合理利用阶段,但是存在土地投入产出比较高,土地集约利用程度偏低,环保投入较多和人口密度较高,人地矛盾突出的问题。针对海口市土地利用中存在的问题,主要提出以下四点解决建议:第一,提高土地生产力,保护土地资源,提高土地利用效率,完善土地持续利用管理机制;第二,调整城市用地结构和布局;第三,在保证环境保护投入的同时,提高资金使用效率;第四,放缓人口增长速度,同时完善城市各项配套设施。相较于我国东部、南部城市,我国西部非中心城市近年来土地发展,则是存在了将城市土地利用异化为"以地生财",对土地"滥占滥用"和侵害农民土地权益、地方政府"与民争利"等问题。可见为了保证我国西部非中心城市土地利用合理规划和建设,保障人民权利不受到侵害,健全和完善的土地利用法律法规亟待建立。武汉市土地利用出现了工业用地比例较高,人居环境质量下降,土地闲置现象严重,城市生态环境质量下降等问题。保护生态环境,提高人民生活环境质量是武汉市未来需要重点解决的问题。通过上述对我国香港、海口市、西部非中心城市和武汉市土地利用现状的描述和对比,我们可以看到,部分地区城市的土地利用存在开发建设不合理,土地资源浪费,生态环境下降等问题。我国需要健全和完善的土地利用法律法规,以解决、缓和此类问题。

和城市土地利用相比,城市轨道交通沿线的土地利用形态、强度和规模存在高密度、高强度的特点。本章以日本、瑞典斯德哥尔摩和美国不同城市为例,介绍了轨道交通沿线土地利用的特点。三者都是在轨道交通车站附近,以车站为圆心,500~800m范围内建立完善的捷运小区,吸引人们放弃机动车,使用公交绿色出行,以减少和缓和城市拥堵,提高环境质量。日本轨道交通企业采取的是以铁道为中心,以房地产及租赁业、购物中心等零售服务业、公共汽车业、出租车业、旅游观光、宾馆设施等为兼业的经营模式。在这种模式下,追求经济利益的最大化。由于交通方便程度不同,越靠近车站物业价值越高。在追逐利润的目标驱使下,房地产自然地向车站集中,形成车站建筑密度高,向外围逐步降低的趋势。在分配土地用途的过程中,铁路公司特别注意以极优惠的方式吸引各类学校、医疗中心、邮局、图书馆、消防局以及其他政府机构。因为这些机构不仅能够增加当地的房地产吸引力,还可以为铁路提供非高峰时间客流,可见铁路车站实际上已成为沿途的社区中心。在斯德哥尔摩乘坐地铁不但方便快捷、运行安全,而且通过地铁站厅的独特设计,让人有一种全新的艺术体验。不仅如此,斯德哥尔摩地铁系统在依靠轨道交通引导城市拓展以及环境保护和可持续发展等方面也走在了世界的前列。瑞典斯德哥尔摩坚持以TOD,即公共交通导向土地开发(Transit Oriented Development),一种结合土地利用的交通战略对土地利用进行开发。在TOD开发区的节点位置处,即轨道交通车站,主要布置商贸、邮电、金融等公共服务设施,组成一个核心商业区,同时每一个TOD开发区都要有一个与它相邻的次要区域,这个区域必须与车站相距不到1.6km,次要区域支持TOD区商业运行,同时为地铁交通提供足够的乘客。斯德哥尔摩的以公共交通为导向的社区发展模式促进了双向客流的平衡发展,避免了"潮汐"交通现象,使公共交通系统得到了均衡利用。斯德哥尔摩大力发展公共交通,使越来越多的新城居民和上班族以轨道交通或公共汽车作为出行的首选交通工具。美国在不同城市的轨道交通车站周围建立了完善的捷运社区,为轨道交通提供客流。捷运社区是在城市快速运输体系(捷运系统有时专门指轨道客运系统)周边进行土地综合开发而形成的以快速运输体系为主要交通工具的居住社区。捷运社区一般是在轨道交通站点500~550m范围内,通过紧凑混合式的土地开发构建的能够促进发展的智能化社区。而西雅图规划委员会指出,捷运社区的一个重要特点是社区居民可以通过步行、骑车、公交等多种方式去完成绝大部分的日常活动。

我国的城市轨道交通沿线土地利用状况存在较大差异。香港"地铁+物业"的发展方式,不仅为地铁提供了稳定的客流支撑,也方便了人们的出行。而上海轨道交通车站周边的土地利用由于过于追求经济利益,存在了开发强度过高、土地利用过于紧凑的问题。上海轨道交通站点周边土地过高强度的开发给站点运营带来了巨大压力。在每日高峰时车站客流过大,导致车站为了安全运营需要实施限流措施。但是在非高峰时期,车站客流过小,又造成了运力的浪费。对于北京地铁车站,本章以地铁昌平线为例,介绍了昌平线典型车站周边一公里范围内土地利用类型、规模和强度。研究表明,车站周边土地利用开发存在土地类型过于单一、轨道交通站点周边土地利用开发强度和规模过大的问题,导致了高峰期车站进出站客流强度超过了车站的设计能力,增加了轨道车站的运营压力。

第四小节以北京地铁昌平线为例,定量分析了车站客流量与周边土地利用的关系。对于不同的土地利用类型,需要使用不同的变量表示其用地强度和规模。一般使用住户数、家庭数或者人数表示居住用地强度,使用职位数、面积层数表示办公用地强度,使用营业额、面积层数表示商业用地强,使用停车位数量表示私家车停车场规模,使用停车区域面积表示自行车停车场规模,使用公交车到站间隔、可乘坐的公交线路数、单位时间到站频率等表示公交车车站用地强度,使用工作人员数等描述公共设施用地强度。在不同的研究中,由于研究目的的差异性,搜集数据的困难程度的差异性,可以具体选择适合的土地利用强度变量。一般而言,土地利用强度越大,产生的交通需求就越多,生成的客运量也越大。除了土地利用变量,土地利用的混合程度对车站客流强度也有影响。信息熵可以反映土地利用的混合程度。一般来说,熵值越大,表明各种土地利用类型之间越均衡,熵值越小,说明土地利用类型越单一。本章案例中,西二旗车站的信息熵最小,这与其周边土地仅有居住用地和商业用地两类用地类型的情况相符合。本章以轨道交通车站的客流强度为因变量,以车站周边土地利用变量和信息熵为自变量,对不同时段和不同性质的客流建立了回归分析。本章将客流关系分为三类:早高峰出站客流量和晚高峰进站客流量、平峰进出站客流量以及早高峰进站客流量和晚高峰出站客流量。分类原因是一个车站的早高峰出站客流量一般与其晚高峰进站客流量相差不大,早高峰出站的乘客在晚高峰下班后要乘坐地铁回家,所以其也是晚高峰进站的乘客。而平峰时期的车站客流量非通勤客流,除了与车站周边的居住用地和办公用地相关,还与公共设施用地强度相关。根据研究结果显示,影响车站早高峰进站客流量的土地利用变量主要是住户数、交通设施用地中的早高峰公交车到站频率,影响晚高峰出站客流量的土地利用变量包括住户数、公交车单位时间到站频率和信息熵。影响平峰时车站出站客流量的变量包括办公用地规模变量、商业用地规模变量和平峰公交车到站频率。影响平峰时车站进站客流量的变量包括车站周边住户数和公交车到站频率。影响车站早高峰出站客流量的变量有信息熵、办公用地规模变量和商业用地规模变量。影响车站晚高峰进站客流强度的变量和影响车站早高峰出站客流量的变量一致。

通过上述内容,可见对于不同时段的不同性质客流,土地利用影响变量也不同。例如,居住用地在早高峰时发生客流,在晚高峰时吸引客流,所以其在早高峰时与车站的进站量相关,晚高峰时与车站的出站量相关。这是土地利用类型的自身特点所导致的。通过对车站客流量和车站周边土地利用变量的回归关系分析,我们找到了影响车站客流量的土地变量,学习理解了其作用机理,并可以通过这种作用机理判断和预测在某一土地利用类型、强度和规模下产生的客流强度,为车站或者周边土地利用规划建设提出意见。例如,根据实地调研,我们知道三个车站在早高峰均已实施常态限流措施,其中南邵站采取了站内限流措施,沙河站和西二旗站采取了站外限流措施。可见在高峰时期,车站的实际客流量已经超过了车站的设计能力。但是南邵站和沙河站周边还有大量居住用地的在建工程,可以预见,在居住用地建成后,轨道车站将承受更大的客流压力和冲击。经计算,当南邵站周边已建成的2处居住小区有住户入住后,住户数将达到现在的3倍,进站客流量将达到现在的1.86倍。沙河站周边的一处大型住宅小区建成后,住户数将为现在的4倍,早高峰进站客流将为现在的2.19倍。对于这种状况,建议将车站周边未开发的土地开发为工作性质的用地,如办公用地、商业用地、仓储及工业用地等,以及基础教育用地,这些用地可以吸引区域内的人就近上班、上学,而不用乘坐地铁去别处工作,因而可以减少车站的进站客流量。当然,工作用地的建设也会吸引他人到此处工作,进而增加了车站出站客流量。根据计算,当车站周边的工作属性利用强度增长为现在的3倍时,车站的早高峰出站量将增长为现在的1.29倍。因此,对于工作用地的开发强度也要有限制,不能超过车站的设计能力。对于西二旗这种以出站客流量为主,并且周边土地开发利用已经比较完全的车站,为了提高车站的运营效率,建议不再继续将待开发土地开发为工作性质的土地利用类型或者减小工作性质土地利用强度,以保持现在的出站客流和减少出站客流,不再增加客流压力。对于出站换乘的客流,车站应做好出站的换乘衔接工作,如公交车的换乘,以避免车站出站客流的滞涩影响车站的运营效率。对于三个车站周边的土地利用进行分析时,我们发现三个车站周边均少有公园、电影院、KTV等娱乐设施用地,以及医院、大型超市、大型商场、书城等公共设施用地。这导致车站周边的居民想要开展娱乐活动或者买书、买生活用品时不得不产生出行。因此,建议在车站周边建设一些娱乐设施用地,丰富车站周边土地利用类型,减少车站非工作日和平峰时进出站客流量。

第6章 城市轨道交通车站周边土地利用管理

6.1 引言

城市轨道交通作为一种大运量、迅速、舒适、安全以及现代化的交通方式,通过可达性的提高,可大大改变轨道交通沿线和站点影响范围内的区位条件,吸引大量城市活动聚集过来,有利于城市中心区人口的快速疏散,引导城市空间形态的优化以及带动站点周边的土地利用向合理的方向发展(廖骏,2012)。

6.1.1 研究背景

随着城市经济的快速发展、城市规模的不断扩大,城市交通的矛盾日益尖锐,城市轨道交通在未来大城市交通中的主导地位已经基本确立(蔡凌宇,2012)。目前,不少特大城市的轨道交通系统已经进入快速的建设阶段。作为一种准时、快速、大运量的交通方式,轨道交通自从其出现以来,就表现出对城市空间、土地开发的导向作用,特别是对于目前我国这样一个处于城市经济快速发展,空间快速拓展与城市交通问题突出的发展阶段而言,城市的空间结构、土地使用和空间环境也将会产生巨大的变化。同时由于需要大规模的客流的支持,又表现出对土地开发的依赖性的双重特点。目前也有不少已建成的城市轨道交通远未达到其设计的客流量,周边地区空间发展基本未考虑和轨道交通站点的衔接,土地使用和空间环境的状况不容乐观。

实际过程中,受诸多现实条件所限,轨道建设与土地开发在前期的规划建设阶段以及后期的运营管理中常常出现相互脱节的情况。一方面无法真正发挥轨道交通引导城市建设的作用。另一方面因体制、机制等方面原因,周边土地开发的增值收益难以回馈落实到轨道交通建设中去,使轨道交通建设无法形成良性运作模式,制约其进一步发展,以致政府预期目标常常未能完全实现。

我国城市轨道交通站点地区还存在一些问题,主要表现在以下几个方面(侯雪,2012)。

①没有运用综合开发理念针对整体和系统进行规划设计,导致了空间资源的浪费。

②轨道交通站点周边没有得到足够强度的开发,忽视了办公、商业、娱乐等的开发,土地利用结构不够合理,土地利用均衡性较差。

③轨道交通站点地区没有足够的公共活动中心,仅仅作为单纯的交通空间,缺乏亲切感和吸引力。

④轨道交通站点地区的换乘存在大量问题,步行系统不够完善。

上述问题的存在,不仅影响城市轨道交通的建设成本和效率,更重要的是会损失很多与周边协调发展的机会,造成空间资源和土地资源的浪费,不利于以公共交通为导向的发展,不利于我国城市的可持续发展。

6.1.2 车站周边土地利用特点

不同类型的轨道交通车站也会对车站周边的土地利用产生不同的影响,于是车站周边的土地利用具有了不同的特点。国内关于城市轨道交通站点分类的方法主要有两种,即节点导向与功能导向(廖骏,2012)。节点导向的分类依据主要是车站的交通功能,例如,分为大型换乘枢纽站、一般换乘站、一般车站等。功能导向主要是按照站点周边用地功能及在城市中的作用进行划分,其优点在于对站点地区的土地利用规划与土地开发有较为明显的指导作用。

根据功能导向的分类方法,可以将轨道交通站点分为三大类型:城市型、居住型、枢纽型。城市型站点地区为城市公共活动中心,商业、办公等公共服务功能集中,有较大人流集散。居住型站点地区为城市居住区,以居住功能为主,包括具有公共服务功能的社区中心。枢纽型站点地区为重要的城市交通枢纽转换节点,是多种交通方式换乘区,以交通功能为主。

按照用地开发模式将轨道车站分为公共中心型、交通枢纽型、居住社区型和景观开放型四类,并将交通衔接、功能布局、开发强度和业态选择四个方面的要求归纳如表6-1所示。

轨道交通车站分类表(曹玮,2010)　　　　　　　　　表6-1

要求	公共中心型	交通枢纽型	居住社区型	景观开放型
交通衔接	以公共交通、步行为主,严格限制小汽车换乘,公交设施重点考虑枢纽站配置	综合考虑小汽车、公共交通与轨道的换乘	重点考虑步行、自行车与公共交通的换乘需求,公共交通结合社区规划配置首末站功能	重点考虑公交与小汽车换乘,换乘交通设施应尽可能结合建筑在内部或地下设置,注重与景观的协调
功能布局	站点周边地区多为公共服务设施,大型公共建筑较多,公建用地比例高,且多为区域服务	站点附近有对外交通换乘枢纽或大型市内交通换乘枢纽,且轨道交通站点与这些交通设施有直接或较为直接的关系	站点周围以居住区为主,有适当的居住区及配套设施	站点周边具有自然、历史、人文等优美景观资源,对区域内外人口具有较大吸引力
开发强度	高强度	中高强度	中等强度	中低强度
业态选择	大型商业金融、商务、办公、文体设施、娱乐休闲设施和餐饮零售设施,与站点大厅连为一体	大型商业金融、商务、办公、文体设施、娱乐休闲设施和餐饮零售设施,与站点大厅连为一体	大型日用品商业、娱乐休闲设施、商贸金融设施、文化体育设施、零售设施、开敞空间与城市绿地等	城市观光场所、绿地、广场、土特商品商店、金融超市、娱乐休闲设施和餐饮零售设施、开敞空间等

郑文含(2008)对上海轨道交通线44个站点、500m范围内用地情况作为数据源进行分析,确定了不同类型站点周边用地开发的一般性特点,见表6-2。

不同类型轨道交通站点周边用地开发特点（郑文含，2008） 表6-2

站点类型	居住用地	公共设施用地	交通设施用地	绿化用地
城市型	30%	40%~50%	20%	0.5%~30%不等
居住型	50%~60%	20%	10%	
枢纽型	20%	15%	50%	

国内外不同的轨道交通站点周边土地利用都有各自不同的特点，蔡凌宇（2012）选取了几个典型车站进行说明。

早在20世纪60年代，新加坡即在规划中结合环形放射状轨道线网确立了"核心—分散"组团式的用地空间布局。即在围绕中心城区的特定区域内，规划一系列具备产业和配套居住职能的新开发组团（如大巴窑、盛康等），并在其与中心城之间以及各组团间利用道路和轨道相连接。新加坡城市的空间结构属于典型的"核心—分散组团"模式，城市中心区功能主要包括行政办公、金融商业、消费娱乐等，以及混合居住，城市西侧为著名的裕廊工业园区，东部为临空管制区，南部为海港区。其中心区汇集了大量就业岗位，城市交通压力极大。随着经济社会的飞速发展，要求新加坡政府必须采取有效的旧城改造和新区开发措施来缓解庞大的人口和就业压力。

这些组团人口规模一般控制在20万人左右，其中心区一般在轨道交通站基础上设有公交换乘中心、综合商业服务中心等公共设施，周边分布着各级住宅社区组团，并特别规划完善的公交专线与轨道站点便捷联系。在开发时序上严格控制市政公共设施预留用地，利用公共交通引导开发的模式保证初期规划意图的最终落实。

由于新加坡国土的70%以上归政府所有，城市土地的开发利用基本上是由政府或有政府背景的公司（如裕廊集团）负责运作实施。在轨道站点开发建设中，新加坡的经验主要可以总结为超高强度的政府组屋开发、综合性中心建设以及轨道站点周边地区改建这三方面。也正因此使新加坡享有"全世界公共交通与土地利用规划结合得最有效率的地方"的美誉。

（1）政府组屋的超高强度开发

按照新加坡《交通发展白皮书》土地使用与交通协调发展的原则，根据各组团特点，规划组团围绕着轨道站点进行高容量的综合开发。在确定组团性质、规模和开发容量时，密切与轨道交通结合起来，除保留并扩大公交换乘枢纽功能外，以轨道站点400m范围内进行超高强度的政府组屋（新加坡政策性住房）开发，其容积率一般均在8以上，特别重要的站点容积率甚至到了10，因此在这些站点附近的组屋多在20~30层，甚至达到40多层。

（2）综合中心的建设

在新加坡的案例中，通常主要组团的中心站点建有以购物为主，集休闲、娱乐一体的综合商业中心（Shopping Mall）。另外，各组团内部通常依据社区划分还建有功能相对比较完善的社区活动中心，从而保证大量非通勤出行可以在组团内部解决，从而减少长距离跨区域出行。例如，乌节路的多美歌（Dhoby Ghaut）站是南北线、东北线和规划环线三条地铁线的交汇枢纽，也是目前新加坡最大及第二深的地铁站，拥有地下五层楼，且最深处达28m，是新加坡唯一的一座三线交会的地铁站，实现了轨道交通的立体换乘。同时，在轨道东北线车站的上方（地下一层和地下二层）设有立体地下停车库，上盖两座大型的办公和购物中心，并将所有单元用便捷而清晰的步行系统加以衔接。同样,新加坡其他轨道线路在部分站点周边也依托轨道交通建设大型办公设施和公共广场等,形成综合性的活动中心。

(3)站点周边地区的改造升级

对于大巴窑这样一个早前既有的组团,其现有开发物业品质相对不高,已不能适应当时经济社会发展和当地居民生活水平的提高对居住条件的要求。20世纪90年代中期,新加坡政府对该区域进行了系统论证,对所属地块进行详细分析。在交通系统方面完善了组团内外道路衔接系统,并围绕大巴窑地铁站,规划建设了新加坡第一个与地面巴士换乘的枢纽。

地铁车站和巴士换乘站台紧密衔接在一起,使得MRT与巴士换乘高效便捷。同时,该枢纽还围绕换乘枢纽周边半径400m范围内的既有物业项目进行系统改造,将原有的7~9层的以二至三居室为主的政府组屋改建为30层的以三至五居室为主的新式组屋,并增强了配套服务水平。既改善了居民的居住条件,又使该区域的交通可达性大大提高。在大巴窑站400m范围内还建造了包括HDB等在内的多个办公和商业综合中心,满足了居民日常生活、工作需要和部分通勤需求。

日本是个土地资源稀缺、人口稠密的国家,长期以来,日本极度重视开发轨道交通,使其承担了日本城市60%以上的客运量,极大减轻了道路交通压力。同时,日本对综合换乘枢纽的建设极其重视,可以有效地将地面公共交通、机动车停车、自行车停车和商业设施布局组织在一起,大大缩短了换乘时间,方便了乘客的活动,有助于合理组织交通,保证交通安全。对比机动车交通和轨道交通对城市空间形态及布局结构的影响,轨道交通在土地集约利用、营造城市中心区活力及促使城市组团式发展等方面较为有利。

日本采取的是优先布局轨道交通系统,再综合布置高速路等其他交通方式,依靠交通干线把中心城市及其影响地区组成为一种多中心的结构体系。与新加坡政府主导的开发建设模式不同,日本多是在市场调节机制下的土地利用与轨道交通系统综合开发,轨道交通带动区域土地开发,而土地开发培育轨道交通客源。轨道交通建设不仅能从轨道运营中获利,也可为周边地产开发带来重要商机。通过市场化运作,将企业投资建设的经营行为与政府、民众的公共利益保障进行结合,在极有效地减少社会资源浪费的同时,将其发展为一种赢利性的商业投资方式。同时轨道交通与土地综合开发还是政府公共事业筹资的有效途径,为城市的可持续发展提供可能。

以东京为例,东京通过发达的轨道交通网络形成了一个以东京站为中心,半径50km的城市群交通圈。民营的铁路公司将郊区铁路与铁路沿线的商业开发、住宅建设、公交系统运营、酒店资产管理等多门类的产业,结合轨道建设规划统一制定开发计划。并依靠出售部分土地以补偿开发费用,剩余自行开发经营。这就是日本城市建设著名的"土地重整"过程,"土地重整"实质上是一种轨道交通与房地产的综合开发策略。这种土地开发经营策略一方面能够实现土地经营收益最大化,另一方面也为轨道运营提供尽可能多的客流,使建设投资能够赢利。考虑到车站周边土地价值向外围呈逐级递减的趋势,在紧邻车站地区通常形成高强度、高密度的集中开发。在业态选择上,为了充分利用轨道的派生价值,通常会选择商业中心、体育场馆、游乐公园等。在建筑形式上也尽可能选择与车站一体设计、共同开发的方式,以最大化地利用客流。表6-3是东京部分地铁站周边物业容积率调查汇总表。

东京部分地铁站周边物业容积率调查汇总(蔡凌宇,2012) 表6-3

地 段	地 区	站位周围土地用途	容积率(商业)
一级中心	银座	娱乐、零售、商业为主	10~15
	新宿	商业、饮食、娱乐、文化为主	10~15
	涩谷	商业、饮食、娱乐、文化为主	9.5~12
	池袋	商业、饮食、娱乐、文化为主	10.5~12
二级中心	上野	商业、饮食为主	8~10
	浅草	商业、饮食为主	8~10
三级中心	中草	商业、饮食为主	5~8

在外围土地用途的规划过程中，开发单位通常会在住宅开发的同时注重教育、医疗、文化以及邮局、消防等其他公共服务机构的引入，为周边居民提供齐备的配套公共服务设施，以增加房地产项目的吸引力。上述公共设施的引入使轨道站成为沿途的社区邻里中心。便捷的步行和公共汽车系统得以同时兼顾上下班和使用公共中心的两股人流，有利于提高居民的出行效率和交通系统的利用率。

众所周知，香港地铁是全世界少数几个运营盈利的轨道交通系统。香港地铁的成功运营理应归功于地铁公司一项重要的地铁综合发展模式——"地铁+物业"，正因为它的实施，香港地铁才得到了今天这般快速发展。地铁与邻近周边物业的开发做到统筹规划、同步实施，并利用过街桥和过街楼等形式的步行设施合理连接轨道交通站点辐射范围内的建筑，使得原本松散的单体上盖物业连成以轨道交通车站为核心的网络型车站复合体。继而形成高效、便捷、安全、健康的综合社区，实现社会效益最大化。

"地铁+物业"模式是地铁公司推行的一种可行的融资及开发模式，该模式一方面利用地铁的可达性使周边土地升值，通过绑定的周边物业开发回收资金，以补贴地铁建造成本，使项目整体实现合理的经济预期。另一方面，高密度开发的上盖物业(住宅、商业、酒店、办公等)同步发展，也为地铁提供充足客源，增加运营收入。也正是因为地铁建设与物业开发的互惠关系，使得地铁运营票价得到有效控制，如此更加吸引公众选择轨道出行，实现了运营阶段的良性运转。

在实际的开发建设中，站点的开发又可分为综合型站点和商业中心型的站点两种。

①机场线的香港站是综合性站点的典型，香港站将车站与物业紧密结合，成功地将CBD扩展到新填海区，建成国际金融中心。在规模庞大的建筑群中设有两个地铁站、市内预办登机手续设施、交通换乘设施，并与上盖的办公楼、酒店和零售商紧密联系。

②机场线的青衣站是交通枢纽及商业中心站建设的典型。通过轨道车站和物业的联合开发，将青衣站建成新的交通枢纽及商业中心，在车站与物业之间提供无缝衔接，实行人车分离，提供大量绿化生活空间，提高市民生活质量。

津滨轻轨又称天津地铁9号线，始建于2001年，一期工程东段于2004年3月28日开始试运营。天津经济技术开发区(以下简称"泰达")利用该线与天津市区相连，在开发区内部构成区内重要的交通走廊，并在站点周边结合现状功能优化形成不同的功能节点。在站点周边土地的开发利用上，泰达依托轨道站点建设综合中心、商业中心、社区中心，以及通过土地置换完善站点周边土地利用的功能。在泰达开发区内部的津滨线主要途径会展中心、滨海大学、市民广场和洞庭湖路几个站点,由于部分站点穿越建成区,故在设站之初,当地政府规划部门即对每个站点都进行了有针对性的开发模式定位。下面以会展中心站和市民广场站作为重点案例分析。

以会展中心站为例,该站位于泰达开发区东侧,工业区和生活区交界处,是按照综合中心模式进行周边土地的规划布局的站点。在土地利用布局上,以公共设施用地,包括文化娱乐用地和体育用地为主,其次为居住用地和绿地。在具体项目布局上会展中心站点区附近称泰达时尚广场,集购物、餐饮、娱乐、休闲于一体。其主要的布局包括以下几方面:第一,布置了足球场等体育设施和会展设施;第二,在建的泰达时尚酒吧集聚区;第三,永旺购物中心项目的入驻。

在开发模式上,会展中心站的案例主要有三个成功经验。

①土地储备预留。早在泰达开发区2003年版总体规划中,就将该地块规划为泰达开发区规模最大、区位最好的公建用地,用于服务全区居民和外来观光者。同时进行储备预留,为日后建设区域性的公共活动中心提供条件。

②严控开发时序。由于预留和开发时序安排合理,政府在土地收益上,最大程度上享受到了土地增值的收益。标志性的泰达体育场先行建设,打破泰达开发区有业无城的印象,产生了巨大影响,起到宣传效应。之后开发的会展中心、酒店等,逐渐壮大了此节点公共设施的集聚效应,形成包括商业、休闲、娱乐、公共活动等多种功能的综合性节点。

③打造优势品牌。酒吧街和永旺等娱乐项目的进驻基本与轨道建设同步,意在打造面向区内高层次人才的便捷、多元化的综合娱乐休闲场所。以市民广场站为例,该站是交通功能和商业功能为主的站点。在土地功能布局上,市民广场站的用地以商业用地为主,有少量的公共广场用地,充分利用轨道站点带来的大量人流带动商业的发展。同时,市民广场站是开发区MSD(现代服务区)的延伸线,MSD作为生产性服务业,会有大量的金融、商务、办公功能集聚,因而成为商务人士、企业中高层白领和高管的活动场所,靠近MSD的商业空间和商务酒店会服务于这些人群,继而成为配合MSD功能的一部分。

然后我们利用轨道交通车站与周边土地利用的相互影响关系,针对不同轨道交通车站周边土地利用进行优化,同时已经有很多学者致力于这方面的研究。

6.1.3 车站周边土地利用优化

随着国内外轨道交通不断建设和发展,轨道交通各个方面的研究都有了一定的进展,于是我们对现有的相关研究进行一定的阐述,主要关注城市轨道交通与土地利用相互作用、城市轨道交通车站与其他交通方式的衔接等研究方向。

轨道交通车站会从各个方面影响车站周边的土地利用,包括对站点周边土地空间布局的影响、对站点周边土地使用性质的影响、对站点周边土地开发强度的影响、对站点周边土地开发时序的影响、对站点周边地价(房价)的影响等。

周俊等(2002)以上海轨道交通明珠线为例,分别选取了公建用地、居住用地、工业用地等3种主要的用地类型,分别对1990年和1999年轨道交通站点周边500m、1000m、1500m和2000m这4个圈层内这些用地构成比例的变化进行了统计分析。研究结果表明:第一,城市轨道交通站点对居住用地的吸引最为明显,但随着站点距离的增大有逐步衰减的趋势;第二,城市轨道交通对工业用地则具有明显的"排异性";第三,城市轨道交通并没有对公建用地表现出很明显的吸引作用。

潘海啸等(2007)对上海轨道1、2和3号线沿线站点周围土地使用情况进行实证研究。研究将轨道交通站点周边地区划分为内圈0~200m,外圈200~500m。首先,通过研究发现在500m的站点直接影响范围内,居住用地、商业用地以及道路广场用地的比例最大,其中居住用地占主导,而工业仓储用地比例最小,受到排斥最明显。其次,再通过对0~200m范围和200~500m范围这两个影响圈层内用地构成的比较发现,3条线路中0~200m范围内道路交通用地、绿地和商业用地比例更高,而居住用地在200~500m范围内的比例更高。

廖骏(2012)对城市轨道交通站点对周边用地构成和对周边用地开发强度的影响做了总结。通过相关的实践研究和分析,可以知道城市轨道交通站点对其周边用地构成的影响具有以下普遍性的特点:

①城市轨道交通站点周边常见的用地类型主要为道路广场、公共设施用地和居住用地等,其中对居住用地的吸引最为明显,对工业等其他用地明显排斥。

②通常情况下,在站点周边0~500m的直接影响范围内,居住用地、商业用地以及道路广场用地的比例最大,而工业、仓储用地比例最小。其中,在0~200m的核心影响区内,道路广场用地和商业用地比例最大,在200~500m的次级影响区内,居住用地比例往往最大。

③通常情况下,在站点500~1000m的间接影响范围内,其对居住用地的吸引最大,因此商业用地的比例逐渐减小,并且递减率逐步增大,居住用地的比例逐步上升成为主导,但递增率逐步减小。

④根据距离车站的远近不同,土地利用的类型具有明显的差异,这也跟土地价格有关。距离站点越近,土地价格越高,越需要价值产出更高的用地类型。

从土地利用角度来看,由于空间区位和交通可达性的变化,轨道交通站点对其周边用地的开发强度也会有不同的影响。阿郎索的城市土地使用空间模式与地租竞价曲线指出,城市土地的空间位置和可达性是决定城市不同功能活动分布和使用模式的核心因素,从而使不同类型的城市用地各自存在不同的地租竞价曲线,其中主要包括商业、办公、居住和工业等。一方面,当城市处于快速增长的阶段,城市空间交通条件的改善,会直接导致可达性的提高,从而会引起该区域的地价上升。这一变化迫使那些能够支付较高地租的土地使用集聚过来,反之会排斥其他类型的土地使用。另一方面,由于在市场经济的作用下,区位条件优越的土地是稀缺资源。因此,区位条件越优越,会导致土地的价格越高,从而要求土地使用功能更加集约化和合理化,使相应的开发强度也必须增大,总体上呈现一种由区位可达性所决定的土地价格梯度和土地开发强度梯度。轨道交通线的通过和站点的建设会大大提升站点区域的区位可达性,导致站点区域的土地价格随之大幅升高,就要求对站点周边的用地进行高强度的开发。

从轨道交通运营的角度来看,轨道交通作为一种大运量的城市公共交通工具,其正常的运营需要获得周边土地使用强度的支撑。也就是说,要使其成为主要的交通方式,提高轨道交通的分担率,核心的条件就是要确保站点影响范围内有足够的潜在客流,包括居住人口和就业岗位的密度,而这些潜在客流则是通过站点周边高强度开发的居住区、商业区和办公区等提供的。

周岱霖(2011)对比分析了适应型模式以及引导型模式各自的特征,并对台州1号线车站地区土地利用进行了优化。其中适应型模式主要指轨道交通站点基础层内现状土地利用协调性较好、开发强度合理、土地利用较为集约的地区。引导型模式则是站点周边现状土地利用协调性较差、开发强度不尽合理、土地利用较粗放的地区,需要通过土地利用调整来引导其周边土地利用与开发,使其布局合理、配套完善。由于引导型站点青年路站位于城市建成区,未利用土地较少,所以该车站将重点依托轨道交通站点带动西南侧地块旧区改造以及低效用地的置换,为进一步提升站点的服务水平,还应结合站点出口设置自行车存放站,强化站点交通衔接,促进地面交通疏解,维持客流稳定。适应型站点轮渡路站周边作为传统商业区,交通设施类用地配套不足,为进一步扩大站点的有效服务范围,文章建议站点周边增加自行车存放站,Park&Ride(P&R)衔接设施等用地。

李学军(2010)从吸引效益和分散效益两个方面分析了轨道交通对优化城市空间结构所起的作用,给出了轨道交通影响范围的计算模型,以西安地铁2号线为例,得到了2号线部分站点的影响范围,如表6-4所示。

西安地铁2号线各站点影响范围(李学军,2010)　　　　　　　　表6-4

站 点 名 称	影响范围(km)	站 点 名 称	影响范围(km)
北客站	1.40	南稍门站	0.51
尤家庄	1.49	小寨	1.04
南康村	1.28	三爻村站	1.78
北大街	0.24	韦曲站	1.52
南门站	0.21		

同时西安市地铁2号线的空间吸引效应十分明显,地铁1000m范围的3类用地总(居住用地、公共服务设施用地、工业用地)面积总量大幅度提高,规划前与规划后相比增加39%,居住用地增加69%,公共服务设施用地增加47%,工业用地下降220%。

刘金玲和曾学贵(2004)对城市轨道交通车站2km范围内的土地利用进行了一体化分析,并提出了定量一体规划,可依据定量比例按城市发展的不同时期定量划分(见表6-5),该值可根据城市土地利用现状或地价的市场机制进行调整。建成区(城市形态成熟的CBD)及旧城区,土地利用密度高,一体规划以调整用地和旧城改造为主,但要充分考虑原有建筑、遗迹,特别是历史遗址和城市古建筑与城市轨道交通的一体规划设计,由于居住、商用、工业用地集中分布,在老城区工业用地高于20。建设区是正在规划建设的城市区,城市功能尚未完善,土地利用密度不高,属有开发余地的城区,可适当增加住宅和商业用地比例。新建区是没有开发的新建城区(如前深圳),一体规划应变以路规划为以人规划,即以土地综合开发利用预测客流量,因新建区多为经济开发区,城市轨道交通与土地利用可完全实现定量的一体规划设计,并在规划设计中留有余地。用地分担可做适当的调整,如改变容积率提高绿化率,扩大枢纽站用地面积增强车站功能,带动周围特别是沿线土地的开发。

以车站为中心主要用地的分配(刘金玲和曾学贵,2004) 表6-5

城市分区	距最近车站距离(m)	居住(%)	商用(%)	公建(%)	工业(%)	其他(%)
建成区	>1000	50	20	10	20	—
	1000~2000	55	10	15	25	—
	<2000	60	10	15	15	—
建设区	>1000	60	10	15	15	—
	1000~2000	50	15	20	10	5
	<2000	50	15	20	10	5
新建区	>1000	50	20	20	—	10
	1000~2000	50	20	20	—	10
	<2000	50	20	20	—	10

肖为周(2010)鉴于轨道交通沿线土地利用性质的分异引发客流时空分布的不均衡性,提出须对不同轨道站点进行土地利用优化调整,实行动态一体化规划,并根据互馈双方的量化差异,适时进行互动调整,使轨道交通与土地利用两者协调和平衡。根据轨道交通站点功能划分及客流特性,合理组织各种交通方式的衔接,达到轨道交通站点周边地区交通设施一体化。在轨道站点周边道路交通设施配置上充分体现公交优先战略,其以最靠近轨道站点出入口优先供公交车换乘使用,其次为出租车招呼站,再者提供小汽车接送区。至于停车换乘设施部分,优先提供非机动车换乘设施,其次为小汽车停车换乘设施。在人行动线系统部分,为保证轨道站点周边安全、提供便捷的步行空间,在轨道站点周边800m步行范围内,构建"以人为本"的人行动线系统,以保障行人通行权利。在轨道交通接驳公交车部分,为鼓励居民使用轨道交通,轨道站点周边2000m以外至轨道交通的服务范围内(轨道交通接驳公交车服务范围约7000m),提供服务水准较佳的"直达"服务性质接驳公交,以达到公交换乘轨道交通的成效。至于距离轨道站点800~2000m之间的居民,除可利用步行至轨道站点外,为鼓励居民使用轨道交通,在轨道站点周边设置巡回公交车,提供居民换乘轨道交通。有关城市轨道交通车站与周边土地利用的相互作用的研究中,大多数的研究都是偏向于轨道交通对土地利用的影响,但是轨道交通对土地利用的影响的研究还不够透彻,大部分都是有关轨道交通对周边的土地价格的影响,定量分析也不是很多,而土地利用对轨道交通的影响的分析就更是少之又少,很少有土地利用类型发生变化后对轨道交通站点的客流量的反馈作用的研究,几乎没有定量分析,有的定量分析也只是针对整条轨道交通线路而言的。

城市轨道交通车站与其他交通方式的良好衔接是提高城市轨道交通车站集、疏散效率的重要因素之一。

方磊(2010)应用灰色聚类综合评价方法对轨道交通和城市现有常规公交的协调程度进行定量分析。讨论了常规公交站点的调整目标、原则和方法,以作为站点和线网调整的依据。研究了常规公交线网调整的目标函数,以公交出行总耗时最小和公交运营收益最大为目标建立模型。最后以大连市轨道3号线和常规公交为例进行实证分析,发现大连市轨道交通3号线与其二次吸引范围内的常规公交线路协调程度为合格,远远不能满足居民的出行需求,换乘能力较低,对居民的出行不利,在对其进行调整时,通过修正轨道3号线二次吸引范围内的小区间 OD 量,对其内的常规公交线网提出了取消直接吸引范围内的重复线路、新增与轨道 3 号线接驳线路、调改线路等改善建议。

唐奇(2010)在轨道交通线路已知的情况下,假设接运公交为轨道交通提供的接驳客流量已知,以接运公交为城市轨道交通提供的接驳客流的客运周转量为指标,选取轨道交通接运站。然后,以出行者的社会总出行时间最少、接运公交的接运效率最大、接运线路条数最少为目标建立多目标优化模型,对接运公交线网进行优化研究。文章结合成都市区的发展状况,对成都市 1 号线周边的公交线网进行优化。认为在中间层和外围层,支线公交的覆盖范围应该适当增加,形成以城市轨道交通站点为中心,呈放射状的公交网络格局,最终确定火车北站、世纪城站、桐梓林站三个站点为成都地铁 1 号线的接运公交站点,并提出减低线路非直线型、降低公交线路重复系数的建议。

换乘需求的预测首先是确定合理的换乘影响区域,即换乘设施的吸引范围,吸引范围的确定直接影响需求预测的准确性。李明等(2009)引入时间指标,结合区域地形、居民分布等因素确定合理准确的 P&R 吸引范围,建立了小汽车出行的多项 logit 选择模型并将其运用在重庆市北碚区,优化后的吸引范围以嘉陵江为界,比原来的范围扩大了。

在城市轨道交通车站与其他交通方式衔接的相关研究中,轨道交通与公共汽车、小汽车的衔接的研究比较多,而轨道交通与自行车的衔接的细节研究比较少,基本上没有定量的分析,缺少系统的研究方法。

本节首先阐述了我国轨道交通站点周边土地利用存在的问题,然后由于不同类型的站点对于周边土地利用的影响不同,于是从不同角度对轨道交通站点进行分类,同时对比了国内外不同轨道交通站点周边土地利用特点,最后从城市轨道交通和土地利用相互作用和轨道交通车站和其他交通方式的衔接两方面,说明了研究现状。具体结构如图 6-1 所示。

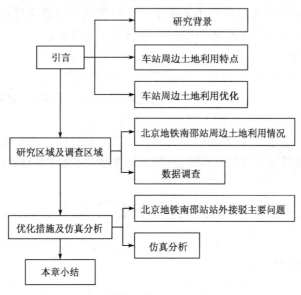

图 6-1　本章结构图

本章依据现有的研究,从现有问题出发,基于提高效率的原则,对北京地铁南邵站周边的土地利用进行实地调查并且提出优化措施,通过仿真对比分析优化前及优化后的结果,为说明如何对城市轨道交通车站周边土地利用进行管理提供重要依据。

6.2 研究区域及数据调查

北京地铁昌平线是连接城市中心区与昌平新城的一条南北向轨道交通快速客运线路，北起十三陵景区，南至城铁 13 号线西二旗站，全长 31.24km。途径回龙观、沙河、南邵、城北、城南、十三陵等 6 个镇(街道)，贯穿和辐射创新基地、生命科学园、科技园区、沙河高教园区、沙河巩华城、昌平老城区、新城东区和十三陵特区等重点功能区。北京地铁昌平线一期已于 2010 年 12 月 30 日开通试运营，线路长 21km，设车站 7 座。地铁昌平线二期共设 6 座车站，分别为十三陵景区站、昌平站、兀山广场站、水库路站、昌平新区站。预计 2015 年年底建成通车。

地铁南邵站是地铁昌平线一期的终点站，位于昌平南邵镇境内。2010 年 12 月 31 日通车。

6.2.1 土地利用情况

南邵站周边 1000m 范围内的土地还处在正在开发阶段，周边大部分的土地还是荒地，但是周边已经开始有居民区的规划出现。周边的基础设施比较完善，有幼儿园、小学、政府、卫生服务中心、停车场等，围绕南邵站的公交车站点也比较多，荒地主要应该是用来建设以轨道交通为导向的土地利用模式，现阶段居民区还是分布在幼儿园、小学、政府、卫生服务中心的外围，居民区的乘客走到南邵站还需要比较长的时间，但是南邵站的每个出入口附近都设有自行车停放点，便于距离南邵站更远的乘客通过其他交通方式到达南邵站换乘轨道交通。

通过对南邵站周边土地利用分布的分析研究，能够发现南邵站的主要客流应该是通过其他交通方式换乘到南邵站的换乘客流，南邵站周边的土地利用方式是一种以轨道交通引导的土地利用模式。周边的公交车站在图中距离南邵站的进出站口都比较近，这样方便了换乘乘客，但其实南邵站的各个进出站通道都比较长，将公交车站设在距离进出站口比较近的地方是为了弥补通道较长的缺点。

表 6-6 为南邵站周边各类土地利用的规模，从土地面积的比例上能明显地看到城市发展备用地占到了 50%以上的面积，充分说明了南邵站周边要建设轨道交通主导的土地利用模式，道路用地基本上是南邵站附近的为停车换乘而设置的大型停车场。南邵站周边的居住区比较少，大部分地区是荒地，所以客流中的大部分应该是通过其他的交通方式到达南邵站换乘轨道交通，于是南邵站周边的汽车停车场、自行车停车场、公交车站点对南邵站客流的集疏散具有重要的作用。

各种土地利用类型对应的面积及比例 表 6-6

土地利用类型	面积(m^2)	比例(%)
城市发展备用地	995722	50
居住用地	386324	19
道路用地	238656	12
供应设施用地	134251	7
教育科研	96926	5

续上表

土地利用类型	面积(m²)	比例(%)
工业用地	49228	2
商业用地	36036	2
行政办公用地	33934	2
医疗卫生用地	9238	1

南邵站周边的土地已经处于开发之中,现阶段的南邵站能够承受周边土地利用下所产生的客流,但是在日后的开发中要注意的是不能使周边的土地开发过度密集。

6.2.2 客流状况

本章调查的数据包括南邵站2013年1月客流量、客流组成及客流流线、乘客走行时间构成等。

图6-2为南邵站站位及周边情况示意图。图中标明了南邵站的各个进出站口以及周边的部分建筑设施。A出入口附近的主要交通设施为自行车停放点,土地利用类型有行政办公用地及教育科研用地等,其中,教育科研用地上建设的是小学。B1出入口附近的主要交通设施是公交车经停站,土地利用类型有教育科研用地、医疗卫生用地等,其中,教育科研用地上建设的是幼儿园。B2出入口附近的主要交通设施有道路两侧的公交车经停站、自行车停放点等。C1和C2出入口附近的主要交通设施是公交车终点站。

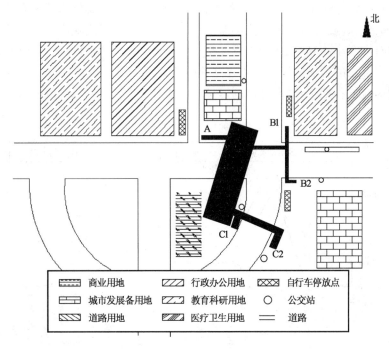

图6-2 南邵站进出站口及周边情况示意图

从南邵站到相邻的沙河高教园站的单位时间断面客流可以近似地看作南邵站的单位时间进出站客流量。表6-7是根据1月的客流量数据整理得出的1月份客流总量及平均日客流量。平均每天进站和出站的客流量相差不大,1月算是小学和初中的放假时间,通勤客流中应该不包含上下学的客流,所以1月总客流量相较于其他非学校放假的月份来说客流量应该相对较小。

南邵站1月客流总量及平均日客流量(单位:人)　　　　　　　　　　　　　　表6-7

客流情况	进站	出站	进出站
总客流量	379678	349041	728719
平均每天客流量	12248	11259	23507

表6-8是根据1月份的客流量数据,将工作日与节假日分开计算得到两者的平均日客流量,以便观察工作日和节假日的客流量是否有明显的不同。需要说明的是表6-8中的工作日和节假日分别指的是周一到周四及周五到周日,另外,1月工作日和节假日的平均客流量相差不大,说明在节假日非通勤客流量能够弥补平日的通勤客流,从另一方面能够说明南邵站周围设施还不够完善,南邵站周边的乘客在节假日需要通过昌平线进入市内购物等,同时也体现出南邵站作为昌平线最北端的终点站在连接郊区和市中心上具有重要的作用。

南邵站工作日/节假日的平均日客流量(单位:人)　　　　　　　　　　　　　　表6-8

客流情况	进站	出站	进出站
工作日平均日客流量	12077	10973	23050
节假日平均日客流量	12518	11713	24231

图6-3为1月平均每日分时进出站客流量变化图,平均进出站客流都有两个峰值,进站客流早高峰是最大值,晚高峰时进站客流还有一个小高峰,出站客流晚高峰是最大值,但是早高峰出站客流也有一个小高峰,总体上来看还是早高峰的进站客流量极值要比晚高峰的出站客流量大一些。南邵站的客流的潮汐特点还是比较明显的,从进出站客流总量来看,两个高峰期中间有明显的客流低谷期,所以南邵站削峰填谷的工作还是要进一步加强的。

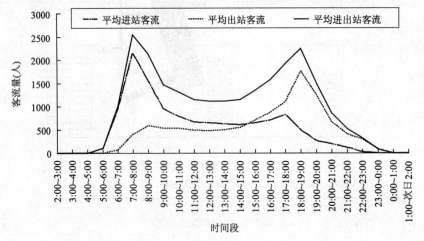

图6-3　南邵站2013年1月平均每日分时进出站客流图

由于主要调查的是1月15日的客流的各项指标,所以图6-4和图6-5绘制的是1月15日的断面客流量图,从南邵到沙河高教园的断面客流量可以近似地看作南邵站的进站客流。大概8:00~8:30的时候到达早高峰的断面客流量最大值,峰值为1400;在17:00~17:30到达图中的第二极值,极值为469,可能是周边的工作地的工作人员下班产生的客流量,时间也和下班时间符合。

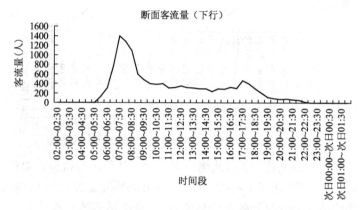

图6-4　2013年1月15日南邵站到沙河高教园站断面客流量

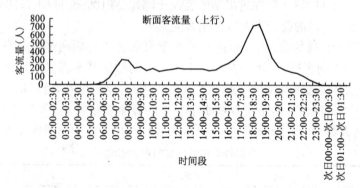

图6-5　2013年1月15日沙河高教园到南邵站的断面客流量

从沙河高教园到南邵站的断面客流量可以近似地看作南邵站出站客流量,在18:30~19:00断面客流量最大,为735;在7:30~8:00时到达第二极值,为306,这个时间段的客流可能是到南邵站周边工作的客流。

图6-6绘制的是1月17日的上行断面客流量,由于1月15日的上行的断面客流量比较特殊,所以我们绘制1月17日的上行断面客流量图进行对比,能够看到除了1月15日上行客流比较特殊之外,1月其他时间的上行客流量都和下行客流量基本一致。

由于南邵站周边居民区距离南邵站的距离较远,所以南邵站的客流以通过其他交通方式换乘的客流为主,把南邵站的进出站客流主要分成A口P+R,A口其他,B1口公交,B2口北侧公交,B2口南侧公交,C1口公交,C2口公交的进出站客流。

如表6-9所示,在早高峰时间乘客进出站的客流组成中,C2口通过公交换乘的客流占进站总客流的比例最大,其次是B1口通过公交换乘的客流占进站总客流的比例较大,B2口通过B2口北侧公交站换乘的客流紧随其后,在进出站口楼梯及电梯的设置中只有A口和C2口设置了两部电梯和一部楼梯,这种设置对于客流量很大的 C2 口是合理的,但对于 A 口就不甚合理了,从数据上看反而 B1 口更需要增设一部自动扶梯。

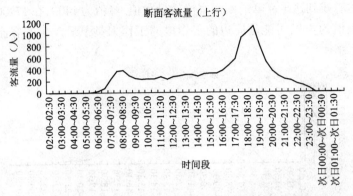

图 6-6 2013 年 1 月 17 日沙河高教园到南邵站的断面客流量

另外从走行时间的组成上看,B2 口北侧公交换乘的站外走行时间占总的走行时间的比例在换乘客流中是最大的,其实除了 C1、C2 口公交换乘的站外走行时间比例较小之外,通过其他口进行公交换乘的站外走行时间的比例都比较大,进出站客流比例中较大的进出站口的走行时间需要改进。C1 口和 C2 口在进出站的客流比例大小相反,说明 C1 口的公交车站以疏散南邵站的客流为主,C2 口的公交车站以聚集客流为主。

表中有一个比较特殊的值,从 A 口附近的小学有乘客步行到南邵站乘车,但没有从南邵站到 A 口附近的小学的客流,可能一方面是由于小学的学生基本都是周边的居民区的孩子,不需要乘坐地铁或直接通过其他的交通方式就可到达的,导致出站客流没有到达小学的。另一方面是由于小学已经放假,但是又有从小学发生的客流进站乘车,可能是由于 A 口小学距离站点较远,调查人员不能清晰分辨,应该只是从 A 口小学附近的居民区发生的客流。

早高峰乘客进出站的客流组成 表 6-9

进出站口	进站	比例(%)	出站	比例(%)
A 口 P+R	104	8	11	4
A 口旁办公区	48	4	9	3
A 口旁小学	17	1	0	0
B1 口	256	20	50	17
B2 口路南	109	8	17	6
B2 口路北	148	11	14	5
C1 口公交	122	9	164	57
C2 口公交	504	39	24	8
总计	1308	100	289	100

如表 6-10 所示,平峰时间乘客进出站的客流组成中,C2 口通过公交换乘进站的客流量比例最大,并且比早高峰时间乘客进出站的客流组成中对应的比例还要大,数量上来看,平峰时期 C2 口通过公交换乘进站的客流量比早高峰时间 C2 口通过公交换乘进站的客流量减少了大概 50%,但是相比于其他的进出站口来说,减少比例相对较小,所以平峰时间,公交车的发

车频率可以适当减小,C2口公交车站的发车频率减少的幅度相对于其他进出站口附近的公交车站的发车频率减少的幅度要小一些。平峰时间的出站客流组成和早高峰时间的出站客流组成相差不大,但是从数量上来看还是减少了大概50%,所以另一个方向的公交车发车频率也可以适当地减小。

早高峰和平峰时停车换乘都比公交换乘的客流要少很多,一方面可能人们还没有适应停车换乘的这种方式,另一方面可能是人们还是觉得乘坐小汽车要比乘坐地铁更舒适,所以可能更愿意乘坐小汽车到达距市中心更近的地方再进行换乘。

平峰时间乘客进出站的客流组成　　　　　　　　表6-10

进出站口	进　站	比例(%)	出　站	比例(%)
A口P+R	19	5	7	5
A口旁办公区	8	2	6	4
A口旁小学	3	1	0	0
B1口	19	5	28	18
B2口路南	10	3	11	7
B2口路北	13	4	8	5
C1口公交	20	5	83	54
C2口公交	272	75	12	7
总计	364	100	155	100

图6-7为南邵站与其他交通方式的接驳关系图。客流流线是以平峰时期乘客进站客流比例为依据绘制的,对应图中两端有箭头的黑色实线。

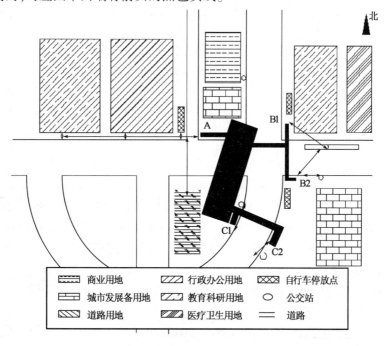

图6-7　南邵站与其他交通方式的接驳流线示意图

通过不同交通方式换乘轨道交通的客流的走行时间的构成是不同的，在调查时把乘客的走行时间分成了几个部分，分别是站外走行时间、通道走行时间、非付费区站厅走行时间、付费区的走行时间。其中通道走行时间分成平台时间、自动扶梯时间、通道时间，付费区的走行时间分成站厅时间、楼梯时间、站台时间。

早高峰、平峰与晚高峰时间的乘客走行时间构成也不同，从总体时间上来看早高峰和晚高峰的客流走行时间较长，主要是因为早高峰和晚高峰的客流量过大，导致通道及站厅内客流量密度较大，客流速度减小，使得通道内及站厅的客流走行时间较长。平峰时间相对于早晚高峰时间乘客的走行总时间较长，平峰时间客流量较少，不存在因客流量过多导致通道堵塞从而引起乘客走行时间增长的现象，所以应该是乘客自身在时间宽裕的情况下出于舒适的考虑而减缓走行速度，从而使得走行时间增长。

表6-11是早高峰乘客进站的走行时间的组成表。从中心小学发生的客流通过A口进入车站的客流在站外的走行时间占走行总时间的比例最大，这是由于中心小学距离A口较远，所以所费时间较长，其次是从B2口北面的公交站通过B2口进入车站的客流在站外的走行时间占走行总时间的比例，由上文可知，从B2口北面公共汽车站到达B2口的客流要通过道路，同时需通过道路的接驳流线中站外走行时间比例都比较大，因此，这可能是乘客通过道路等待车辆通过而造成的延误，但是需要通过道路的接驳流线都比较长，因此，是由于通过道路等待车辆通过而造成延误还是本身接驳流线过长造成的站外走行时间比例较大还需要进一步的定量分析。

早高峰乘客进站的走行时间组成 表6-11

进站口	站外	通道时间	站厅	付费区	站外比例(%)
A口P+R	31	63	24	32	21
A口旁办公区	26				18
A口附近中心小学	130				52
B1口	30	62	27		20
B2口北	39	54			26
B2口南	25				18
C1口	16	71	30	75	8
C2口	16	67			9

如表6-12所示，站外走行时间所占的比例相比较在早高峰时间的站外走行时间所占的比例有所增加，主要是站外走行时间相对固定，而站内走行时间在早高峰受客流过大导致站内客流密度大的影响使得其变大，而在平峰时间则不受这方面的因素影响，所以平峰时间段站内走行时间相对较短，从而站外走行时间占总走行时间的比例就相对的增加了。

本节主要对后文要用到的北京地铁南邵站的相关情况和数据进行介绍和收集，基本情况主要包括南邵站周边土地利用种类及各自面积，并标注出了各个公交车站点，调查的数据主要包括南邵站客流量及客流组成、站外走行路线及时间构成。后文会运用这些数据对北京地铁南邵站周边土地利用进行仿真分析。

平峰时间乘客进站的走行时间组成　　　　　　　　表 6-12

进站口	站 外	通道时间	站 厅	付 费 区	站外比例(%)
A 口 P+R	31	63	15	31	22
A 口旁办公区	26				19
A 口附近中心小学	130				54
B1 口	47	74	15		28
B2 口北	45	60			30
B2 口南	30				22
C1 口	16	65	28	38	11
C2 口	16	67			11

6.3 优化措施及仿真分析

本章使用 Anylogic 行人仿真软件对北京地铁南邵站站外情况进行仿真,Anylogic 行人仿真主要依靠其行人库实现,行人库的对象分为全局参数设置对象 PedComguration、环境对象、行人对象等,其核心算法为社会力模型。Anylogic 中的行人仿真建模过程主要分为以下四步:创建环境、建立行为流程图、运行仿真、分析结果。

薛艳青(2012)在文献中提到社会力模型基本原理,社会力模型是连续型微观仿真模型,可以给出真实的行人踪迹。基于多粒子自驱动系统的框架,假定组成人群的个体具有思考和对周围环境做出反应的能力,把人的主观愿望、人和人之间的相互关系以及人与环境之间的相互影响用社会力的概念来描述,分别表示为以下 3 种作用力:

①驱动力。主观意识对个体行为的影响可化为个体所受自己施加的"社会力",体现了行人以渴望的速度移动到目的地的动机。运动学方程如式(6-1)所示。

$$\frac{d\vec{r}_\alpha}{dt} = \vec{v}_\alpha(t) \tag{6-1}$$

式中:$\vec{r}_\alpha$——行人 α 的空间位置向量;

$\vec{v}_\alpha(t)$——行人 α 的速度。

②人与人之间的作用力。指试图与其他行人保持一定距离所施加的"力"。行人加减速和方法变化方程如式(6-2)所示。

$$\frac{d\vec{r}_\alpha}{dt} = \vec{f}_\alpha(t) + \vec{\xi}_\alpha(t) \tag{6-2}$$

式中:$\vec{f}_\alpha(t)$——社会力;

$\vec{\xi}_\alpha(t)$——反映随机行为偏差的扰动项。

③人与墙之间的作用力。墙对人的影响类似于人与人之间的作用。社会力方程如式(6-3)所示。

$$\vec{f}_\alpha(t) = \vec{f}_\alpha^0(\vec{V}_\alpha) + \vec{f}_{\alpha B}(\vec{r}_\alpha) + \sum \vec{f}_{\alpha \beta}(\vec{r}_\alpha, \vec{v}_\alpha, \vec{r}_\beta, \vec{v}_\beta) + \sum_i \vec{f}_{\alpha i}(\vec{r}_\alpha, \vec{r}_i, t) \tag{6-3}$$

式中:$\vec{f}_\alpha^0(\vec{V}_\alpha)$——加速力;

$\vec{f}_{\alpha B}(\vec{r}_\alpha)$——人与墙之间的作用力；

$\vec{f}_{\alpha\beta}(\vec{r}_\alpha,\vec{v}_\alpha,\vec{r}_\beta,\vec{v}_\beta)$——行人 α 与其他行人 β 间的作用力；

$\vec{f}_{\alpha i}(\vec{r}_\alpha,\vec{r}_i,t)$——吸引效果。

6.3.1 站外接驳主要问题

通过对所收集数据的分析以及实地调研，南邵站现阶段存在的主要问题主要有两个方面：站外客流、与其他交通方式的衔接。

站外客流方面主要是指各个进出站口的问题，仔细观察分析后，发现每个进出站口均有一定的问题。A 口的问题是：A 口外停留大量黑车，阻碍了进出站客流；从 A 口外的停车场到 A 口换乘的客流通过道路有延误。B1 口的问题是：从 B1 口出站的客流有走到 B2 口北侧的公交站换乘的；B1 口外停留大量黑车，阻碍了进出站客流。B2 口的问题是：B2 口外人行道本身很窄，还有很多摊贩分布在两侧，阻碍了进出站客流；B2 北侧公交车站到 B2 口换乘的客流通过道路有延误。C1、C2 口的问题是：C1、C2 口分别以进出站客流为主，客流分布不均衡，道路中间有栅栏阻挡，可以考虑撤去栅栏；C2 口外的车站候车队列阻碍进出站客流。与其他交通方式的衔接的问题主要在轨道交通列车发车时间间隔较长，导致换乘客流在站内的候车时间过长。

6.3.2 仿真分析及优化

南邵站站外仿真主要是针对从南邵站出站到各个进出站口外的公交换乘点的客流，此处淡化常规公交与轨道交通的协调问题，故假设所有的常规公交都在公交车站等待乘客，乘客到达常规公交车站的时候直接乘坐公交，不考虑乘客在常规车站等待的时间。

图 6-8 为南邵站站外地面的底图及仿真背景。路口西侧为 A 口，A 口外有一个停车场。路口北侧为 B1 口，B1 口外有一公交车站。路口东侧为 B2 口，B2 口外有两个公交车站。路口南侧左边为 C1 口，路口南侧右边为 C2 口，C1、C2 口外分别有一个公交车站。对地面的仿真主要考虑的是南邵站所在的十字路口，在 A 口外因为乘客在通过道路到对面的停车场进行换乘时，会产生一定的延误，故设置了一个减慢乘客走行速度的区域。在北侧 B1 口外由于有黑车阻碍乘客流线，所以设置了一个减慢乘客走行速度的区域。在 B2 口通过道路换乘时同样有延误的产生，故也设置有减速区域。C2 口外由于有三个公交车站，所以设置了三个服务队列。

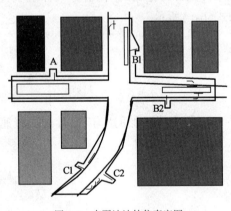

图 6-8　南邵站站外仿真底图

图 6-9 为南邵站站外仿真流程图，南邵站对应五个口，A、B1、B2、C1、C2 口分别对应 pedSource、pedSource29、pedSource30、pedSource31、pedSource32。A 口出现的客流直接到 A 口外的停车场进行换乘。B1 口出现的客流经过选择的过程，有 90% 的客流选择 B1 口外的公交车站进行换乘，有 10% 的客流选择 B2 北侧的公交车站进行换乘。B2 口出现的客流经过选择的过程，有 50% 的客流到 B2 口北侧的车站进行换乘，有 50% 的客流到 B2 口南侧的车站进行换

乘。C1 口的客流到 C1 口外的公交车站换乘，C2 口的客流到 C2 口外的公交站换乘。把乘客登上公交车的过程看作一种服务，包括排队的过程。

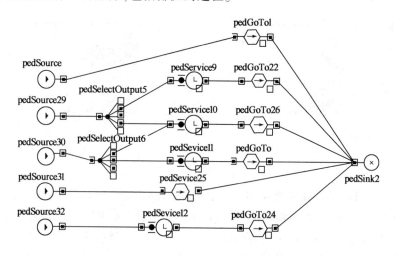

图 6-9　南邵站站外流程图

图 6-10 为站外仿真，是 B1、B2 口的仿真局部图。B1、B2 口外的问题从图 6-11 来看并不明显，没有出现明显的拥堵点，只有 B2 口外南侧的车站排队长度略长。

图 6-11 为 C1、C2 口外的局部仿真图。C2 口外共有三个公交车站并排设置，当离 C2 口最近的公交车站排队较长时，会阻碍到离 C2 口较远的车站候车的客流，图中 C2 口外也明显地出现了拥堵。

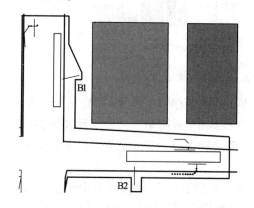

图 6-10　南邵站 B1、B2 口外局部仿真图

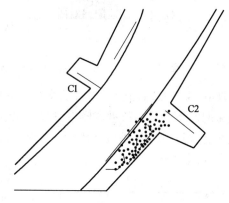

图 6-11　南邵站 C1、C2 口外局部仿真图

以上是从仿真图中看到的南邵站站外的问题，下面通过南邵站站外的仿真数据对南邵站站外的问题进行分析。图 6-12 为 B1 口出站客流换乘时间图，而 B1 口出站换乘客流走向有两个，即到 B1 口外车站换乘和到 B2 口北侧公交车站换乘，图中横坐标表示换乘时间，纵坐标表示某一换乘时间下的样本占全部样本的比例，B1 口到 B1 口外车站换乘客流的换乘时间图比较明显地呈现出正态分布。在仿真过程中抽取 150 个以上的样本，乘客都以舒适的速度步行，B1 口到 B1 口外公交站的平均换乘时间为 103s，B1 口到 B2 口北侧的公交车站的平均换乘时间为 339s。B1 口到 B2 口北侧的公交车站的换乘时间比较长，主要是因为本身 B1 口到 B2 口

北侧的公交车站的换乘距离就比较长，另外 B2 口北侧还有大量从 B2 口出站换乘的客流候车，以致换乘时间过长。

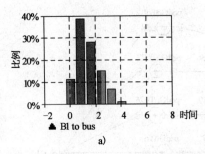
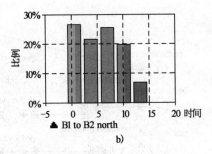

图 6-12　B1 口出站客流换乘时间分布图

图 6-13 为 B2 口出站客流的换乘时间图，横坐标表示换乘时间，纵坐标表示某换乘时间下的样本占总样本的比例，两张换乘时间图都呈现出正态分布。B2 口出站换乘客流有两个走向，即到 B2 口北侧的公交车站换乘和到 B2 口南侧的公交车站换乘。在仿真过程中抽取 150 个以上的样本，乘客均以舒适的速度走行，B2 到 B2 口北侧的公交车站的平均换乘时间为 112s，B2 口到 B2 口南侧的公交车站的平均换乘时间为 99s，两者相差的 13s 的时间主要是通过道路及黑车阻碍流线导致了延误。

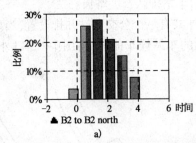
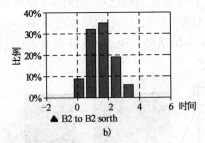

图 6-13　B2 口出站客流换乘时间分布图

图 6-14 为 C2 口到 C2 口外公交车站的换乘时间图，横坐标表示换乘时间，纵坐标表示某一换乘时间下的样本数量占样本总数的比例，它们比较集中，可能是因为公交车站距离 C2 的公交车比较近，换乘时间波动较小，大部分换乘时间都浪费在瓶颈口了，C2 口到 C2 口外的平均换乘时间为 46s。

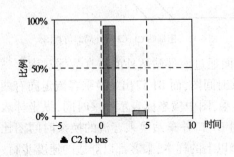

图 6-14　C2 口到 C2 口外公交车站的换乘时间分布图

从以上的仿真图和数据分析中可以看出，B1 口到 B2 口北侧常规公交车站换乘的客流的平均步行时间要长于 B2 到 B2 口北侧常规公交车站换乘的客流的平均步行时间，说明从 B1 口的出站客流流线需要优化，在站内应适当地给予引导。

针对现状的仿真中出现的问题，提出相应的建议，首先针对站外的问题提出以下几点：

①加强地铁站周边的交通管理力度，保证各个出站口外无黑车阻碍客流流线。

②增强站内的引导标志,对 B1 口出站的客流流向进行优化。

③C2 口外的步行道适当地加宽,给予候车队列足够的延伸空间,并且使得步行道有空余空间,保证出站客流的畅通性。

(1)采取建议①后的仿真结果

建议①将 B1 口外的模拟黑车因阻碍客流而减缓了客流通过速度的区域删除。表 6-13 为优化后与优化前的数据对比表。

优化前与优化后的数据对比表　　　　　　　表 6-13

出　站　口	优化前(s)	优化后(s)	优化效果(%)
B1 口到 B1 口外	103	91	-11.65
B1 口到 B2 口北	339	293	-13.57
C2 口到 C2 口外	46	46	0
B2 口到 B2 口北	112	99	-11.61
B2 口到 B2 口南	99	75	-24.24

在采取建议①后的地面仿真的数据结果为:B1 口到 B1 口外公交车站换乘公交的平均时间为 91s,B1 口到 B2 北侧公交车站换乘公交的平均时间为 293s,C2 口到 C2 口外公交站换乘公交的平均时间为 46s,B2 口到 B2 口北侧公交车站换乘公交的平均时间为 99s,B2 口到 B2 口南侧公交车站换乘公交的平均时间为 75s。优化前的仿真数据结果如下:B1 口到 B1 口外公交车站换乘公交的平均时间为 103s,B1 口到 B2 口北侧公交车站换乘公交的平均时间为 339s,C2 口到 C2 口外公交站换乘公交的平均时间为 46s,B2 口到 B2 口北侧公交车站换乘公交的平均时间为 112s,B2 口到 B2 口南侧公交车站换乘公交的平均时间为 99s。

优化前及优化后数据都是通过对 100 个以上的样本的数据统计出来的,从优化前和优化后的数据对比来看,从 B1 口到 B1 口外的公交站换乘的客流的平均换乘时间减少了 12s,说明没有黑车阻碍客流后能够直接地提高 B1 到公交车站的客流的通畅性。另外,B1 口到 B2 口北侧公交车站换乘公交的平均时间也有所减少,所以 B1 口外的黑车对于 B1 口到 B2 口北侧的公交换乘客流也有一定的阻碍。C2 口到 C2 口外的公交站换乘的平均时间没有变化,可以说明 B1 口外的黑车对于 C2 口的换乘客流不造成影响。B2 口到两侧的车站的时间都有所减少,可能是 B1 口到 B2 口北侧的换乘客流走行时间被优化后而造成的间接影响,但也不排除是由于仿真样本的随机性而出现了误差。

(2)采取建议②后的仿真结果

建议②将 B1 口的两个客流流向简化为一个,将 B1 口的选择模块删除,只保留 B1 口到 B1 口外的公交车站的客流流向。表 6-14 为采取建议②的优化前后的数据对比表。

优化前和优化后的数据对比表　　　　　　　表 6-14

出　站　口	优化前(s)	优化后(s)	优化效果(%)
B1 口到 B1 口外	103	104	0.97
C2 口到 C2 口外	46	49	6.52
B2 口到 B2 口北	112	95	-15.18
B2 口到 B2 口南	99	86	-13.13

在采取建议2后的地面仿真数据结果为:B1口到B1口外公交站换乘的平均时间为104s,C2口到C2口外公交站换乘的平均时间为49s,B2到B2北侧公交站换乘的平均时间为95s,B2到B2口南侧公交站换乘的平均时间为86s。优化前的仿真结果数据为:B1口到B1口外公交车站换乘公交的平均时间为103s,C2口到C2口外公交站换乘公交的平均时间为46s,B2口到B2口北侧公交车站换乘公交的平均时间为112s,B2口到B2口南侧公交车站换乘公交的平均时间为99s。

可以看到B1口到B1口外公交车站换乘公交的平均时间与C2口到C2口外的公交站换乘公交的平均时间基本没变化,B2口到B2口北侧的公交车站换乘客流的平均时间有明显减少,B2口到B2口南侧公交站换乘的客流的平均时间也有一定的减少。

(3)采取建议③后的仿真结果

建议③为加宽C2口外公交车站所在的人行道的宽度,在仿真中就是增大行人可活动的区域。表6-15为采取建议3优化后和优化前的数据对比表。

优化前和优化后的数据对比表　　　　表6-15

出　站　口	优化前(s)	优化后(s)	优化效果(%)
B1口到B1口外	103	85	-17.48
B1口到B2口北	339	368	8.55
C2口到C2口外	46	43	-6.52
B2口到B2口北	112	116	3.57
B2口到B2口南	99	88	-11.11

采取建议③后的站外仿真数据结果为:B1口到公交站换乘的平均时间为85s,B1口到B2口北侧公交车站换乘的平均时间为368s,C2口到C2口外的公交站换乘的平均时间为43s,B2口到B2口北侧的平均时间为116s,B2口到B2口南侧的平均时间为88s。优化前的站外仿真数据结果为:B1口到B1口外公交车站换乘公交的平均时间为103s,B1口到B2口北侧公交车站换乘公交的平均时间为339s,C2口到C2口外公交站换乘公交的平均时间为46s,B2口到B2口北侧公交车站换乘公交的平均时间为112s,B2口到B2口南侧公交车站换乘公交的平均时间为99s。

建议③主要是为减少C2口到C2口外公交车站换乘的平均时间,但是从优化前后的仿真结果来看,C2口到C2口外公交站换乘公交的平均时间的减少并不明显,其他出站口的换乘客流的站外走行时间却有一定的波动,不排除是由于仿真样本的随机性而导致的误差。

6.4　本章小结

随着轨道交通的快速发展,轨道交通车站周边土地的高强度开发,越来越多的问题暴露了出来。我国轨道交通车站地区存在的问题主要有缺乏对整体和系统的综合开发、土地利用结构不合理、均衡性差、缺少公共活动中心、换乘不便捷等。

不同轨道交通车站周边的土地利用具有不同的特点,其中依据车站周边土地开发模式的不同,将车站分成了公共中心型、交通枢纽型、居住社区型和景观开放型四类。同时,根据对上海轨道交通车站的土地利用数据汇总,得到了不同轨道交通车站周边土地利用的一般性特点。然后本章介绍了新加坡、日本东京、中国的香港和天津等地的轨道交通车站周边土地利用的特点,整体上,新加坡具有公共交通与土地利用高效结合的特点,日本是在市场机制的调节下进行土地利用与轨道交通的综合开发,香港是"地铁+物业"的综合发展模式,天津轨道交通不同的站点具有不同的特点,会展中心站周边以公共设施用地为主,其次是居住用地等,而市民广场站以商业用地为主。

  轨道交通车站会从方方面面对周边土地利用产生影响,包括空间布局、使用性质、开发强度、开发时序、地价(房价)等。同时轨道交通车站周边土地利用的影响会具有一些普遍性特点,如轨道交通站点对居住用地吸引力最大,对工业用地排斥;在轨道交通站点直接影响范围内,居住用地、商业用地和道路广场用地的比例最大;在轨道交通站点间接影响范围内,居住用地的比例最大;距离站点越近,地价越高,就越需要高价值产出的用地类型等。

  然后本章选择北京地铁昌平线南邵站进行了仿真分析,首先北京地铁昌平线是北京2010年开通的新线,南邵站是已开通线路的北端终点站,位于北京郊区,其周边土地还有一大部分的建设中土地,所以作为终点站,具有一定的研究价值。

  本文通过实地调研收集数据,得到了北京地铁南邵站的2013年1月份客流、客流组成及客流流线、乘客走行时间构成等数据。从收集到的客流数据中,我们看到了南邵站的客流特点,节假日客流量与工作日客流量差距不大,具有明显的早晚高峰,早高峰以进站客流为主,晚高峰以出站客流为主。从客流构成上看,南邵站早高峰和平峰时期进站客流中通过C2口进站的客流比例最大,而同时期的出站客流中通过C1口出站的客流比例最大。从乘客走行时间构成上来看,通道走行时间较长,而站外走行时间会因为通过道路延误而有一定的延长。然后我们通过调研及数据研究发现了南邵站的问题,包括客流流线不可理、流线有阻碍、客流比例不平衡等问题。

  于是我们就针对南邵站的特征和问题,提出了优化方法,包括清除黑车、客流流向优化、步行道加宽等。我们通过清除B1口外的黑车,保证B1口客流流线的流畅性,B1口到B1口外的公交车站的客流走行时间缩短了11.65%,B1口到B2口外的客流走行时间缩短了13.57%,B2口到B2口北侧的公交车站的客流走行时间缩短了11.61%,B2口到B2口南侧的公交车站的客流走行时间缩短了24.24%。然后我们将B1口出站客流的两个流向只保留B1口到B1口外的公交车站的客流流向,经过优化后,B1口到B1口外的公交车站的客流的走行时间增加了0.97%,C2口到C2口外的公交车站的客流走行时间增加了6.52%,B2口到B2口北侧的公交车站的客流的走行时间减少了15.18%,B2到B2南侧的公交车站的客流的走行时间减少了13.13%,其中,B1口到B1口外公交车站的客流走行时间的增加与我们的理想状况有差异。最后我们加宽了C2口外的人行通道宽度,以减少等候公交车的队列对于从C2口出站客流的阻碍作用,优化后,虽然C2口到C2口外的客流走行时间减少了6.52%,但是B1口到B2口北侧的公交车站及B2口到B2口北侧的公交车站的客流走行时间均有增加。

  在一定程度上,优化后的结果说明了各个出站口的客流会相互影响,但是仿真结果具有一定的误差。仿真软件只能从一定程度上表现出优化后的效果,优化方法的有效性及优化后的实际效果还需要通过实际优化后的情况来证明。同时我们提出的这些优化方法针对的是南邵站,如果要将这些优化方法运用在其他车站还需要进一步的研究。

第7章 总结与展望

7.1 新城市交通系统

城市交通系统作为城市社会经济大系统的一个重要组成部分,其自身发展的可持续性是支撑城市可持续发展的前提。金楠(2013)的研究指出交通运输业是目前我国能耗增长最快、能源消耗量最大的行业。据据徐建闽(2010)的分析,城市的大气污染中,机动车尾气污染贡献率达20%~50%。其中,机动车尾气排放对氮氧化合物的贡献率高达60%~70%,对一氧化碳的贡献率达30%~50%,对铅污染贡献率高达80%。交通污染是大气污染、全球变暖的罪魁祸首之一。表7-1反映了私人小汽车保有量、经济增长率与二氧化碳排放的关系。

私人小汽车保有量、经济增长率与二氧化碳排放(徐建闽,2010)　　　表7-1

年份	GDP	私人小汽车保有量（百万辆）	二氧化碳	
			目前能源使用效率	能源使用效率提高50%
2000年	—	16.08	—	—
2020年（经济增长率为8%）	4倍于2000年	64.32~96.48	4~6倍于2000年	2~3倍于2000年
2020年（经济增长率为10%）	5倍于2000年	96.48~144.72	6~9倍于2000年	3~4.5倍于2000年

交通运输是大城市社会经济发展的基础,而可持续的生态环境是大城市进一步发展的有效保证。交通领域逐年增大的二氧化碳排放量,严重影响了社会经济的可持续发展,威胁着居民的生活环境。因此,低碳出行方式的选择是新城市交通系统可持续发展的迫切需求。

7.1.1 传统城市交通系统规划的特点及不足

1. 传统城市交通系统规划的特点

城市交通规划经过半个世纪的发展,已经形成了一套比较系统的理论与方法。传统的规划理论与方法有以下3个主要特点:

(1)传统城市交通规划理论与方法的唯一目标是解决城市交通问题

传统城市交通规划的主要目的在于分析及模拟城市地区相关交通活动的现状,了解城市交通问题的症结,预测城市交通的发展趋势,从而为制定合理的交通规划提供有效的解决策略(肖秋生和徐慰慈,1998)。

根据孔令斌(1996)的研究,国外流行的城市交通规划包括四个方面:城市开发计划、交通战略研究、近期交通建设计划、重要设施交通影响分析。城市开发计划是交通规划的基础,决定了未来交通需求的分布与强度。交通战略研究和近期交通建设计划是交通规划过程的主要内容。规划成果对城市交通建设和投资起指导作用。国内城市交通规划的主要内容包括:规划目标制定、城市交通现状调查与分析、交通需求预测、交通网络与设施规划、效果评价等(中国公路学会《交通工程手册》编委会,1998)。

(2)四阶段交通需求预测模式

交通需求预测是交通规划中的核心内容之一。交通发展政策制定、交通网络设计以及方案评价都与交通需求预测有着密切的联系。根据陆建(2003)的研究,1962年芝加哥市交通规划研究中提出发生、分布、方式划分、分配的四阶段交通预测模型以及随后开发的UTPS软件仍对现今的交通规划理论研究和工程实践有着深刻的影响。四阶段交通预测模型一直是交通需求预测的主要方法。在应用数学、管理学、计算机、系统工程等科学技术的推动下,交通需求预测技术也得到了进一步的发展。70年代以来,国内外已有大量的交通规划软件投入使用,并在交通规划过程中发挥着重要的作用,如美国开发的MINUTP、TRANPLAN、Trans CAD,英国开发的TRIPS,加拿大开发的EMME/2,中国自行研发的Tran Star。这些交通规划软件中交通需求预测的完成均是基于四阶段交通需求预测模式。

(3)规划过程中注重对规划方案的分析,缺少对规划保障的实施

传统城市交通规划所提交的成果集中表现为城市交通发展策略,即具体交通网络规划方案和项目实施序列。城市交通规划已不再是纯工程技术性的问题,能否按计划实施受到许多因素的影响。国内许多城市交通规划实施时,经常面临着来自城市土地商业开发、行政管理体制、部门利益、建设资金等方面的影响,严重时还将导致交通规划暂停实施。

2. 传统城市交通系统规划的不足

陆建(2003)的研究表明对传统城市交通系统规划理论及典型工程实践中所反映出的规划目标、原则、内容、方法、手段和规划成果的分析,应结合当前城市交通发展的现状。传统的城市交通规划理论在新形势下的不足主要表现在以下6个方面。

(1)单一的规划目标

传统城市交通规划的目标是解决城市交通问题,并满足不断提高的交通需求,是面向交通需求的规划。传统城市交通规划中典型方法是将城市道路建设作为城市交通规划的核心目标。因此,传统城市交通规划的规划目标单一,在规划研究过程中注重交通设施的数量,对系统功能重视程度不够,对资源的优化利用以及城市生态环境保护只是"蜻蜓点水"式的涉及,对资源、环境、交通需求之间关系的研究不够。

(2)单一的评价指标

传统城市交通规划的评价指标体系是由技术评价指标和经济评价指标组成。技术评价指标主要回答交通系统满足交通需求程度如何、服务水平如何等问题。经济评价指标主要回答经济上的合理性如何等问题。

(3)缺乏信息化反映

随着信息技术发展而产生的新的信息采集技术在规划过程中并没有得到广泛应用。信息技术对城市交通规划的影响不仅表现在信息采集过程中,更重要的是对居民的出行目的、出行方式、出行距离、出行时耗以及路径选择等特征都会产生明显的影响。出行者无论是在出行前,还是在出行途中获得实时信息,都将有助于最佳出行路径和出行方式的选择。四阶段交通需求预测方法的建模思想和大部分定量分析模型是在上世纪50至60年代完成的。其中,城

市居民的出行是建立在社会尚未信息化基础上的。步入21世纪后，随着科学技术的迅速发展，信息技术的应用将改变人们的生活方式和生活习惯，并引起活动和出行特征的改变。

（4）缺乏能源消耗、环境影响的分析评价

城市交通在为居民的出行活动提供必要条件的同时也存在着负效应，最主要的是对不可再生能源的消耗和对环境的污染。传统的城市交通规划中，对于交通系统能源消耗的水平如何、交通污染物的排放量多少、城市居民的生活是否受影响、如何减少污染物的排放等一系列问题在规划过程中没有涉及。在交通规划成果中，能源消耗和环境影响的控制没有体现，也没有被真正被列入规划目标体系中。虽然交通界开始对能源消耗，环境影响分析评价开展了研究，并取得了相应的成果，但该类研究尚未满足应用于城市交通规划的规范化要求。

（5）缺少对规划实施保障的研究

任何一个交通规划的实施都离不开一定的保障。这种保障来自机构、资金、技术、管理、政策法规等多方面。目前的交通规划中对方案本身和规划的必要性分析多，对如何保障规划的实施和规划实施的外部环境分析少。

（6）没有真正体现以人为本

城市交通中所要解决的主要问题是人的移动，而不是车辆的移动。但在现实城市交通规划中，人们更注重机动车交通的规划研究。若从以人为本的观点出发，交通规划中不应只考虑和体现机动车使用者的舒适性和方便性。行人交通和自行车交通理应给予充分的重视。行人交通设施，尤其是人行道，不应被视为机动车交通的"挖潜对象"，自行车也不是"给机动车带来干扰的落后交通方式"。

7.1.2 低碳交通

根据金楠（2013）的研究，低碳交通是指在日常出行中选择低能耗、低排放、低污染的交通方式。这是人类低碳发展导向下在交通运输领域中体现人与自然和谐发展的一种交通发展新理念，是城市可持续交通发展的大势所趋。低碳交通是一个新的理念，也是一个新的发展目标。该理念体现在3个方面：通达与有序、安全与舒适、低能耗与低污染的完整统一结合。

低碳交通（Low Carbon，LT）= 减量交通（Reducing Transportation，RT）+ 绿色交通（Green Transportation，GT）

减量交通指减少出行产生和减少出行过程。绿色交通包括：公交优先，即提供高品质公交系统，吸引中长距离出行采用公共交通方式；慢行友好，即创造优良的慢行交通系统，鼓励短程出行采用步行和自行车方式；需求管理，即提高小汽车使用成本，减少对小汽车的依赖；清洁能源，即采用轨道交通、有轨电车、电动自行车、混合动力汽车、天燃气汽车等方式出行；节能减排，即鼓励高标小排量车发展、提高汽车排放标准。绿色交通体系（Green Transportation Hierarchy）将绿色交通工具进行优先级的排序，依次为步行、自行车、公共交通、商务车/货运车辆、出租汽车、高承载车辆、单独驾驶车辆，如图7-1所示。我国可以分为行人、自行车、公共交通电车、地铁、轻轨、公共汽车、共乘交通、出租车、私人机动车、摩托车。这种先后顺序的分级目的是给予步行、自行车和公共交通以优先权，作为对低成本、高效率、低污染交通方式的鼓励。因此，绿色交通体系是以建设方便、安全、高效率、低公害、景观优美、有利于生态和环境保护，以公共交通为主导的多元化城市交通系统。

根据向睿(2011)的研究,低碳交通的概念是基于城市交通可持续发展的理念发展而来,是实现城市交通可持续发展的一种有效手段。低碳交通的发展是基于环境与生态的可持续发展理念,主要手段是减少个人交通工具的使用,关键技术是交通与土地利用的整合和公交优先的推进,并降低机动车单车排放量,加强居民对交通行为的认识等。欧洲部分发达国家在探索交通领域节能减排的过程中,总结出"步行+自行车+轨道交通"为最低碳环保的出行方式。由图7-2可知,二氧化碳排放量从低到高最优先的是步行交通和自行车交通,随着优先权从高

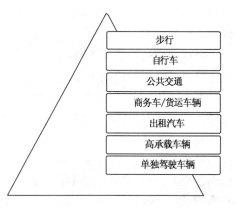

图7-1　交通工具的绿色级别(吕晶,2010)

到低依次是 BRT(Bus Rapid Transit)、轨道交通、常规公交、其他交通(主要为商业和社会事业交通、摩托车等)、出租车、单独使用的私人机动交通。但对于我国而言,考虑到国情、国力以及居民需求等众多因素,不能仅发展非机动车,完全禁止机动车出行,而应寻求一种出行平衡来适应我国的交通发展需求。在碳排放量过大、环境破坏日益严重的形势下,应引导居民转变出行方式,尽量采用低碳环保的出行方式。

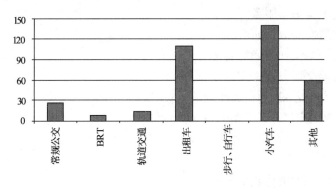

图7-2　各种交通出行方式碳排放量比较图(金楠,2013)

7.1.3　城市交通系统可持续发展定义

新城市交通系统发展的目标、内涵和模式应适应城市的社会、经济和交通发展,使城市交通能够支持经济的持续快速增长、城市化进程的发展以及社会经济和生态环境协调发展。许多学者对城市交通可持续发展进行了讨论,并从不同角度提出了城市交通可持续发展的定义。

城市交通系统可持续发展在经济合理、技术先进的基础上,使运输需求增长、运输服务水平、环境保护和运输综合效益协调发展(宋瑞和何世伟,1999)。

可持续发展的城市交通是建立在可持续发展理念基础上,有效利用城市的土地资源,最小环境污染物排放量,并能满足城市经济和社会发展需求的一种高效的城市交通(陆化普和高嵩,1999)。

城市交通的可持续发展就是要协调好城市发展、城市经济与城市环境之间的关系。它追求的目标既不是西方国家的小汽车交通模式,也不是在城市中完全排除小汽车,而是建立在适

当环境标准下,使小汽车在合理使用范围内,并与其他交通方式共存的现代化交通体系(魏连雨和康彦民,2000)。

城市交通可持续发展可以简单概括为,交通在满足社会发展对其需求的同时,保证自身发展和整个社会可持续发展要求的实现(庞松,2001)。

根据陆建(2003)的研究,城市交通可持续发展的不同定义中分别涉及了城市交通可持续发展的基本要素、社会经济的可持续发展、资源的有效利用、最小环境污染物排放、协调城市发展与城市环境之间的关系、提高运输效率的经济合理性、先进技术等。对照城市交通可持续发展的要求,传统城市交通规划需要将资源优化利用、环境保护引入城市交通规划中,从而建立以满足交通需求、优化资源利用、改善环境质量为目标,以交通负荷、资源消耗、环境容量为控制指标,符合可持续发展要求的城市交通规划的理论和方法。在城市交通系统可持续发展规划中,满足交通需求、优化资源利用、改善环境质量三个主要目标相互联系、相互作用,共同构成可持续发展的城市交通规划目标体系。

城市交通系统可持续发展不仅是规划内容的增加,更重要的是规划观念的转变。城市交通问题不能再采用以往"先出现后治理"的方式。城市交通规划要从被动地适应交通需求转变为主动地引导城市交通发展。陆建(2003)的研究指出对城市交通进行系统可持续发展规划应具体做到以下几点:

①为人服务而不是为车服务。
②重视城市交通发展政策研究。
③重视合理交通结构和交通容量的分析研究。
④重视各种不同交通方式之间的衔接。
⑤重视低成本交通方式,如行人交通、自行车交通。
⑥与土地利用紧密结合,寻求高的可达性、低交通需求的土地利用及交通系统发展模式。
⑦积极开展环境评价,在尽可能满足社会经济发展要求的前提下,降低交通环境成本和负面社会影响。
⑧重视对规划实施保障体系的研究。
⑨重视现代化交通管理在城市交通系统中所起的作用。

7.1.4 城市交通系统可持续发展规划相关理论

为保证城市交通系统的可持续发展,相关部门需要将环境保护、资源优化利用引入城市交通系统规划中,建立起以满足交通需求、优化资源利用、改善环境质量为目标,以交通负荷、资源消耗、环境容量为控制性指标,并结合实际对理论体系中各模块的功能进行设计。城市交通系统可持续发展规划各模块组成如图7-3所示。

1. 城市交通系统可持续发展规划目标确定方法

根据王炜等(1998)的研究,传统的城市交通规划中规划方案通常是基于现状交通网络或在现状交通网络基础上进行适当改进而得的初始网络上进行交通量分配的,从而对网络交通质量进行评价,并依据交通质量评价结果对方案进行调整。传统城市交通规划方案产生的基础是交通需求预测,核心内容是交通质量评价,指导思想是如何更好地满足交通需求。

遵循可持续发展原则的城市交通是有利于促进城市的可持续发展,能够有效利用城市的土地和能源以产生最小环境污染,并能满足城市经济和社会发展需求的高效率交通。新城市交通系统可持续发展规划的目标应遵从于城市的可持续发展原则,应有利于城市交通可持续发展的实现,应推动城市经济、城市交通和社会环境的均衡发展。

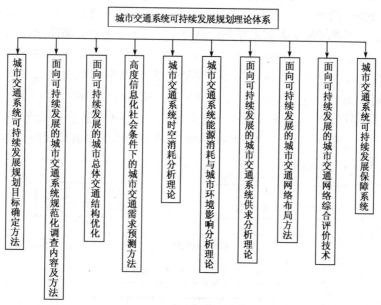

图7-3　可持续发展城市交通规划理论体系(陆建,2003)

2. 面向可持续发展的城市交通系统规范化调查内容及方法

根据陆建(2003)的研究,面向可持续发展的城市交通系统调查内容可划分为城市社会经济与土地利用状况调查、城市人口出行调查、机动车出行调查、道路交通特性调查、交通网络基础信息调查、交通管理状况调查、货物源流调查、道路交通环境调查、道路交通燃油消耗调查以及交通发展政策调查10个方面。该调查覆盖的交通系统的基础组成部分包括人、车、路、环境、管理、社会经济、土地利用和外部环境。

调查方法设计的原则是以最小的代价获得最准确的信息。根据调查数据获得方式的不同,调查方法可以分为现场调查和资料收集型调查两大类。现场调查是指通过组织一定规模的现场观测方能获取结果的调查。现场调查是整个交通调查过程中投入人力、物力和时间最多的调查。资料收集型调查指调查人员通过走访相关业务部门获取所需要资料的调查。

3. 面向可持续发展的城市总体交通结构优化

交通结构在可持续发展的城市交通系统中具着重要的地位,是政府政策导向和市场导向共同作用的结果。城市资源消耗、运输效率、环境质量等重要规划目标均与城市交通结构有直接的关联。交通结构优化不仅是通过不同交通方式增长速度的控制来实现交通结构中比例关系的变化,更表现为交通结构中主体交通方式的更替。

根据陆建(2003)的研究,城市总体交通结构、交通设施建设方案、交通流量、能源消耗、土地利用、环境质量等相互间存在着密切的相关性。随着科技进步和新型低耗能、低污染交通工具的出现,交通能耗特性和污染排放因子相应发生变化,从而使城市环境承载力和城市交通系统发展规模上限增大。因此,城市总体交通结构优化是一个不断反馈、调整的平衡过程。面向可持续发展的城市总体交通结构优化研究的目的不在于提出单个城市具体的交通结构,而是重在各约束条件下优化交通结构的方法的确定。

4. 高度信息化社会条件下的城市交通需求预测方法

根据朱中(2001)的研究,在信息化条件下,由于人们的出行特征发生了根本性的变化,传统的四阶段模型已不能满足交通需求预测的新要求。因此,新型交通需求预测模型需采用新的思想和新的方法建立,从而应该反映出交通需求预测理论在信息化条件下的各种特征。这种新型模式不仅能作为规划者完成中长期规划的工具,而且还可用来进行短期交通规划和交通控制策略分析。图7-4是新型交通需求预测模型框架。该框架图的基本思想是将整个城市作为一个大系统,根据大系统的各项指标预测人们的活动,再根据活动来预测交通量的生成,对交通量进行动态交通分配,最后进行系统评价,并在每一模块中直接或间接地引进交通信息的影响作用。

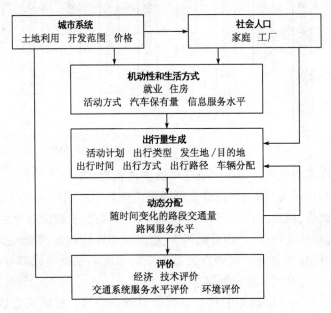

图7-4 新型交通需求预测模型系统框架(朱中,2001)

传统的交通需求预测比较注重各种出行量与其影响因素之间的关系,其主要弊端是过程复杂。一般来说,不同的土地利用布局,不同的土地利用性质和不同的土地利用强度,对应着不同的交通需求。因此,建立土地利用与交通生成的相互关系模型,实现由土地利用、交通需求、出行生成相关因素三步式交通预测方法向土地利用、交通需求两步式交通预测方法的过渡,可在大大简化交通需求预测过程的同时提高预测结果的可靠性。

对于拥堵的交通网络,路段车辆运行时间随着流量的变化而变化,交通网络的交通需求随着时间的变化而变化,静态交通分配理论已无法反映交通网络上交通流的动态特性(Ben-Akiva等,1991)。实时动态交通分配理论经过十几年的研究已有较大的进展,其研究方法包括计算机模拟、优化理论、最优控制理论、不等式变分原理等,能处理的问题已从处理单一的出行时间或出行路径选择的问题,发展到能综合处理出行时间和出行路径选择的问题(Boyce等,1995)。

5. 城市交通系统时空消耗分析理论

任何交通个体的出行都会占用一定的时间和空间,即消耗一定的时空资源。因此,城市道路网可以视为由时间和空间决定的一种资源。不同交通个体所消耗的时空资源不同。道路网总体容量可根据道路网络时空资源总量及各种交通个体时空资源消耗量推算。时空消耗分析理论对城市交通总体结构优化、交通管理与控制、道路交通网络设计等有指导意义。

6. 城市交通系统能源消耗与城市环境影响分析理论

城市交通系统能源消耗与城市环境影响分析理论是指:

①研究机动车单车能耗与道路条件、交通流量、行车状态等相关关系,建立不同性质、不同规模的城市在不同交通方式及不同交通总体负荷下的城市总体能源消耗预测模型。

②研究机动车单车在不同交通运行条件下的排放量,建立不同道路交通条件下的车辆尾气排放、扩散模型和交通大气环境评价因子。

③研究机动车单车在不同交通条件下的交通噪声排放声级,建立不同道路交通条件下交通噪声分析模型和交通噪声评价因子。

7. 面向可持续发展的城市交通系统供求分析理论

城市交通需求预测的实施不仅需要对交通需求的总量和方式进行分析,还要对交通需求的产生原因,如城市形态、土地利用布局、交通发展政策等进行分析。交通需求分析为诱导和调整需求提供依据。交通系统供给分析包括道路基础设施的通行能力、交通工具的运载能力、交通管理能力等方面的内容。

8. 面向可持续发展的城市交通运输网络布局方法

面向可持续发展的城市交通运输网络布局方法包括道路网布局结构、交叉口规划、对外出入口道路规划、停车场规划、公共交通网络布局规划、自行车交通规划、行人交通规划等。

(1) 道路网布局结构

道路网是城市交通的基本载体,所承载的机动车交通是大气、噪声污染和交通事故的主要发生源。在现代真正意义上的城市交通规划出现之前,道路网规划一直是城市交通规划的代名词。新型的道路网布局规划应分别为机动车和自行车提供合理的路网布局和等级级配,发挥机动车的中长距离出行和自行车的中短距离出行的优势,实现快慢分离,为行人交通提供条件,从而提高道路网的运输效率。

(2) 交叉口规划

交叉口控制方式的选择是一个包含多个影响因素的问题,如相交道路的等级、性质、交通量大小、流向分布、车种组成、设计车速、交通安全、自然地理条件等。交叉口控制方式的选择主要从对交叉口设置时须满足的道路功能、交通安全和适应交通量三方面的要求来进行考虑。

(3) 对外出入口道路规划

出入口道路具有城市道路和城市对外交通道路的双重功能,必须满足城市对外交通发展的需要,保证城市与其周围地区的交通联系,并在城市道路和公路之间起到衔接作用,使进出城市的汽车安全、迅速、方便,即过境车流能以较高车速顺畅通过,并对城市交通无严重影响。同时,城市对外出入口道路布局规划也是定性分析与定量计算相结合的过程。

根据李旭宏(1997)的研究,城市对外出入口道路规划首先应考虑城市市区周围地区客货运交通源的分布、客货运集散点的分布、交通流的流向。出入口道路应能将城市市区周围地区主要的交通源、集散点和市区联系起来。出入口道路的布局、走向、级别应尽量和预测的交通流流向相一致。同时，城市出入口道路规划还应综合考虑城市性质、城市发展和总体布局、其他运输方式情况、自然环境条件、城市道路网、区域公路网、城市规模等各种因素的影响。

（4）停车场规划

停车问题对城市交通的困扰日益严重。从可持续发展的角度来看，动态交通所产生的主要问题来源于静态交通造成运输效率下降、污染物排放增多以及交通事故增加。因此，停车场规划的指导思想是通过不同形式停车场的建设和管理，缓解老城区停车行为以及基本解决新城区停车矛盾，从而减少静态交通对动态交通的干扰、减少污染和事故。

（5）公共交通网络布局规划

线网规划应与城市总体规划相配合，促进城市合理用地布局的形成，并与城市的发展走廊相适应。线网规划还应适应城市的未来发展，充分考虑土地利用和交通的相互影响关系，并处理好满足需求和引导发展的关系。线网布置应使线网密度适当、乘客换乘方便、换乘次数少。

轨道交通线网规划是城市发展总体规划的重要组成部分，应与城市发展规划紧密结合，并适当留有发展余地。轨道交通线网规划的制订应根据城市规划发展方向留有向外延伸的可能性。满足城市主干客流交通需求是轨道交通线网布局的基本原则。建设轨道交通的根本目的是要满足城市发展带来的现状与未来交通需求。线网规划应重点研究城市土地利用形态、人口与产业分布特征、现状及未来客流分布特点，使城市轨道交通能够最大限度地承担交通需求通道上的客流，提高轨道交通的客运分担比率。轨道交通线网布局工作流程见图7-5。

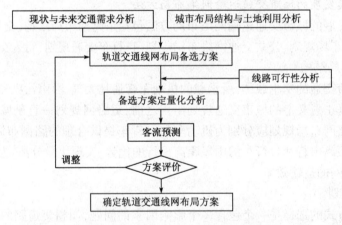

图7-5　轨道交通线网布局工作流程（陆建，2003）

城市常规公交线网布局规划的方法很多，但大多数方法仅局限于理论研究，难以在实际工程中操作。根据王炜等（2002）的研究，东南大学王炜教授提出的"逐条布设、优化成网"的常规公交线网布局规划方法是一种简单、实用的公交线网布局规划方法，如图7-6所示。该方法以直达乘客量最大、换乘次数最少、运送量最大为主要目标，并通过分析备选线路的起终点位置及客流分布来确定线路的最佳配对及各线路的最佳走向。

9. 面向可持续发展的城市交通网络综合评价技术

传统的城市交通规划中，评价内容侧重于交通系统解决交通问题的能力与水平。在可持续发展的城市交通规划中，评价技术的考察范围扩大到适应交通需求、合理利用资源、改善环境质量等三方面。评价在城市交通系统可持续发展规划中具有3方面的作用:首先,评价确定每个备选方案的价值以及方案之间的优劣;其次,评价为决策者提供决策过程中所需要的信息;再者,评价为规划研究人员提供对城市交通系统进一步发展的思路与方向。

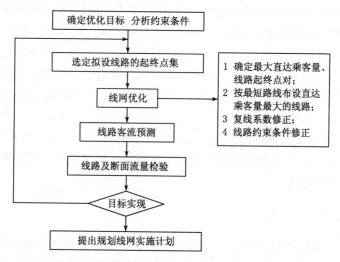

图7-6 "逐条布设、优化成网"法流程(王炜等,2002)

在面向可持续发展的城市交通系统规划研究过程中,评价的内容既包括对交通系统现状的评价,也包括对规划方案的评价。评价的目的既是对现状问题进行诊断,也是对规划方案进行调整与比选。对现状城市交通系统可持续发展状况和水平进行评价,明确不符合城市交通可持续发展原则的现象以及其症结所在,为城市交通发展建设明确方向。规划方案的评价重点是考查规划方案在满足交通需求的同时,是否满足生态环境和资源消耗等方面的要求。

10. 城市交通系统可持续发展保障体系

城市交通规划是一种政府行为,面向可持续发展的交通规划方案只有在一定的保障措施下才能得以顺利实施。城市交通系统可持续发展保障体系主要侧重于使面向可持续发展的城市总体交通结构得以实现,并有助于减少资源消耗、改善环境、提高环境容量的技术保障体系。根据城市交通可持续发展机制,提出城市交通可持续发展保障体系框架,如图7-7所示。

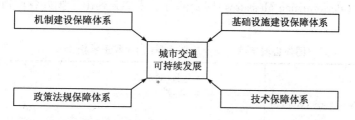

图7-7 城市交通可持续发展保障体系框架(陆建,2003)

从城市交通系统可持续发展规划理论体系框架来看,城市交通系统可持续发展规划是以可持续发展为目标,以资源和环境为控制指标,以调查和预测为基础,以交通结构优化为核心,以交通网络为载体,以系统评价为检验,以政策与技术为保障的城市交通规划。

7.2 城市综合交通发展趋势

城市综合交通系统是城市社会经济系统中的特殊子系统,在促进经济发展和社会进步的同时,产生了人、物和信息的流动,也带来了大量的负面影响,如占用大量土地资源,消耗不可再生的能源,产生大气和噪声污染,加重交通拥堵现象,影响自然环境和生态环境。随着城市化的推进,城市综合交通的协调发展将成为人类居住区可持续发展的主体部分。

根据熊崇俊等(2006)的研究可知,协调发展是一种强调整体性、综合性和内在性的发展聚合,是多系统或要素在协调这一有益的约束和规定之下的综合发展。作为一个整体,各种交通运输方式只有相互协调,才能发挥综合运输体系的最优效能,从而形成和实现最优交通运输系统综合运输能力。因此,未来城市综合交通发展应朝着协调发展的趋势进行,从而促进城市化进程、增强交通综合能力。

7.2.1 城市综合交通发展特点

根据王雪松和彭建(2011)的研究,国外城市综合交通运输系统发展的特点表现在:

①随着城市的人口数量持续增长,就业率水平缓慢上升。如纽约大都市区总人口数由2010年的1236万人增长到2035年的1440万人,就业岗位由2010年的717万个增长到2035年的863万个。

②交通方式以小汽车出行为主,公共交通发展水平偏低,交通拥堵现象持续恶化。相关部门应开始重视多模式交通体系的构建。

③交通安全有所改善,交通事故总数和死亡人数基本稳定。

④空气质量有所改善。欧盟2011年的交通发展白皮书强调各个成员国要进一步改善城市机动性,减少对石油燃料的依赖。2050年之前,交通碳排放要在目前基础上减少60%。新加坡到2020年预计日均交通出行次数将由目前的890万次增长到1430万次。有限的土地资源和不断增长的交通需求成为交通发展的主要矛盾。随着小汽车数量的增长,公共交通出行比例有下降的趋势。因此,交通系统的发展需具备更高的要求。

综合交通规划报告中一般包含发展远景(Vision)、总体目标(Goals)、具体目标(Objectives)、运行指标(Performance Measures)四个部分。表7-2列出了国外各城市综合交通规划规划远景。

国外各城市综合交通规划远景(彭建和王雪松,2011)　　表7-2

城　市	远景(Vision)	基准年人口(万)	基准年	规划年
纽约大都市区(New York Metropolitan Region)	可持续发展	1240	2009	2035
大温哥华都市区(Metro Vancouver)	建立一个环境友好、安全、可达性好、以轨道交通为导向、高效的道路网体系,并且有可靠财政保障的交通系统	220	2006	2040
渥太华(Ottawa)	提高生活质量	87.1	2006	2031

续上表

城　　市	远景(Vision)	基准年人口(万)	基准年	规划年
伦敦(London)	能够为所有企业和居民提供出行通道,实现最高环境标准,引领世界面向新的交通挑战	760	2007	2031
哥本哈根(Copenhagen Metropolitan Region)	功能完善的交通系统,进一步减少交通系统对环境的影响	239	2008	—
贝尔法斯特(Belfast)	一个促进社会、经济发展,改善环境和人们生活质量的现代化的、可持续的、安全的交通系统	170	2011	2025
苏黎世(Zurich)	改善生活质量	100	2006	—
斯德哥尔摩(Stockholm)	对环境影响小,平稳运营的交通系统	77	2006	2030
悉尼(Sydney)	机动性高、可达性好的、高效整合的,以公共交通为导向的交通系统	428	2010	2035
墨尔本(Melbourne)	多模式的、可达性好的交通运输通道,充分利用现有道路网,提高公交出行,改善安全,提供交通信息	370	2006	2030
新加坡(Singapore)	建立一个更加人性化的陆路交通系统来适应一个更加宜居、充满活力和包容性的国际大都市	490	2008	2023~2028

各个城市规划远景的差异与该城市交通系统的发展水平、人口总数、区域经济发展状况、都市区本身的地理位置等因素直接相关,如纽约大都市区作为全球经济、金融中心,人口规模庞大,在定位上首先就明确了要建设现代化的综合交通运输体系。

根据Ling-bin(2010)的研究,我国综合交通规划理论与技术方法,在进行大量研究、探索和创新的基础上取得了很大进步。90年代我国城市交通规划的核心目标是适应城市快速发展要求,并以道路交通为主导的规划内容,并以快捷和畅通为重要衡量指标,提高城市交通基础设施的供给能力,满足城市快速发展所带来的日益增长的交通需求。进入21世纪后,城市交通运行、发展和环境变化促使了城市交通规划目标开始转向集约、绿色、一体化,并提高了土地利用与交通规划协调的力度。优先发展城市公共交通成为国策。轨道交通、地面公共汽(电)车交通成为交通规划的重点,同时步行、自行车等低碳、绿色的交通系统也成为城市交通规划的重点内容。公共交通出行比例的提高也作为应对环境、能源、土地制约的核心指标写入城市总体规划指标体系中。

根据陈钟(2010)的研究,国外尤其是发达国家虽然与我国基本国情不同,包括交通运输的发展历程、发展道路、发展措施的不同,但追求建立与经济社会发展相适应的各种运输方式之间相互协调的综合交通体系的目标是趋同的。相对发达国家来说,我国综合交通的发展可谓刚刚开始。我国之所以要发展综合交通体系,就是要在整体效益最优的总目标下,实现各种运输方式的协调发展和综合利用,使运输资源在国民经济和各种运输方式中得到合理、有效和最优的配置,从而以最低的社会成本满足经济社会发展对交通运输的需求。

根据魏立锋(2009)的研究,城市综合交通协调发展是指为实现系统总体演进的目标,城市综合交通内部子系统之间以及与外部系统,如社会经济系统、资源环境系统及其他相关系统之间相互协作、相互配合、相互促进,所形成的系统或系统组成要素本身从小到大、从简单到复杂、从低级到高级、从无序到有序的变化过程。

城市综合交通协调发展包括综合交通与外部社会经济、资源环境及其他系统的协调发展以及综合交通内各交通方式之间的协调发展。城市综合交通协调发展关联结构如图7-8所示。

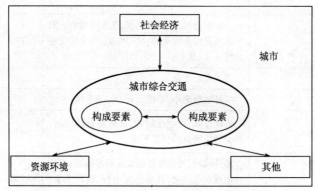

图7-8　城市综合交通协调发展关联结构(魏立锋,2009)

7.2.2　城市综合交通协调发展目标及原则

1. 城市综合交通协调发展的目标

城市综合交通是城市人口流动的载体,是经济发展的重要保证。城市综合交通所完成的客、货运输为城市经济发展提供基本前提。随着城市化进程的加快,城市人口流动的速率上升。城市自身人口与外来人口的出行需求形成了城市交通的客运需求。客运需求的满足程度是衡量社会发展水平的标志。城市综合交通在负担城市物质流和人口流的同时,间接地为城市发展的信息流和能量流提供物质基础。城市综合交通的功能决定了其对社会经济发展的作用,而社会经济的发展对城市综合交通又有着拉动和限制作用。

根据陆化普等(2003)的研究,为保证城市社会经济的发展质量以及城市总体建设的要求,城市中可用于交通发展的土地面积是有限的,且城市综合交通受客观环境制约,即城市综合交通不能突破环境最大污染物容量和所能提供的资源上限。因此,城市综合交通协调发展的总体目标可以简单地描述为:实现城市综合交通的可持续发展,包括经济的可持续性、社会的可持续性和环境的可持续性。

经济可持续性发展目标是指城市综合交通提供的用来表征人员与货物发生空间位移能力的机动性能够满足经济的日益增长和生活水平的提高。交通运输活动的水平必须与国民经济发展水平相适应,必须发挥城市综合交通在城市物质资源配置、产需衔接等方面的纽带作用。

社会可持续性发展目标是指城市综合交通提供的用来表征社会公平的可达性必须满足社会上所有人的基本交通需求,保证在工作、购物、教育等方面具有良好的可达性。

环境可持续性发展目标是指城市综合交通不能以损害和牺牲环境的形式去谋求发展,而要将资源的持续利用和环境保护作为运输策略的一个不可缺或的部分,从而减少对人类生命和健康的威胁,保证良好的生活质量。

城市综合交通协调发展的目标要求建立一个高效率、低消耗的城市综合交通模式,减少资源消耗及环境污染,降低城市交通成本,提高城市经济竞争力,从而实现交通的畅通、安全、高效,提高整个城市综合交通系统的运行效率。这一模式包含城市交通与城际交通的相互协调,交通疏导与交通引导的相互协调,公共供给与私人参与的相互协调,交通建设与管理的相互协调,地上、地面、地下交通系统的相互协调,轨道交通与常规交通的相互协调,公共交通与私人交通的相互协调等基本内容。

2. 城市综合交通协调发展的原则

根据魏立锋(2009)的研究,城市综合交通协调发展的原则包括:总体效益最优原则、系统结构协调原则、衔接便利顺畅原则和适当竞争原则。

(1) 总体效益最优原则

城市综合交通要以最小的交通资源消耗来获得最大的交通运输效率、运输能力和社会效益,要求居民的出行和货物运输以最经济的组合方式来承担,从而充分发挥不同出行方式的优势,降低出行成本。最优组合出行方式应根据自然、地理、经济、社会发展、技术进步等条件,制定合适的政策,促进各方式的合理分工和协调发展。

(2) 系统结构协调原则

系统结构协调包括站点与线路、干道与支路以及各种交通方式之间的协调。各交通方式具有不同的特点、优势、功能和适应范围。系统结构协调才能使各方式取长补短,使系统的整体功能达到最优化。

(3) 衔接便利顺畅原则

以人为本的发展理念使得各种交通方式间的协调和有效衔接成为首要问题。各交通方式既要合理分工,又要密切合作,使各方式之间、各环节之间紧密衔接和有机配合,从而有效的缩短运输时间,提高运输效率,加快旅客和货物的周转量,提高整个社会的运转效率。

(4) 适当竞争原则

各交通方式在实现交通运输服务的过程中存在一定程度上的可替代性。在市场经济条件下,各交通方式必然充分利用自身的特长和优势去争取更大的市场份额。但是,经济学理论表明竞争过度会带来效率低下、服务质量下降。因此,适当竞争原则需引入用以协调各方式间、方式内存在的竞争性。

7.2.3 城市综合交通协调发展内涵

根据魏立锋(2009)的研究,城市综合交通协调发展的内容包括综合交通布局与城市功能布局的协调,城市内部交通与城市外部交通的相互协调,城市综合交通与社会经济发展的协调,城市综合交通与资源、环境的协调,公共交通与私人交通的相互协调,轨道交通与常规交通的相互协调,地上、地面、地下交通的相互协调和建设与管理的相互协调。

1. 综合交通布局与城市功能布局的协调

城市功能布局影响着出行空间分布、交通出行量大小和出行距离长短。城市用地功能布局不合理,会产生许多问题,如居住区与就业岗位集中区相距太远导致居民上下班距离过长,从而增加城市交通的无效交通量;市商业区过分集中导致居民日常购物不方便,甚至造成通往该商业中心的道路交通拥挤状况严重。因此,规划布置好商业区、就业集中区、居住区和各功能区之间的良好联系,将大大减少日常出行距离及交通量。交通枢纽、场站是各种交通方式交汇的场所,是实现货物无缝衔接、乘客零距离换乘的重要结点。因此,枢纽站场的布局与城市功能布局间的协调是城市综合交通空间结构有序性的重要内容。

2. 城市综合交通与社会经济发展的协调

城市综合交通与社会经济间存在较强的相互作用。一方面,城市综合交通应满足社会经济发展的需要;另一方面,城市综合交通还能促进社会经济的发展。社会经济发展是一个动态发展过程,具有阶段性。曹钟勇(1996)提出基于城市化和交通运输发展的双向互动作用,通过城市化过程中人和货物流动的不同阶段推导出城市交通变化的不同发展阶段,全面概括了城市交通与城市化发展之间的关系,提出了城市交通的阶段性发展理论。考虑与城市本身所处的发展经济的发展阶段相对应以及与城市化水平、工业化水平相协调,城市综合交通应满足社会经济不同发展阶段、不同发展水平的需要,满足旅客出行需求和货物运输需求。城市综合交通应根据社会经济发展的实际需要及发展趋势确定自身的规模、功能、结构等,在不同时期应有不同的发展侧重点。发展速度、投资规模应与实际相协调,在不同条件下应有所不同。

3. 城市综合交通与资源、环境的协调

一般而言,城市资源尤其是土地资源在一定程度上是有限的,城市的环境承载力也是有极限的。因此,城市综合交通必须与资源、环境相协调,从而提高城市综合交通发展的可持续性。

4. 城市内部交通与城市外部交通的相互协调

根据国内外经验,多中心、组团式发展模式和大城市带、城市群发展模式较为合理。这要求充分发挥和不断提升中心城市的集聚、扩散功能,从而加快发展和完善城市内部交通和城市外部交通之间的协调,提高城市的通达性。

5. 公共交通与私人交通的相互协调

与私人交通相比,公共交通具有运量大、服务对象广、占用道路面积少等特点。在城市人口高速膨胀,交通问题日益严峻的趋势下,公共交通无疑成为城市交通发展的理想模式。但是,私人交通更具有自主性、灵活性、优越性等特点。因此,未来的城市交通应遵循以公共交通为主,私人交通为辅,公共交通与私人交通相互协调、相互补充、相互衔接,共同发展的策略。

6. 轨道交通与常规交通的相互协调

与常规公交相比,轨道交通具有运量大、快捷准时、污染少等优点,适合于大运量、长运距的城市客运。因此,轨道交通必将成为大城市和特大城市未来交通系统的骨干。轨道交通骨干作用的发挥需要与常规公交相互协调。只有借助常规公交集散客流,提供方便的换乘服务,轨道交通才能扩大辐射范围,充分发挥快速轨道交通的种种优势,从而提高整个交通系统的效率。

7. 地上、地面、地下交通的相互协调

在城市土地资源稀缺和多中心分散化的城市发展格局下,立体化发展是城市综合交通协调发展的趋势之一。立体化是指地上、地面和地下交通系统相互补充、互相协调的发展趋势和状态。大运量、高速度、长运距的地下交通和轻轨可作为连通中心城和卫星城间的交通主动脉,从而有利于促进中心城和卫星城的发展,节省交通用地,提高土地利用的集约度。地上交通包括轻轨、高架桥、高架路等,占用土地少,相对于地下交通可节省大量投资,交通高峰时段还可以有效地分流地面车流,从而缓解路面交通的拥挤程度。地面常规交通灵活性高,投资相对最低,始终是城市交通系统的重要组成部分,为地下、地上交通的集疏客流提供换乘服务。因此,只有地上、地面、地下交通协调发展,才能使总体效益最大。

8. 交通建设与管理的协调

交通管理体制和管理手段落后是导致交通拥堵、交通事故的重要原因,也是造成部分交通设施利用率低下的根源。交通建设与管理的协调问题已经成为制约我国城市综合交通集约式发展的主要障碍。城市交通供需矛盾的长期性和城市空间的有限性决定了城市综合交通不仅要重视交通基础设施的规划建设,同样要重视现有设施的充分利用,只有协调好交通建设和管理问题,才能最大限度地提高城市综合交通的运行效率和交通基础设施的社会和经济效益。

7.3 本章小结

在工业化、城镇化快速发展的背景下,随着城市人口高度集中,居民机动化出行需求日益增加,城市综合交通发展面临能源与土地供给不足、环境污染日益严重等问题。因此,城市综合交通协调发展具有深刻的理论和现实意义。本章在总结前人研究成果的基础上,分析探讨了新城市交通系统以及城市综合交通的发展趋势。具体工作内容如下。

本章首先总结了传统城市交通系统规划的不足,即规划目标单一、评价指标单一、缺乏信息化反映、缺乏能源消耗和环境影响分析评价的规范化方法、缺少对规划实施保障以及没有真正体现以人为本的研究这六个方面的不足。针对传统城市交通系统规划的不足,本章提出了新城市交通系统可持续发展的概念,首先提出了新城市交通系统中的一个重要概念——低碳交通。低碳交通是指在日常出行中选择低能耗、低排放、低污染的交通方式,体现人与自然和谐发展的一种交通发展新理念,是城市可持续交通发展的大势所趋。对于新城市交通系统可持续发展的概念,不同学者给出了不同的定义,其共同点是都必须满足交通需求、优化资源利用、改善环境质量三个主要目标。城市交通系统可持续发展规划理论体系包括城市交通系统可持续发展规划目标确定方法、面向可持续发展的城市交通系统规范化调查内容及方法、面向可持续发展的城市总体交通结构优化、高度信息化社会条件下的城市交通需求预测方法、城市交通系统时空消耗分析理论、城市交通系统能源消耗与城市环境影响分析理论、面向可持续发展的城市交通系统供求分析理论、面向可持续发展的城市交通运输网络布局方法、面向可持续发展的城市交通网络综合评价技术、城市交通系统可持续发展保障体系。从城市交通系统可持续发展规划理论体系框架来看,城市交通系统可持续发展规划是以可持续发展为目标,以资源和环境为控制指标,以调查和预测为基础,以交通结构优化为核心,以交通网络为载体,以系统评价为检验,以政策与技术为保障的城市交通规划。

在对城市综合交通发展趋势进行分析时,本章提出了城市综合交通协调发展的概念。城市综合交通协调发展是城市综合交通内部子系统之间以及与外部系统,如社会经济系统、资源环境系统及其他相关系统之间的相互协作、相互配合和相互促进所形成的系统,或系统组成要素本身从小到大、从简单到复杂、从低级到高级、从无序到有序的变化过程,是未来城市综合交通的发展趋势。城市综合交通协调发展的内容包括综合交通布局与城市功能布局的协调,城市内部交通与城市外部交通的相互协调,城市综合交通与社会经济发展的协调,城市综合交通与资源环境的协调,公共交通与私人交通的相互协调,轨道交通与常规交通的相互协调,地上、地面、地下交通的相互协调和建设与管理的相互协调。

根据陈钟(2010)的研究,通过国内外综合交通的发展趋势比较分析,发达国家政府在综合交通发展中的作用相对较弱,交通运输业的发展更直接地取决于市场的需求。考虑到发达国家以私有制为基础,运输方式间的衔接与协调主要依靠企业对市场的评判以及法律的允许范围。发达国家的综合交通体系是从企业的微观经济活动开始的。在市场机制的作用下不断向更合理的平衡态发展,大部分企业的运输经济活动形成了国家综合交通体系的发展过程。因此,发达国家综合交通体系发展所走的道路基本上是各运输方式竞争发展到整体均衡发展的道路。

根据王雪松和彭建(2011)的研究,相较于发达国家而言,我国应更加重视以下几方面的综合交通发展:

(1)重视和健全综合交通规划机构的建设

我国城市应该重视和健全综合交通规划机构的建设,要做到:

①综合交通规划机构能够提出各项投资计划和近期实施计划。

②改善现有的行政管理体制,解决权力划分交叉导致的规划对策难以实施的难题。

③综合交通规划应至少每4～5年回顾和更新一次,并针对人口、车辆增长、就业分布变化、交通运作情况、未来可能的投资规模等因素滚动地调整原来的交通规划,以便更好地指导城市交通建设和管理。

(2)提高交通安全规划在综合交通规划目标中的地位

在"以人为本"作为城市综合交通规划建设的根本宗旨指导下,相关部门应提高交通安全规划在综合交通规划目标中的地位,重视交通安全评价体系和安全规划体系的研究,要做到:

①在交通工程领域不断优化和完善基础设施的安全设计,并引进智能交通系统。

②在安全管理上,重点治理事故频发区,建立道路安全预警系统,减少行人、自行车和机动车之间的冲突,规范驾驶行为。

③加大交通安全教育,强化公众交通安全意识。

④不断完善应急反应系统,如提供紧急医疗服务。

(3)重视环境保护和城市居民生活质量改善

对于环境保护和城市居民生活质量改善政策的实施,相关部门应做到:

①控制城市交通尾气的排放,如对能源的高效利用和对清洁能源的研究,制定城市废气检测体系和合理的减排目标,限制大排量机动车的使用等。

②加大对绿地和生态系统的保护,注重历史文物遗址的保护,尽量减少对生态脆弱区域的开发。

③改善城市人行道和非机动车道的出行环境,为出行者提供安全、便捷、舒适的出行。

(4)建立完善的交通拥堵管理系统

完善交通拥堵管理系统应通过加大城市土地利用、产业布局和交通条件之间关系的研究来实现,合理布局城市交通走廊,协调中心城区、新城区之间交通出行关系,大力发展一体化的公共交通系统,不断提高公共交通出行比例。具体措施包括:

①制定合理的拥挤缓解规划策略,对交通系统进行连续的监测和评估,建立数据收集和系统性能监测项目。

②增强对交通拥堵的原因的判定能力,制定备选的拥堵缓解方案,对拥堵缓解策略进行有效性评估,建立区域的交通性能评价指标体系。

③不断改善城市机动性,促进经济高效发展。

附录 1

居民出行成本调查表

1. 性别：
   A. 男　　　　　　　B. 女

2. 年龄：
   A. <18 岁　　　B. 18~30 岁　　　C. 30~40 岁　　　D. >40 岁

3. 职业：
   A. 学生　　　　B. 职员/公务员　　C. 私营/个体劳动者
   D. 离退休人员　E. 服务人员　　　F. 其他

4. 拥有交通工具（可多选）：
   A. 私人小汽车　B. 自行车　　　　C. 其他

5. 您的私人小汽车的购置费用（无车可不选）：
   A. <10 万　　　B. 10~30 万　　　C. 30~50 万
   D. 50~70 万元　E. 70~90 万元　　F. >90 万元

6. 小汽车的预计使用年限：
   A. <5 年　　　　B. 5~8 年　　　C. 8~10 年　　　D. >10 年

7. 平均前后两次加油的时间间隔：
   A. <5 天　　　　B. 5~10 天　　　C. 10~20 天
   D. 20~30 天　　E. >30 天

8. 平均一次加油金额：
   A. <100 元　　　B. 100~200 元　　C. 200~300 元
   D. 300~400 元　E. 400~500 元　　F. >500 元

9. 月平均的停车费：
   A. <60 元　　　B. 60~100 元　　C. 100~150 元
   D. 150~200 元　E. 200~300 元　　F. >300 元

10. 您最近一次出行的出行目的：
    A. 上班　　　　B. 上学　　　　C. 回家
    D. 购物　　　　E. 其他

11. 您最近一次出行使用的交通工具：
    A. 私人小汽车　B. 公交车　　　C. 地铁
    D. 出租车　　　E. 步行/自行车

A-1. 若使用私人小汽车出行的时间(若不使用可不选)：
  A．<10min   B．10~20min   C．20~30min
  D．30~60min E．>60min

B-1. 若使用公交车的票价(若不使用可不选)：
  A．0.2元   B．0.4元   C．0.4~1元
  D．1元   E．>1元

B-2. 若使用公交车出行的在车时间(若不使用可不选)：
  A．<10min   B．10~20min   C．20~30min
  D．30~60min E．>60min

B-3. 若使用公交车的换乘次数(若不使用可不选)：
  A．0次   B．1次   C．2次   D．3次及以上

B-4. 若使用公交车的平均一次换乘时间(若不使用可不选)：
  A．<5min   B．5~10min   C．10~20min   D．>20min

B-5. 若使用公交车平均的两端接续时间之和(若不使用可不选)：
  A．<10min   B．10~20min   C．20~30min
  D．30~60min E．>60min

C-1. 若使用地铁的票价(若不使用可不选)：
  A．2元   B．20元

C-2. 若使用地铁的换乘次数(若不使用可不选)：
  A．0次   B．1次   C．2次   D．3次及以上

C-3. 若使用地铁的平均一次换乘时间(若不使用可不选)：
  A．<5min   B．5~10min   C．10~20min   D．>20min

C-4. 若使用地铁平均的两端接续时间之和(若不使用可不选)：
  A．<5min   B．5~10min   C．10~20min   D．>20min

C-5. 若使用地铁出行的在车时间(若不使用可不选)：
  A．<10min   B．10~20min   C．20~30min
  D．30~60min E．>60min

D-1. 若使用出租车是否使用叫车服务(若不使用可不选)：
  A．是   B．否

D-2. 若使用出租车出行的等车时间(若不使用可不选)：
  A．<5min   B．5~10min   C．10~20min
  D．20~30min E．>30min

D-3. 若使用出租车出行的在车时间(若不使用可不选)：
  A．<10min   B．10~20min   C．20~30min
  D．30~60min E．>60min

D-4. 若使用出租车出行的车费(若不使用可不选)：
  A．10元   B．10~20元   C．20~30元
  D．30~40元   E．>40元

附录 2

南邵、沙河、西二旗车站周边土地利用与客流强度回归函数

	自变量	函数关系	R^2	回归结果	t 值
早高峰出站客流量	办公用地使用强度、商业用地使用强度、信息熵	$y = cH^a (\sum_{i=1}^{n} B_i)^b$	0.822	$a = -10.112$ $b = 0.232$ $c = 64279.7545$	-7.871 5.4 15.648
晚高峰进站客流量	办公用地开发利用强度、商业用地开发利用强度、信息熵	$y = cH^a (\sum_{i=1}^{n} B_i)^b$	0.835	$a = -3.968$ $b = 0.209$ $c = 36.7082$	-8.273 5.073 11.918
平峰进站客流量	住户数、公交车单位时间到站频率	$y = aX_1 + bX_2 + \varepsilon$	0.714	$a = 0.07$ $b = 43.217$ $\varepsilon = 544.413$	7.378 5.33 4.994
平峰出站客流量	办公用地开发利用强度、商业用地开发利用强度、平峰公交车单位时间到站频率	$y = a(X_1 + X_2) + bX_3 + \varepsilon$	0.925	$a = 26.082$ $b = 0.826$ $\varepsilon = 642.259$	3.498 11.326 7.221
早高峰进站客流量	住户数、早高峰公交车单位时间到站频率	$y = cX_1^a X_2^b$	0.554	$a = 0.566$ $b = 0.356$ $c = 14.3536$	10.506 2.148 3.701
晚高峰出站客流量	住户数、晚峰公交车单位时间到站频率、信息熵	$y = dX_1^a X_2^b H^c$	0.556	$a = 0.27$ $b = 0.241$ $c = 0.473$ $d = 521.6516$	8.556 5.268 2.327 25.965

参 考 文 献

[1] Abkowitz M, Josef R, Tozzi J, et al. Operational feasibility of timed transfer in transit systems [J]. Journal of Transportation Engineering, 1987, 113(2): 168-177.

[2] Adams J S. Residential structure of Midwestern cities[J]. Annals of the Association of American Geographers, 1970, 60(1): 37-62.

[3] Alexander Y, Bigazzi A, Miguel A. Congestion and emissions mitigation: A comparison of capacity, demand, and vehicle based strategies[J]. Transportation Research Part D: Transport and Environment, 2012, 17(7): 538-547.

[4] Allport R J. The costing of bus, light rail transit and metro public transport systems[J]. Traffic Engineering and Control, 1981, 22(12): 633-639.

[5] Alonso W. Location and Land Use Toward a General Theroy of Land Rent[M]. Cambridge: Harvard University Press, 1954.

[6] Anderson S P, De Palma A. The economics of pricing parking[J]. Journal of Urban Economics, 2004, 55(1): 1-20.

[7] Arnott R. A bathtub model of downtown traffic congestion[J]. Journal of Urban Economics, 2013, 76: 110-121.

[8] Assis W O, Milani B E. Generation of optimal schedules for metro lines using model predictive control[J]. Automatica, 2004, 40(8): 1397-1404.

[9] Badoe D A, Miller E J. Transportation-land-use interaction: empirical findings in North America, and their implications for modeling[J]. Journal of Planning Education and Research, 1998, 18: 137-144.

[10] Badoe D A, Miller E J. Transportation-land-use interaction, empirical findings in North America, and their implications for modeling[J]. Transportation Research Part D: Transport and Environment, 2000, 5(4): 235-263.

[11] Baerwald T J. The site selection process of suburban residential builders[J]. Urban Geography, 1981, 2(4): 339-357.

[12] Basso L J, Guevara C A, Gschwender A, et al. Congestion pricing, transit subsidies and dedicated bus lanes: Efficient and practical solutions to congestion[J]. Transport Policy, 2011, 18(5): 676-684.

[13] Ben-AKiva M E. The Structure of Travel Demand Model[M]. Cambridge: Massachusetts Institute of Technology Press, 1973.

[14] Ben-Akiva M, De Palma A, Isam K. Dynamic network models and driver information systems [J]. Transportation Research Part A: General, 1991, 25(5): 251-266.

[15] Ben-Akiva M E, Lerman S R. Discrete Choice Analysis: Theory and Application to Travel

Demand (Vol. 9)[M]. Cambridge: Massachusetts Institute of Technology Press, 1985.

[16] Bhat C R, Pulugurta V. A comparison of two alternative behavioral choice mechanisms for household auto ownership decisions[J]. Transportation Research Part B: Methodological, 1998, 32(1): 61-75.

[17] Black J A. Urban arterial road demand management-environment and energy, with particular reference to public transport priority[C] // Road Demand Management Seminar, Melbourne, Australia (No. AP 10/91). Australia: Haymarket, New South Wales, 1991.

[18] Black W R. Sustainable transportation, a US perspective[J]. Journal of Transport Geography, 1996, 4(3): 151-159.

[19] Bly P H, Webster F V, Oldfield R H. Justification for bus lanes in urban areas[J]. Traffic Engineering and Control, 1978, 19(2): 56-59.

[20] Bookbinder J H, Desilets A. Transfer optimization in a transit network[J]. Transportation Science, 1992, 26(2): 106-118.

[21] Boyce D. Is the sequential travel forecasting procedure counterproductive[J]. Journal of Urban Planning and Development, 2002, 128(4): 169-183.

[22] Boyce D, Xiong C. Forecasting travel for very large cities: Challenges and opportunities for China[J]. Transportmetrica, 2007, 3(1): 1-19.

[23] Boyce D, O'Neill C R, Scherr W. New results on solving the sequential travel forecasting procedure with feedback[C] // Transportation Research Board 87th Annual Meeting Compendium of Paper DVD. USA: Washington, D C, 2007.

[24] Boyce D, Ran B, Leblanc L J. Solving an instantaneous dynamic user-optimal route choice model[J]. Transportation Science, 1995, 29(2): 128-142.

[25] Boyd J H, Asher N J, Wetzler E S. Nontechnological innovation in urban transit: A comparison of some alternative[J]. Journal of Urban Economics, 1978, 5(1): 1-20.

[26] Bruun E. Bus rapid transit and light rail: Comparing operating costs with a parametric cost model[J]. Journal of Transportation Research Record, 2005, 1927(1): 11-21.

[27] BTRC (Beijing Transportation Research Center). The annual report of traffic development of Beijing in 2013[R]. Beijing: Beijing Transportation Research Center, 2013.

[28] Button K. Transport Economics[M]. UK: Edward Elgar Publishing, 2010.

[29] Ceder A, Golany B. Creating bus timetables with maximal synchronization[J]. Transportation Research Part A: Policy and Practice, 2001, 35(8): 789-813.

[30] Cervero R. Urban transit in Canada: Integration and innovation at its best[J]. Transportation Quarterly, 1986, 40(3): 293-316.

[31] Cervero R. Congestion relief, the land use alternative[J]. Journal of planning education and research, 1991, 10(2): 119-130.

[32] Cervero R. Transit-Based Housing in California, Evidence on Ridership Impact[J]. Transport Policy, 1994, 1(3): 174-183.

[33] Cevero R. Mixed land-use and commuting: Evidences from the American housing survey[J].

Transportation Research Part A: Policy and Practice, 1996, 30(5): 361-377.

[34] Cevero R, Kockelman K. Travel demand and the 3DS: Density, diversity, and design[J]. Transportation Research Part D: Transport and Environment, 1997, 2(3): 199-219.

[35] Chang S K, Chu T S. Optimal headway and route length for a public transit system under the consideration of externality[J]. The journal of the Eastern Asia Society for Transportation studies, 2005, 6: 4001-4016.

[36] Chien S, Byun J, Bladikas A. Optimal stop spacing and headway of congested transit system considering realistic wait times[J]. Transportation Planning and Technology, 2010, 33(6): 495-513.

[37] Chien S, Schonfeld P. Joint optimization of a rail transit line and its feeder bus system[J]. Journal of Advanced Transportation, 1997, 31(3): 251-284.

[38] Chowdhury M S, Chien S I J. Dynamic vehicle dispatching at the intermodal transfer station [J]. Journal of the Transportation Research Board, 2001, 1753(1): 61-68.

[39] Chu C P, Tsai J F, Hu S R. Optimal starting location of an HOV lane for a linear monocentric urban area[J]. Transportation Research Part A: Policy and Practice, 2012, 46(3): 457-466.

[40] Chung Y, Kim H, Park M. Quantifying non-recurrent traffic congestion caused by freeway work zones using archived work zone and ITS traffic data[J]. Transportmetrica, 2012, 8(4): 307-320.

[41] Clay M J. Developing an integrated land-use/transportation model for small to medium-sized cities: Case study of Montgomery, Alabama[J]. Transportation Planning and Technology, 2010, 33(8): 679-693.

[42] Crowley D F, Shalaby A S, Zarei H. Access walking distance, transit use, and transit-oriented development in North York city center, Toronto, Canada[J]. Journal of Transportation Research Record, 2009, 2110(1): 96-105.

[43] Currie G, Sarvi M, Young B. A new approach to evaluating on-road public transport priority projects: Balancing the demand for limited road-space[J]. Transportation, 2007, 34(4): 413-428.

[44] Davis A L. Promoting sustainable transport in England, principles and practice[J]. Journal of Transport Geography, 1996, 4(1): 67-70.

[45] Davis L C. Mitigation of congestion at a traffic bottleneck with diversion and lane restrictions [J]. Physica A: Statistical Mechanics and its Applications, 2012, 391(4): 1679-1691.

[46] Deb K, Filippini M. Estimating welfare changes from efficient pricing in public bus transit in India[J]. Transport policy, 2011, 18(1): 23-31.

[47] De Palma A, Lindsey R. Private toll roads: Competition under various ownership regimes [J]. The Annals of Regional Science, 2000, 34(1): 13-35.

[48] Dill J. Transit use at transit-oriented developments in Portland Oregon area[J]. Journal of Transportation Research Record, 2008, 2063(1): 159-167.

[49] Dittmar H. A broader context for transportation planning, not just an end in itself[J]. Journal of the American Planning Association, 1995, 61(1): 7-13.

[50] Downs A. The law of peak-hour expressway congestion[J]. Traffic Quarterly, 1962, 16(3): 393-409.

[51] Downs A. Stuck in Traffic: Coping with Peak-Hour Traffic Congestion[M]. Washington: The Brookings Institution Press, 1992.

[52] Dunphy R T, Fisher K. Transportation, congestion, and density: New insights[J]. Journal of Transportation Research Record, 1996, 1552: 89-96.

[53] Evans S P. Derivation and analysis of some models for combining trip distribution and assignment[J]. Transportation Research, 1976, 10(1): 37-57.

[54] Feng X. Optimization of target speeds of high-speed railway trains for traction energy saving and transport efficiency improvement[J]. Energy Policy, 2011, 39(12): 7658-7665.

[55] Feng X, Zhang J, Fujiwara A. Adding a new step with spatial autocorrelation to improve the four-step travel demand model with feedback for a developing city[J]. International Association of Traffic and Safety Sciences Research, 2009, 33(1): 44-54.

[56] Feng X, Mao B, Feng X, et al. Study on the maximum operation speeds of metro trains for energy saving as well as transport efficiency improvement[J]. Energy, 2011, 36(11): 6577-6582.

[57] Ferrari P. A model of urban transport management[J]. Transportation Research Part B: Methodological, 1999, 33(1): 43-66.

[58] Giuliano G, Gillespie A. Research issues regarding societal change and transport[J]. Journal of Transport Geography, 1997, 5(3): 165-176.

[59] Gibbons E, O'Mahony M. External cost internalisation of urban transport: A case study of Dublin[J]. Journal of Environmental Management, 2002, 64(4): 401-410.

[60] Giuliaono G, Naravan D. Another look at travel patterns and urban form: The US and Great Britain[J]. Urban Studies, 2003, 40(11): 295-2312.

[61] Greene D L, Wegener M. Sustainable transport[J]. Journal of Transport Geography, 1997, 5(3): 177-190.

[62] Högerstraand T. What about people in regional science[J]. Papers in Regional Science, 1970, 24(1): 7-24.

[63] Hall P. The future of the metropolis and its form[J]. Regional Studies, 2007, 41(S1): S137-S146.

[64] Hanssen J U. Transportation impacts of office relocation, a case study from Oslo[J]. Journal of Transport Geography, 1995, 3(4): 247-256.

[65] Hansen M, Huang Y. Road supply and traffic in California urban areas[J]. Transportation Research A: Policy and Practice, 1997, 31(3): 205-218.

[66] Hansen W G. How accessibility shapes land use[J]. Journal of the American Institute of Planners, 1959, 25(2): 73-76.

[67] Huang C, Darwiche A. Inference in belief networks: A procedural guide[J]. International Journal of Approximate Reasoning, 1994, 11(1): 158.

[68] Hurdle V F, Wirasinghe S C. Location of rail stations for many to one travel demand and several feeder model[J]. Journal of Advanced Transportation, 1980, 14(1): 29-45.

[69] Hwang C L, Yoon, K. Multi attribute decision making[J]. Operations Research, 1981, 22(1): 22-34.

[70] Ingram D R. The concept of accessibility: A search for an operational form[J]. Regional Studies, 1971, 5(2): 101-107.

[71] Inturri G, Ignaccolo M. Modelling the impact of alternative pricing policies on an urban multimodal traffic corridor[J]. Transport Policy, 2011, 18(6): 777-785.

[72] Ishikawa K, Hachiya N, Aikoh T, et al. A decision support model for traffic congestion in protected areas: A case study of Shiretoko National Park[J]. Tourism Management Perspectives, 2013, 8: 18-27.

[73] Jansson K. Optimal public transport price and service frequency[J]. Journal of Transport Economics and Policy, 1993, 27(1): 33-50.

[74] Jansson K, Lang H, Mattsson D. Optimal economic interventions in scheduled public transport[J]. Research in Transportation Economics, 2008, 23(1): 30-40.

[75] Jara-Díaz S, Tirachini A, Cortés C E. Modeling public transport corridors with aggregate and disaggregate demand[J]. Journal of Transport Geography, 2008, 16(6): 430-435.

[76] Jepson D, Ferreira L. Assessing travel time impacts of measures to enhance bus operations; Part 2: Study methodology and main findings[J]. Road and Transport Research, 2000, 9(1): 4-19.

[77] Kishi K, Hino S, Satoh K. Location planning of elevators at subway stations considering transfer resistances based on passengers'. Physical and Conscious Resistance[J]. Journal of the Eastern Asia Society for Transportation Studies, 2003, 5: 3250-3260.

[78] Kjærulff U. Triangulation of Graphs-Algorithms Giving Small Total State Space[D]. Aalborg Denmark: Aalborg University, 1990.

[79] Knight R L, Trygg L L. Land Use Impacts of Rapid Transit, Implications of Recent Experience (No. DOT-TPI-10-77-31)[R]. USA: De Leuw, Cather and Co., San Francisco, 1977.

[80] Ko J, Guensler R L. Characterization of congestion based on speed distribution: a statistical approach using Gaussian mixture model[C]// Transportation Research Board Annual Meeting, 2005.

[81] KTC (Kentucky Transportation Center). Statewide Planning Scenario Synthesis: Transportation Congestion Measurement and Management[R]. Kentucky: Kentucky Transportation Center, 2005.

[82] Kuah G K, Pert J. Optimization of feeder bus routes and bus stop spacing[J]. Journal of Transportation Engineering, 1988, 114(3): 29-45.

[83] Kong L B. Development of urban transportation planning in the first decade of the century

[J]. Urban Transport of China, 2010, (8): 2-3.

[84] Kwan M P. Space-time and integral measures of individual accessibility: A comparative analysis using a point-based framework[J]. Geographical Analysis, 1998, 30(3): 191-216.

[85] Lauritzen S L, Spiegelhalter D J. Local computations with probabilities on graphical structures and their application to expert systems[J]. Journal of the Royal Statistical Society. Series B (Methodological), 1988: 157-224.

[86] Lee K K, Schonfeld P. Optimal slack time for timed transfers at a transit terminal[J]. Journal of Advanced Transportation, 1991, 25(3): 281-308.

[87] Lee K K, Schonfeld P. Real-time Dispatching Control for Coordinated Operation in Transit Terminals[M]. Washington, DC: Transportation Research Board, 1994.

[88] Levinson D, Gillen D, Kanafani A, et al. The Full Cost of Intercity Travel: A Comparison of Air, Highway and High-Speed Rail [R]. UC Berkeley: Institute of Transportation Studies, 1996.

[89] Levinson D, Kumar A. Integrating feedback into the transportation planning model: Structure and application[J]. Journal of Transportation Research Record, 1994, (1413): 70-77.

[90] Levinson H S, Lomax T J, Turner S. Traffic congestion-past-present-future[C]//Traffic Congestion and Traffic Safety in the 21st Century: Challenges, Innovations, and Opportunities, 1997.

[91] Ling-bin K O N G. Development of urban transportation planning in the first decade of the century[J]. Urban Transport of China, 2010, 8: 2-3.

[92] Lindsey C R, Verhoef E T. Traffic Congestion and Congestion Pricing[C]//Tinbergen Institute Discussion Paper. Netherlands: Tinbergen Institute, 2000: 77-105.

[93] Lowry I S. A Model of Metropolis[M]. SantaMonica, CA: The RAND Corporation, RM-4035-RC, 1964.

[94] Lu X S, Huang H J, Liu T L. Pricing and Hierarchical Logit-Based Mode Choice Models in a Multimodal Corridor with Trip-Chain Costs[J]. Systems Engineering Procedia, 2011, 2: 231-242.

[95] Mayeres I, Ochelen S, Proost S. The marginal external costs of urban transport[J]. Transportation Research Part D: Transport and Environment, 1996, 1(2): 111-130.

[96] Meyer J R, Kain J F, Wohl M. The Urban Transportation Problem[M]. Cam-bridge, Massachusetts: Harvard University Press, 1965.

[97] Mitchell D H, MacGregor S J. Topological network design of pedestrian networks[J]. Transportation Research Part B: Methodological, 2001, 35(2): 107-135.

[98] Dimitriou H T. Cities and automobile dependence: An international sourcebook: Peter Newman and Jeffry Kenworthy Gower, Aldershot, UK, 388pp[J]. Utilities Policy, 1991, 1(4): 352-354.

[99] Newman P W, Kenworthy J R. The land use—transport connection, an overview[J]. Land Use Policy, 1996, 13(1): 1-22.

[100] Northam R M. Urban Geography[M]. New York: John Wiley & Sons, 1979.

[101] Parry I W H. Comparing the efficiency of alternative policies for reducing traffic congestion [J]. Journal of public economics, 2002, 85(3): 333-362.

[102] Potoglou D, Kanaroglou P S. Modelling car ownership in urban areas, A case study of Hamilton, Canada[J]. Journal of Transport Geography, 2008, 16(1): 42-54.

[103] Proost S, Sen A. Urban transport pricing reform with two levels of government: A case study of Brussels[J]. Transport Policy, 2006, 13(2): 127-139.

[104] Pulugurtha S S, Pasupuleti N. Assessment of link reliability as a function of congestion components[J]. Journal of Transportation Engineering, 2010, 136(10): 903-913.

[105] Pushkarev, Boris M, Jeffery M, et al. Public Transportation and Land Use Policy[M]. Bloomington: Indiana University Press, 1977.

[106] Qin F F, Jia H C. Modeling Optimal Fare and Service Provisions for a Crowded Rail Transit Line[J]. Journal of Transportation Systems Engineering and Information Technology, 2013, 13(2): 69-80.

[107] Quiroga C A. Performance measures and data requirements for congestion management systems[J]. Transportation Research Part C: Emerging Technologies, 2000, 8(1): 287-306.

[108] Rapp M H, Gehner C D. Transfer optimization in an interactive graphic system for transit planning[J]. Journal of Transportation Research Board 619, 1976: 27-33.

[109] Rashidi T H, Auld J. A behavioral housing search model: Two-stage hazard-based and multinomial logit approach to choice-set formation and location selection[J]. Transportation Research Part A: Policy and Practice, 2012, 46(7): 1097-1107.

[110] Rentziou A, Gkritza K, Souleyrette R R. VMT, energy consumption, and GHG emissions forecasting for passenger transportation[J]. Transportation Research Part A: Policy and Practice, 2012, 46(3): 487-500.

[111] Reyonlds M M, Hixson C D. Transit vehicle meets system: A method for measuring transfer times between transit routes[J]. Journal of Transportation Research Record, 1992, 1349: 35-41.

[112] Richmond J E. Simplicity and complexity in design for transportation systems and urban forms[J]. Journal of Planning Education and Research, 1998, 17: 220-230.

[113] Romilly P. Welfare evaluation with a road capacity constraint[J]. Transportation Research Part A: Policy and Practice, 2004, 38(4): 287-303.

[114] Schaeffer K H, Sclar Elliott. Access for All: Transportation and Urban Growth[M]. New York: Columbia University Press, 1975.

[115] Shafahi Y, Khani A. A practical model for transfer optimization in a transit network: Model formulations and solutions[J]. Transportation Research Part A: Policy and Practice, 2010, 44(6): 377-389.

[116] Shepherd S P, Zhang X N, Emberger G, et al. Designing optimal urban transport strategies: The role of individual policy instruments and the impact of financial constraints[J].

Transport Policy, 2006, 13(1): 49-65.
[117] Sheu J B, Chou Y H, Shen L J. A stochastic estimation approach to real-time prediction of incident effects on freeway traffic congestion[J]. Transportation Research Part B: Methodological, 2001, 35(6): 575-592.
[118] Shinbein P J, Adler J L. Land use and rail transit[J]. Transportation Quarterly, 1995, 49(3): 83-92.
[119] Simmonds D, Coombe D. Transport effects of urban land-use change[J]. Traffic Engineering and Control, 1997, 38(12): 660-665.
[120] Small K A. A discrete choice model for ordered alternatives[J]. Journal of the Econometric Society, 1987, 55(2): 409-424.
[121] Stover V G, Koepke F J. Transportation and Land Development[M]. Englewood Cliffs, N. J.: Prentice-Hall, 1988.
[122] Ting C J, Schonfeld P. Schedule coordination in a multiple hub transit network[J]. Journal of Urban Planning and Development, 2005, 131(2): 112-124.
[123] Tirachini A, Hensher D A. Bus congestion, optimal infrastructure investment and the choice of a fare collection system in dedicated bus corridors[J]. Transportation Research Part B: Methodological, 2011, 45(5): 828-844.
[124] Tirachini A, Hensher D A, Jara-Díaz S R. Comparing operator and users costs of light rail, heavy rail and bus rapid transit over a radial public transport network[J]. Research in Transportation Economics, 2010, 29(1): 231-242.
[125] Train K. Discrete Choice Methods with Simulation(second edition)[M]. Cambridge: Cambridge University Press, 2009.
[126] Uher R A, Sathi N, Sathi A. Traction energy cost reduction of the WMATA metro rail system [J]. Transaction on Industry Applications Journal, 1984, 20(3): 472-483.
[127] Vansteenwegen P, Oudheusden D V. Developing railway timetables which guarantee a better service[J]. European Journal of Operational Research, 2006, 173(1): 337-350.
[128] Verhoef E T. External effects and social costs of road transport[J]. Transportation Research Part A: Policy and Practice, 1994, 28(4): 273-287.
[129] Verhoef E T, Nijkamp P, Rietveld P. Second-best congestion pricing: The case of an untolled alternative[J]. Journal of Urban Economics, 1996, 40(3): 279-302.
[130] Verhoef E T, Small K A. Product Differentiation on Roads: Constrained congestion pricing with heterogeneous users[J]. Journal of Transport Economics and Policy, 2002, 38(1): 127-156.
[131] Vuchic V R. Urban Transit: Operations, Planning and Economics[M]. New Jersey: John Wiley & Sons, 2005.
[132] Wachs M, Kumagai T G. Physical accessibility as a social indicator[J]. Socio-Economic Planning Sciences, 1973, 7(5): 437-456.
[133] Wang F, Antipova A, Porta S. Street centrality and land use intensity in Baton Rouge, Lou-

isiana[J]. Journal of Transport Geography, 2011, 19(2): 285-293.

[134] Whitney D E, Brill J C. Development of an intermodal transit simulation and its application to the Frankford Transportation Center[J]. Journal of the Transportation Research Board, 1998, 1623(1): 71-79.

[135] Winston C, Maheshri V. On the social desirability of urban rail transit systems[J]. Journal of Urban Economics, 2007, 62(2): 362-382.

[136] Wong K K, Ho T K. Dwell-time and run-time control for DC mass rapid transit railways [J]. Electric Power Application, 2007, 1(6): 956-966.

[137] Wong R C, Yuen T W, Fung K W, et al. Optimizing timetable synchronization for rail mass transit[J]. Transportation Science, 2008, 42(1): 57-69.

[138] Zhao F, Zeng X. Optimization of user and operator cost for large-scale transit network[J]. Journal of Transportation Engineering, 2007, 133(4): 240-251.

[139] Zhao L, Zhong R. Landsys, an agent-based cellular automata model of land use change developed for transportation analysis[J]. Journal of Transport Geography, 2012, 25: 35-49.

[140] 北京市地方标准. DB11/995—2013 城市轨道交通工程设计规范[S]. 北京:北京市规划委员会, 2013.

[141] 北京市地方标准. DB11/T 785—2011 城市道路交通运行评价指标体系[S]. 北京:北京市质量技术监督局, 2011.

[142] 北京市交通发展研究中心. 2006年北京交通发展年报[R]. 北京:北京交通发展研究中心, 2006.

[143] 北京市交通发展研究中心. 2007年北京交通发展年报[R]. 北京:北京交通发展研究中心, 2007.

[144] 北京市交通发展研究中心. 2008年北京交通发展年报[R]. 北京:北京交通发展研究中心, 2008.

[145] 北京市交通发展研究中心. 2009年北京交通发展年报[R]. 北京:北京交通发展研究中心, 2009.

[146] 北京市交通发展研究中心. 2010年北京交通发展年报[R]. 北京:北京交通发展研究中心, 2010.

[147] 北京市交通发展研究中心. 2011年北京交通发展年报[R]. 北京:北京交通发展研究中心, 2011.

[148] 北京市交通发展研究中心. 2012年北京交通发展年报[R]. 北京:北京交通发展研究中心, 2012.

[149] 北京市统计局,国家统计局北京调查大队. 北京市统计年鉴[M]. 北京:中国统计出版社, 2012.

[150] 柏利恒. 香港轨道交通与土地利用[J]. 北京规划建设, 2007, 3: 32-34.

[151] 蔡凌宇. 轨道交通对站点周边土地利用的影响分析[D]. 北京:北京建筑工程学院, 2012.

[152] 蔡蔚,韩国军,叶霞飞,等. 轨道交通车站与城市建筑物的一体化[J]. 城市轨道交通

研究, 2000, 1: 55-58.

[153] 曹守华, 袁振洲, 赵丹. 城市轨道交通乘客上车时间特性分析及建模[J]. 铁道学报, 2009, 3: 89-93.

[154] 曹玮. 轨道交通车站周边用地与交通一体化衔接研究——以南京为例[C]//2010中国城市规划年会论文集. 北京: 中国城市规划学会, 2010.

[155] 曹钟勇. 城市交通论[M]. 北京: 中国铁道出版社, 1996.

[156] 常超凡, 陈团生, 刘明君, 等. 城市出租车拥有量对分担率影响分析[J]. 交通科技与经济, 2006, 9(3): 75-76.

[157] 陈非, 陈必壮. 交通运输成本的内涵与分析要点研究[J]. 交通与运输, 2011, 12: 147-149.

[158] 陈建华, 高自友. 基于双层规划模型的铁路票价制定优化策略[J]. 北方交通大学学报(社会科学版), 2003, 2(3): 38-41.

[159] 陈金玉, 刘建明. 道路通行能力对七地利的限制分析[J]. 黑龙江工程学院学报(自然科学版), 2010, 24(1): 33-35.

[160] 陈珑. 美国区划条例借鉴研究——与北京控制性详细规划的对比与讨论[D]. 北京: 北京建筑工程学院, 2009.

[161] 陈佩虹. 综合交通规划: 解决城市交通拥堵的对策[J]. 决策探索, 2010, 12: 34-35.

[162] 陈佩虹, 王稼琼. 交通与土地利用模型——劳瑞模型的理论基础及改进形式[J]. 生产力研究, 2007, 14: 77-80.

[163] 陈涛. 基于系统科学理论的城市道路交通拥挤预测与控制模型研究[D]. 南京: 东南大学, 2005.

[164] 陈维荣, 关佩, 部月姻. 基于SVM的交通事件检测技术[J]. 西南交通大学学报, 2011, 46(1): 63-67.

[165] 陈卫国. 地铁车站周边地块合理开发强度之初探——由深圳市轨道交通二期工程详细规划说起[J]. 现代城市研究, 2006, 21(8): 44-50.

[166] 陈卫国. 城市轨道交通与空间资源整合的互动——以深圳市为例[J]. 规划师, 2007, 4: 84-86.

[167] 陈小红. 混合交通环境下城市道路交通信号控制优化模型研究[D]. 北京: 北京交通大学, 2012.

[168] 陈雪婷, 陈亮. 关于当前我国城市土地利用中存在问题的思考[J]. 城市建设理论研究(电子版), 2012, 20.

[169] 陈艳玲, 杨涛. 公共交通与小汽车出行成本对比研究[D]. 南京: 南京林业大学, 2009.

[170] 陈义华, 陈杰, 肖强. 基于Nested Logit模型的城市轨道交通网络票价制定方法[J]. 重庆理工大学学报(社会科学), 2011, 25(2): 37-40.

[171] 陈哲. 信号交叉口计算机仿真系统评价指标研究[J]. 交通标准化, 2006, 10: 52-55.

[172] 陈钟. 我国综合运输一体化发展研究[D]. 北京: 北京交通大学, 2010.

[173] 戴洁, 张宁, 何铁军, 等. 步行环境对轨道交通站点接驳的影响[J]. 都市快轨交通,

2009, 22(5): 46-49.

[174] 邓聪, 涂建军, 王德惠, 等. 2003~2008年香港土地利用——覆盖变化监测与分析[J]. 西南大学学报(自然科学版), 2010, 32(1): 111-117.

[175] 邓聚龙. 灰理论基础[M]. 武汉: 华中科技大学出版社, 2002.

[176] 丁强. 基于CA模型的城市土地利用与交通的初探[J]. 山西建筑, 2005, 31(16): 31-32.

[177] 董铖. 城市轨道交通与土地综合开发模式研究[J]. 经营管理者, 2011, 12: 58.

[178] 杜德彬. 优化交通环境建设实现城市可持续发展[J]. 科技情报开发与经济, 2001, 11(4), 7-8.

[179] 樊晓梅, 马驷, 李俊芳. 城市轨道交通运营方案综合评价研究[J]. 交通运输工程与信息学报, 2010, 2: 60-64.

[180] 方磊. 城市轨道交通与常规公交协调的实证研究[D]. 西安: 长安大学, 2010.

[181] 冯金巧. 城市道路交通拥挤预测关键技术研究[D]. 吉林: 吉林大学, 2008.

[182] 冯浚, 徐康明. 哥本哈根TOD模式研究[J]. 城市交通, 2006, 2: 41-46.

[183] 盖凯程, 李俊丽. 我国西部地区非中心城市土地利用现状的调查与思考——以四川南充为例[J]. 科学·经济·社会, 2007, 25(1): 12-18.

[184] 甘勇华. 城市轨道交通与其他交通方式衔接规划[J]. 华中科技大学学报: 城市科学版, 2006, 12(23), 112-120.

[185] 甘勇华. 城市轨道交通枢纽综合开发功能配置及建设模式[J]. 城市轨道交通研究, 2011, 11(1).

[186] 高翠琳, 宋宜璇. 城市交通理论研究综述[J]. 城市, 2012, 8: 55-58.

[187] 高进博, 吴海燕, 张蕊. 国际性大都市交通出行方式综合分析[J]. 北京建筑工程学院学报, 2005, 21(3): 41-45.

[188] 高婷, 许源. 多层logit模型在TransCAD上的实现[J]. 交通与计算机, 2007, 25(4): 82-84.

[189] 高婷婷. 城市不同交通方式的成本数量化研究[D]. 哈尔滨: 东北林业大学, 2006.

[190] 高自友, 任华玲. 城市动态交通流分配模型与算法[M]. 北京: 人民交通出版社, 2005.

[191] 高自友, 四兵锋. 市场竞争条件下铁路旅客票价制定的模型与算法[J]. 交通运输系统工程与信息, 2001, 1(1): 50-55.

[192] 耿志民. 城市轨道交通换乘分析[J]. 轨道交通, 2007, 9: 58-60.

[193] 谷一桢, 郑忍齐. 轨道交通对住宅价格和土地开发强度的影响——以北京市13号线为例[J]. 地理学报, 2010, 65(2): 213-223.

[194] 顾新. 香港轨道交通规划与经营理念对深圳的启示[J]. 城市规划, 2009, 8: 87-91.

[195] 关宏志. 非集计模型交通行为分析的工具[M]. 北京: 人民交通出版社, 2004.

[196] 关宏志, 李洋, 秦焕美, 等. 基于TDM概念调节大城市繁华区域出行方式的调查分析以停车收费价格调节出行方式为例[J]. 北京工业大学学报, 2006, 32(4): 338-342.

[197] 广州市城市规划局. 广州市交通发展年度报告[R]. 广州: 广州市交通规划研究

所，2011.

[198] 郭涛，刘波，田磊，等. 轨道交通站点TOD合理区范围探讨——以广州地铁二号线江南西站为例[J]. 规划师，2008，3：75-78.

[199] 郭伟，姚丹亚，付毅，等. 区域交通流特征提取与交通状态评估方法研究[J]. 公路交通科技，2005，22(7)：101-104.

[200] 郭瑜坚. 旅次总成本导向之都市运输政策评估方法[D]. 台湾：国立台湾大学，2008.

[201] 郝记秀. 城市公共交通与土地利用一体化发展（IPTLU）研究[D]. 西安：长安大学，2009.

[202] 韩连平. 基于TOD的城市综合交通规划与城市总体规划契合研究[D]. 济南：山东建筑大学，2010.

[203] 郝勇. 地铁车站延滞性步行设施影响乘客走行时间的研究[J]. 铁道运输与经济，2009，31(2)：70-72.

[204] 贺国光，马寿峰，李宇. 基于小波分解与重构的交通流短时预测法[J]. 系统工程理论与实践，2002，9：101-106.

[205] 环境与交通工作组. 交通与环境（pp. 3-6，7-68）[R]. 北京：中国环境科学出版社，2001.

[206] 何保红. 城市停车换乘设施规划方法研究[D]. 南京：东南大学，2006.

[207] 何波. 城市轨道交通与常规公交运营协调优化技术研究[D]. 北京：北京交通大学，2009.

[208] 何光宇，卢强，陈雪青. 一种求解非线性优化问题的可行方向法[J]. 清华大学学报（自然科学版），2004，44(10)：1310-1312.

[209] 何静，司宝华，陈颖雪. 城市轨道交通线路与站场设计[M]. 北京：中国铁道出版社，2010.

[210] 何燕，翟甲昌，陶元方. 改进的惩罚函数优化法[J]. 机械，2001，28(3)：17-19.

[211] 胡春平，毛保华，朱宇婷. 综合客运枢纽旅客全过程流线优化模型[J]. 交通运输系统工程与信息，2012，12(3)：159-164.

[212] 胡永举. 城市居民出行成本的量化方法研究[J]. 交通运输工程与信息，2009，7(1)：5-10.

[213] 黄良会，叶嘉安. 保持城市交通畅通——香港城市交通管理[M]. 北京：中国建筑工业出版社，1994.

[214] 皇甫佳群，周康，孙明洁. 基于NL模型的交通方式划分[J]. 山东交通学院学报，2011，19(3)：39-43.

[215] 黄文娟. 轨道交通与常规公交换乘协调研究[D]. 西安：长安大学，2004.

[216] 黄文娟. 城市轨道交通与常规公交换乘协调研究[J]. 华东公路，2008，4.

[217] 惠英. 城市轨道交通站点地区规划与建设研究[J]. 城市规划汇刊，2002，2：30-33.

[218] 侯雪. 基于TOD理念的轨道交通站点周边土地利用评价及优化模型[D]. 北京：北京交通大学，2012.

[219] 纪青君，滕素珍. 交通方式选择的Logit模型[J]. 大连理工大学学报，1990，30(1)：

9-13.

[220] 姜桂艳. 道路交通状态判别技术与应用[M]. 北京：人民交通出版社, 2004.

[221] 姜桂艳, 江龙阵, 王江锋. 城市快速路交通拥挤识别方法[J]. 交通运输工程学报, 2006, 6(3)：87-91.

[222] 姜玲, 石建军, 樊旭英. 城市客运交通合理结构的确定方法研究[J]. 交通标准化, 2008, 184：59-64.

[223] 姜小文. 东京轨道交通与土地综合开发模式对北京的借鉴[D]. 北京：北京交通大学, 2007.

[224] 姜紫峰, 刘小坤. 基于神经网络的交通事件检测算法[J]. 西安公路交通大学学报, 2000, 20(3)：67-69.

[225] 蒋启文. 城市轨道交通车站进出站设施优化配置问题研究[D]. 北京：北京交通大学, 2009.

[226] 蒋腾旭, 谢枫. 遗传算法中防止早熟收敛的几种措施[J]. 计算机与现代化, 2006, 12：54-56.

[227] 交通部. 中国交通年鉴[M]. 北京：人民交通出版社, 2009.

[228] 金安. LOGIT 模型参数估计方法研究[J]. 交通运输系统工程与信息, 2004, 4(1)：71-75.

[229] 金楠. 大城市居民低碳出行方式选择影响因素研究[D]. 重庆：重庆交通大学, 2013.

[230] 金沙江. 客流高峰期车站客运组织综合评价研究[D]. 成都：西南交通大学, 2012.

[231] 靳丽丽. 城市交通外部成本分析及内部化定量方法[J]. 交通科技与经济, 2007, 5：103-105.

[232] 孔令斌. 城市交通规划的作用[J]. 国外城市规划, 1996, 3：27-29.

[233] 赖铁峰. 论地铁和沿线物业捆绑开发中土地取得法律问题[D]. 北京：北京大学, 2008.

[234] 黎冬平, 晏克非, 许明明, 等. 城市轨道车站设施的进站服务水平评价分析[J]. 同济大学学报：自然科学版, 2010, 38(10)：1458-1462.

[235] 黎冬平, 于晓桦, 钟平. 上海轨道交通 11 号线北段站点综合开发规划[J]. 交通与运输, 2011, 1：15-17.

[236] 李程垒, 陈峰. TOD 与城市发展的探讨[J]. 交通标准化, 2008, 8：70-73.

[237] 李得伟. 城市轨道交通枢纽乘客集散模型及微观仿真理论[D]. 北京：北京交通大学, 2007.

[238] 李洪斌, 何冬华. 轨道交通衔接设施布局的无缝化应对策略——以广州市轨道交通近期线网为例[J]. 规划师, 2012, 28(3)：86-90.

[239] 李建琳. 上海轨道交通限流客运调整实践研究[J]. 现代城市轨道交通, 2011, 4：81-83.

[240] 李军, 朱顺应, 李安勋. 离散选择交通方式划分模型及其在 TransCAD 中的实现[J]. 交通与计算机, 2007, 25(134)：115-118.

[241] 李敏强. 遗传算法的基本理论与应用[M]. 北京：科学出版社, 2002.

[242] 李明, 高建平, 陈雪佳. 基于时间指标的P&R换乘需求预测研究[J]. 西部交通科技, 2009, 7: 5-8.

[243] 李木秀. 轨道交通导向的边缘城市土地利用研究[D]. 上海: 同济大学, 2008.

[244] 李娜. 上海居民综合出行成本的优化探讨[J]. 交通与运输, 2010, 2: 21-22.

[245] 李秋韵. 整合自行车与轨道交通系统的开发模式(B & TOD)初探[D]. 上海: 同济大学, 2006.

[246] 李晓峰, 刘光中. 人工神经网络BP算法的改进及其应用[J]. 四川大学学报: 工程科学版, 2000, 32(2): 105-109.

[247] 李晓江. 当前城市交通政策若干思考[J]. 城市交通, 2011, 9(1): 7-11.

[248] 李旭宏. 道路交通规划[M]. 南京: 东南大学出版社, 1997.

[249] 李旭宏. 城市交通方式预测实用方法研究[J]. 东南大学学报, 1997, 27(6): 138-141.

[250] 李学军. 城市轨道交通与土地利用互动关系的若干问题研究[D]. 西安: 长安大学, 2010.

[251] 李妍, 徐光辉, 王哲人. 基于可持续发展的TOD规划模式[J]. 吉林大学学报(工学版), 2008, S2: 55-60.

[252] 李玉辉, 张建. 灰色关联度分析法在系统综合评价中的应用[J]. 山东交通科技, 2005, 4: 11-13.

[253] 李哲. TOP模式指导下的城市轨道交通沿线土地利研究[D]. 武汉: 华中科技大学, 2010.

[254] 李志君. 城市综合交通可持续发展研究[D]. 西安: 长安大学, 2006.

[255] 梁科, 夏定纯. Matlab环境下的遗传算法程序设计及优化问题求解[J]. 电脑知识与技术(学术交流), 2007, 4: 1049-1051.

[256] 梁颖. 城市交通系统畅通可靠性分析与优化[D]. 北京: 北京工业大学建筑工程学院, 2005.

[257] 廖骏. 城市轨道交通站点周边土地利用优化策略研究——以成都市地铁一号线为例[D]. 成都: 西南交通大学, 2012.

[258] 林飞. 我国大城市交通拥挤对策及关键技术研究[D]. 西安: 长安大学, 2006.

[259] 林国鑫. 城市轨道交通与常规公交运营调度协调研究[D]. 北京: 北京交通大学, 2006.

[260] 林琴, 杜彩军, 谭骏珊. 聚类分析在城市轨道交通车站分类中的应用[J]. 铁路计算机应用, 2006, 6: 4-7.

[261] 林艳, 邓卫, 葛林. 以公共交通为导向的城市用地开发模式(TOD)研究[J]. 交通运输工程与信息学报, 2004, 4: 90-94.

[262] 林依标, 陈权. 地铁线路选择及站点区域土地利用模式研究[J]. 综合运输, 2013, 4: 35-38.

[263] 林益民. 大众捷运系统费率订定之研究[D]. 台湾: 国立台湾大学土木工程学研究所, 1997.

[264] 林锉云, 董加礼. 多目标优化的方法与理论[M]. 长春: 吉林教育出版社, 1992.

[265] 刘保奎,冯长春.城市轨道交通对站点周边土地利用结构的影响[J].城市发展研究,2009,4:149-155.

[266] 刘灿齐.现代交通规划学[M].北京:人民交通出版社,2001.

[267] 刘炽.城市轨道交通与沿线土地联合开发模式[J].中国房地产,2009,4:66-68.

[268] 刘峰.新加坡解决城市机动车交通拥挤问题策略的分析与思考[J].交通标准化,2010,19:180-183.

[269] 刘国华,包宏,李文超.用MATLAB实现遗传算法程序[J].计算机应用研究,2001,8:80-82.

[270] 刘国强.城市土地利用与城市交通研究[D].西安:西安建筑科技大学,2003.

[271] 刘剑锋,陈必壮,马小毅,等.城市轨道交通网络化客流特征及成长规律——基于京沪穗深城市轨道交通网络客流数据分析[J].城市交通,2013,6(11):6-12.

[272] 刘金玲,曾学贵.基于定量分析的城市轨道交通与土地利用一体规划研究[J].铁道学报,2004,26(3),13-19.

[273] 刘菁.城市大容量快速轨道交通沿线土地利用研究——以武汉市轨道交通2号线为例[D].武汉:华中科技大学,2005.

[274] 刘丽亚,张超.城市公共交通发展的交通成本分析[J].综合运输,2007,1:21-27.

[275] 刘明姝,张国宝.基于排队系统的城市轨道交通进站检票机配置[J].城市轨道交通研究,2005,7(5),34-37.

[276] 刘迁.辩证分析城市快速轨道交通TOD功能[J].都市快轨交通,2004,2:22-26.

[277] 刘彤,巩丽媛,薛运强,等.CES形效用函数的BL模型研究[J].科学技术与工程,2009,9(10):2539-2543.

[278] 刘爽,朱晓宁,贾顺平.城市交通结构优化研究综述[J].交通运输系统工程与信息,2008,9(1):28-38.

[279] 刘思峰,谢乃明.灰色系统理论及其应用[M].北京:科学出版社,2008.

[280] 刘晓霞,窦明鑫.遗传算法性能评价指标[J].合作经济与科学,2012,8:116.

[281] 刘振,周溪召.巢式Logit模型在交通方式选择行为中的应用[J].上海海事大学学报,2006,27(3):66-70.

[282] 刘智丽,綫凯,王方,等.基于出行时间的城市交通出行结构估算模型[J].道路交通与安全,2009,9(3):9-12.

[283] 龙建兵.城市轨道交通换乘方式的探讨[J].铁道勘测与设计,2004,1:54-58.

[284] 路刚.城市轨道交通周边土地利用开发模式比较研究[J].安徽农业科学,2013,41(25),10531-10533.

[285] 陆化普.21世纪中国城市交通面临的问题与对策[C]//中国土木工程学会第八届年会论文集,1998.

[286] 陆化普.交通规划理论与方法[M].北京:清华大学出版社,1998.

[287] 陆化普.解析城市交通[M].北京:中国水利水电出版社,2001.

[288] 陆化普.基于TOD的城市综合交通规划及其研究课题[J].中国科学基金,2005,4:209-212.

[289] 陆化普,高嵩. 考虑可持续发展的主动引导型交通规划新理论体系的开发[J]. 公路交通科技, 1999, 16(4): 29-33.

[290] 陆化普,王继峰,张永波. 城市交通规划中交通可达性模型及其应用[J]. 清华大学学报: 自然科学版, 2009, 6: 781-785.

[291] 陆化普,王建伟,李江平. 城市交通管理评价体系[M]. 北京: 人民交通出版社, 2003.

[292] 陆化普,赵晶. 适合中国城市的TOD规划方法研究[J]. 公路工程, 2008, 6: 64-68.

[293] 陆建. 城市交通系统可持续发展规划理论与方法[D]. 南京: 东南大学, 2003.

[294] 陆锡明,陈必壮,王祥. 基于轨道交通网络的大城市综合交通规划理念[J]. 城市交通, 2010, 8(4): 52-59.

[295] 陆奕婧,邹晓磊. 城市轨道交通车站客运组织评价[J]. 交通科技与经济, 2009, 11(1): 67-69.

[296] 罗丽华. 北京市出租车价格调整影响研究[D]. 北京: 北京交通大学, 2008.

[297] 罗鑫. 基于AHP方法的评估分析[J]. 科协论坛: 下半月, 2010, 8: 144-145.

[298] 罗雄飞,周勇,聂艳,等. 武汉市城市土地集约利用评价研究[J]. 徽农业科学, 2007, 35(31), 10040-10042.

[299] 吕晶. 绿色慢行交通系统的城市设计方法研究——以中新天津生态城为例[D]. 天津: 天津大学, 2010.

[300] 吕慎,田锋. 大城市客运交通结构优化模型研究[J]. 公路交通科技, 2007, 24(7): 117-120.

[301] 马超云. 城市轨道交通换乘站列车时刻表的协调和优化[D]. 北京: 北京交通大学, 2010.

[302] 马嘉琪,白雁. 基于出行成本管理的城市交通拥堵治理策略[J]. 运输管理, 2010, 5: 57-60.

[303] 马寿峰,贺国光,王世彤. 一种基于状态空间重构的交通流短期可预测性判别方法[J]. 土木工程学报, 2001, 1(1): 1-7.

[304] 马小毅. 土地利用性质调整对轨道交通客运的影响[J]. 都市快轨交通, 2008, 21(3): 1-5.

[305] 马岳. 轨道交通枢纽个体乘客流线组织研究[D]. 西安: 长安大学, 2011.

[306] 满都拉,张秀媛. 停车费用对私人小汽车出行影响分析[J]. 交通与运输, 2009, 7: 168-170.

[307] 毛保华. 城市轨道交通规划与设计[M]. 北京: 人民交通出版社, 2006.

[308] 毛保华. 城市轨道交通规划与设计[M]. 北京: 人民交通出版社, 2011.

[309] 毛保华,郭继孚,陈金川,等. 北京城市交通发展的历史思考[J]. 交通运输系统工程与信息, 2008, 8(3): 6-13.

[310] 毛保华,李夏苗,牛慧民. 列车运行计算与设计[M]. 北京: 人民交通出版社, 2008.

[311] 毛保华,李夏苗,王明生. 城市轨道交通系统运营管理[M]. 北京: 人民交通出版社, 2006.

[312] 毛蒋兴,阎小培.城市土地利用模式与城市交通模式关系研究[J].规划师,2002,18(7):69-72.

[313] 毛蒋兴,闫小培.国外城市交通系统与土地利用互动关系研究[J].城市规划,2004,28(7):64-69.

[314] 明瑞利.城市轨道交通与沿线土地利用结合方法研究[D].上海:同济大学,2009.

[315] 莫海波.城市轨道交通与常规公交一体化协调研究[D].北京:北京交通大学,2006.

[316] 莫一魁,邓军,王京元.城市轨道交通站点地区TOD规划模型及应用[J].土木建筑与环境工程,2009,31(2):116-120.

[317] 倪金林.遗传算法求解约束非线性规划及Matlab实现[J].大学数学,2005,21(1):91-95.

[318] 潘海啸,任春洋,杨眺晕.上海轨道交通对站点地区土地使用影响的实证研究[J].城市规划学刊,2007,7:92-97.

[319] 庞松.论交通结构调整与交通可持续发展[J].交通环保,2001,22(5):1-4.

[320] 彭飞飞.美国的城市区划法[J].国际城市规划,2009,S1:69-72.

[321] 彭建,王雪松.国际大都市区最新综合交通规划远景、目标、对策比较研究[J].城市规划学刊,2011,5:19-30.

[322] 彭信林.城市快速路交通状态预测研究[D].上海:上海交通大学,2008.

[323] 浦军,刘娟.综合评价体系指标的初选方法研究[J].统计与决策,2009,22:20-21.

[324] 漆凯.基于最大熵原理的地铁换乘站乘客流线优化模型[J].物流技术,2011,30(10):87-90.

[325] 钱林波.城市土地利用混合程度与居民出行空间分布的关系研究——以南京主城为例[J].城市交通,2000,1:5-9.

[326] 乔庆杰.高速铁路中小型车站安检仪和检票闸机布局研究[D].北京:北京交通大学,2010.

[327] 邱东.多指标综合评价方法的系统分析[J].财经问题研究,1988,9:49-55.

[328] 屈健.城市主干道交通拥堵预测方法研究[D].成都:西南交通大学,2012.

[329] 全永燊,刘小明.路在何方:纵谈城市交通[M].北京:中国城市出版社,2002.

[330] 全永燊,刘小明.新北京交通体系研究[J].城市交通,2005,3(2):1-4.

[331] 饶雪平.轨道交通车站楼梯和自动扶梯处客流延时分析[J].交通与运输,2006,(B07):13-15.

[332] 任江涛,欧晓凌,张毅,等.交通状态模式识别研究[J].公路交通科技,2003,20(2):63-67.

[333] 单卓然,黄亚平.轨道交通站点地区土地利用谬误及规划响应策略[J].经济地理,2013,33(12):154-160.

[334] 邵春福.交通规划原理[M].北京:中国铁道出版社,2004.

[335] 邵昀泓,王炜,程琳.交通方式选择行为预测非集计模型应用研究[C]//可持续发展的中国交通——2005全国博士生学术论坛(交通运输工程学科)论文集(上册).北京:中国铁道出版,2005.

[336] 申金升,徐一飞. 城市交通规划与可持续发展[J]. 经济地理, 1998, 18(1): 41-44.
[337] 盛洪. 中国的过渡经济学[M]. 上海: 格致出版社, 1997.
[338] 盛志前,赵波平. 基于轨道交通换乘的枢纽交通设计方法研究[J]. 城市规划, 2004, 28(10): 87-90.
[339] 宋国明. 英国土地规划管理[J]. 国土资源情报, 2010, 12: 2-6.
[340] 宋利明. 地铁线网大客流应对措施探讨[J]. 城市轨道交通研究, 2011, 14(8): 49-50.
[341] 宋瑞,何世伟. 城市交通系统可持续发展问题的研究[J]. 北方交通大学学报, 1999, 23(5): 7-11.
[342] 苏为华. 多指标综合评价理论与方法问题研究[D]. 厦门: 厦门大学, 2000.
[343] 孙根彦. 面向紧凑城市的交通规划理论与方法研究[D]. 西安: 长安大学, 2012.
[344] 孙鹏,赵佳虹,丁宏飞. 基于换乘协调的城市轨道交通列车开行方案优化[J]. 城市交通, 2011, 33(12): 67-70.
[345] 孙晓亮. 城市道路交通状态评价和预测方法及应用研究[D]. 北京: 北京交通大学, 2013.
[346] 孙晓临,梁青槐. 地铁车站出入口设施优化设置研究[J]. 都市快轨交通, 2012, 25(1): 47-50.
[347] 孙晓强. 浅谈斯德哥尔摩地铁交通[J]. 工程建设与设计, 2012, z1: 96-100.
[348] 谈晓洁,周晶,盛昭瀚. 城市交通拥挤特征及疏导决策分析[J]. 管理工程学报, 2003, 17(1): 56-60.
[349] 覃煜,晏克非. 轨道交通与常规公交衔接系统分析[J]. 城市轨道交通研究, 2000, 3(2), 44-48.
[350] 谭纵波. 日本的城市规划法规体系[J]. 国外城市规划, 2000, 1: 3-18.
[351] 唐奇. 基于轨道交通的接运公交站点选取及接运线网优化研究[D]. 成都: 西南交通大学, 2012.
[352] 唐寿成. 地铁车站客流组织工作探讨[J]. 铁道运输与经济, 2007, 29(9): 48-50.
[353] 田莉. 快速轨道交通沿线的土地利研究[J]. 现代城市研究, 1999, 3: 26-29,63.
[354] 田丽君. 我国综合交通规划立法研究[D]. 北京: 北京交通大学, 2008.
[355] 田林,韩存玉. 对城市交通拥挤问题的分析[J]. 黑龙江交通科技, 2006, 29(6): 125-125.
[356] 滕春贤,李智慧. 二层规划的理论与应用[M]. 北京: 科学出版社, 2002.
[357] 同工. 世界主要城市公共交通发展经验[J]. 城市公共交通, 2013, 2: 68-69.
[358] 汪晓蓉. 广州地铁客村换乘站以人为本的功能优化设计[J]. 都市快轨交通, 2008, 21(2): 54-57.
[359] 王波,安栓庄,江永. 北京轨道交通衔接理念及设施设置原则[J]. 都市快轨交通, 2009, 22(5): 20-23.
[360] 王春才. 城市交通与土地利用的相互作用机理研究[J]. 西安工程科技学院学报, 2006, 20(6): 749-752.
[361] 王殿海,曲大义. 一种实时动态交通量预测方法研究[J]. 中国公路学报, 1998,

11(6): 102-107.

[362] 王福建, 李铁强, 俞传正. 道路交通事故灰色 Verhulst 预测模型[J]. 交通运输工程学报, 2006, 6(1): 122-125.

[363] 王鸿春, 刘岩, 赫军, 等. 借鉴国际经验治理北京城市交通拥堵对策研究(下)[J]. 前线, 2006, 12: 36-38.

[364] 王宏杰, 林良明. 基于改进 BP 网交通流动态时序预测算法的研究[J]. 交通与计算机, 2001, 19(3): 11-14.

[365] 王建, 胡运权, 徐亚国. 拥挤定价理论发展及对我国城市交通管理的启示[J]. 交通运输系统工程与信息, 2003, 3(3): 11-32.

[366] 王继峰. 基于可达性的交通规划方法研究[D]. 北京: 清华大学, 2008.

[367] 王霁虹, 何帅领. 香港"地铁+物业"特许经营模式在实践中的法律问题[J]. 都市快轨交通, 2007, 4: 25-28.

[368] 王京元, 胡江, 张剑石. 国内外 TOD 典型案例及其在深圳地铁中的应用[J]. 都市快轨交通, 2010, 2: 22-26.

[369] 王京元, 吕慎, 郑贤, 等. 基于 TOD 的轨道交通沿线土地效能评价[J]. 铁道运输与经济, 2009, 12: 46-51.

[370] 王京元, 郑贤, 莫一魁. 轨道交通 TOD 开发密度分区构建及界积率确定——以深训市轨道交通 3 号线为例[J]. 城市规划, 2011, 4: 30-35.

[371] 王静. 城市轨道交通沿线房地产开发的影响——以上海为例[D]. 上海: 华东师范大学, 2006.

[372] 王培宏. 城市交通事件应急管理系统及其理论问题的研究[D]. 天津: 天津大学, 2005.

[373] 王树盛, 章燕. 公交优先导向下的城市综合交通规划[J]. 江苏城市规划, 2011, 8: 12-15.

[374] 王伟, 杨兆升, 李贻武, 等. 基于信息协同的子区交通状态加权计算与判别方法[J]. 吉林大学学报: 工学版, 2007, 37(3): 524-527.

[375] 王显光, 任伟, 刘振国. 城市轨道交通停车换乘设施选址研究[J]. 现代城市轨道交通, 2013, 4: 72-74.

[376] 王献香. 交通条件约束下的土地开发强度研究[J]. 交通与运输, 2008, z2: 7-10.

[377] 王祥骝, 张雅琪. 轨道运输与城市机能结合的新思维——TOD 的规划概念[J]. 都市快轨交通, 2004, 5: 9-12.

[378] 王小平, 曹立明. 遗传算法-理论、应用和软件实现[M]. 西安: 西安交大出版社, 2002.

[379] 王旭波. 香港轨道交通发展概况及启示[J]. 新西部, 2013, 10: 36-37.

[380] 王雪松, 彭建. 美国大都市区最新综合交通规划比较研究[J]. 国际城市规划, 2011, 27(1): 90-98.

[381] 王炜. 城市交通管理评价体系[M]. 北京: 人民交通出版社, 2003.

[382] 王炜. 城市交通管理规划指南[M]. 北京: 人民交通出版社, 2003.

[383] 王炜，陈学武，陆建. 城市交通系统可持续发展理论体系研究[M]. 北京：科学出版社，2004.

[384] 王炜，过秀成. 交通工程学[M]. 南京：东南大学出版社，2004.

[385] 王炜，徐吉谦，杨涛，等. 城市交通规划理论及其应用[M]. 南京：东南大学出版社，1998.

[386] 王炜，杨新苗，陈学武. 城市公共交通系统规划方法与管理技术[M]. 北京：科学出版社，2002.

[387] 王治，叶飞. 国内外典型城市轨道交通的"交通引导发展"模式研究[J]. 城市轨道交通研究，2009，5：1-5.

[388] 王治，叶霞飞，明瑞利. 城市轨道交通沿线七地合理开发规模研究[J]. 同济大学学报（自然科学版），2011，3：376-380.

[389] 魏立锋. 城市综合交通协调发展研究[D]. 长安：长安大学，2009.

[390] 魏连雨，康彦民. 城市交通的可持续发展[J]. 河北省科学院学报，2000，17(3)：186-189.

[391] 武长顺. 道路交通心理学[M]. 长春：吉林人民出版社，2004.

[392] 吴波. 地铁站厅流线设计与空间营造探索[D]. 西安：西安建筑科技大学，2009.

[393] 吴丹，游岳. 调整土地利用模式和开发强度的探讨[J]. 铁道运输与经济，2009，31(9)：55-58.

[394] 吴娇蓉，郑宇，陈小鸿. 城市建成区轨道站公交换乘设施规划方法[J]. 同济大学学报：自然科学版，2009，36(11)，1501-1506.

[395] 吴君尚，张碧纯，胡凌，等. 轨交车站站外限流栏杆设置方案优化研究[J]. 地下工程与隧道，2013，1：9.

[396] 吴琛，程琳. 以公共交通为主导的城市交通发展模式的研究[J]. 城市公共交通，2009，11：25-29.

[397] 吴先宇. 城市轨道交通枢纽设施配置适应性分析及仿真优化方法[D]. 北京：北京交通大学，2011.

[398] 夏朝阳. 城市轨道交通与土地资源综合开发研究[D]. 上海：同济大学，2006.

[399] 夏兰娣，曾乙洪，黎奇. 海口市土地利用现状评价研究[J]. 安徽农业科学，2006，41(16)：7332-7334.

[400] 夏胜国，王树盛，曹国华. 绿色交通规划理念与技术——以新加坡·南京江心洲生态科技岛为例[J]. 城市交通，2011，9(4)：66-75.

[401] 肖红波. 大城市综合交通系统发展模式与评价指标体系研究[D]. 成都：西南交通大学，2004.

[402] 肖秋生，徐慰慈. 城市交通规划[M]. 北京：人民交通出版社，1998.

[403] 肖为周. 大城市轨道交通和土地利用互动关系研究[D]. 南京：东南大学，2010.

[404] 向睿. 交通能耗在城市绿色交通规划中的应用[D]. 成都：西南交通大学，2011.

[405] 谢立宏. 城市轨道交通与快速公交换乘时间衔接分析[J]. 城市轨道交通研究，2010，6：59-62.

[406] 谢泗薪. 德国高铁轻轨地铁情况[J]. 铁路采购与物流, 2011, 10: 65-68.

[407] 熊崇俊, 宁宣熙, 潘颖莉. 中国综合交通各运输方式协调发展评价研究[J]. 系统工程, 2006, 24(6): 1-7.

[408] 徐建闽. 我国低碳交通分析及推进措施[J]. 城市观察, 2010, 4: 13-20.

[409] 徐前前. 城市轨道交通换乘站设施协调评价及优化研究[D]. 北京: 北京交通大学, 2010.

[410] 徐停, 陈志建, 程琳. 高速公路交通状态分类方法研究[J]. 中国科技论文在线, 2010, 5(10): 743-748.

[411] 徐显明. 法理学[M]. 北京: 中国政法大学出版社, 2007.

[412] 许炎, 黄富. 交通容量约束下的土地利用规划模式初探[J]. 城市发展研究, 2010, 17(1): 96-101.

[413] 轩宏伟, 王花兰, 颜月霞. 常规公交影响下的轨道交通吸引范围研究[J]. 铁道运输与经济, 2007, 29(7): 61-63.

[414] 薛美根, 顾煜. 上海市30年综合交通规划与实践[J]. 城市交通, 2011, 9(2): 47-52.

[415] 严金明, 蔡运龙. 国内外土地利用规划比较研究[J]. 资源·产业, 2011, 4: 18-20.

[416] 阎小培, 毛蒋兴. 高密度开发城市的交通与土地利用互动关系——以广州为例[J]. 地理学报, 2004, 59(5): 643-652.

[417] 杨京帅, 张殿业. 城市轨道交通车站合理吸引范围研究[J]. 中国铁路, 2008, 3: 72-75.

[418] 杨军. 美国五个城市现行区划法规内容的比较研究[J]. 规划师, 2005, 9: 14-18.

[419] 杨远舟, 漆凯, 钱堃, 等. 基于客运量的公共交通补贴研究[J]. 交通运输系统工程与信息, 2010, 10(3): 69-74.

[420] 杨兆升. 智能运输系统概论[M]. 北京: 人民交通出版社, 2003.

[421] 阳运巨. 城市轨道交通与土地的综合开发研究[D]. 成都: 西南交通大学, 2010.

[422] 姚丽亚, 关宏志. 轨道交通线网服务范围研究[J]. 北京工业大学学报, 2008, 34(7): 738-742.

[423] 姚文琪. 深圳市土地利用规划与轨道交通规划结合的策略研究[D]. 广州: 华南理工大学, 2005.

[424] 叶以农. 北京市新城综合交通规划实践与探索[J]. 北京建设规划, 2011, 6: 111-114.

[425] 于百勇, 林宁. "轨道主导"型TOD: 南京城市轨道交通可持续发展的支点[J]. 现代城市研究, 2006, 5: 43-48.

[426] 于鹏. 基于轨道交通的常规公交时刻表协调优化研究[D]. 北京: 北京交通大学, 2011.

[427] 喻泉, 吴卉, 盛志杰, 等. 一种城市路网交通流状态估计方法[J]. 计算机工程, 2006, 32(16): 183-185.

[428] 袁月明, 关伟, 吴建平. 基于视频检测技术的城市快速路交通状态分析研究[J]. 交通与计算机, 2008, 26(4): 1-3.

[429] 曾德芳. 我国城市道路交通噪声污染及其对策[J]. 交通环保, 1998, 19(2): 12-16.

[430] 曾曦. 市域多模式交通网络通勤出行选择研究[D]. 成都: 西南交通大学, 2008.

[431] 曾文创. 基于离散选择模型的城市交通方式结构优化策略研究[D]. 上海：华南理工大学, 2011.

[432] 曾文创, 陈向科. 基于离散选择模型的交通方式结构优化模型研究[J]. 交通与运输, 2013, 1：40-44.

[433] 张本森. 基于道路资源及出行成本优化的出行方式结构优化模型研究[J]. 城市建设理论研究, 2013, 32：43.

[434] 张建华, 林航飞. 平面信号交叉口车辆两次停车率研究[J]. 交通科技, 2004, 3：96-98.

[435] 张晶, 翟鹏程, 张本源. 惩罚函数法在遗传算法处理约束问题中的应用[J]. 武汉理工大学学报, 2002, 24(2)：56-59.

[436] 张宁, 叶霞飞, 刘剑锋. 土地利用对轨道交通车站客流量的影响[J]. 城市交通, 2010, 8(3)：23-27.

[437] 张铭, 徐瑞华. 轨道交通网络运营协调性研究[J]. 城市轨道交通研究, 2007, 10(11)：44-48.

[438] 张鹏, 张国武. 城市轨道交通乘客下车时间特性分析与建模[J]. 城市轨道交通研究, 2012, 14(11)：80-82.

[439] 张鹏程, 刘灿齐. 基于路网容量的土地利用强度分析[J]. 交通科技与经济, 2010, 12(2)：27-29.

[440] 张琦, 韩宝明, 李得伟. 地铁枢纽站台的乘客行为仿真模型[J]. 系统仿真学报, 2007, 19(22)：5120-5124.

[441] 张曙光. 法理学[M]. 北京：中国人民大学出版社, 2007.

[442] 张所地. 工业企业经济效益评析[M]. 太原：山西经济出版社, 1993.

[443] 张卫华, 陈学武, 黄燕君. 公交车与社会车辆混合行驶下的交通流模型研究[J]. 公路交通科技, 2004, 21(4)：85-89.

[444] 张席洲, 张小亮. 在TOD环境下土地开发的分析与对策[J]. 经济地理, 2006, S1：139-140, 144.

[445] 张小松, 胡志晖, 郑荣洲. 城市轨道交通对土地利用的影响分析[J]. 城市轨道交通研究, 2003, 6：24-26.

[446] 张宇石, 陈旭梅, 于雷, 等. 基于换乘站点的轨道交通与常规公交运营协调模型研究[J]. 铁道学报, 2009, 31(3)：11-19.

[447] 张勇. 论北京市轨道交通建设沿线土地利用模式[J]. 北京社会科学, 2008, 3：38-41.

[448] 赵凤波, 孙敏. 基于模糊聚类分析的交通状态识别方法[J]. 微型电脑应用, 2006, 22(2)：9-11.

[449] 赵建强. 公路交通与环境保护[M]. 北京：人民交通出版社, 2002.

[450] 赵思凡. 对集约用地内涵的再思考——基于对香港城市土地集约利用模式的分析[J]. 北京规划建设, 2009, 23(8)：73-77.

[451] 赵童, 徐慰慈. 交通影响分析中逆四阶段用地反馈模型探讨[J]. 同济大学学报, 2001, 29(11)：1266-1271.

[452] 赵鑫. 城市轨道交通与常规公交的协调研究[D]. 成都：西南交通大学, 2004.

[453] 赵雁. 基于贝叶斯网络理论的交通事件预测模型与分析[D]. 太原：太原科技大学，2011.

[454] 郑泓. 基于自回归模型和主成分分析的结构损伤识别方法研究[D]. 哈尔滨：哈尔滨工业大学，2013.

[455] 郑捷奋，刘洪玉. 香港轨道交通与土地资源的综合开发[J]. 中国铁道科学，2002，23(5)：1-5.

[456] 郑捷奋，刘洪玉. 新加坡城市交通与土地的综合发展模式[J]. 铁道运输与经济，2003，11：4-7.

[457] 郑捷奋，刘洪玉. 日本轨道交通与土地的综合开发式[J]. 中国铁道科学，2003，4：134-139.

[458] 郑俊，甄峰. 南京地铁对房产开发的影响及沿线土地开发策略研究[J]. 安徽师范大学学报(自然科学版)，2007，2：167-171.

[459] 郑猛，张晓东. 依据交通承载力确定土地适宜开发强度[J]. 城市交通，2008，6(5)：15-18.

[460] 郑文含. 不同类型轨道交通站点地区开发强度探讨[J]. 城市发展研究，2008，S1：93-95.

[461] 中国公路学会《交通工程手册》编委会. 交通工程手册[M]. 北京：人民交通出版社，1998.

[462] 中华人民共和国国家统计局. 中国统计年鉴[M]. 北京：中国统计出版社，2013.

[463] 周岱霖. 城市轨道交通车站地区土地利用优化研究[J]. 城市观察，2011，3：177-182.

[464] 周建，王树盛，隋永仙. 巢式Logit交通方式划分模型及求解方法研究[J]. 山东交通学院学报，2005，13(4)：28-31.

[465] 周俊，徐建刚. 轨道交通的廊道效应与城市土地利用分析——以上海市轨道通明珠线(一期)为例[J]. 城市轨道交通研究，2002，1：77-81.

[466] 周世惊. 城市轨道交通周围土地合理开发强度研究[D]. 北京：北京交通大学，2012.

[467] 诸葛恒英. 北京城市轨道交通换乘效率研究[D]. 北京：北京交通大学，2007.

[468] 朱海燕. 城市轨道交通客运组织[M]. 北京：中国铁道出版社，2009.

[469] 朱中. 信息化社会条件下城市交通需求预测方法的研究[D]. 南京：东南大学，2001.

[470] 朱泳霏. 城市交通与空间形态、土地利用协调发展关系研究[D]. 重庆：重庆交通大学，2011.

[471] 祝付玲. 城市道路交通拥堵评价指标体系研究[D]. 南京：东南大学，2006.

[472] 综合交通规划的理论与方法课题组. 综合交通规划概念及基本框架[J]. 综合运输，2005，6：4-9.

[473] 邹本存. 城市道路交通规划理论及应用研究[D]. 哈尔滨：东北林业大学，2004.

[474] 邹晓磊. 城市轨道交通车站乘客行为及客流组织研究[D]. 上海：同济大学，2009.

[475] 左大杰，徐学才. 一种改进的交通规划方法及其应用[J]. 交通运输工程与信息学报，2006，4(3)：93-99.

[476] 左铁镛，辛铁樑. 北京交通与奥运[M]. 北京：人民交通出版社，2003.